U0548781

"十四五"国家重点出版物出版规划项目
教育部长江学者创新团队发展计划
南京大学文科卓越研究计划"十层次"项目

本书系国家自然科学基金项目(立项号:72173063),江苏省社科基金项目(立项号:20EYB013)的阶段性成果

高质量发展阶段货币政策研究论丛

Internet, Economic Transition, and Currency Reform

互联网、经济转型与货币变革

周耿 张宸 /著

中国财经出版传媒集团
经济科学出版社
Economic Science Press

总　序

2013年，我们团队的研究计划"经济转型期稳定物价的货币政策"入选教育部"长江学者创新团队发展计划"，并于2014年正式立项建设。团队以范从来教授为带头人，骨干成员包括陈冬华、王宇伟、周耿、张勇、刘晓辉、高洁超、盛天翔等。立项建设以来，团队延续之前的方向，在货币政策领域开展持续性研究。2017年，经教育部专家组评估，团队的建设工作被评价为优秀，并获得了滚动支持。到2020年底，已完成两个完整的建设周期。期间，团队始终围绕中国的货币政策开展深入研究。也正是在这一时期，中国货币政策制定和实施的内外部环境都发生了较大变化。从内部来看，中国经济步入新常态，增长方式面临转型的同时，金融市场的市场化改革不断深入。从外部来看，虽然和平与发展仍是时代主题，但全球的不稳定性不确定性明显增加，经济全球化遭遇逆流，中国的金融开放面临新的挑战。在这一背景下，如何提高货币政策的有效性成为十分重要的问题，团队围绕这一问题开展了一系列的研究和探索，形成了本套丛书。总体来看，丛书在关注中国的货币政策问题上表现出以下四个方面的特色。

一、从价格稳定到金融稳定，探索货币政策与宏观审慎双支柱的政策框架

大量文献研究表明，将价格稳定设定为货币政策的最终目标符合社会福利最大化的原则。这成为20世纪80年代以来各国中央银行逐渐转向通货膨胀目标制的理论基础。团队的研究最初也以"经济转型期稳定物价的货币

政策"为切入点展开研究。2008年国际金融危机的爆发使人们对单一的价格稳定目标展开了深刻反思。美国虽然在2008年之前实现了价格稳定目标，但金融体系却出现了重大风险，并直接引致次贷危机的爆发。兼顾金融稳定目标的"宏观审慎管理框架"成为货币政策发展的新趋势。因此，在研究中团队适时将研究落脚点拓展到金融稳定。

实践表明，稳定价格的货币政策无法确保金融稳定。在通货膨胀目标制的货币政策导向下，物价和产出增长虽然平稳有序，但是金融失衡却快速发展，主要表现在信贷快速扩张、资产价格泡沫膨胀，系统性风险在时间和空间两个维度持续积累。而立足个体金融机构稳健运行的微观审慎政策亦无法有效化解金融不稳定因素。与之不同的是，宏观审慎政策是一种专门针对金融稳定目标设计的跨部门、逆周期制度安排，强调从宏观整体角度抑制金融与实体经济之间的顺周期反馈机制、防止系统性风险的传染和爆发，从而维护经济金融稳定运行。

相比欧美发达国家，中国在宏观审慎政策实践上走在前列。2008年底，中国银监会就根据银行规模前瞻性地提出了动态资本要求。2012颁布的《商业银行资本管理办法（试行）》则明确了逆周期资本计提要求。中国人民银行在2011年正式引入差别准备金动态调整机制，并于2016年将对银行业的差别准备金动态调整机制和合意贷款管理升级为"宏观审慎评估体系"。《中华人民共和国国民经济和社会发展第十三个五年规划纲要》首次明确将"防控风险"纳入宏观调控目标体系，并首次提出要"构建货币政策与审慎管理相协调的金融管理体制"。2017年成立的国务院金融稳定发展委员会从制度安排层面突出了货币政策、宏观审慎政策等协调的重要性。党的十九大报告则正式提出"健全货币政策和宏观审慎政策双支柱调控框架"。

从协调的必要性来看，货币政策与宏观审慎政策相互间的政策外溢性很强。二者所使用的工具如政策利率、逆周期资本充足率等，虽然各自调节的目标不同，但都会直接作用于金融体系。尤其是中国，在以银行为主体的金融体系和以信贷为主导的间接融资格局下，货币政策和宏观审慎政策的相互影响非常明显，二者的调整会直接作用于传统银行，并影响其与影子银行的信贷行为，进而影响产出、价格等宏观经济变量。因此，必须构建货币政策与宏观审慎政策协调的双支柱框架，以引导信贷资源合理、高效配置，确保宏观经济与金融的双稳定。在中国的宏观审慎政策实践中，人民银行和银保监会是两个关键主体，如何协调不同部门间的宏观审慎政策值得学术界做深入思考。团队基于上述视角，对中国货币政策与宏观审慎双支柱调控的政策框架进行了思考。以金融稳定与经济稳定的分化为起点，探讨了中国货币政策与宏观审慎政策的双支柱协调框架。在分别就货币政策、宏观审慎政策的转型与创新进行详细分析的基础上，从多个角度研究了双支柱框架的协调路径和完善空间，为理解近年来中国宏观调控创新的逻辑和可能方向提供了一定的启示。

二、从总量调控到结构调整，宏微观结合关注金融供给侧结构性改革

随着中国经济从高增长阶段向高质量发展阶段迈进，构建符合高质量发展阶段的货币政策框架成为推进国家治理体系现代化的客观要求。特别是金融层面供给侧结构性改革思路的提出为下一步的货币政策研究提出了新的问题。从货币层面看，当前我国货币运行与实体经济运行出现割裂且日趋明显，表现为 M2/GDP 居高不下，金融资源配置效率低下，甚至出现资金空转的现象。与此同时，大量有活力的中小微企业却面临融资难、融资贵的困境。这种割裂使宏观管理当局在制定和实施货币政策时陷入两难。针对上述结构性问题，团队的研究认为，对货币政策的研究必须引入新元素。其中，将宏观层面问题向微观视角研究拓展，从理论和实证两个层面强化宏观研究的微观基础是一个重要的选择。

团队在国内主导发起了"宏观经济政策与微观企业行为"学术研讨会，以此推动团队研究从宏观向微观层面拓展。为此，团队吸收了长期从事微观领域研究的成员，他们在发挥自身优势的同时，将宏观经济政策因素纳入对微观企业的研究，并以公司治理为切入点，深入探讨了宏观环境下的微观企业行为。这一研究为团队其他成员将宏观与微观研究结合提供了重要的基础。

首先，团队成员侧重从商业银行的角度，研究了货币政策的信贷传导渠道。疏通货币政策传导机制、增强服务实体经济的能力是货币政策框架建设的重心。然而，由于受到政策运行外部环境因素的干扰，现有兼具数量型和价格型的混合型特征货币政策框架非但不能有效疏通货币政策传导，反而还造成了货币信贷总量收缩和投向扭曲等一系列问题，由此也导致了金融活水难以支持实体经济的高质量发展。因此，团队成员从微观主体行为决策角度考察了现阶段货币政策传导不畅的梗阻因素及其影响机制。从现实情况来

看，受各类外生冲击的影响，央行注入银行体系的流动性往往会滞留其中，或者在投向实体经济过程中出现行业、期限错配，由此造成了货币政策传导的梗阻。由此，研究团队以银行信贷资金配置行为为切入点，考察了银行贷款渠道的梗阻因素及其影响机制。从期限结构的视角来看，不同期限的银行贷款对宏观经济产生的效应存在差异。中国商业银行特殊的利率定价机制下，货币政策紧缩（宽松）时，银行将减少（增加）中长期信贷资源配置，而由于不同货币政策立场下的金融杠杆变化，导致货币政策的上述影响效应表现出非对称性，进而弱化了货币政策传导的有效性。从信息沟通视角来看，中央银行对宏观经济信息、金融稳定信息的沟通会通过影响微观主体预期的形成，并进一步作用于消费和投资行为，最终影响到宏观经济的稳定运行。为此，研究团队分别从信息沟通对微观主体的宏观经济运行风险预期和金融稳定预期的形成、银行风险承担意愿变化等方面系统考察信息沟通渠道存在的梗阻因素及其影响机制。从防范金融风险目标视角来看，金融风险不仅会引发宏观经济波动，而且还会弱化货币政策传导效率，防范金融风险已构成中央银行制定货币政策的重要约束条件。研究团队以2008年国际金融危机爆发以来我国金融风险不断积聚现状为背景，运用金融压力来刻画金融风险，以微观主体非理性行为为切入点，并借鉴行为金融学领域的"情绪加速器机制"，系统考察金融风险的测度、经济效应以及中央银行应对金融风险的操作策略。

其次，团队成员从微观和结构的视角关注了中国的高货币化率（M2/GDP）问题。高货币化率现象虽是典型的宏观经济现象，其背后反映的却是微观经济中的各类结构性问题。这一点在2008年以后表现得尤为突出。长期以来，人们关注高货币化率问题时，习惯于从分子（M2）的角度分析高货币存量的形成原因，而忽略了对分母（GDP）的关注。导致过多的注意力集中在"货币发行"这一层面，认为M2/GDP高企的原因一定是M2发行过度，社会上甚至普遍将该现象归咎于所谓的"货币超发"。事实上，若金融资源配置失当，等量的货币投放在推动GDP增长中的能力出现下降，也会引致M2/GDP的上升。而这恰恰可能是2008年以来中国的货币化率指标大幅攀升的主因。众所周知，2009年的"四万亿"财政刺激和"天量信贷"虽在短期内刺激了经济的增长，但金融资源的配置扭曲加大了经济中的结构性矛盾，给中国宏观经济的持续增长带来隐忧。货币信贷资源流向了GDP创造能力较弱的部门，在形成诸如"产能过剩"、"僵尸企业"和"房地产过热"等现象的同时，民营经济、实体制造业等领域获得的金融支持出现下滑。随之出现的货币化率攀升便与此相关。可见，若不结合微观经济主体的行为对上述现象加以分析，很难寻找到问题背后的根源并提出合适的解决方案。因此，有必要基于微观和结构的视角，从中国经济转型中的结构变迁特征和微观经济主体的行为动机出发，以中国的高货币化率成因为切入点，对中国宏观货币金融层面的重要问题进行研究和讨论，提出优化金融资源配置结构，提升货币使用效率的政策建议。

三、从传统技术到互联网技术，关注新技术背景下的货币政策转型问题

近年来，互联网技术的飞速发展给货币政策带来两方面的冲击。

首先，互联网技术带来货币形式的变革。以支付宝和微信支付为代表的数字形态货币逐渐被人们广泛接纳。数字货币不仅通过降低支付成本和提高支付效率给人们带来了便利，还能够助力普惠金融、实现社会公平，其潜在的反洗钱、反逃税功能对政府也有着巨大的吸引力。数字货币发展的根基是互联网，互联网发展推动个体经济模式逐渐转型为群体经济模式，促进大量新业态产生。这些新业态对货币的应用场景提出了新的需求，未来的数字货币不再是一成不变的体系，而是跟随经济发展模式变化而不断升级的生态系统。相对于传统货币，数字货币更值得信任。法定数字货币的实施不仅提高了货币防伪性能、降低全社会的货币防伪成本，而且货币的去匿名化将强化信誉机制，社会信任水平将大幅提高，大大促进人们之间的协作。不仅群体经济模式将朝着更有效率的方向进化，而且协作产生的创新将加速平台经济的发展。相对于传统货币，数字货币所有交易都可以追踪，以往地下经济的税收流失和资源错配的问题可以得到根本性的解决。政府完全可以改变征税的模式，从事后征税转变到交易时征税，经济活动的过程和结果更加确定，市场效率和公平性都得到大幅的提高。相对于传统货币，数字货币最大的优势在于使用过程中产生大量的数据，而法定数字货币本质上是经济发展模式运行的总账本，记录了线上线下所有的经济活动的信息。从这个意义上而言，数字货币有助于加速线上线下的融合，并提高政府的治理水平。团队成员在探讨各类经济新业态发展的基础上，对互联网背景下市场的信息不对称和效率问题进行研究，并沿着互联网经

济的理论框架，对未来货币变革进行分析和展望。

其次，互联网技术带来金融科技的兴起，这对货币政策的传导机制和传导效率都形成了影响。一方面，团队成员在货币政策的银行流动性创造效应中讨论金融科技带来的作用。随着金融科技水平的不断提升，货币政策影响银行流动性创造的效果将被削弱，并且不同类型银行存在异质性情况。货币政策调控银行流动性创造时，要充分关注金融科技的影响，考虑将金融科技纳入宏观审慎监管，健全双支柱体系，同时在微观监管中予以差异化的业务引导。另一方面，团队成员关注了金融科技对商业银行信贷资源配置效率的影响。小微企业在中国经济发展中发挥着重要作用，而小微企业信贷也成为银行信贷配置中的热点问题。着眼于整个银行业体系，金融科技有助于促进银行小微企业信贷供给，并且将改变银行业的最优市场结构，银行类型不再成为小微企业信贷供给的障碍。因此，从宏观层面来看，金融科技的运用有助于银行信贷结构调整，从而有利于提高货币政策的传导效率。未来，要充分发挥金融科技带来的技术升级效应，注重金融科技发挥效用的微观基础，地区银行业金融机构的增减应该与金融科技发展水平、银行业市场结构相结合。

四、从经济开放到金融开放，研究新时期的汇率形成机制问题

20 世纪 90 年代以来，新兴市场爆发的一系列的货币和金融危机以及国际资本市场一体化的迅速推进，引起了学界对汇率制度和货币危机以及汇率制度和资本流动之间的关系等重大理论问题的反思。这种反思使汇率制度的研究在 21 世纪后重新成为国际金融领域研究的一条主线。在新的时代背景下，如何利用跨国的数据集实证地分析发展中国家汇率制度选择的决定因素，是我们理解汇率政策制定的重要理论依据和参考。

几乎与此同时，进入 21 世纪以来，人民币是否应该升值迅即成为国际社会关注的热点问题，引起了学界和政策制定者广泛的讨论和争论。这些讨论和争论很快就转变为对人民币汇率制度选择和汇率制度弹性问题的关注。于是，中国应选择什么样的汇率制度以满足中国的政治和经济诉求，成为最近十余年来国内外学界的研究热点。受 2007~2008 年全球金融危机的深刻影响，人民币国际化也成为我国亟待破解的重要现实和理论问题，而人民币国际化的起点和逻辑前提之一，便是人民币汇率形成机制的改革和进一步完善。

以上述问题为背景，团队成员在一般性理论梳理和分析基础上，首先着重

考察了20世纪50年代以来汇率制度选择的理论发展，然后以跨国面板数据为样本，在考察汇率制度演变的特征事实基础上，深入研究了资本管制、金融结构、出口产品分散化和政治制度等经济和政治因素对汇率制度选择的影响，最后，以中国为案例，考察了人民币最优汇率制度选择、人民币汇率制度弹性测度及人民币汇率制度弹性对通货膨胀和经济增长的影响。

总体来说，这套货币政策研究系列丛书紧紧抓住中国货币政策转型这一关键问题，体现了创新团队六年来在相关领域的研究成果。感谢教育部长江学者创新团队发展计划对丛书出版的支持，这将激励团队在这一领域持续研究，为中国特色的货币经济学建设贡献自己的一份力量。

目录 Contents

第一章　信誉理论 / 001
　　第一节　不完全信息下的价格信号博弈 / 001
　　第二节　信誉与第三方标记的交互机制 / 014

第二章　网络效应理论 / 028
　　第一节　平台创新优势与线上线下厂商竞争 / 028
　　第二节　平台竞争对应用绩效的影响 / 047
　　第三节　适者生存的平台经济 / 070

第三章　长尾理论 / 090
　　第一节　热门产品与利基产品的对比研究 / 090
　　第二节　"大热门"的影响因素 / 107

第四章　羊群效应理论 / 116
　　第一节　互联网零售市场的羊群效应 / 116
　　第二节　互联网金融市场的羊群效应 / 138

第五章　经济新业态 / 152
　　第一节　固定价格的团购 / 152
　　第二节　引入抽奖的众筹 / 177
　　第三节　产业聚集的"淘宝村" / 189

第六章　信息不对称与治理　/　205
  第一节　众筹中的信息披露与价格歧视　/　205
  第二节　"e 互动"对市场信息效率的影响及机制研究　/　232

第七章　货币变革　/　249
  第一节　货币政策对金融新业态的影响　/　249
  第二节　互联网经济与货币形态的变革　/　265

参考文献　/　274

第一章

信誉理论

信誉理论又被称为声誉理论，指依附在人之间、单位之间和商品交易之间形成的一种相互信任的生产关系和社会关系。信任是无论交易的一方是否有能力监视另一方的行为，其仍愿意相信另一方会履行所预期的重要行为（Mayer et al.，1995）。对于信息不完全的市场而言，信誉是相互信任的生产关系，是建立市场秩序的基础。自1978年改革开放以来，我国经济虽然经历了高速发展，但是由于地方保护主义或多或少地存在，全国范围的信誉体系并没有成功地建立起来，商品跨地区交易时信息不对称问题仍然严重，这对于建立超大规模的市场、进一步提高经济发展的质量是非常不利的。步入21世纪，我们幸运地踏入了电子商务的新赛道，以淘宝网为代表的电子商务平台纷纷建立了基于互联网的信誉体系。一方面，通过建立第三方标记制度，为达到条件的商家进行信誉背书；另一方面，为商家直接建立起信誉积分制度，对商家任何不诚信的行为进行记录和追踪。随着第三方标记在内的信誉制度的建立和完善，市场的信息不对称问题逐渐改善，互联网经济蓬勃发展。当前，中国电子商务基础设施能力已位居世界前列，将会给全社会经济转型升级带来更大的推动力。

第一节　不完全信息下的价格信号博弈

电子商务的发展对我国零售市场产生了深远的影响。大量传统企业纷纷投入资源涉足电子商务领域，2007~2012年网上交易额年平均复合增长率超过了100%，远远高于美国的7.6%。① 2012年我国网上零售额达到了1.26万亿元，占当年社会消费品零售总额的6.08%，② 已经接近了欧美发达国家的水平。根据业界的估计，到2021年，电子商务零售在我国社会零售总额中的占比将大幅超过欧美发达国家，达到50%以上。③

在我国电子商务高速发展的背景下，市场的不完全信息问题将更加突出。相对于实体交易，网上交易不仅买卖双方无法见面，卖家自身也对远在千里之外竞争对手的信息知之甚少，市场信息不对称问题更加突出。尽管大多数网站或平台建立了信誉与保障机制，但这些措施实施起来仍然会让消费者面临较高的"后悔"成本。例如，当网上所购商品发生质量问题要实施退货时，消费者举证难度较大。即使商家同意退货，退货的邮费一般由处于弱势地位的消费者承担。按照传统市场交易的需求法则，除了吉芬商品等少数情况外，受到替代效应和收入效应的影响，价格与商品需求一般呈现负向关系：价格升高，消费者对商品的需求将会减少。然而，在网上购物这种复杂的不确定环境下，商品的质量是无法通过触摸等直接接触的方式进行感知的，这时价格能向消费者传递商品质量的信息（Monroe，1973；Mastrobuoni，2012）：价格越高，商品的质量可能越高；相反，价格越低，假冒或劣质商品的嫌疑就越大。因此，在这种信息不确定的条件下，根据传统的需求法则来设计促销方案的效果可能会大打折扣，甚至会失灵。很多网店目前就面临这种尴尬的局面：商品价格设定越低越被怀疑是假货。

随着网上购物的深入发展，这种不完全信息决策的环境将逐渐成为常态。研究这种新型购物环境中价格信号传递的问题，不仅能够将价格信号传递的经济学分析拓展到这些更加复杂的互联网环境，还对我国网上零售企业的实践有着重要意义。

一、不完全信息环境下价格信号博弈模型

我们借用了斯宾塞（Spence，1973）的非完全信息条件下劳动力市场信号

---

① 麦肯锡全球研究院：《中国网络零售革命：线上购物助推经济增长》，McKinsey & Company 网站，2013年3月。
② 中国互联网络信息中心（CNNIC）：《2012年中国网络购物市场研究报告》，CNNIC 网站，2013年4月17日。
③ 《王健林马云对赌1个亿：十年后电商份额将占50%》，载于《信息时报》2012年12月13日A17版。

博弈模型。假定厂商生产技术相同,生产成本反映了商品的质量。为简化分析,假定厂商生产的成本有低成本(C_L)和高成本(C_H),分别代表了产品的低质量和高质量。而消费者通过厂商设定的高价格(P_H)或低价格(P_L)这两种价格信号来评估产品的质量。消费者对高质量产品高价格的先验概率为q,高质量产品低价格的先验概率为p(见图1-1)。

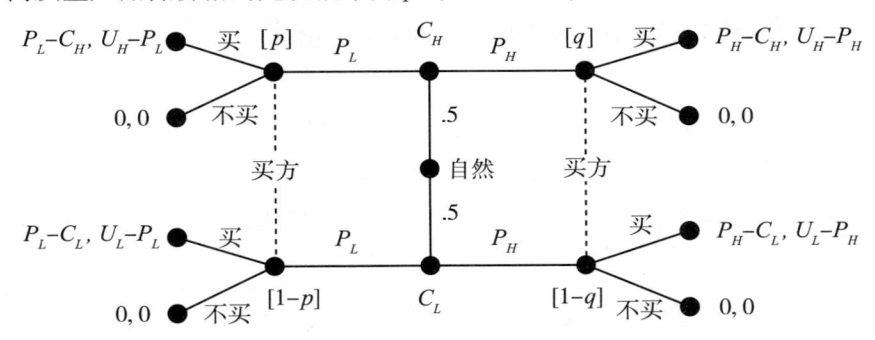

图1-1 价格信号博弈

假定$U_L - P_H < 0$,即消费者为低质量产品支付高价时产生负效用。则上述信号博弈中存在两种可能的纳什均衡。

(1)分离均衡。高质量(C_H)选择释放高价格(P_H)信号,而低质量(C_L)选择释放低价格(P_L)信号。根据纳什均衡的定义:

买方条件:$q(U_H - P_H) > 0$ 并且 $(1-p)(U_L - P_L) > 0$。

卖方条件:$q(P_H - C_H) > p(P_L - C_H)$ 并且 $(1-p)(P_L - C_L) > (1-q)(P_H - C_L)$,可以得到:

$$q > \max\left\{\frac{p(P_L - C_H)}{P_H - C_H}, \frac{p(P_L - C_L) + P_H - P_L}{P_H - C_L}\right\}$$

可以看出纳什均衡的结果,q大于一定值时,价格能够代理商品质量的信号:生产高质量产品的厂商选择高价格,生产低质量产品的厂商选择低价格。当多个高质量厂商和低质量厂商竞争时,厂商都能赚取到合理的利润。而消费者也可以根据自己对商品质量的偏好选择高价或低价产品。

(2)混同于P_L的均衡。无论厂商的质量如何,均释放P_L的信号。

买方条件:$p(U_H - P_L) > 0$,并且$(1-p)(U_L - P_L) > 0$。

卖方条件:$q(P_H - C_H) < p(P_L - C_H)$ 并且 $(1-q)(P_H - C_L) < (1-p)(P_L - C_L)$。即:

$$\frac{p(P_L - C_L) + P_H - P_L}{P_H - C_L} < q < \frac{p(P_L - C_H)}{P_H - C_H}$$

可以看出该条件下的均衡结果：q 小于一定值时，价格不能代理商品质量的信号。这时，由于高质量产品厂商利润显著低于低质量厂商，随着多个厂商的进入，在一定条件下重复博弈可能使得高质量产品占比 q 减少，若 q 减少不断得到强化，将产生类似"劣币驱逐良币"的效应，使得市场失灵。

二、价格信号传递机制与需求法则：两阶段分解

从博弈分析可以看出，尽管在信息不确定条件下，价格传递质量信号的分离均衡是存在的，但也有可能存在另外一种价格无法传递信号的混同均衡。要想市场收敛于分离均衡，需要建立一些机制如信誉和保障制度等，确保 q 维持在一定高度。

然而，即使价格信号传递是成立的，消费者进行购买决策时仍不可避免地受到需求法则的约束：随着价格的提高，需求趋向于减弱。消费者在面对价格与需求这两种矛盾的路径关系中做出最终的决策。因此，如果从消费者最终决策行为进行实证分析，很难观察到价格的信号传递。从加德纳（Gardner, 1971）开始，一些研究者试图通过实验控制的方法，来寻找没有预算约束的情况下价格与质量的正向信号传递关系。还有些学者揭示了价格信号传递的心理学和生理学机理。例如，在莎芙和卡门（Shiv & Carmon, 2005）的实验中，品尝标价为 1.89 美元和 0.89 美元的两种能量饮料，多数人认为前者味道更好，而实际上饮料是完全相同的。在普拉斯曼（Plassmann et al., 2008）的实验中，发现被试饮用标价更高的酒时，与快乐相关的大脑活动显著增强。马斯特罗博尼（Mastrobuoni et al., 2012）还发现价格的信号传递对于缺乏经验的消费者更为明显。然而，这些基于心理学实验的研究方法有着明显的缺陷。首先，他们的实验设计缺乏适当的报酬结构来诱导出被试对商品的价值函数（Smith, 1976），这就很难让消费者将自己置身于包含多方博弈的决策环境中，与真实的购物环境相比存在较大的差异。其次，大多数研究收集的数据仅仅涉及意愿支付而不是真实支付的价格，并不涉及真实购买以及购买前的搜索行为；而欧贝尔和希兰（Orbell & Sheeran, 1998）的研究表明，购买意愿和真实的购买行为之间仅仅存在较弱的相关关系。最后，在"让消费者报出不同价格商品的支付意愿"这种实验环境下，被试很容易猜测到实验者的意图，并按照这种意图行动（Sawyer, 1975）。

与传统购物环境相比，网上购物环境存在两个重大差异。第一，信息不确定程度更高。消费者无法通过柜台从物理上感知物品。已有研究表明，在

消费者无法从物理上感知商品的品质时，价格传导质量信号的机制尤为明显（Szybillo & Jacoby，1974）。第二，两阶段搜索机制的大量采用。购物网站通过设计良好的搜索机制，大大降低了商品搜寻的成本，将原本在空间上完全分离的初步信息搜索和购买决策前的信息获取整合在了一起，形成了空间整合和时间上较为连贯的两个搜索阶段。包括国外的易倍（eBay）和亚马逊（Amazon），国内的淘宝、京东等众多购物网站在不断竞争中所稳定下来的购物流程明显存在这种两阶段的搜索机制。这些购物网站提供了很多搜索选项，让用户能够通过价格、信誉等参数来初步地筛选出各种搜索结果列表。由于列表包含了多个商品，受到版面的限制，列表所展示的商品信息是简明扼要的，仅仅包含价格、商家信誉、历史销售等少数关键信息，让消费者从这些少数关键信息中感知到商品的质量符合其要求时能选择点击，以便进一步对商品的详细信息进行搜索。当消费者点击后，网站会弹出一个新窗口展示这个商品的详细信息，对商品的样式、参数、功能等进行详尽的阐述。例如，消费者可以输入关键字"短外套"，同时选择按照信誉、价格或者销量进行排序，再勾选 7 天退换服务，最后基于邮费的考虑选择与消费者所在地相近的商家。这样，就形成了一个初步的列表，消费者根据这个初步列表上所展示的信息，选择有意向的商品进行点击，第一阶段决策的考虑集合就形成了。然后，消费者通过查看点击后商品页面的详细信息，进一步甄别比较，在这些有限商品中挑选某一商品进行最终的购买。

因此，从信息不确定程度更高和两阶段搜索机制的特点来看，采用网上购物的数据更容易发现和分离出不完全信息环境下的价格信号传递。由于商品的支付离第二阶段较近，作为预算约束条件，需求法则的影响（即价格负向影响需求）在这个阶段的决策更有可能体现出来。相反，释放产品质量信号如果存在的话，它对决策的影响更可能在第一阶段得到充分的体现。这样，在实证研究中，价格的信号传递机制就有可能通过两阶段决策的过程被分解并识别出来。而且，本节通过对网上购物这种具体信息不确定环境下的真实数据进行验证，可以克服前人实验研究存在的缺陷。

三、计量模型与数据获取

2012 年中国的网络购物市场交易规模达到 1.3 万亿元。[①] 我国网上购物主

[①] 艾瑞咨询。

要采用明码标价（俗称"一口价"）的成交机制，与国外 eBay 网站等拍卖为主体的成交机制有着明显的不同。一些国内学者通过我国电子商务平台提供的交易数据进行实证研究（李维安等，2007；张仙锋，2009；周耿等，2010）。本研究亦从我国某大型电子商务网站获取相关数据，对网上购物两阶段决策的机制进行分析。

（一）计量模型

互联网上的消费者将产品列入第一阶段考虑集合之前，必会点击该商品详细介绍页面进行查看。这样，商品点击次数（Y^1）就可以成为被用户纳入第一阶段考虑集合的代理指标，而购买数量（Y^2）作为消费者购买行为的加总也能够成为最终购买行为的代理变量。因此，在第一阶段的决策机制模型中，我们将当周点击量作为决策的因变量，验证出哪些因素（以矩阵 X^1 代表）对该阶段决策有影响。在第二阶段的决策中，我们将当周销售量作为因变量，验证出哪些因素（以矩阵 X^2 代表）会影响这个阶段的决策。

$$Y_i^1 = \begin{cases} \beta_0 + X_i^1\beta_1 + \varepsilon_i, & \text{若 } Y_i^* = \beta_0 + X_i^1\beta + \varepsilon_i > 0 \\ 0, & \text{否则} \end{cases} \quad (1.1)$$

本研究采用的是横截面销售数据，因变量存在左归并（left-censored）的情形，为了能够保障估计的一致性和无偏性（Melnik & Alm，2002），我们第一阶段采用 Tobit 模型进行回归分析，计量模型为式（1.1）。而对于第二阶段，则采用两阶段回归方法进行分析，计量模型为式（1.2），所涉及的变量列于表 1-1。

$$Y^2 = \beta X^2 + \theta Y^1 + \zeta \quad (1.2)$$

表 1-1　　　　　　　　主要变量的说明

变量代号	变量名称	变量类型	变量说明	所在阶段
Rep	卖家信誉	自变量	卖家在淘宝上交易累计的信用积分	1
P	商品价格	自变量	商品在网页上的挂牌价格	1, 2
SLM	历史销量	自变量	商品在 30 天内的历史销量	1
M	保障标记	自变量	是否支持如实描述和七天无条件退货	1
WOM1	口碑评分	自变量	所有买方对商家服务态度的评分	2
WOM2	口碑数量	自变量	系统显示出该商品文字评论的数量	2
WOM3	负面口碑	自变量	商品在 30 天内被买方评论为差评的数量	2
PIC	图文描述	自变量	商品展示时图文描述的千字节数（kb）	2
CL	周点击量	因变量	商品一周内被点击的次数（千次）	1
S	周销售量	因变量	商品当周累计销售量	2

(二) 数据获取与描述

网上交易积累了大量用户交易数据，这些用户数据真实反映消费者的选择与决策倾向，具有较高的研究价值。本研究的两份样本数据均来自某大型电子商务网站，其中样本 1 为毛衣类商品，网站浏览时间为 2011 年 1 月 10 日，样本量为 1251 个；样本 2 为手机类商品，网站浏览时间为 2011 年 3 月 10 日，样本量为 645 个。这些数据记录了所有样本的价格、周销量、第三方标记以及评价、店铺的信誉、动态评分等数据，涉及 10 个变量。我们根据网上购物流程，将价格（P）、信誉（REP）、保障标记（M）、历史销量（$HERD$）等关键信息作为第一阶段自变量（对应搜索后的列表界面）。而对于口碑评分（$WOM1$），口碑数量（$WOM2$），负面口碑（$WOM3$），图片数量（PIC）等变量列入第二阶段自变量（对应商品明细界面）。主要变量的数据描述如表 1-2 所示。

表 1-2　　　　主要变量的数据描述（样本 1/样本 2）

变量	均值	标准差	最小值	最大值	中位数
REP	11.78/9.83	2.47/2.33	5/5	18/17	12/9
P	98.42/962.48	66.49/604.48	9.9/95	658/3630	79/968
$HERD$	766/106	1268/313	145/0	17954/58893	383/31
M	1.75/1.65	0.45/0.76	0/0	2/2	2/2
$WOM1$	4.62/4.70	0.11/0.12	3.89/4.08	5/4.98	4.63/4.72
$WOM2$	20483/5351	38075/12336	112/43	301656/75409	6685/1050
$WOM3$	28.8/3.99	85.07/12.23	0/0	851/81	6/0
PIC	57.67/39.36	27.62/21.35	11.57/0.48	173.78/117.56	52.04/33.90
CL	10.27/2.86	15.41/9.97	0.13/0.00	186.28/163.37	5.38/0.53
S	190.91/26.57	282.98/82.98	3/0	4720/1344	107/6

资料来源：作者根据样本整理。

从表 1-2 可以看出，样本 1 和样本 2 中，商品平均周销量分别为 191 件和 27 件，平均价格分别为 98.42 元和 962.48 元，平均历史销量（30 天为界）分别为 766 件和 106 件，平均周点击量分别为 1 万次和 3 千次。样本中保障标记的中位数均为 2，即一半以上的商家不仅提供商品如实描述保证，还支持 7 天退换。样本 1 与样本 2 平均口碑评分比较接近，分别为 4.6 和 4.7，但是口碑数量和负面口碑的数量则分别相差4倍和7倍以上。商家对毛衣的描述比对手机的描述使用的图片和文字要多近50%。

为了使得变量更加接近回归分析正态分布的要求，参考周黎安等（2006）的研究，我们对所有的非虚拟变量做了取对数处理（在变量代号前加上前缀L_表示）。对数处理后所有自变量的相关系数如表1-3所示，所有自变量中除了卖家信誉与负面口碑、卖家信誉与图文描述的相关系数稍高外，[①] 其他自变量的相关系数均低于0.5。另外，从两个样本的OLS回归分析的结果来看，所有变量的VIF介于1.11~3.22，均值为1.73。该结果远远低于约瑟（Joseph et al. , 1995）所建议的判别值10，我们可以基本排除回归分析中多重共线性的可能。

表1-3　　　　　　　主要变量的相关系数矩阵

变量	L_REP	L_P	L_HERD	L_M	L_WOM1	L_WOM2	L_WOM3	L_PIC	L_CL	L_S
L_REP	1.00	0.35	0.24	0.16	0.01	0.29	0.68	0.65	0.46	0.46
L_P	-0.06	1.00	0.10	-0.03	0.40	0.13	0.10	0.17	0.24	0.04
L_HERD	0.28	-0.07	1.00	0.11	-0.02	0.74	0.15	0.17	0.83	0.84
L_M	-0.13	-0.03	0.03	1.00	-0.04	0.16	0.03	0.33	0.16	0.12
L_WOM1	-0.29	0.23	0.04	0.18	1.00	-0.02	-0.19	-0.01	-0.03	-0.03
L_WOM2	0.10	0.06	0.48	0.03	0.11	1.00	0.19	0.25	0.68	0.68
L_WOM3	0.71	-0.15	0.32	-0.17	-0.42	0.11	1.00	0.49	0.35	0.18
L_PIC	0.41	0.17	0.12	-0.07	-0.02	0.05	0.31	1.00	0.38	0.18
L_CL	0.39	0.14	0.78	-0.01	-0.10	0.41	0.39	0.21	1.00	0.86
L_S	0.11	-0.11	0.78	0.11	0.12	0.45	0.16	0.09	0.55	1.00

注：左下角的数据对应样本1，右上角的数据对应样本2。

四、计量结果与分析

（一）第一阶段：价格信号传递机制的验证

在该购物网站提供的推荐代理机制中，除了价格外，与本节分析直接相关

---

① 在两阶段的回归过程中，信誉与负面口碑、图文描述并未同时出现在同一阶段的回归式中。

的变量为商品价格、卖家信誉、历史销量和保障标记。① 因此，我们以上述变量作为自变量，以周点击量（代表了进入考虑集合的次数）为因变量，进行了第一阶段的 Tobit 回归分析。表 1-4 为第一阶段网上购物影响因素的 Tobit 回归分析结果，模型 A 考察了价格与当周点击次数的关系，样本 1 和样本 2 的结果都表明，价格与当周点击次数存在正相关关系（p<0.001），系数分别为 0.21 和 0.71。这就证实了价格信号的传递机制：在网上购物这种复杂的环境中，商品信息泛滥，价格越高，消费者感知商品质量越高的可能性就越大。平均而言，价格每提高 1%，点击量提高 0.2%~0.7%。相对于毛衣，手机价格对点击量的影响系数要高一些，这可能是网上手机市场环境的不确定性更高所导致的。

表 1-4　　　　　　　第一阶段 Tobit 回归分析结果

自变量	样本 1:某品牌毛衣($N=1251$) 模型 A(1)	模型 B(1)	模型 C(1)	样本 2:某品牌手机($N=645$) 模型 A(2)	模型 B(2)	模型 C(2)
L_P	0.21 *** (5.05)	0.25 *** (6.62)	0.30 *** (12.79)	0.71 *** (6.11)	0.36 ** (3.24)	0.35 *** (4.42)
L_REP		1.85 *** (15.68)	0.92 *** (12.09)		2.54 *** (5.36)	0.97 *** (4.62)
L_M		0.10 (1.83)	-0.001 (-0.03)		0.23 (1.80)	0.07 (1.13)
L_HERD			0.85 *** (44.57)			0.99 *** (20.59)
L_P×L_REP		0.39 * (2.35)	0.31 ** (2.86)		0.62 (1.24)	1.06 *** (4.71)
L_P×L_M		0.10 (1.25)	0.15 *** (2.81)		0.02 (0.20)	0.00 (0.99)
L_P×L_HERD			-0.005 (-0.19)			-0.10 * (-1.97)
C	10.27 *** (368.13)	10.28 *** (404.06)	10.27 *** (650.99)	-0.83 *** (-6.85)	-0.72 *** (-6.28)	-0.70 * (-9.15)
Pseudo R^2	0.01	0.07	0.41	0.03	0.08	0.53

因变量：L_CL

注：*、**、*** 分别表示在 5%、1%、0.1% 的水平上显著。

---

① 其他可能影响消费者第一阶段决策的数据，如买家地域、客服在线等相关的变量数据无法获取。

模型 B 加入了卖家信誉和保障标记两个变量以及与价格的相关乘积项。模型 C 则在模型 B 的基础上，从网上用户从众行为的角度（Duan et al.，2009），加入了历史销量因素，以及历史销量与价格乘积项。从模型 B 回归分析的结果来看，样本 1 和样本 2 中信誉与点击量有着显著的正向关系（$p<0.001$），说明好的信誉能提高消费者的购买意愿（Grewal et al.，1998），这与以往的研究保持一致。不仅如此，乘积项的系数也表明存在能强化价格的信号传递机制。从模型 C 来看，两个样本历史销量的系数分别为 0.85 和 0.99，显著性水平均小于 0.001。这表明，用户倾向于跟随前期其他用户的决策，羊群效应在购物的第一阶段的作用是不可忽视的。模型 C 比模型 B 的解释力均有大幅提升（由 7% 和 8% 分别提升到 41% 和 53%），具有更好的解释力。

从模型 C 可以看出，两个样本的 $L\_P \times L\_REP$ 的系数分别为 0.31 和 1.06，且在 0.001 的水平上显著，这表明商家信誉对价格的信号传递机制有强化作用：信誉指数每提高 1%，价格对毛衣和手机点击量的影响增强 0.31% 到 1.06%。而对于另外两项乘积项 $L\_P \times L\_M$ 和 $L\_P \times L\_HERD$，并未检测到一致的强化价格信号传递效应。相反，在手机的样本中，$L\_P \times L\_HERD$ 的系数为 -0.10，显著性水平为 0.05。这说明羊群效应对价格的信号传递机制有一定的削弱作用：当有足够的其他消费者释放信号，价格信号对消费者质量感知的影响趋于减弱。

（二）第二阶段：需求法则的影响分析

第二阶段采用 2SLS 的回归方法进行分析，为了与传统的一步回归分析进行比较，同时进一步确认样本中的商品为非吉芬商品，我们也保留了普通回归分析。在普通回归分析（模型 D）中，将当周销量作为因变量，第一阶段涵盖的因素以及商品的描述信息和商品的评价详情作为自变量进行回归分析。而在 2SLS 分析（模型 E）中，将第一阶段的因素作为工具变量，进行两次回归分析。由于效用理论将价格看作影响消费者预算线形态的主要因素，价格在临近支付的第二阶段决策中具有更重要的影响。因此，在 2SLS 的分析中，价格既作为工具变量，又作为第二阶段的影响因素。从两个样本的 OLS 回归分析（模型 D）结果来看，所有自变量的 VIF 介于 1.08~4.75，均值分别为 1.98 和 2.53，低于赫尔（Hair et al.，1995）所建议的判别值 10，所以也可以基本排除多重共线性。

表 1-5 为第二阶段 OLS 和 2SLS 的网上购物影响因素回归分析的结果。模型 D 的 OLS 回归分析反映了整体上各种影响因素对最终销售的影响。在样本 1 中点击量和信誉对销售的影响为负（p < 0.05）。在样本 2 中，信誉对销售没有影响，这是因为它的影响在第一阶段已经充分地得到体现。两个样本中，价格对销售的影响都为负，与以往单一阶段购物过程的实证研究保持了一致，也验证了我们的数据集并非吉芬商品的特例。这更能说明购物两阶段过程的分离能够发现以往研究无法验证的价格传递质量信号。

表 1-5　　　　第二阶段 OLS 与 2SLS 回归分析结果

自变量	样本 1：毛衣（$N=1251$） 模型 D1（OLS）	样本 1：毛衣（$N=1251$） 模型 E1（2SLS）	样本 2：手机（$N=645$） 模型 D2（OLS）	样本 2：手机（$N=645$） 模型 E2（2SLS）
LCL	-0.07* (-2.47)	0.89*** (25.26)	0.55*** (19.02)	0.82*** (28.15)
L_P	-0.11*** (-4.33)	-0.45*** (-12.87)#	-0.31*** (-7.41)	-0.41*** (-9.82)#
L_REP	-3.78*** (-3.61)	#	-0.12 (-0.62)	#
L_HRED	0.86*** (26.85)	#	0.25*** (6.76)	#
L_M	0.10** (2.83)	#	0.01 (0.15)	#
L_WOM1	0.32** (2.66)	1.24*** (7.65)	3.51* (2.51)	4.62*** (3.11)
L_WOM2	0.09*** (4.65)	0.06* (2.04)	0.11** (3.05)	0.08* (2.04)
L_WOM3	-0.01 (-0.59)	-0.11*** (-6.16)	-0.05 (-1.46)	-0.12*** (-3.95)
L_PIC	0.11*** (2.98)	0.01 (0.27)	-0.25*** (3.93)	-0.42*** (-0.71)
C	0.93*** (3.35)	-2.13*** (-6.12)	-1.81 (-0.77)	-1.55 (-0.62)
Adj R^2	0.65	0.28	0.82	0.80

注：*、**、*** 分别表示在 5%、1%、0.1% 的水平上显著。# 表示作为工具变量，参与中间阶段的回归。

从模型 E 的 2SLS 回归分析的结果来看，价格对毛衣和手机销售的影响系数为 -0.45 和 -0.41（p < 0.001），这表明在第二阶段决策时，价格每升高 1%，消费者对毛衣和手机的购买会下降 0.45% 和 0.41%，需求法则在这个阶段发挥着主导作用。在模型 D 中，价格对销售的影响为 -0.11 和 -0.31（p < 0.001），明显低于模型 E 中的 -0.45 和 -0.41。这表明，总体而言，价格的信号传递效应对最终购买的影响要弱于需求法则的影响，价格信号的传递效应主要是在购物的第一阶段完成的。无论在毛衣的市场还是在手机的市场，都实现了分离均衡。

五、结论与启示

信息不完全的复杂环境中，价格信号的传递能否收敛于分离均衡是一个非常值得研究的问题。我们所构建信号的传递模型表明，在消费者不接受高价低质的条件下，价格信号的传递存在分离和混同两个均衡。价格信号的传递是否能够发挥作用，收敛于分离均衡，不仅直接关系到商家的定价策略，还关系到市场的效率。本节对照一般消费者的两阶段购物流程，对信息不完全环境下的价格信号传递机制进行了理论和实证分析。在深入剖析不同阶段影响因素对决策影响的基础上，我们得到的结论是，我国网上交易市场的价格能够传递商品质量的信号，市场收敛于分离均衡。而且，价格的信号传递效应要弱于需求法则，主要在商品搜索初期发挥着重要作用。此外，商家信誉对价格的信号传递机制有强化的作用，而从众行为会减弱价格的信号传递。

上述价格信号传递的理论与实践的启示如下。

（1）价格能够代理商品的质量信息，促进消费者在初始搜索阶段的选择，这证实了我国网上购物市场收敛于效率较高的分离均衡。在这样的市场环境下，高价的产品对消费者是有吸引力的。但对企业而言，产品定价存在两难：如果价格定得太高，预算约束太强导致购买量减少，而如果价格定得太低，产品的品质又会被质疑，无法进入消费者的初期搜索列表。这就对企业科学的、量化的定价策略提出了更高的要求。因此，为了利润最大化，企业需要充分地利用互联网接触消费者，广泛收集用户消费行为的数据，充分了解消费者对热门和利基等不同类别产品的需求弹性（周耿和于笑丰，2012），利用科学的经济学模型进行决策。

(2) 分离均衡的存在，证明了我国网上交易市场是一个充满活力的市场。这个市场存在良性循环的机制，使得企业愿意投入研发成本做出更高质量的产品，从而售出更高的价格。2013 年以来，小米科技等公司通过加大研发，制造出了全球性能领先的手机、电视等产品，从侧面证实了这一点。同时，我们也要警惕市场陷入混同均衡。当市场陷于低价混同均衡时，所有的商家都热衷于投入"价格战"，优质商家得不到较高的利润，会失去创新的动力，甘于维持现状，久而久之会使得市场的产品落后于消费者的需求，甚至还可能产生"劣币驱逐良币"的现象。以 2003~2010 年的手机市场为例，自 2003 年我国手机市场出现价格极为便宜的"山寨"手机后，到 2008 年，"山寨"手机攻城拔寨，从深圳等地迅速蔓延至全国各地，导致大量正规国产手机制造商放弃了研发，迎接价格战，市场陷入低价格的混同均衡。幸运的是，自 iPhone 为代表的国外智能手机出现后，低价功能手机的混同均衡被打破，市场秩序被重建于高价高质分离均衡，国内高价手机市场份额逐步让位于苹果、三星等国外厂商。在这个分离均衡的市场上，由于遵循了高价高质的原则，鼓励了创新者，才有了新兴国产手机品牌的崛起。

(3) 在我国明码标价制度为主体的网上交易环境下，商家信誉的价值不仅在于直接促成最终阶段的购买，还在于强化价格信号的传递。很多研究表明，在网上拍卖市场中，信誉存在溢价效应（周黎安等，2006），即信誉高的商家能够拍到更高的价格。但是在我国网上交易市场更为普遍的明码标价市场中，信誉与价格的作用机制是间接的：当商家信誉较高时，高价产品更容易让消费者联想到高质量产品，从而愿意支付更高的价格。而且，本节的两阶段分析表明，信誉对销售量的正向影响仅在初期信息搜索的阶段发生，而在临近决策的阶段，信誉对销售无明显的正向作用。这与李维安等（2007）的观点是相似的。他们认为，"信誉存在两个临界点，当商家的信誉高于第一个临界点时，商家的信誉才能吸引到买家。而超过第二个临界点时，信誉增长不会导致销售的增长"。这里第一个临界点指的是信誉达到一定门槛以后，消费者才能建立起价格与质量的正向关联，而第二个临界点是指信誉促进价格信号传递的作用已经达到上限，消费者已经完全启动了高价高质的购物模式。上述分析表明，互联网上的创业型商家在战略上要分两步走。第一步，"走量"，即集中精力提高交易量，建立起信誉，迈过第一个临界点，向第二个临界点进发。这个过程一定要经过时间的积累，几乎没有捷径可走。第二步，"提质"，在信誉达到第二个临界点，消费者对"高质高价"这一模式已经没有疑虑时，适合拓展高端产品，充分地利用信誉与价格的这种关系来拓展盈利空间。

由于时间和技术条件等方面的限制，本部分研究存在一定的局限性：（1）采集数据时间为一周，期限较短，无法检验较长时间内的购物影响因素。（2）商品类型只有两类，没有通过分析各种商品类别来进一步区分出商品类型对两阶段决策的影响。（3）两个研究样本中，没有控制具体产品型号和性能参数等对销售的影响，影响了模型的拟合度。（4）缺乏消费者收入等分类数据，价格信号传递对不同人群的影响不能进一步检验。随着我们搜索技术研发的深入，未来将获取更多类型商品的面板数据，对价格的信号传递机制进行更加深入的研究。

第二节　信誉与第三方标记的交互机制

一、信誉与第三方标记理论

信任是无论交易的一方是否有能力监视另一方的行为，其仍愿意相信另一方会履行所预期的重要行为（Mayer et al., 1995）。对于个体消费者而言，信任取决于消费者预测商家行为的能力（Doney & Cannon, 1997）、消费者对交易风险存在的感知（Sitkin & Pablo, 1992）以及消费者风险承担的意愿（Mayer et al., 1995）。其中，消费者风险承担的意愿是消费者自身的属性，不容易发生改变。网上交易的信任机制主要从前两个方面发生作用：一方面，提供预测相关行为的指标，加大消费者预测商家行为的能力。如通过第三方客观地记录各商家的交易情况，根据客户的评价为各商家打出相应的分数和好评率，使得消费者容易甄别、预测商家后期的行为。这种机制即为信誉机制，它依靠长期积累而成。另一方面，提供第三方标记，降低消费者的风险感知，使不确定性最小化。受信任的第三方授权商家出示由他们提供的"标记"，表示商家按照第三方事先约定程序进行服务，它亦能促进信任（Zucker, 1986）。与信誉机制依靠以往消费者积累的评价不同，消费者对第三方标记的信任来自对第三方的信任转移。这种信任转移不依赖于长期的积累，而是通过标记瞬间获得，对于还没来得及积累信誉的新商家可能有着更大的帮助。两种信任机制有着不同的适用性。

信誉机制广泛存在于网上零售商中，通过好评、口碑等体现出来。其中 C2C 平台应用最为广泛，它为平台上的每位商家计算信誉积分，消费者可以在平台内部对各个商家的信誉进行精确地比较。而"第三方标记"是由可信的第三方机构签发的，能够确保商家行为符合可接受标准的标记（Kim et al.，2008）。它源于国外的 B2C 平台，体现在网页上的一张带有链接的小图标上，有的学者也将保证标记称为"第三方图标"（third-party icon）。这种性质决定了"图标"仅从外观上非常容易仿冒，对于上网经验不丰富的消费者来说更容易受到蒙蔽和欺骗。如果没有成熟的制度来管理这种仿冒行为，"第三方标记"就形同虚设。

我国这方面法律制度的缺位导致了"第三方标记"在我国 B2C 平台上比较少见，而主要出现在 C2C 平台上①。2007 年起，我国电子商务网站开始尝试对其商家推出第三方标记，目前已经形成了较为齐全的第三方标记体系（见表 1-6）。参照罗纳尔（Ronald et al., 2008）的研究，我们将这些第三方标记按照功能划分为保障、慈善、便利和促销四大类。

表 1-6　　　　淘宝网给商家提供的信誉和第三方标记

显示样式（举例）	名称	类别	详细情况
1243 ♦♦♦	信誉积分	信誉	在信誉积分数字后出现红心、钻石和皇冠等不同等级的图标
99.73%	好评率	信誉	取值范围为 0~100%，作为信誉积分的补充信息
假一赔三	假一赔三	保障标记	一旦卖假货，买家可以要求卖家提供三倍的赔偿
7天无理由退换货	7 天退换	保障标记	买家签收货 7 天内，不影响二次销售的情况下，可以退换货
如实描述	如实描述	保障标记	如果收到商品和购买时描述不一致，可以要求卖家退货
数码与家电30天维修	30 天维修	保障标记	签收商品 30 天内，买家提供 3 次无条件免费维修服务

---

① 在 C2C 平台上，所有店铺网页的结构全部由 C2C 平台提供，在其平台上设立店铺的商家必须遵守一定的规则。C2C 平台则充当了消费者认可的"第三方"，对店铺的展示方式拥有实际的管理权，店铺绝对不可能出现仿冒"保障图标"行为。

续表

显示样式（举例）	名称	类别	详细情况
♥	爱心捐赠	慈善标记	每一笔交易发生后，自动将一部分金额捐助给慈善机构
	货到付款	便利标记	买家收货验货后再付款
	信用卡支付	便利标记	可以使用信用卡付款
	闪电发货	便利标记	对于虚拟物品（充值卡等），卖家承诺2小时内发货
折扣▼	促销	促销标记	对淘宝 VIP 用户有折扣优惠或可使用抵价券

资料来源：作者根据相关资料整理。

2009 年 9 月起，国外 C2C 平台也开始对其商家提供第三方标记"Top - rated seller"，受到了大量消费者和商家的欢迎。这表明，在实践环节，第三方平台和商家也越来越重视使用各种信任机制来加强消费者的信任，促进购买行为。本节将从淘宝网上采集数据，对这两种信任机制作用于最终的购买行为的机理进行实证分析，不仅对 C2C 平台和商家而言具有较强的实践意义，还对了解信任作用的机理具有一定的理论贡献。

二、信誉与第三方标记交互机制的模型

（一）网上购买行为

网上购买行为是绝大多数研究的因变量。一部分研究者认为消费者网上的购买行为是理性的、计划性的行为（Gefen et al., 2003），采用理性行为理论的信念—态度—意向—行为（Fishbein & Ajzen, 1975）的范式来寻找影响网上购买行为的因素；而另一些研究者认为网上购买行为是冲动性的、非计划性的（Koufaris, 2002），一般采用心理学的情感相关理论来解释网上购买行为。

在第一类研究中，很多学者将网上商店看成是一种信息技术的应用，认为消费者对网上商店的购买行为等同于对这种新技术的接受。这类研究一般采用在信息系统领域占据主导地位的技术接受模型（TAM）（Davis et al., 1989），其主要特征是采用有用性（usefuless）和易用性（ease of use）来解释用户使用行为。为了使模型适应于互联网，很多学者在技术接受模型的基础上进行了

拓展，加入了一些新的解释变量，如感知趣味性（Moon & Kim，2001）、信任（Gefen et al.，2003）、价格和促销（Song & Zahedi，2005）等来更好地解释网上购买行为。

而对于冲动购买行为的研究，学者们一般借助于心理学情感相关的理论如流理论（flow theory）和刺激—机体—反应（stimulus – organism – response）等心理学理论（Parboteeah et al.，2009）。而讨论的影响因素则涉及较广，既有下载速度、导航、信息内容、交互性、响应时间等信息技术的因素（Adelaar et al.，2003），也有感知娱乐性、视觉吸引力、气氛（Richard，2005）等传统因素。也有一些学者将网上购物行为的计划性和冲动性因素结合起来进行研究（Koufaris，2003）。

本部分的样本来自同一 C2C 平台技术架构下的不同商家，而且各商家销售同一种商品。这样可以将有用性、易用性、趣味性、娱乐性、网页速度、交互性等信息技术以及商品本身的因素基本控制住，而只关注价格、信誉和第三方标记对购买行为是否存在影响，以及这种影响是如何作用的（见图 1 – 2）。

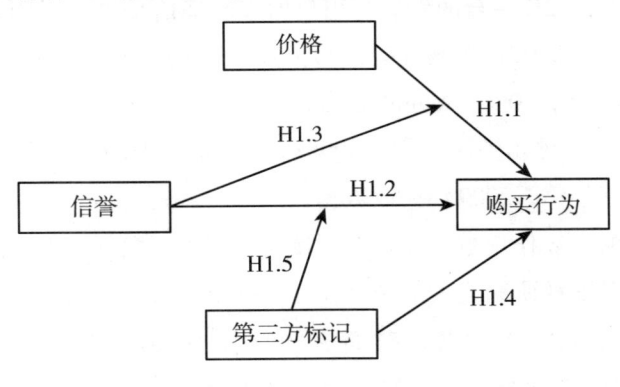

图 1 – 2　理论模型

（二）价格与购买行为

价格一直是影响购买行为的主要因素之一，两者的关系在传统经济学中得到广泛的验证。经济学需求定律表明，在其他条件相同的情况下，当商品价格上升时，产品的需求量（即购买意愿）会减少（Mankiw，1998）。经济学家们常用价格敏感度（product sensitive）或价格弹性来描述这一关系。虽然在一些特殊情况下，需求定律并不一定成立（如炫耀性商品和吉芬商品等），但价格和购买行为的负向关系得到了更多学者的证明，并且这种关系比广告等因素对购买行为的影响要大得多（Tellis，1988）。而且，需求定律在互联网上的适用性也得到了部分学者的验证（Castoronova，2008）。但是，学者张仙锋（2009）对我国 C2C 平台上的需求定律提出了质疑，认为价格对销售（购买）行为没有显著的相关作用。因此非常有必要再次验证我国 C2C 环境下的价格与购买行为的关系。据此我们提出假设：

H1.1：商品的价格与消费者的网上购买行为负相关。

（三）信誉与购买行为

作为影响购买行为的主要因素，信誉在先前与其他人互动经验中或者在收集信息的过程中获得（Wilson，1995）。买卖双方信息不对称时，消费者无法辨别产品的好坏（Spence，1974），存在"逆向选择"的问题。信誉能够改善这种信息不对称的情况，让买方觉得卖方会提供较高品质的服务（Sporleder & Goldsmith，2001）。互联网市场能使得信息传递以较低的成本运行（李维安等，2007），具有建立信誉的显著优势（Resnick et al.，2006）。网上交易尤其是 eBay 和淘宝等 C2C 平台的发展为用数据来验证信誉机制作用提供了绝好的机会（李维安等，2007；周黎安等，2006）。国外学者的数据大都来自 eBay 网（Houser & Wooders，2006；Melnik & Alm，2002；Resnick et al.，2006），而国内学者大都从易趣网（杨居正等，2008；周黎安等，2006）和淘宝网（李维安等，2007；张仙锋，2009）获取数据。

虽然信誉的积极作用被广大学者所接受，但由于数据可得性的原因，对信誉机制作用的验证性研究绝大部分是在互联网出现后才开始的。学者们普遍认为，当消费者感到好的信誉，对商家的信任也会增加（Doney & Cannon，1997），商家也会因此维持其更好的信誉（Ba & Pavlou，2002）。好的信誉不仅能够打消消费者购物决策前的疑虑（Zeithaml，2000），提高消费者的购买意愿（Grewal et al.，1998），提升销售成就（Cabral & Hortacsu，2004）和忠诚度（Andreassen，1999），还能显著影响拍卖价格（Melnik & Alm，2002）。相反，差的信誉会导致低的销售量和较低的拍卖价格（Cabral & Hortacsu，2004）。据此，我们提出假设：

H1.2：商家的信誉与消费者的网上购买行为正相关。

（四）信誉的调节作用

正如门罗（Monroe，1973）指出的，价格与消费者购买意愿的关系可能受到某种调节变量的影响，而胡贝尔（Huber et al.，1986）认为该调节变量是品牌名称和质量等级，即好的品牌和质量等级信息能使价格对消费者购买意愿的影响更小。在网上交易的商品品牌确定的情况下，质量等级信息主要体现在卖家的信誉上。此外，很多经济学研究表明，信誉存在一个"溢价"作用（Klein & Leffler，1981；张仙锋，2009），在国外网上拍卖形式的交易中，信誉对价格存在正向的影响（Melnik & Alm，2002），此时价格是因变量，信誉是自变量。由于文化的差异，一口价在我国应用的程度远远高于拍卖，C2C市场绝大部分是一口价（李维安等，2007）。在"一口价"情况下，价格不再是因变量，而是成为了自变量。此时，信誉的"溢价效应"有可能通过调节价格与购买行为的关系来体现，即信誉可能影响消费者对价格的敏感程度。据此，我们提出假设：

H1.3：信誉对价格与消费者的网上购买行为的影响起调节作用。当信誉高时，价格对购买行为的负向影响较弱；信誉低时，价格对购买行为的负向影响较强。

（五）第三方标记与购买行为

第三方标记最早的研究者泰勒尔（Taylor，1958）认为，第三方标记对消费者的购买过程几乎没有帮助；而贝尔特拉米尼（Beltramini，1993）等学者认为如果标记可被察觉时，第三方标记对消费者有着正面的影响。随着互联网的逐渐普及，诸如 WebTrust，BBB 和 TRRUSTe 等综合性的"第三方标记"在互联网上的应用引起了很多学者的兴趣。学者们主要持两类观点。第一类观点认为第三方标记具有巨大的作用（Gray & Debreceny，1998），因为它能够打消消费者的疑虑，降低消费者的感知风险（Koreto，1997），促进信任（王全胜等，2009），从而对购买的可能性起着重要的正向作用。但是对于不同标记的正向作用是否有显著差异尚存在矛盾的实证结果（Hu et al.，2003；Noteberg et al.，1999）。第二类观点对互联网上第三方标记的作用提出了质疑，认为由于标记本身质量不高或包含的意义太多（Lala et al.，2002），导致消费者不知道标记代表的含义（Mcknight et al.，2004），他们对标记理解存在偏差（Houston & Taylor，1999），或不明白标记的运作过程（Cranor，1999），甚至根本没注意到标记的存在（Kovar et al.，2000）。因此，对消费者的教育能够提高第三方标记的作用（Kim et al.，2008）。但是，有些学者仍然坚持认为，相对于便利性、易用性和网站的美观性，第三方标记作用非常低（Belanger et al.，2002），其效果甚至可以被商家自我揭示替代（Mauldin & Arunachalam，2002）。而赫德等（Head et al.，2002）则认为，虽然总体上第三方标记对信任的影响比较弱，但第三方标记在建立信任的不同阶段所起的作用是不一样的。

网络购物摆脱了时间和空间的限制，但同时也增加了交易中的不确定性。保障型标记是一种能够让易受伤害的消费者对在线交易更有信心并保证卖方能够按照他的承诺履行制度安排（Kim et al.，2004）。它使得使用该标记的商家能够依靠具有公信力的第三方对交易过程和售后服务的标准进行担保，从而促进消费者的信任，进而影响消费者的购买行为。据此，我们提出假设：

H1.4a：保障型第三方标记与消费者的网上购买行为正相关。

信任包括两个层面：值得信赖和仁慈（Ganesan，1994），其中值得信赖被认为是对方的客观可靠性，能够被相信的承诺或书面陈述；仁慈则包括对方对其他人福利真诚的关注程度，寻求共同利益的动机。当消费者发现商家有慈善行为的时候，可能会提升对商家"仁慈"的感知，从而提高对商家的信任，进而促进购买行为的发生。因此我们提出假设：

H1.4b：慈善型第三方标记与消费者的网上购买行为正相关。

在线购物利用网络为渠道，必然会增加许多额外的环节，比如支付、配送等，这些环节中有可能出现问题（王全胜，2007），消费者在购物过程中需要花费额外的精力去面对这些可能的问题。便利性标记可以减轻消费者的心理负担，降低用户对购物过程所需耗费精力的期待，增强购物意愿，因此我们提出假设：

H1.4c：便利型第三方标记与消费者的网上购买行为正相关。

促销标记能够让VIP消费者感知到该商家的价格可能比其他商家便宜，效果和降价类似。因此，我们提出假设：

H1.4d：促销型第三方标记与消费者的网上购买行为正相关。

（六）第三方标记的调节作用

很多研究表明，在不同的阶段消费者对信誉的关注度是不同的（李维安等，2007）。当消费者面对众多超过信誉达到"门槛"的商家时，可能会更加关注商家是否拥有第三方标记。这时，拥有第三方标记或者第三方标记较多的商家可能会更加吸引消费者产生购买行为，即第三方标记对信誉的作用有着调节作用。据此，我们提出以下假设：

H1.5a：保障型标记对信誉与消费者网上购买行为的关系起调节作用，保障型标记越多，信誉对消费者网上购买行为的正向影响就越大。

H1.5b：慈善型标记对信誉与消费者网上购买行为的关系起调节作用，慈善型标记越多，信誉对消费者网上购买行为的正向影响就越大。

H1.5c：便利型标记对信誉与消费者网上购买行为的关系起调节作用，便利型标记越多，信誉对消费者网上购买行为的正向影响就越大。

H1.5d：促销型标记对信誉与消费者网上购买行为的关系起调节作用，促销型标记越多，信誉对消费者网上购买行为的正向影响就越大。

三、信誉与第三方标记交互机制的数据分析

（一）变量的说明

变量的说明如表1-7所示。

表1-7　　　　　　　　变量的说明

变量		变量名称	变量含义	预期符号	适用范围	说明
因变量：销售额		Sales	30天内成交数量		均适用	大于零的连续变量
自变量	信誉	R	卖家信誉积分	+	均适用	大于零的连续变量
		GR	商品的好评率	+	均适用	0~100%之间连续
	价格	P	商品价格	-	均适用	大于零的连续变量
	保障型标记	S1	假一赔三标记	+	数码、服装等	四种标记之和取值范围为0, 1, 2, 3, 4
			7天退换标记	+	数码、家电等	
			如实描述标记	+	均适用	
			30天维修标记	+	数码产品	
	慈善型标记	S2	爱心捐赠标记	+	均适用	二分变量
	便利型标记	S3	闪电发货标记	+	虚拟产品	三种标记之和取值范围为0, 1, 2, 3
			货到付款	+	均适用	
			信用卡支持	+	均适用	
	促销型标记	S4	促销	+	均适用	二分变量

（二）数据的选取

互联网积累了大量的交易数据，这些数据在网络上被客观真实地记录了下来，采用真实发生的交易数据完全可以避免人为因素的干扰。这种方法也被很多学者采用，如张维迎（2006）以我国某电子商务网站的10万条数据来验证网上信誉积分机制的作用，而卢向华和冯越（2009）则采用某点评网站提供的1万条数据验证了口碑的价值。参考跟踪的店铺销售记录来获得研究样本的方法（李维安，2007），本研究的截面数据来自某大型电子商务网站。

网站访问时间为2009年10月4日晚23：00～24：00，样本对象是某特定型号手机。数据的主要变量有卖家信誉积分（R）、商品的好评率（GR），商品价格（P）、30天内成交数量（$Sales$）、保障服务标记类型（M）等多项数据，有效样本量为3060个。

（三）数据描述性统计

在我们抓取的数据中，30天内一共成交某型号的手机7141部，成交总金额为1352万元。虽然成交额很大，但分布非常不均衡，"二八现象"非常严重，1%的店铺产生了59.5%的销售额。产品最高价和最低价差距在一倍左右。信誉积分的分布非常广泛，最小值为0，最大的超过66万；好评率的差别并不大，平均值高达91%，有约一半的商家好评率达到了100%。在第三方标记中，保障类标记使用最多，有46.9%的商家采用；而慈善类标记使用最少，仅有6%的商家采用（见表1-8）。

表1-8　　　　　　　　数据描述性统计

变量	样本量	均值	中位数	最大值	最小值	标准差
$Sales$（成交量）	3060	2.3	0	708	0	23.4
R（卖家信誉积分）	3060	1980	185	662261	0	14450
GR（商品的好评率）	3060	91	100	100	0	28.2
P（商品价格）	3060	2063	1980	3800	1780	231.3
$S1$（保障型标记）	3060	0.75	0	4	0	0.91
$S2$（慈善型标记）	3060	0.06	0	1	0	0.24
$S3$（便利型标记）	3060	0.18	0	2	0	0.42
$S4$（促销型标记）	3060	0.07	0	1	0	0.25

(四) 数据分析

由于存在大量没有产生交易的店铺,[①] 如果将没有交易的样本全部抛弃,仅对剩下的样本进行 OLS 估计,不仅会使得样本大幅减少,而且得到的结果是有偏的,并且不满足一致性要求。在这种左归并(left-censored)的情形中,利用 Tobit 模型[②]能够保障估计的一致性和无偏性(Melnik & Alm,2002)。该模型中,被观察到的变量 Y_i 表达式为:

$$Y_i = \begin{cases} \beta_0 + X'_i\beta_1 + \varepsilon_i, & \text{若 } Y_i^* = \beta_0 + X'_i\beta + \varepsilon_i > 0 \\ 0, & \text{否则} \end{cases} \quad \text{其中,} \varepsilon_i \in N(0, \delta^2)$$

消费者网上购买行为的增加必然导致商家的销售量提高,两者高度相关,因此为了验证 H1.1~H1.5,我们以 30 天销售额为因变量,对商品数据按照设定的模型进行了 Tobit 回归分析(见表 1-9)。在各模型中,VIF 的值在 1.05~1.40 之间,低于标准值 10(Hair,1995),排除了多重共线的可能性。而且对每个变量进行了 Q-Q 图检验,结果显示部分变量未达到正态分布要求,我们对交易量 Sales、价格 P 以及信誉积分 R 等几个变量取对数处理,经过处理后,所有变量 Q-Q 图形基本呈现一条直线,可以认为基本服从正态分布。所有变量进入回归方程后,当交互项不存在时模型解释力为 24%,而考虑交互项后解释力变为 26%~28%,结果显示在 0.0001 统计水平上显著。

表 1-9　　　　对商家 30 天内交易数量的 Tobit 模型

自变量	因变量 ln(Sales+1)				
	某特定型号手机的销售量($N=3060$,左约束观测点 $=2476$)				
	模型一	模型二	模型三 A	模型三 B	模型四	模型五
$\ln(P)$	-7.60*** (-9.99)	-5.22*** (-7.80)	-3.99*** (-6.16)	-4.91*** (-7.43)	-4.85*** (-7.49)	-3.89*** (-6.13)
$\ln(1+R)$		0.44*** (15.03)	12.92*** (6.79)	0.39*** (12.20)	0.37*** (11.96)	10.95*** (5.83)

---

① 对于特定型号手机 30 天内交易量为零的店铺比例高达 77.8%。
② 该模型是由诺贝尔经济学奖获得者托宾(James Tobin)提出的,取其前三个字母 Tob,然后取意 Tobit,遂名为 Tobit 回归模型。Tobit 模型利用极大似然法,估计出 β_0、β_1 及 δ。但与普通的 OLS 模型不同,Tobit 模型的边际效应是 $\partial E(Y_i)/\partial X_j = F_i\beta_j$,而不是 β_j。其中调整因子 F_i 表示标准正态分布密度函数在 $X'_i\beta/\sigma$ 上的函数值,$F_i = F(X'_i\beta/\sigma)$。

续表

自变量	因变量 ln(Sales+1) 某特定型号手机的销售量($N=3060$,左约束观测点$=2476$)					
	模型一	模型二	模型三 A	模型三 B	模型四	模型五
GR		0.01 (1.20)	0.01 (1.75)	0.01 (1.25)	0.01** (2.54)	0.01** (2.71)
S1			0.11 (1.48)		−0.08 (−0.84)	−0.04 (−0.48)
S2			0.65** (2.94)		0.18 (0.57)	0.21 (0.72)
S3			0.05 (0.44)		0.03 (0.15)	0.09 (0.46)
S4			0.78*** (3.79)		0.73* (2.31)	0.78** (2.50)
$\ln(1+R) \times \ln(P)$				−1.64*** (−6.57)		−1.39*** (−5.64)
$S1 \times \ln(1+R)$					0.13*** (4.03)	0.11** (3.47)
$S2 \times \ln(1+R)$					0.22* (2.02)	0.19 (1.90)
$S3 \times \ln(1+R)$					−0.004 (−0.06)	−0.03 (−0.51)
$S4 \times \ln(1+R)$					0.03 (0.30)	−0.01 (−0.11)
C	55.58*** (9.66)	37.01*** (7.28)	27.44*** (5.52)	34.62*** (6.91)	33.49*** (6.81)	26.14*** (5.40)
调整后 R^2	0.042	0.217	0.249	0.242	0.264	0.284
Log Likelihood	−2256.51	−2080.06	−2059	−2061.14	−2047.24	−2031.94
ΔR^2		0.175	0.032	0.025	0.022	0.020
Hierarchical F − test		341.5***	130.2***	25.2***	22.8***	85.1***

注：(1) 为了验证交互效应，模型将 $\ln(1+R)$ 以及 S1、S2、S3 和 S4 做了中心化处理。
(2) *、**、*** 分别表示在5%、1%、0.1%的水平上显著。

从表1-9可以看出，价格对消费者购买行为的负向影响在所有的模型中都达到高显著性水平（$p<0.0001$），回归系数为负，各模型中的数值非常稳

定（介于 $-7.60 \sim -3.89$ 之间）。这说明，网上购物的消费者仍然是理性的，价格越高，购买行为的发生越少。为了验证上述结果的内部效度，我们又补充了另外 2875 条数据，对上述结果进行了重新计算。虽然结果不完全一致，但各个模型的自变量估计的系数和显著性表现仍然稳定，排除了偶然因素造成的结果。因此，H1.1 得到了支持。

模型二引入信誉因素（包括"信誉积分"和"好评率"两个因素）后，R^2 由 0.04 增加到 0.22。在后面的模型中，信誉积分对购买行为的影响同样高度显著（$p < 0.0001$），并且系数为正。信誉积分是长期好评累计形成的，是商家信誉的主要指标，它高度显著再次表明了消费者的理性，同时也体现出淘宝网信誉积分制度的设计充分发挥了作用。而作为信誉积分的辅助信息，"好评率"虽然在模型二、模型三 A 和模型三 B 中都不显著，但其对购买行为的影响在模型四和模型五中得到了支持。就我们收集的数据来看，好评率均值为 91%，有超过一半的商家信誉达到了 100%，88% 的商家信誉高于 98%，该变量的变异量太小导致了某些模型的不显著。总的来看信誉对购买行为具有正向影响，即 H1.2 得到了数据的支持。

从模型三 A 可以看出，信誉和价格的交互项、信誉和价格都显著影响了消费者的购买行为（$p < 0.0001$），并且交互项影响为负。它们增加了模型的解释效力（$\triangle R^2 = 0.032$），F 检验（Jaccard，1990）表明，模型二和模型三的 R^2 值具有统计意义上的显著性（$F = 130.2$，$p < 0.0001$），说明了交互项的显著性。这表明信誉越高，价格和购买行为的关系会越弱；反之信誉越低，价格和购买行为之间的关系会越强，即在一口价的 C2C 市场，信誉也存在同拍卖市场类似的"溢价"（Melnik & Alm，2002），信誉起到了价格和购买行为关系的负向调节作用。因此，H1.3 也得到了支持。

模型三 B 显示，保障型标记、慈善型标记和促销型标记对用户的购买行为有着显著的正向影响（$p < 0.01$），而便利型标记的影响却不显著。F 检验（Jaccard，1990）表明了模型三 B 比模型二具有显著的改善（$F = 25.2$，$p < 0.001$），进而表明了不考虑交互效益的情况下，慈善型标记和促销型标记对消费者的购买行为有着显著的影响。因此，数据支持了 H1.4b 和 H1.4d，而 H1.4a 和 H1.4c 未得到数据支持。

模型四和模型五报告了保障型标记和慈善型标记和信誉的交互项（$F = 25.2$，$p < 0.0001$），促销型标记（$p < 0.05$）和信誉（$p < 0.0001$）显著地正

向影响了购买行为。而便利型和促销型标记和信誉的交互项与消费者购买行为的关系不显著。两个显著的交互项的引入使得模型四比模型三 B 多了 2.2% 的解释效力，F 检验（Jaccard，1990）表明显著改善了模型（F = 22.8，p < 0.001）。保障型标记和慈善型标记越多，信誉对消费者购买行为的影响就越大。这表明，商家的保障型和慈善型标记对商家信誉与消费者购买行为关系有着正向的调节作用。H1.5a 和 H1.5b 得到证实，但数据并未支持 H1.5c 和 H1.5d。然而，在模型四和模型五中，慈善型标记对购买行为的影响不再显著，而促销型标记对购买行为的直接影响仍然存在，说明慈善型标记对消费者网上购买行为的影响要弱于促销型标记。

四、信誉与第三方标记交互机制的研究结论

（一）第三方标记对购买行为的作用

虽然信誉对消费者购买的影响已经被大多数研究证实，然而，第三方标记的作用还存在一定的争议。我们将第三方标记划分为保障、慈善、便利和促销四种类型，分别验证了它们对购买行为的影响。数据分析表明，慈善型和促销型标记对消费者的购买行为有着直接显著影响，而保障型和便利型标记的影响并不显著。其含义是明显的：商家应该多采用慈善型标记，因为有仁慈心的人更容易得到信任，而信任导致了消费者的购买行为；电子商务平台方应该多提供类似的慈善标记，并加大宣传力度，以便更多的商家选择，这样不仅可以促进更多的在线交易发生，而且还可以促进慈善事业的发展；促销型标记能够在大范围用户群中识别出对价格敏感的用户，从而顺利执行价格歧视策略，这比商家自行促销的标语可能会更加有效；便利型标记的影响不显著，可能是目前提供的便利型标记仅对一小部分消费者群体有效，并不能影响大部分消费者的购买行为，对此商家应该根据自己的产品选择合适的便利标记，不要盲目使用，使有限的网页版面显示更加有作用的标记。

因此，对于考虑引入第三方标记的商家来说，应该优先使用促销标记和慈善标记，它们能够带来更大的收益。虽然保障标记对购买行为没有直接的作用，但它能通过调节信誉而间接地发挥作用。本节对第三方标记类型的划分，不仅部分支持了科瑞特（Koreto，1997）的第三方标记有用论，也对克拉诺

(Cranor，1999)和费雪(Fisher，2009)的第三方标记无用论进行了较为合理的解释。

（二）信誉对价格与购买行为关系的负向调节作用

以往的研究表明，信誉具有"溢价"效应。当交易方式为英式拍卖时，信誉的"溢价"体现在更高的交易价格上。本节研究表明，当交易方式为一口价时，信誉的溢价体现在对价格影响购买关系的调节效应上：信誉越高，价格对购买行为的影响越弱。当商家信誉较高时，用户对价格的敏感程度会降低，此时商家可以设置相对高的价格，以获取更多的利润。反之，对于信誉较低的商家，他们应该设置较低的价格才能更好地获利。该结论对商家制订价格策略具有较高的参考价值。

由此看出，信誉的价值远不止大部分学者所分析的那样"直接促进购买行为的发生"（李维安等，2007；周黎安等，2006）。因此，商家需要更加重视信誉。因为信誉除了直接作用于消费者的购买行为外，还有第二层次的作用——影响消费者对价格的敏感程度，这一观点也是本研究的重要贡献。

（三）保障和慈善型第三方标记对信誉与购买行为关系的正向调节作用

虽然整体而言保障型第三方标记对最终购买行为的影响较弱，但本研究的数据表明，保障型标记起到的作用是调节信誉与最终购买行为关系。换句话说，保障型标记越多，信誉越能够发挥更大的作用；而当保障型标记少或者不存在时，信誉的作用会减弱。同样，慈善型标记也有类似的效果，拥有慈善型标记的商家，更能通过信誉增进消费者的信任，从而促进消费者的购买。但与保障型标记相比，这种效果相对较弱。因此，高信誉度的商家应该尽量多选用保障型标记和慈善型标记，而对于低信誉度的商家应该将主要精力放在如何提高信誉积分，尽快达到"门槛"之上。

第二章

网络效应理论

网络效应也称网络外部性或需求方规模经济、需求方的范围经济（与生产方面的规模经济相对应），是指产品价值随着购买这种产品及其兼容产品的消费者的数量增加而不断增加。最常见的网络效应有操作系统、聊天软件以及打车平台等，它们的网络价值随着用户人数增加而不断增长。具备网络效应的市场有着两个重要的特征：先发优势和赢家通吃。前者指第一个或者较早的市场进入者拥有竞争优势，后者指市场竞争的最后胜利者获得所有的或绝大部分的市场份额，失败者往往被淘汰出市场而无法生存。

利用网络效应打造新业态的一个重要思路就是建立平台经济，几乎所有著名的互联网企业都是通过平台建立了竞争的优势。如国外的苹果的应用商店，谷歌的安卓生态，微软的操作系统等。国内的互联网龙头百度、阿里巴巴和腾讯，也分别依靠搜索引擎平台、电子商务平台和QQ/微信平台不断完善自己的生态圈，巩固自己的优势地位。以电子商务平台为例，除了淘宝网，还有京东、拼多多等平台加入竞争，并相继取得一定的优势地位。他们不断通过"赢家通吃"的潜在回报来积极进行"先发优势"式的创新，开拓新的竞争赛道。因此，创新和竞争构成了平台经济的显著特征。

第一节 平台创新优势与线上线下厂商竞争

中国电商的发展如火如荼。2017年中国线上零售总额已经达到7.17万亿元，占社会消费品零售总额的19.4%。中国国内出现了多个重量级的知名电商平台，如天猫、京东商城、苏宁易购等。而仅天猫一家就拥有超过5亿的注册用户和数以百万计的网上商铺，平均每分钟销售4.8万件商品。2018年天猫"双十一"当天交易额就达到了2135亿元。[①]

一、实体店关店潮现象的解读

电商平台和实体门店之间存在着此消彼长的竞争关系，一定时间内消费者的购买力是有限的，电商平台交易量的增加意味着实体门店交易量的减少。相比电商的飞速发展，实体门店变得日益惨淡。Wind资讯显示，2015年88家上市零售业公司中47%的公司营收下滑，60%的净利润下滑，33%的营收净利双下滑，15%出现亏损。现实中，不少热闹非凡的零售店铺变得门可罗雀，商铺物业空置率居高不下，大面积的"关店潮"现象引发了社会上广泛的舆论关注（程子彦，2016）。

究竟是什么造成了实体门店的"关店潮"？电商平台的竞争优势从何而来？什么因素影响了二者的相对竞争优势变化？这些都是值得深入探讨的经济问题，但电商平台竞争优势形成的动因和作用机理尚没有一个公认的理论分析框架（王长斌，2013）。有些研究认为电商平台的特性决定了电商平台的竞争优势：线上购物可以降低消费者搜寻成本（Brynjolfsson & Smith，2000）；电商平台能够压缩供应链层级降低供应链成本（Lieber & Syverson，2011）；线上购物能提供7×24小时的服务且不受地理空间的限制，让消费者购物更加方便（Forman et al.，2005）；电商平台在长尾市场上占据优势，线上能够销售线下无法容纳的数量庞大的利基商品（Andersen，2007）。一些研究认为是电商享有的优惠税收政策让实体门店处于竞争劣势，提高了电商平台的相对竞争力（Goolsbee，2000；黄辉煌，2015）。一些研究认为房地产价格高涨损害了实体门店的竞争力，增强了电商平台的相对竞争优势（徐策，2013）。还有一类研究从上游生产厂商的混合双渠道策略角度切入，采用博弈论分析和实证数据验证生产厂商采用线上线下多渠道策略能够扩大其商品的市场需求，并迫使线下渠道降低商品价格（浦徐进等，2007；郭亚军和赵礼强，2008）。另有一部分

---

① Wind资讯，经作者整理。

学者从消费者特征变化的角度来研究电商平台和实体门店竞争优势的消长，认为随着具备网购能力的消费者增多和电子商务成熟度的提高，电商平台会获取更大的市场份额（陈云等，2006；盛天翔和刘春林，2011）。

以上的研究分别从某一个侧面考察了线上厂商竞争优势的成因，一部分认为电商平台竞争优势来源于线上业态的固有属性，另一部分则认为来源于税收政策、房地产价格、消费者特征演化、生产厂商渠道策略等外生因素，这些对实体门店"关店潮"的现象都具有一定程度的解释力，但鲜有从创新角度考察电商平台竞争优势的研究。

"技术机会"是指厂商将新技术创新运用于生产和经营的可能性，不同的行业拥有的技术机会数量有所不同，某一些行业比其他行业更容易获得技术进步（Comanor & Scherer，1969）。同样为消费者提供销售服务，实体门店属于劳动密集型的线下业态，而电商平台却属于技术密集型的线上业态①，两种业态经营方式存在着根本性的不同。电商平台整合商流、物流、信息流、资金流于一体，技术机会来源广泛而多样，拥有的技术机会数量也多于实体门店。经济学一般用专利数量来衡量一个行业内技术机会的多少。截至2018年11月，中国国家知识产权局分别授权阿里巴巴和京东2984个和710个专利，而中国销售额排名前三的超市华润万家、大润发和沃尔玛中国加起来仅拥有16个专利。悬殊的专利数量的对比表明线上厂商比线下厂商拥有更多的技术机会进行创新，电商平台相比实体门店更具有业态的创新优势。

线上业态的创新优势允许电商平台持续不断地利用丰富的技术机会进行三类创新构筑竞争优势：提高服务水平的创新、拓宽经营范围的创新和降低生产成本的创新。在需求侧，电商平台一方面通过快捷支付、用户体验优化、第三方交易信用担保、大数据和人工智能推荐等创新提高服务水平方便消费者购物，获得高服务水平优势；另一方面能够拓展经营商品品类，形成了实体门店难以企及的经营范围优势：大型电商平台经营的商品数量庞大可以数以亿计，而一般大型综合超市经营的商品数量只能以万计，便利店经营的商品数量更加稀少仅能数以百计。在供给侧，电商平台能够通过提升软件开发技术、智能运营技术、供应链物流技术、绿色节能技术等降低生产成本和服务价格，获得成

---

① 电商在国民经济行业分类标准中被归为"信息传输、计算机服务和软件业"的类别，但按照提供服务的性质而言，电商与实体门店都是向社会提供销售服务，两者的服务没有本质差别，只有媒介差异。

本优势。电商平台相对实体门店具有创新优势已经得到实证研究的支持，雷兵和赵梦佳（2015）、雷蕾（2018）、荣朝和和韩舒怡（2018）分别从不同的角度用数据验证了线上厂商全要素生产率远高于线下厂商，并且发现线上生产率优势还呈现进一步扩大的趋势。

线上线下厂商竞争是一种在多商品市场上进行的交叉竞争，目前缺少适合的数理模型进行描述和分析。一些学者采用双边市场模型来探索经营范围对厂商竞争优势的影响。岳中刚和赵玻（2008）、石奇和岳中刚（2008）、曲创等（2009）认为实体门店具有双边市场的性质，供应商数量越多，商品数量越多，网络效应越大，消费者的效用就越大，进而越能提高实体门店市场势力。曲振涛等（2010）、曹俊浩等（2010）、唐方成和池坤鹏（2013）通过双边市场模型工具分析互联网平台的网络效应，指出平台卖方数量的多少是影响电商平台市场势力的关键因素。双边市场模型虽然可以说明经营范围与厂商竞争优势之间的正向关系，但却要求分析对象必须是同类型的厂商，要么分析线下厂商与线下厂商的竞争，要么分析线上厂商与线上厂商的竞争，无法进行线上线下的交叉竞争分析。

一些学者采用 Salop 模型研究线上线下交叉竞争的问题，设定电商平台位于圆心而实体门店分布在圆周，用比较静态的方法考察两种厂商间的竞争行为（Hahn et al.，2008；Loginova，2009；寇宗来和李三希，2017）。Salop 模型能够克服双边市场模型不支持线上线下交叉竞争的问题，但是却仅能支持分析一个商品市场的竞争，不支持多商品市场的竞争。

本节试图创建一个厂商竞争模型，克服双边市场模型和 Salop 模型的不足之处，进行多商品市场上的线上线下厂商交叉竞争分析，运用比较静态的分析方法刻画出电商平台的创新优势对线上线下厂商竞争的影响，并揭示出电商平台创新之间的关系。

二、模型构建

模型中电商平台和实体门店作为向消费者提供渠道销售服务的主体，在多个商品市场上开展节约消费者交易成本的竞争来争夺市场份额，追求利润最大化。

（一）消费者与消费者购买

消费者需要购买多类商品，每类商品购买的次数是不定的，在购买某类商品时既可以选择线下的实体门店购买，也可以在线上通过电商平台购买，而且每次购买选择的渠道可以有所不同，可以这次在线上购买，下次到线下购买。

（二）商品市场、生产厂商与均衡价格

市场上有很多商品品类，数量记为 M。生产厂商只生产商品而不销售商品。同一商品市场上各个生产厂商生产的商品是同质无差异的，既向电商平台供货，也向实体门店供货。

任一商品 g 市场上都会根据供求情况自发形成一个市场价格 P_g，这个价格就是微观经济学理论中的市场均衡价格。市场均衡价格与该商品生产厂商的市场结构无关，无论是完全竞争、垄断竞争、寡头垄断还是完全垄断。任一生产厂商向电商平台和实体门店两类渠道供货的价格必然相同，否则会出现串货套利消弭价差。

（三）电商平台与实体门店

本节从电商平台视角进行分析，为了建模方便且不影响主要结论，假定只有一个电商平台，[①]而各地有很多实体门店，以百货店、大型综合超市、便利店、专业市场、专卖店、购物中心和仓储式商场等业态形式存在。假设电商平台和实体门店独立运营，不考虑苏宁易购这样既拥有电商平台、又拥有实体门店的厂商。

电商平台和实体门店只销售商品而不生产商品。电商平台和某实体门店 j 用线性定价法各自选择渠道服务费率 e_g 和 s_{gj}，收取渠道服务费 $e_g P_g$ 和 $s_{gj} P_g$，加在均衡价格 P_g 上向消费者销售。

电商平台和实体门店可以同时经营销售多类商品。单独一个实体门店经营的商品品类有限，远小于电商平台，但所有实体门店作为整体会经营所有的商品品类 M。电商平台选择 M 类中的 K 类销售。

[①] 如果假定市场上有多个电商平台，虽然后续模型推导依然成立，但分析的内容就不再是单纯的线上线下厂商间的竞争，而是一家电商平台和所有实体门店以及其他电商平台的混合竞争，需要另外讨论。

(四) 消费者购买商品的交易成本

消费者除了需要支付商品价格之外，还要花费一系列交易成本。消费者的交易成本是一个综合性的概念，根据薛君（2005）、冯娟和吴建伟（2012）的研究，消费者在线上或线下两种渠道上购物需承担的交易成本可以分为七类：（1）渠道服务费；（2）资产专用成本；（3）操作使用成本；（4）搜寻成本；（5）物流时间成本；（6）风险成本；（7）其他成本。表2-1是消费者购买商品g的交易成本结构和建模设定。模型中随机变量相互独立。

表2-1　消费者在电商平台和实体门店j购买商品g的交易成本结构

交易成本类型	电商平台	实体门店
渠道服务费	$e_g P_g$	$s_{gj} P_g$
资产专用成本	C_{EA} 线上购物所需设备的货币成本	无
操作使用成本	C_{EO} 操作使用电商平台购买的时间成本	无
搜寻成本	C_{ESg} 在电商平台搜寻商品g的时间成本	C_{SSg} 在实体门店搜寻商品g的时间成本
物流时间成本	C_{ELTg} 购买商品g的物流时间成本	无
风险成本	C_{ERg}	C_{SRg}
其他成本	ε_g 随机变量	η_g 随机变量

其他成本的设置类似于线性回归模型的随机项。现实中个人特征、购物场景、地理位置、营销广告、消费偏好、社交关系等多种其他因素都会影响消费者购买渠道的选择，将这些归入其他成本的随机项可以提升模型的现实吻合度。

商品种类会影响电商平台和实体门店购买的搜寻成本。赵学锋等（2005）指出商品本身越特殊、类型越丰富、地域性越强、商品间差异性越大、附加认知需求越小和购物体验需求越小，电商平台的搜寻成本越低。李海舰等（2014）指出由于在互联网平台上新增商品展示和搜索的成本极低，对消费者而言冷门商品和热门商品的搜寻成本基本相同，因此电商平台的长尾商品搜寻成本要小于实体门店。对应在模型上，消费者在电商平台和实体门店购买不同品类商品的搜寻成本C_{ESg}和C_{SSg}也会有所不同。

模型还假设消费者都是理性预期者，能准确地知晓在电商平台和各个实体门店购买商品的实际交易成本。如果交易成本发生变化，消费者也能够根据实际情况修正预期。

（五）消费者购买的渠道选择与电商平台的收入和市场份额

根据之前的假设，电商平台和实体门店销售的商品是同质无横向差异的，但有购买渠道交易成本的纵向差异，因此消费者会选择交易成本最低的渠道最大化效用。某消费者在电商平台上购买商品 g 支付的交易成本为 $C_{ETg} = e_g P_g + C_{EA} + C_{EO} + C_{ESg} + C_{ELTg} + C_{ERg} + \varepsilon_g$，若在所有实体门店中期望交易成本最低的门店 j 购买，其支付的交易成本为 $C_{STg} = s_{gj} P_g + C_{SSg} + C_{SRg} + \eta_g$。消费者购买的两渠道交易成本之差为 $\Delta_g = C_{ETg} - C_{STg}$，如果 $\Delta_g < 0$，消费者会选择到电商平台购买，如果 $\Delta_g > 0$，消费者会选择到实体门店购买。

所有消费者总共会购买 N_g 次商品 g（N_g 数字足够大）。假设在实际中消费者某次购买商品 g 的两渠道交易成本之差 Δ_g 受数量众多但作用很小的因素的影响，根据中心极限定理可以认为 N_g 次消费者购买的两渠道交易成本之差 Δ_{Tg} 服从正态分布。不妨设 Δ_{Tg} 的正态分布概率密度函数为 $Q_g(x, \mu_g, \sigma_g)$，则消费者在电商平台购买商品 g 的期望次数为 $N_{gE} = N_g \int_{-\infty}^{0} Q_g(x, u_g, \sigma_g) \mathrm{d}x = N_g \int_{-\infty}^{0} \frac{1}{\sqrt{2\pi}\sigma_g} e^{\frac{-(x-u_g)^2}{2\sigma_g^2}} \mathrm{d}x$，在实体门店购买商品 g 的期望次数为 $N_{gS} = N_g \int_{0}^{+\infty} Q_g(x, u_g, \sigma_g) \mathrm{d}x = N_g \int_{0}^{+\infty} \frac{1}{\sqrt{2\pi}\sigma_g} e^{\frac{-(x-u_g)^2}{2\sigma_g^2}} \mathrm{d}x = N_g - N_{gE}$。使用期望购买次数等于实际购买次数进行分析，可以得到电商平台在商品 g 市场上的份额为 $\frac{N_{gE}}{N_g}$，实体门店份额为 $\frac{N_{gS}}{N_g}$，电商平台在商品 g 市场上获得的收入为 $R_{Eg} = e_g P_g N_{gE}$。图 2-1 阴影部分代表商品 g 市场上电商平台的市场份额，空白部分表示实体门店的市场份额。

以此类推电商平台经营多类商品的情形，图 2-2 阴影部分表示电商平台在多个商品市场上的市场份额。电商平台经营 K 类商品总收入为 $R_{ET} = \sum_{g=1}^{K} e_g P_g N_g \int_{-\infty}^{0} Q_g(x, u_g, \sigma_g) \mathrm{d}x$。

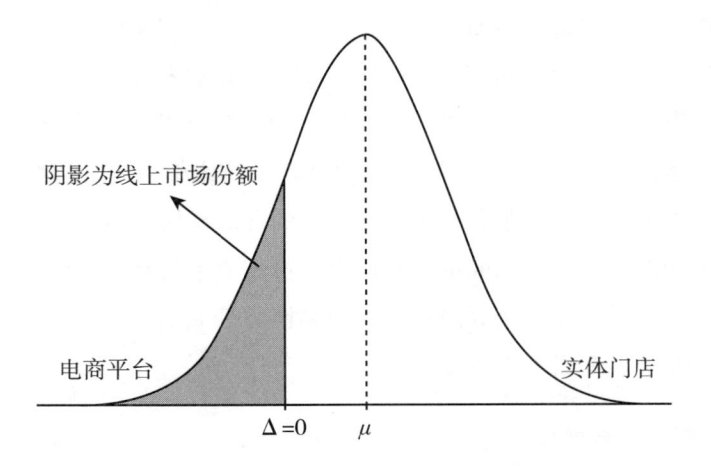

图 2–1　单个商品市场上的电商市场份额

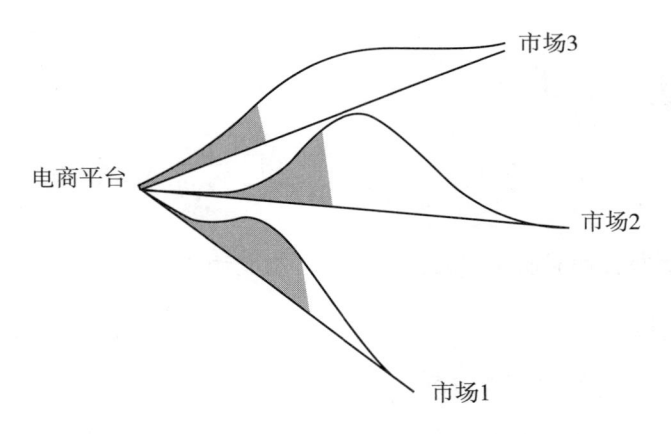

图 2–2　多个商品市场上的电商市场份额

电商平台总体的市场份额可以采用电商平台销售 K 类商品的销售额与全社会所有 M 类商品的销售额之比表示，即 $\dfrac{\sum_{g=1}^{K} P_g N_{gE}}{\sum_{g=1}^{M} P_g N_g}$。

（六）电商平台的成本结构

电商平台是高固定成本、低可变成本的经营模式。电商平台高昂的固定成本主要用于建设线上服务系统和物流系统，记做 C_{EF}。线上服务系统的固定成本主要包括提供网站服务功能的软件和硬件成本。物流系统的固定成本主要包括物流用地、仓储设施、运输工具、物流信息系统。可变成本分为两类，一类是指由于拓宽经营范围，新增一个经营商品品类 g 带来的 I 型可变成本，记作 C_{EV1g}；另一类是指由于新增销售一个商品 g 带来的 II 型可变成本，记作 C_{EV2g}。I 型可变成本在复用固定成本 C_{EF} 的基础上产生，比如新添加理财产品要在已有的销售实物商品的线上服务系统上开发新的理财模块，实现查询、购买、支付、赎回等功能。II 型可变成本在复用 I 型可变成本的基础上产生，销售一件商品会产生物流、运营、能源消耗、客服和售后等成本。不同品类商品的 I 型可变成本和 II 型可变成本有所差异。

（七）电商平台的渠道服务费定价和利润函数

电商平台在 K 个商品市场上选择渠道服务费率向量 $E(e_1, e_2, \cdots, e_K)$，利润函数为：

$$\pi_E = \sum_{g=1}^{K} e_g P_g N_g \int_{-\infty}^{0} Q_g(x, u_g, \sigma_g) \mathrm{d}x - \left(C_{EF} + \sum_{g=1}^{K} C_{EV1g} + \sum_{g=1}^{K} N_g C_{EV2g} \int_{-\infty}^{0} Q_g(x, u_g, \sigma_g) \mathrm{d}x \right) \quad (2.1)$$

（八）消费者购买两渠道交易成本之差的变动

在电商平台购买商品 g 的交易成本下降会形成一个新的消费者购买的两渠道交易成本之差的概率密度函数 $Q'_g(x, u'_g, \sigma_g)$，其中 $u'_g < u_g$，表现为正态曲线向左移动。这样消费者在电商平台的购买次数变为 $N'_{gE} = N_g \int_{-\infty}^{0} Q'_g(x, u'_g, \sigma_g) \mathrm{d}x$，大于初始时消费者在电商平台的购买次数 $N_{gE} = N_g \int_{-\infty}^{0} Q_g(x, u_g, \sigma_g) \mathrm{d}x$。图 2-3 阴影部分展示了变动对电商平台在单个商品市场上份额的影响。

三、电商平台创新冲击的均衡分析

研究运用比较静态分析方法分别考察电商平台提高服务水平、拓宽经营范围和降低生产成本三类创新对实体门店的冲击。

命题 1：电商平台提高服务水平的创新，能够提高线上渠道服务费率、利润和市场份额。

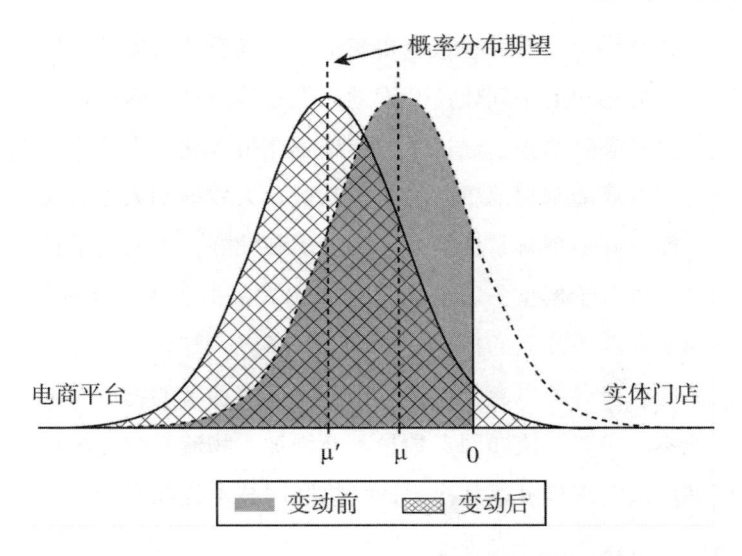

图 2-3 单个商品市场上电商市场份额的变动

电商平台提高服务水平的创新大体上可以归纳为六类：用户体验优化、大数据和人工智能推荐技术进步、电商物流技术创新、降低风险成本的交易制度创新、节约搜寻成本的服务功能创新和外生网络接入技术进步。

第一，电商平台运用户体验优化技术节约消费者搜寻和操作使用成本，主要体现在四个方面：（1）提高网站的运行响应速度。电商平台对网站的运行响应速度有很高的要求，大型电商网站的登录时间一般会压缩在3秒之内。（2）用户体验专业优化。电商平台设有用户体验师的专业岗位负责提高系统可用性、易用性；选择合适的文字、色彩、形状等界面元素；优化信息架构和内容组织，降低了消费者使用网站的难度和不适感。（3）提升在线客户服务水平。电商平台推出以"阿里旺旺"为代表的在线聊天客服工具，让客服人员与消费者充分沟通及时反馈，降低了消费者沟通成本。（4）支付工具创新。传统线上支付方式有必须使用U盾、只兼容IE浏览器、操作烦琐等诸多弊端，造成用户流失高、成功率低、容易被钓鱼等问题。为此电商平台推出了"快捷支付"的新工具，只需验证银行卡号、户名、手机等信息，发送动态口令到用户手机上校验即可完成支付，极大地降低了电商平台的操作使用成本。对应于模型中，电商平台实施用户体验技术优化创新之后，消费者在电商平台购买商品的搜寻成本 C_{ESg} 和操作使用成本 C_{EO} 下降。

第二，电商平台应用大数据和人工智能技术提供推荐导购服务降低消费者搜寻成本。作为互联网公司的电商平台，其IT技术能力、信息基础设施和人才储备远强于传统零售企业。在数据资源上，电商企业可以获取用户的网站操作行为信息，掌握用户的访问轨迹和搜索兴趣；通过社交媒体信息可以得到消费者的交往信息和态度情报；通过手机应用程序可以获得消费者的地理位置信息；通过支付工具还能掌握消费者的财务状况。大数据和人工智能技术的发展使得电商平台能更好地理解掌握消费者的需求和偏好，进而提供精准的商品推荐和广告投放。对应于模型中，电商平台应用大数据和人工智能推荐技术后，消费者在电商平台购买商品的搜寻成本 C_{ESg} 下降。

第三，面向消费者的电商物流技术创新降低消费者的物流时间成本。电商物流基础设施不断完善，快递网点数量不断增加，物流系统性能日益提高，部分地区和商品可以实现当日达和次日达。物联网技术提高了物流系统的匹配效率、发货速度和妥投率。在克服电商特有的"最后一公里物流"[①] 时，电商采用了众包物流的新模式以及快递云柜等新型专用设备。对应于模型中，电商平台进行物流技术和模式创新后，消费者支出的物流时间成本 C_{ELTg} 下降。

第四，电商平台交易制度创新降低消费者购买的风险成本。电商平台推出第三方交易信用担保、交易仲裁和卖家声誉评分的线上交易新制度，既减弱了消费者的信息不对称，为消费者提供了交易保障，也赋予了消费者影响卖家声誉的能力，起到降低交易风险的作用。对应于模型中，电商平台交易制度创新后，消费者在电商平台购买商品的风险成本 C_{ERg} 下降。

第五，电商平台集体谈判的服务功能创新降低消费者搜寻成本。电商平台通过举办"网购狂欢节"代表众多消费者与生产厂商集体谈判，要求生产厂商在特定时间点统一提供大幅度价格优惠，并采用大数据手段监控优惠幅度，防范弄虚作假。相应地，消费者也会调整购物计划集中在"网购狂欢节"线上采购来降低自己搜寻优惠价格的时间成本。对应于模型中，电商平台推出"网购狂欢节"的集体谈判服务之后，消费者在电商平台购买商品的搜寻成本 C_{ESg} 下降。

第六，外生网络接入技术进步降低消费者资产专用成本以及搜寻成本。外生网络接入技术进步能够提供更加便宜的网络接入设备（电脑、手机和 Wi–Fi）和网络接入费用（宽带和手机流量资费），降低了消费者线上购买的资产专用

[①] "最后一公里物流"是配送的最后一个环节，快递员将商品送货上门交到消费者手上。据统计，该部分成本约占物流总成本的 30% 以上。

成本；提供更快的网络响应速度和更加便捷的接入方式，降低了消费者搜寻成本。对应于模型中，外生网络接入技术进步降低了消费者在电商平台购买商品的资产专用成本 C_{EA} 和搜寻成本 C_{ESg}。

电商平台初始利润函数 π_{E0} 如式（2.1）所示，渠道服务费率向量为 $E_0(e_1^0, e_2^0, \cdots, e_K^0)$。现电商平台投入固定成本 ΔC_{EF} 进行提高服务水平的创新研发，消费者线上购买的交易成本下降，消费者购买两渠道交易成本之差的正态曲线左移，得到新的正态函数概率密度函数 $Q'_g(x, u'_g, \sigma_g)$，$u'_g < u_g$。电商平台利润为：

$$\pi'_E = \sum_{g=1}^{K} e'_g P_g N_g \int_{-\infty}^{0} Q'_g(x, u'_g, \sigma_g) \mathrm{d}x$$
$$- \left(C_{EF} + \Delta C_{EF} + \sum_{g=1}^{K} C_{EV1g} + \sum_{g=1}^{K} N_g C_{EV2g} \int_{-\infty}^{0} Q'_g(x, u'_g, \sigma_g) \mathrm{d}x \right) \quad (2.2)$$

其中，e'_g 为技术研发后电商平台在商品 g 市场上新的渠道服务费率。

如果电商平台在创新后保持初始渠道服务费率不变，选择新的渠道服务费率向量为 $E_1(e_1^1, e_2^1, \cdots, e_K^1) = E_0(e_1^0, e_2^0, \cdots, e_K^0)$，这样其各个商品市场上份额增加，利润为 π_{E1}。如果电商平台选择在各个商品市场上提高渠道服务费率，完全抵消创新所节约的消费者交易成本，而保持其在各个市场上的份额不变，这样电商平台的渠道服务费率向量为 $E_2(e_1^2, e_2^2, \cdots, e_K^2)$，对于 E_2 的每一个分量都有 $e_g^2 > e_g^1 = e_g^0$，利润为 π_{E2}。显然 π_E 是 E 的连续函数，根据闭区间连续函数有界性定理可以推知 π_E 在 E_1 和 E_2 之间必然有界有最大值，设式（2.2）在 $E_1 E_2$ 区间上最大的利润值为 π_E^*，对应的渠道服务费率向量为 E^*，E^* 每一个分量都高于 E_1，但不会高过完全抵消创新所节约消费者交易成本的 E_2。假定电商平台清楚地掌握自己的成本函数和各个市场的需求函数就会按照 E^* 定价①。此时对比式（2.1）和式（2.2），如创新收益能够弥补创新投入成本 ΔC_{EF}，创新后的最大利润 $\pi_E^* > \pi_{E0}$，电商平台就会进行创新，渠道服务费率上升，市场份额增加，反之则不会。

---

① 证明未在逻辑上排除电商平台可以在 E_2 基础上继续提高服务费率选择 E_3，使得 $e_g^3 > e_g^2 \geq e_g^* \geq e_g^1 = e_g^0$，占据比初始情形少的市场份额获取更大利润的可能；也未排除可以在 E_1 基础上继续降低服务费率选择 E_4，使得 $e_g^2 \geq e_g^* \geq e_g^1 = e_g^0 > e_g^4$，占据比 E_1 更多的市场份额获取更大利润的可能。这两种情形的数学处理很复杂。但 E^* 既能让电商平台比初始情形获取更大的市场份额，制定更高的服务价格，又能获得更高的利润，企业对此会满意，故分析时不用考虑可以获得更高利润的 E_3 和 E_4 是否存在，关注 E^* 即可。

命题 2：电商平台拓宽经营范围的创新，能够提高线上厂商利润和市场份额。

电商平台拓宽经营范围的创新可以分为两类：不改变商品形态的经营品类拓展和产生新商品形态的经营品类创新。前者是指电商平台将线下已有的商品品类放到线上销售。后者指电商平台通过技术创新，提供新的商品形态进入一个商品市场。电商平台两种经营范围创新投入成本的结构有所不同：经营品类拓展可以直接复用已有的固定成本 C_{EF}，只要增加 I 型可变成本 C_{EV1} 即可，比如电商平台拓展增加服装、鞋类、书籍等商品的销售只需要增加相应的线上服务系统功能；而经营品类创新需同时增加固定成本 ΔC_{NT} 和 I 型可变成本 C_{EV1}，其中固定成本 ΔC_{NT} 往往很高，比如电商平台要进入餐饮外卖市场，就必须构建一套与原有销售实物商品不同的餐饮类线上服务系统和物流网络；电商平台要进入无人驾驶市场，就必须投入大量成本研发人工智能技术。下面对这两类创新分类讨论。

命题 2.1：电商平台经营品类拓展不改变原商品市场渠道服务费率，但会提升电商平台利润和市场份额。

电商平台初始经营 K 类商品，投入 $C_{EV1(K+1)}$ 的 I 型可变成本拓展经营一类商品，经营品类变为 $K+1$，利润变为：

$$\pi'_E = \sum_{g=1}^{K+1} e'_g P_g N_g \int_{-\infty}^{0} Q_g(x, u_g, \sigma_g) \mathrm{d}x \\ - \Big(C_{EF} + \sum_{g=1}^{K+1} C_{EV1g} + \sum_{g=1}^{K+1} N_g C_{EV2g} \int_{-\infty}^{0} Q_g(x, u_g, \sigma_g) \mathrm{d}x \Big) \quad (2.3)$$

对应的渠道服务费率向量为 $E_1(e'_1, e'_2, \cdots, e'_K, e'_{K+1})$，$e'_{K+1}$ 是新增市场上电商平台的渠道服务费率。由于各个商品市场之间是相互独立的，新增商品不会影响电商平台其他商品市场，因此其他商品市场的渠道服务费率保持不变。如果经营品类拓展产生的收入大于新增的 I 型可变成本和 II 型可变成本之和，即 $\pi'_E > \pi_{E0}$，电商平台就会拓展经营范围，增加利润，反之则不会。

命题 2.2：电商平台经营品类创新不改变原商品市场渠道服务费率，但会提升电商平台利润和市场份额。

类似地，电商平台投入 ΔC_{NT} 的固定成本和 $C_{EV1(K+1)}$ 的 I 型可变成本创新经营一类商品，经营品类变为 $K+1$，利润变为：

$$\pi'_E = \sum_{g=1}^{K+1} e'_g P_g N_g \int_{-\infty}^{0} Q_g(x, u_g, \sigma_g) \mathrm{d}x \\ - \Big(C_{EF} + \Delta C_{NT} + \sum_{g=1}^{K+1} C_{EV1g} + \sum_{g=1}^{K+1} N_g C_{EV2g} \int_{-\infty}^{0} Q_g(x, u_g, \sigma_g) \mathrm{d}x \Big) \quad (2.4)$$

对应的渠道服务费率向量为 $E_1(e'_1, e'_2, \cdots, e'_K, e'_{K+1})$，$e'_{K+1}$ 是新增市场上电商平台的渠道服务费率。同样地，由于各个商品市场之间是相互独立的，新增商品经营品类不会影响电商平台其他商品市场，因此其他商品市场的渠道服务费率保持不变。如果经营品类创新所产生的收入大于新增的固定成本 ΔC_{NT}、Ⅰ型可变成本和Ⅱ型可变成本之和，即 $\pi'_E > \pi_{E0}$，电商平台就会创新增加经营范围，增加利润，反之则不会。

根据以上分析，电商平台拓宽经营范围进入新的市场后，原有商品市场的渠道服务费率不变，但可以在新的商品市场 $K+1$ 中获得新增利润，创新后的电商总体市场份额 $\dfrac{\sum_{g=1}^{K+1} P_g N_{gE}}{\sum_{g=1}^{M} P_g N_g}$ 大于原来的 $\dfrac{\sum_{g=1}^{K} P_g N_{gE}}{\sum_{g=1}^{M} P_g N_g}$。

命题3：电商平台降低生产成本的创新，能够降低线上渠道服务费率，提高线上厂商利润和市场份额。

电商平台能够进行多领域的供给侧创新降低生产成本。电商平台着重研发和积累软件开发技术，从中获得了可观的效率提升：当前阿里巴巴的Java软件开发技术已经处于世界先进水平；物联网、仓储物流自动化和物流机器人等物流技术的运用削减了电商的物流成本；人工智能技术的采用让电商平台得以节约大量美工、客服等运营人力资源；在绿色节能方面，电商平台能够采用液冷服务集群技术，无需空调、风扇等传统散热手段，大大降低了能源消耗水平；外生的IT技术进步让电商平台获得更加便宜的硬件设备和免费的开源软件资源。

电商平台初始利润函数 π_{E0} 如式（2.1）所示，现投入固定成本 ΔC_{EF} 进行降低生产成本的创新研发，可变成本 C_{EV2g} 下降为 C'_{EV2g}。对应电商平台利润为：

$$\pi'_E = \sum_{g=1}^{K} e'_g P_g N_g \int_{-\infty}^{0} Q'_g(x, u'_g, \sigma_g) \mathrm{d}x - \\ \left(C_{EF} + \Delta C_{EF} + \sum_{g=1}^{K} C_{EV1g} + \sum_{g=1}^{K} N_g C'_{EV2g} \int_{-\infty}^{0} Q'_g(x, u'_g, \sigma_g) \mathrm{d}x \right) \quad (2.5)$$

如果电商平台选择保持渠道服务费率不变的 $E_1(e_1^1, e_2^1, \cdots, e_K^1) = E_0(e_1^0, e_2^0, \cdots, e_K^0)$，则电商平台的市场占有率不变，利润为 π_{E1}。如果电商平台选择新的渠道服务费率 $E_2(e_1^2, e_2^2, \cdots, e_K^2)$，使得渠道服务费的降低幅度与创新节约的可变成本降低幅度一致，即 $e_g^2 P_g - C'_{EV2g} = e_g^1 P_g - C_{EV2g}$，则电商平台的销量增加、市场份额扩大，利润为 π_{E2}。根据闭区间连续函数有界性定理，在 E_1 和 E_2 之间存在 E^* 可以最大化电商平台利润。此时对比式（2.1）和式（2.5），如创新收益能够弥补创新投入成本 ΔC_{EF}，最大利润 π_E^* 大于 π_{E0}，电商平台就会进行创新，渠道服务费率下降，进而市场份额增加，反之则不会。

四、结论及启示

本节构建的新式多市场线上线下交叉竞争模型数学性质良好，丰富了厂商竞争的分析工具库，利用本模型不仅可以从创新角度剖析线上厂商的竞争优势来源，还有助于理解电商平台拥有持续创新活力以及热衷研发人工智能等高科技的原因，并能对线上线下零售协同提供一些理论启示。

（一）线上业态的创新优势是电商冲击实体门店的重要动因

日本学者中村正雄提出的"新零售轮转理论"认为，零售业态间竞争优势变化的原动力是技术推动（中西正雄和吴小丁，2006），优势业态由于技术创新获得服务水平优势和价格优势而占领劣势业态的市场。线上业态在专利数量上保持着绝对优势，2010 年以后电商平台专利研发数量进入快速增长阶段，阿里巴巴 2016 年的专利申请数量就达到了 2808 个（李德鸿等，2018）。数量众多的专利申请反映出电商平台拥有相对实体门店巨大的创新优势落差，能够保持快于实体门店的技术进步速度。

在线上业态创新优势的驱动下，电商平台创新层出不穷：在提升服务水平上，被业界称为一场"电子支付革命"的快捷支付功能创新大大降低了消费者的操作使用成本（余雨，2011），得到了消费者的青睐，数据显示，中国移动支付 2016 年达到了 8.5 万亿美元的规模，是美国的 70 倍（波士顿咨询公司等，2017）；中国电商平台格外重视用户体验的持续优化，腾讯马化腾亲任京东网首席体验官，阿里巴巴的马云在企业内推行"拜用户体验教"，体现了电商平台对用户体验技术的精益求精；中国大型电商平台在大数据技术方面的投入相当可观，在用户推荐等领域处于全球先进水平（冯海超，2013）；具有本土化特色的第三方交易信用担保的制度创新克服了国内信用机制不健全的问题，降低了信用缺失的风险成本，有效克服了电商交易风险成本高昂的瓶颈；电商"网购狂欢节"的集体谈判新服务功能降低了消费者的搜寻成本，被消费者广泛接受已经形成风靡社会的特色文化；电商物流的服务水平不断提升，2018年"双十一"首单物流配送从下单到送货上门仅耗时12分钟。在拓宽经营范围上，中国电商平台经营品类极大地扩张，覆盖了消费者生活的方方面面。淘宝网的细分商品类目已经达到13000个，包含了23万个品牌（普华永道，2017），所陈售的商品数量达10亿件之多，比一个大型综合超市所能销售的1万~2万件商品多了5个数量级；与此同时，电商平台还积极投入理财产品、房屋租赁、餐饮外卖、共享单车和共享专车等创新业务市场，其中不少新业务市场规模巨大获利颇丰，如2018年7月阿里余额宝理财规模已达1.8万亿元，超越中国银行的个人活期存款额；线上餐饮外卖的整体市场规模也已超过2000亿元。[1] 电商平台经营的商品品类如此丰富多彩，任何实体门店都难以望其项背。在降低生产成本上，电商平台积极投入提升软件开发水平，阿里巴巴已经获得与甲骨文、Intel、ARM等世界级科技巨头共同制定全球Java开发技术标准的资格；电商平台先进的物流系统自动化和智能化程度较高，运用机器人替代了大量劳动力；人工智能技术的应用也取得很大进展，2017年"双十一"期间阿里巴巴的人工智能设计师"鲁班"代替美工自动设计了4.1亿张宣传图片，智能自动客服"小蜜"承担了95%的咨询量；液冷服务器集群技术大幅度降低电商平台的电力成本，阿里巴巴新建液冷式数据中心的PUE[2]已经达到1.07，接近理论极限值，处于世界先进水平。[3] 波士顿咨询公司等（2017）对中国电商平台的创新表现给予了高度评价："中国互联网行业开创了众多的独特创新，展现出惊人的创新精神和创新能力"。[4]

命题1~命题3用比较静态的模型刻画了三类电商平台创新驱动线上市场份额不断增大，线下市场份额不断缩小的机制。电商平台拥有的技术机会越多，实施的创新就越多，抢占的线下市场就越多。现实中伴随着线上的各种创新，电商平台的竞争力快速增强，2017年全国百强零售销售总规模为6.1万亿元，其中电商平台占比达到了58.7%，天猫和京东分别以年销售2.1万亿元和1.3万亿元的销售成绩占据了百强零售商前两位，而排在第三位的大商集团

---

[1] Wind数据库，经作者整理。
[2] PUE（power usage effectiveness，电源使用效率值）是数据中心消耗的所有能源与IT负载使用的能源之比，其值越接近于1表示一个数据中心电能节能效率越高。
[3] Wind数据库，经作者整理。
[4] 波士顿咨询公司、阿里研究院、百度发展研究院、滴滴政策研究院：《解读中国互联网特色》2017年第9期。

年销售额只有 2808 亿元。不仅如此，电商平台还保持着远高于实体门店的增长速度，销售额同比上升 41.2%，对百强零售整体销售增长贡献超过 83%。

然而线上业态的创新优势并不能确保转化为实际的竞争优势，电商平台只有不断努力创新才能降低消费者交易成本，提升渠道服务价值，对实体门店形成冲击。如果墨守成规不思进取，不仅无法抢占线下市场，反而会丧失竞争力进而丢失市场。

（二）电商平台创新间存在正反馈机制自我增强，强化了线上竞争优势

电商平台的创新虽然可以扩大市场份额增加收益，但电商平台创新往往成本高昂存在很高的门槛，只有带来的预期收益超过投入成本时厂商才会进行创新。电商平台创新间的正反馈机制有助于克服成本门槛阻力推动创新。

电商平台拓宽经营范围的创新能够通过需求拉动效应激励提高服务水平和降低生产成本的创新。如式（2.2）和式（2.5）所示，电商平台经营的商品品类 K 越多，提升服务水平和降低生产成本的创新就可以在越多的商品市场上发挥作用，增加电商平台创新预期收益 π_E^*。而电商平台拓宽经营范围的创新能够增加商品品类，增加模型中的 K 值，起到汇集众多商品市场创新需求的作用。可以认为，如果阿里巴巴不是经营数以亿计的商品，就难以汇聚起"双十一"一天千亿元级的巨大交易需求，也不会有在高性能高并发领域领先世界的阿里数据仓库平台，[①] 消费者也就无法享受到现有稳定、流畅、快捷的高水平线上购物服务；如果京东商城没有经营种类丰富的商品，就难以汇聚起足够的物流需求，就无法支撑其造价超百亿的先进物流系统，消费者也就无法享受到京东快速而及时的物流服务；如果阿里巴巴没有广阔的经营范围汇聚起万亿级的销售规模，也不会有动力研发液冷服务器集群和掌握尖端 Java 开发技术进而降低生产成本。

电商平台提高服务水平和降低生产成本的创新能够通过分摊创新成本促进拓宽经营范围的创新。式（2.3）和式（2.4）展示了电商平台拓宽经营范围创新的成本结构，每增加一个商品品类都需要投入成本用于研发。现实中电商平台进行着大规模和多元化的创新研发，拓宽经营范围的创新往往和提高服务

[①] 《阿里云技术再获突破 自研数据库 AnalyticDB 打破 TPC – DS 世界纪录》，证券时报网，2020 年 5 月 15 日。

水平、降低生产成本的创新之间有较强的关联互补性，可以复用提高服务水平和降低生产成本创新的研发成果来降低研发成本。比如，支付宝原本是一种用于第三方交易信用担保的线上支付工具，目的是降低买卖双方的风险成本，后来阿里巴巴在支付宝的基础上拓展了购买理财产品的功能，推出了具有里程碑意义的互联网金融产品——余额宝。如果没有提高服务水平的支付宝创新在前，而在后面拓展经营范围的余额宝创新成本要增加很多；物流技术创新大幅度降低了电商平台的物流配送成本，使得线上餐饮外卖服务变得更有价格竞争力。如果没有降低生产成本的物流技术创新在前，而在后面创新经营范围的餐饮外卖业务就需要增加额外的物流技术研发支出。

综上所述，电商平台提高服务水平、降低生产成本和拓宽经营范围的创新通过需求拉动效应和成本分摊相互促进，形成的创新间的正反馈机制会进一步放大线上的创新优势，推动电商平台的创新进一步降低消费者购买的交易成本，进一步推动线上抢占线下市场份额，加剧了实体店"关店潮"。本节所述的创新间的正反馈不同于已经广为研究的由互联网网络外部性带来的正反馈，为互联网产业政策的制定者和互联网企业的经营者认识互联网平台竞争优势的来源提供了新的视角。创新间的正反馈效应可以在一定程度上解释电商平台持续的创新高活力和高效率。与中国电商平台高速发展相呼应，美国电商平台发展也是突飞猛进，亚马逊不仅将线下零售大鳄沃尔玛甩在身后，其市值已经反超科技巨头谷歌，这也在印证着电商平台创新间正反馈机制能够带来巨大的竞争优势。[1]

值得指出的是，人工智能技术作为一种通用技术创新既能够提高电商平台的服务水平，又能够降低生产成本，还能拓宽经营范围，具有三重效应，因此人工智能技术对电商平台格外重要。现实中电商平台也热衷于人工智能高科技研发。京东已经专门成立人工智能研究院，并和谷歌建立人工智能技术研发合作关系。阿里巴巴建立达摩学院，重金从全球各地招揽尖端人才，计划3年投资1000亿元进行人工智能技术研发。本部分研究提出的提升服务水平、降低生产成本和拓宽经营范围创新间的正反馈机制能够驱动电商平台攀升人工智能高科技。电商平台巨大的经营范围能够集聚巨大的需求规模，拉动人工智能的各项局部创新用于提升服务水平和降低生产成本，比如电商平台数以万计品

---

[1] 《亚马逊公司市值成功超越谷歌母公司Alphabet列全球第二》，证券日报网，2018年3月22日。

类商品市场运营需求推动智能自动化运营技术发展；各个市场上精准广告推荐需求推动了数据挖掘和深度学习的提升；庞大的物流需求推动了智能快递机器人和自动规划技术的进步。这些人工智能技术局部创新不断积累，有望带动人工智能技术的整体性突破。一旦人工智能应用技术取得整体突破，电商平台就可以进入无人驾驶、医疗、教育、养老、安保等诸多规模巨大的新市场，并有望凭借尖端技术的先进性占据这些市场上数量可观的份额，而在此过程中电商平台已有的大数据资源、IT 基础设施、相关技术储备和高端人力资源能够得到充分复用，大大减少人工智能作为拓宽经营范围创新的研发成本。电商平台创新间正反馈效应为电商平台研发人工智能技术提供了其他类型企业所不具备的优势，这在制定国家和企业人工智能发展战略时应加以考虑和利用。

（三）线上线下协同是电商平台和实体门店的共同技术机会

电商平台凭借线上业态的创新优势的确能够抢占不少的实体门店市场份额，但其创新优势有一定的适用范围，在不同的商品市场上效果差异很大。一般来讲，电商平台在搜寻品市场上具有优势，而经验品更加适合实体门店。金祥荣和陈文轩（2018）指出，电商在食品保健、文化娱乐类商品的渗透率要远小于服饰鞋包、3C 数码和家居家装。实体门店尽管在总体上处于创新劣势，但仍可以在具有业态优势的经验品市场上保持竞争力，因此线上厂商与线下厂商两者具有很强的互补性，可以建立多渠道协同零售体系。

对于电商平台而言，与实体门店协同销售本身就是一个创新的技术机会，整合实体门店作为商品体验的触点和本地化物流配送的据点可以帮助电商平台提高服务水平、降低生产成本。特别是在线上流量红利的衰退期，电商平台运用技术创新优势实现线上线下流量的联接是一条突破原有模式瓶颈的有效创新路径。阿里巴巴的"盒马鲜生"已经探索出一条"自负盈亏、自我造血、自我发展"的线上线下协同道路（曹祎遐和刘志莉，2017）。对于实体门店而言，开展线上线下协同销售也是克服其业态创新劣势短板的一个技术机会，面对日益高涨的房租和劳动力成本压力，对接线上采用先进的电商技术提升门店的数字化和智能化水平，能够为消费者提供更加便捷优质的服务并降低生产成本。王国顺等（2016）指出实体零售商开展 O2O 业务能够有效提升技术效率。

线上线下协同对于电商平台和实体门店是共同的技术机会，值得双方共同努力推动创新突破打造一个更好的"新零售"。

第二节 平台竞争对应用绩效的影响

随着网络效应在互联网上的放大,大量有影响力的平台如雨后春笋般出现,如智能手机(苹果 App Store)、网页浏览(如火狐、谷歌)、视频游戏(如 Xbox、PlayStation)和社交媒体(如脸书)(Gawer & Cusumano,2002;Iansiti & Levien,2004;Tiwana et al.,2010)。这使得更多学者强调平台的战略对于建立公司的竞争优势和绩效的重要性(Evans et al.,2006)。与传统的非平台市场竞争不同,互联网平台通过鼓励多元的、互补的第三方应用程序的加入,扩展产品边界,满足异构用户的需求(Boudreau,2012;Ceccagnoli et al.,2012)。例如,苹果商店于 2007 年初推出,拥有约 500 个第三方应用程序;至 2015 年,这一数量已增加到 150 万个,涉及教育、娱乐、游戏、健康、生产和体育等多个领域。苹果商店的竞争对手谷歌安卓商店(Google Play Store),在 2015 年也拥有了 160 万个第三方应用程序。

为了加强对客户的吸引力,平台可以设计新的第三方应用程序加入策略(Gawer & Cusumano,2002;Anderson et al.,2014)。例如,平台可以为第三方应用程序提供开发指南或标准开发套件(Ghazawneh & Henfridsson,2013)。为了获得像"愤怒的小鸟"一样成功的第三方应用程序,平台还可以事先对其实施筛选标准(Maurer & Tiwana,2012)。同时,平台可以鼓励或激励现有第三方应用程序进行升级,即保持核心功能不变,并发布具有更多功能和更好性能的新版本(Khoo & Robey,2007)。例如,随着网络浏览器的发展,一个帮助最终用户阻止广告的第三方应用程序(Adblock Plus),自推出以来已经对其版本进行了 62 次升级。然而,这些第三方应用程序的加入对平台来说是一把"双刃剑"(Gawer & Cusumano,2002;Wu,2014):一方面,广泛的互补第三方应用程序组合使平台更具吸引力;另一方面,第三方应用程序的管理范围广泛,在性能风险和最终用户接受度方面具有挑战性(Boudreau,2012)。因此,了解第三方应用程序对软件平台网络价值的影响具有重要的现实和理论意义。然而,我们仍然对此研究的甚少,本节试图在这方面有所突破。

此外,新的第三方应用程序和第三方应用程序更新对平台网络价值的影响可能随着竞争平台的加入而有所不同,因为许多基于平台的市场都具有竞争性。如果现有平台和新进入者使用相似的商业模式，并且是为相同的终端用户而开发，则他们处于直接竞争中，新进入者可以被视为具有竞争力。例如，在视频游戏市场，索尼现有的游戏市场（PlayStation）平台经历了来自微软 Xbox 游戏机的竞争。在线上团购行业，高朋（Groupon）面临着来自新进入者 LivingSocial 的激烈竞争。竞争平台当然会影响现有平台的网络价值，甚至生存（Fok & Franses，2004；Zhu & Iansiti，2012），但我们对第三方应用程序在不同市场条件下（例如竞争加剧前后）对平台网络价值的影响知之甚少。竞争平台的加入可能会改变终端用户和第三方应用程序开发者的行为，以及他们之间的相互作用（Tiwana et al.，2010），因此在竞争加剧前后，第三方应用程序对平台网络价值不同方面的影响可能大不相同。

因此，本节明确考察了两个关键问题：（1）新的第三方应用程序和第三方应用程序更新对平台网络价值有何影响？（2）在平台竞争加剧之前和之后，这种影响有何不同？特别是，我们专注于新的第三方应用程序和第三方应用程序更新的三个方面：数量、质量和多样性。数量与平台上的新第三方应用程序和第三方应用程序更新数量相关，质量与最终用户感知的这些新第三方应用程序和第三方应用程序更新的性能属性有关，而多样性是指这些第三方应用程序跨越多个主题领域的程度。实证方面，我们研究了两个基于平台的开放式网络浏览器之间的竞争：早期进入者火狐（Firefox）和后来进入者谷歌浏览器。2004 年 11 月推出的火狐浏览器不同于 Internet Explorer（IE）等传统浏览器，因为它使用平台生态系统模型运行，该模型提供了开发工具包和应用程序编程接口（API），以鼓励第三方应用程序（即第三方开发人员添加应用程序来丰富火狐的网络价值）。2009 年 12 月，谷歌开发了浏览器，并采用了类似的平台策略进入市场。该条目提供了一个理想的设置，来评估第三方应用程序在谷歌浏览器竞争加剧前后对火狐平台网络价值的影响。

我们采用 2008～2013 年收集的纵向周度数据揭示了第三方应用程序、平台网络的价值和竞争加剧；采用包含外生变量的向量自回归（VARX）方法，将第三方应用程序与平台执行之间的动态和网络效应融合在一起。我们得到以下几个重要的发现。

（1）新第三方应用程序的数量导致竞争加剧前的平台的网络价值高于竞争加剧后的平台网络价值，而第三方应用程序更新的数量对平台网络价值则刚好相反。

（2）与平台竞争加剧之前相比，新第三方应用程序和第三方应用程序更新的质量对于平台网络的价值来说更为重要。

（3）在平台竞争加剧之前，新第三方应用程序的多样性对平台网络价值的贡献更大，而在竞争加剧之后，集中种类的产品组合对平台网络价值的贡献更大。

因此，这些发现具有一定的理论和现实意义。首先，我们的理论框架和实证结果表明，评论互补性第三方应用程序对平台网络的价值时需要注意它们的特点，并适应市场条件（在竞争加剧之前和之后）。其次，在经济学、信息系统和管理学的相关文献中，对于竞争进入的研究主要集中于进入顺序效应、新进入者获得或在位者保留的市场份额（Nault & Vandenbosch, 2000; Dowell & Swaminathan, 2006），对于进入平台在与现有平台竞争时能否获得或保留市场份额存在分歧（Zhu & Iansiti, 2012），我们提供了初步证据，说明现有平台如何使用第三方应用程序策略。

最后，我们还考察了新的第三方应用程序和第三方应用程序更新之间的相互作用，即新的第三方应用程序是挤出还是鼓励现有第三方应用程序进行更新（Boudreau, 2012）。我们发现，这种相互作用取决于竞争激烈的市场情况：在竞争加剧之前，新的第三方应用程序鼓励现有第三方应用程序的更新行为；在竞争加剧之后，平台上更多的新第三方应用程序反而会阻止现有的第三方应用程序的更新。换言之，根据竞争加剧的市场条件，鼓励新的第三方应用程序和保护现有的第三方应用程序的创新激励之间存在着互补或替代的效果。

一、文献回顾

平台战略的重要性促使越来越多的文献关注平台网络的价值决定因素。平台网络价值的决定因素可分为平台相关因素、供给因素和需求因素。前者强调平台如何设计适当的策略来提高其网络价值，而后两者则侧重于最终用户和第三方应用程序特性如何影响平台网络的价值。对于平台相关因素，前人已经研究了定价、开放度和控制等问题。例如，一些研究表明，平台经常在市场一侧以低于成本的价格来吸引更多消费者，增加消费者的支付意愿，这往往是利润最大化的（Casey & Töyli, 2012; Hagiu, 2006; Parker & Van Alstyne, 2005; Seamans & Zhu, 2014）。此外，莫勒和蒂瓦那（Maurer & Tiwana, 2011）发现，从严的开发控制是一把双刃剑，它一方面促进知识整合，另一方面抑制平台差异化。此外，一些理论研究表明，选择适当的开放水平对于平台的成功至关重要（Economides & Katsamakas，2006；Parker & Van Alstyne，2008；West，2003）。从需求方面来看，陈和谢（Chen & Xie，2007）发现，与传统市场不同，消费者忠诚度越高，利润越高；平台市场存在跨市场网络效应，中等层次的客户忠诚度可能导致利润低于低忠诚度水平的平台。此外，哈古和哈拉波达（Hagiu & Halaburda，2013）进一步研究了最终用户的期望，发现不同的期望形成机制对平台收益有显著的影响。

然而，现有的研究在很大程度上忽视了供给方因素及其对平台网络价值的影响。到目前为止，只有塞纳莫（Cenamor，2013）的研究表明，终端用户对平台的采用是由平台上互补产品的可用性驱动的，但他们的研究没有探讨第三方应用程序的不同特性如何对平台网络的价值产生差异性的影响。此外，尽管许多基于平台的市场都经历了竞争，但以前的研究在很大程度上忽视了竞争平台的潜在进入。竞争平台的出现是环境冲击，是现有生态系统的外生环境冲击。虽然环境动力学与平台演化的关系在理论文献（Tiwana，2010）中受到一些关注，但很少得到实证数据的支持。

二、理论与假设

（一）双边市场平台的生态系统

图2-4显示了该平台组织包含几个不同角色的生态系统：（1）需求端平台用户，通常称为"最终用户"；（2）供应方，即需求方用户与核心平台协同采用的第三方应用程序，可视为附加产品；（3）核心平台，作为两个相互吸引的用户群体（Cusumano & Gawer，2002；Eisenmann et al.，2010）的主要联络点。核心平台的网络价值取决于需求方用户、供应方第三方应用程序及其交互作用（Parker & Van Alstyne，2008；Tiwana et al.，2010）。

第三方应用程序通常补充核心平台并添加功能。最终用户为使用平台而获得的好处取决于第三方应用程序的可用性。特别是，平台模型本质上是一个双边市场，因此平台对消费者的价值取决于第三方应用程序，反之亦然（Anderson et al.，2014；，Parker & Van Alstyne，2005；Zhang et al.，2012）。因此，通过吸引最终用户，第三方应用程序可以诱使他们使用核心平台。在许多情况下，平台通过提供资源来支持第三方应用程序的开发工作（Baldwin & Clark，2000；Boudreau，2010），目标是为未来的最终用户提供更大的利益。从这个意义上说，大多数平台公司都面临着独特的"先发"挑战，而且市场普遍存在"赢家通吃"的结果（Wang et al.，2010）。

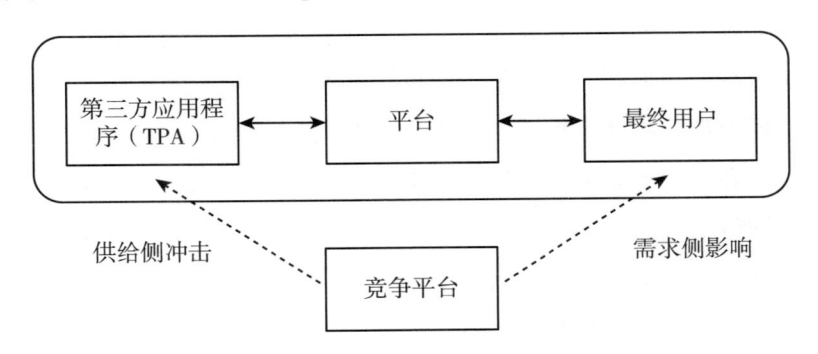

图 2-4 竞争加剧对平台网络价值的影响

许多情况下，第三方应用程序在平台创新中扮演着重要角色，并且是平台竞争优势的基础（Boudreau，2012）。例如，平台提供了一些基础功能，开发人员可以在此基础上构建自己的作品（Boudreau，2010）。通过提供应用程序接口（API），开发人员可以使用简单的命令调用底层平台的丰富功能集（Ghazawneh & Henfridsson，2013）。由于开发人员可以将较少的精力投入到实现平台的核心功能上，他们开发第三方应用程序的资源投入得以减少。

（二）竞争进入（加剧）的影响

大多数平台生态系统始终受到外来因素干扰的影响。新的竞争性平台的出现是造成干扰的源头，并且可能破坏现有平台生态系统各组成部分的环境。由于需求方和供应方之间的相互依赖性，竞争平台的出现会影响最终用户和第三方应用程序开发者的行为（见图 2-4）。

首先，最终用户对现有平台的关注被打断，而现有平台可能会失去影响消费者用于评估平台的属性权重的有利地位（Chintagunta，1999）。反过来，现有的平台必须重新定位第三方应用程序组合，并区别于其他平台，以打击竞争者的入侵（Seamans & Zhu，2014；Wang & Shaver，2013）。其次，竞争加剧也可能改变第三方应用程序的行为。新的第三方应用程序具有多宿主选项，因此他们可以在现有平台和进入平台中介绍其产品，以覆盖更大的用户群，并在市场上通过多个竞争平台对冲风险（Evans et al.，2006）。在竞争加剧后特定平台的主导地位不确定和不可预测时，这一选择是有价值的（Srinivasan et al.，2006）。当第三方应用程序从事多宿主行为时，现有平台在竞争加剧后获得的资源支持较少（Wang & Xie，2011）。也就是说，第三方应用程序不太可能将特定投资专用于一个特定平台，这将锁定这些平台，并产生从该平台切换到另一个平台的更高成本。此外，竞争的加剧侵蚀了原平台的市场份额。因此，第三方应用程序之间对最终用户的竞争加剧，这会增加他们提高质量的动机，从而与其他第三方应用程序更好地竞争（Katz & Shaprio，1994）。

我们认为，为了回应第三方应用程序和最终用户在竞争加剧之前和之后的行为，平台可能需要在数量、质量和多样性方面调整其第三方应用程序策略。在随后的讨论中，我们将关注新第三方应用程序和第三方应用程序更新的数量、质量和多样性对平台网络价值的影响在竞争加剧之前和之后有何不同。

（三）新第三方应用程序和现有第三方应用程序升级数量

更多新的第三方应用程序增加了平台提供的功能和实用程序。例如，苹果应用商店中提供的更多应用为最终用户提供了更多选项，并可以更好地满足其异构需求，从而增加了该平台的吸引力。由于网络效应，平台上的第三方应用程序越多，平台对最终用户越有价值和吸引力。然而，竞争平台的出现可能会从两个方面削弱这种网络效应。首先，从需求侧来看，随着竞争的进入，最终用户对现有平台的关注度会降低，随着黏性降低和多元化的选择，终端用户可能对现有平台第三方应用程序数量的增加不太敏感和欣赏（Bowman & Gatignon，1996）。竞争平台可能提供类似的第三方应用程序，对于最终用户，现有平台上的其他新第三方应用程序的价值可能会降低。例如，如果竞争者谷歌浏览器平台上已有具有类似功能的应用程序，火狐浏览器平台上可用的更多第三方应用程序对最终用户的意义将减弱。其次，通过竞争加剧，新第三方应用程序可以选择多宿主，并可以同时与现有平台和进入平台合作（Hagiu，2006）。由此产生的竞争平台上新第三方应用程序的相似性可能导致现有平台失去其在最终用户之间的差异化优势。

对于第三方应用程序更新，它们不会增加平台上可用的第三方应用程序总量，但这些更新提高了现有第三方应用程序的效率和功能，增加了平台在用户中的吸引力。此外，在竞争加剧后，持续改进更为重要，因为改进使平台与竞争平台区分开来（Seamans & Zhu，2014；Wang & Shaver，2013）。最终用户在竞争加剧后已经有更多的选择，因此基于持续改进的差异化优势对于吸引和维护最终用户更为重要。因此，我们预测：

H2.1：与竞争加剧之后相比，新第三方应用程序的数量对现有平台网络价值有较强的影响。

H2.2：与竞争加剧之后相比，第三方应用程序更新的数量对现有平台网络价值的影响较弱。

（四）新第三方应用程序和现有第三方应用程序升级的质量

除了数量之外，新的第三方应用程序和第三方应用程序更新的质量也使平台对最终用户更具吸引力，而且这种效果随着竞争的进入而增加。在竞争加剧后，最终用户有更多的选择和较低的意愿留在现有的平台，平台必须唤起最终用户的更高的质量感知，以确保其采用。具体来说，在竞争加剧后，最终用户对现有平台的关注被分散，而现有平台必须"更加努力地工作"，以引起最终用户的认知和接受。质量是最终用户采用的重要因素，凭借高质量的第三方应用程序产品组合，现有平台可能在最终用户中树立其高质量的形象，并在消费者关注的"竞赛"中获得竞争优势。因此，在参与竞争后（Seamans & Zhu，2014；Wang & Shaver，2013），新第三方应用程序的质量贡献和现有的第三方应用程序升级对平台网络的价值的贡献应该更为重要。

H2.3：与竞争加剧之后相比，新第三方应用程序的质量对现有平台网络价值的影响较弱。

H2.4：与竞争加剧之后相比，第三方应用程序更新的质量对现有平台网络价值的影响较弱。

（五）新第三方应用程序和现有第三方应用程序升级的多样性

平台的一个独特优势是，它使最终用户能够访问、购买和使用不同的第三方应用程序。例如，火狐生态系统包含十多个第三方应用程序分类，从下载管理到语言支持到游戏和娱乐。由于最终用户需求的异质性，任何单一类别可能不能完全满足他们的所有需求，而种类的多样性使得每个用户更有可能找到自己想要的选择。

随着竞争加剧，新的和现有的第三方应用程序升级的多样性对平台网络价值的影响会降低。首先，在竞争加剧后，最终用户有更多的选择，他们可能转移对现有平台的关注。由于第三方应用程序产品组合集中在某些领域，现有平台可能在最终用户中确立其独特性。具体来说，在选定的领域（如火狐上的游戏和安全）集中的第三方应用程序有助于建立平台的独特性，当平台面临竞争加剧造成的更大"噪音"时，对于平台网络的价值更为重要。其次，当大多数第三方应用程序属于类似的类别时，类别内竞争会加剧，使每个第三方应用程序与其他第三方应用程序竞争最终用户，从而增加第三方应用程序的压力，提高其绩效以更好地满足最终用户的需求。加入竞争后，第三方应用程序多样性低带来的压力更为重要，因为最终用户有更多的选择和更低的意愿留在现有平台（Seamans & Zhu，2014；Wang & Shaver，2013）。因此，我们认为：

H2.5：与竞争加剧之后相比，新第三方应用程序的多样性对现有平台网络价值的影响较弱。

H2.6：与竞争加剧之后相比，第三方应用程序更新的多样性对现有平台网络价值的影响较弱。

三、研究样本与数据

（一）研究样本

我们选择了网页浏览器行业，该产品是用于查找、检索和显示互联网上内容的软件。微软的互联网浏览器（IE）在这个市场上一直占据主导地位；其市场份额在 2002 年达到 95% 以上的峰值。但是，IE 是微软开发的封闭系统，没有互补的第三方应用程序。相反，作为一个免费和开源的 Web 浏览器，火狐在很大程度上忽略了产品边界，并鼓励互补的附加应用程序（即第三方应用程序）。它使其应用程序编程接口（API）可供第三方开发人员使用，第三方开发人员可以利用火狐平台进行附加应用程序，供最终用户下载并补充核心平台。此类第三方应用程序以多种方式扩展了火狐的功能，例如多媒体信息、视频会议和反网络钓鱼筛选器。在 2004 年末发布火狐 1.0 后不久，火狐占浏览器使用量的

7%；截至 2011 年 8 月，它的市场份额已达到 25%，全球用户超过 4.5 亿。①

在火狐进入网络浏览器市场几年后，它遭遇了谷歌的竞争。2009 年 11 月 29 日，谷歌正式推出了谷歌浏览器（Chrome）。类似火狐平台的生态系统，谷歌浏览器包括一个第三方应用程序中心，该中心鼓励第三方开发人员为谷歌浏览器平台制作应用程序时与火狐进行直接竞争。谷歌浏览器加入竞争后，火狐的市场份额从 2011 年的 25% 下降到 2013 年的 20% 左右，而谷歌浏览器的市场份额在 2011 年和 2013 年分别增长至 16% 和 39%。谷歌是目前世界上使用最广泛的网络浏览器。

早期的火狐和新加入的谷歌浏览器之间的竞争为我们的实证分析提供了理想的环境。首先，这两个平台都使用类似的开放式业务模式，为相同的操作系统（即 Windows、OS X、Linux 和 Android）开发。因此，它们处于直接竞争的位置。其次，它们吸引类似的第三方应用程序组合，这些第三方应用程序可以选择在两个平台上进行多宿主。再次，火狐和谷歌浏览器对最终用户都是免费的，这为最终用户提供了清晰的环境，没有价格异质效应。也就是说，定价策略不能混淆平台网络的价值。最后，对于火狐而言，谷歌浏览器加大竞争力度在很大程度上是外生的，因为火狐对谷歌浏览器的决定几乎没有影响。此设置最大限度地减少了对内源性输入决策的担忧，并使我们能够在竞争加剧之前和之后观察火狐平台中第三方应用程序绩效的影响。我们还注意到，微软浏览器（IE）作为主要的封闭网络浏览器，在我们的观察期内没有显著改变其策略，因此它在一定程度上与我们的研究内容无关。

（二）数据和测量

我们使用 2008 年 7 月至 2013 年 10 月（共 277 周）与火狐相关的纵向每周数据集测试我们的理论预测。我们选择每周数据有两个原因：由于第三方应用程序和平台网络价值的每日信息变化不大，因此无法提供足够的变化，而使用月度数据又过于粗糙，无法揭示第三方应用程序和平台网络价值的时变模式。此外，我们的数据显示，添加新的或更新现有第三方应用程序的行为每周都会发生。

我们从火狐的官方网站收集了有关第三方应用程序和平台网络的价值的信

---

① StatCounter。

息。自 2004 年推出火狐以来，该网站已记录所有附加组件。对于每个加载项，它提供了详细信息，包括初始启动时间、更新历史记录（即时间和次数）、类别、最终用户评级和开发人员姓名。这些加载项仅在火狐上起作用。作为火狐功能的补充，最终用户可免费获得它们。截至 2013 年 10 月，我们观测的样本超过了 1 万个附加组件，涵盖 14 个类别，如表 2-2 所示。

表 2-2　　　　火狐平台上跨类别分布第三方应用程序

类别	数量（个）	百分比（%）
警报更新	777	5.655
浏览器外观	1633	11.884
书签管理	946	6.885
下载管理	543	3.952
源/新闻/博客	1204	8.762
游戏/娱乐	463	3.369
语言支持	512	3.726
照片/音乐/视频	1035	7.532
隐私安全	1043	7.590
网上购物	510	3.712
社会沟通	1610	11.717
标签	705	5.131
网络开发	1467	10.676
其他	1293	9.410

注：数据截至 2013 年 10 月 19 日。
资料来源：作者根据样本整理。

通过跟踪每个附加应用程序的启动和更新信息，并每周汇总一次，我们获得了关于新加载项或第三方应用程序的数量、质量和多样性的纵向每周数据。我们测量了新第三方应用程序（QN）的数量，作为每周在火狐平台上新推出的第三方应用程序的总量；现有第三方应用程序更新（QU）的数量是火狐平台每周更新的现有第三方应用程序数量。此外，由于变量存在一定的右偏斜，我们对变量进行了对数处理。对数转换后，两个变量均接近正态分布。

对于每个新的第三方应用程序和第三方应用程序更新的质量，我们使用最终用户的平均评级作为质量的度量。下载第三方应用程序后，最终用户可以根据自己的体验对目标第三方应用程序进行评价。评级使用 5 星级（1 星：极低质量；5 星：极高质量）。然后，我们每周将所有第三方应用程序和第三方应用程序更新的评级进行平均，以获得新第三方应用程序的质量（QQ_uN）及第三方应用程序更新质量（Q_uU）。

对于新的第三方应用程序和第三方应用程序更新的多样性，我们依赖于集中指数度量的基础原则，如赫芬达尔指数（Hirfindahl Index）。为了计算新第三方应用程序的多样性，我们确定了每周新增的第三方应用程序类别（c）的数量，并将新第三方应用程序归入 j 类别的次数表示为 $n_{j,c}(j=1,\cdots,c)$。然后，$p_{j,c} = n_{j,c}/\sum n_{j,c}$ 表示 j 类相对于该周新第三方应用程序累积发生率的比例。我们把每个 p 取平方，然后把所有类别的总和求出来。因为我们是对多样性指数感兴趣，而不是对多样性的集中度感兴趣，所以我们从 1 中减去了这个总和（Wuyts et al.，2004）：

$$TPP\_Diversity = 1 - \sum_{j=1}^{c} p_{j,c}^2$$

当所有新第三方应用程序都属于一个类别时，多样性指数等于 0，但当新的第三方应用程序跨越多个类别时，多样性指数向 1 移动。我们在观察窗口中计算了每周新的第三方应用程序多样性（DN）的度量，然后对现有第三方应用程序更新重复此计算，以测量现有第三方应用程序更新（DU）的多样性。

竞争加剧为虚拟变量，在 2009 年 11 月 29 日之前的所有星期（谷歌浏览器进入市场时）等于 0，随后的所有周等于 1。我们分别在此前后收集了 75 周和 202 周的观察结果。

对于平台网络的价值，与现有文献（Zhu & Iansiti，2012）保持一致，我们使用市场份额来衡量平台网络的价值。市场份额指的是火狐活跃用户的 Web 浏览器用户的比例。这项措施有三个优点。首先，它不仅反映了下载量，也反映了火狐的使用情况。某些最终用户可能会下载多个 Web 浏览器，但只能选择使用其中一个。其次，采用火狐和其他网络浏览器（如 IE 和 Chrome）对最终用户基本上是免费的，这使得销售收入等收入相关指标不适用。最后，市场份额衡量与火狐以及其他竞争 Web 浏览器的使用有关，从而得到平台绩效的竞争维度。我们采用 Web 流量和使用分析工具（StatCounter, http://gs.statcounter.com/）收集了每周市场份额数据。表 2-3 显示了所有变量的构造、度量值和摘要统计信息。

表 2-3　　构造、度量和描述性统计信息

变量	测量	样本数	均值	标准差	最小值	最大值
新第三方应用的数量	每周在火狐上新推出的第三方应用数量	277	3.273	0.633	0.693	4.454
第三方应用程序更新的数量	每周更新的火狐上现有第三方应用的数量	277	4.822	0.544	3.610	6.827
新第三方应用程序的质量	最终用户对新推出的第三方应用的平均评级	277	4.223	0.429	3.143	5.000
第三方应用程序更新的质量	最终用户对第三方应用更新的平均评级	277	3.949	0.092	3.699	4.193
新第三方应用的多样性	每周在火狐上新推出的第三方应用的赫芬达尔指数	277	0.120	0.037	0.000	0.333
第三方应用更新的多样性	每周在火狐上更新现有第三方应用程序的赫芬达尔指数	277	0.096	0.012	0.079	0.178
竞争加剧	虚拟变量（Chrome 竞争加剧后为 1，此前为 0）	277	0.729	0.445	0.000	1.000
平台网络的价值	火狐平台每周的市场份额	277	26.82	4.124	17.653	32.443
谷歌的市场份额	谷歌搜索每周的市场份额	277	0.751	0.032	0.732	0.762
谷歌提供的基于 Web 产品量	到本周为止谷歌提供 Web 应用程序的数量	277	16.53	3.184	12.000	21.000
谷歌的品牌价值	谷歌公司的品牌价值	277	159.00	53.113	100.039	245.581
开发者沉没成本	平台中现有开发人员的百分比	277	0.962	0.030	0.949	0.985

我们的模型还包括一些与谷歌浏览器条目独特功能相关的控制变量。第一个是谷歌在搜索引擎市场（MSG）中的市场份额。由于谷歌浏览器是由谷歌公司开发的，而搜索引擎是谷歌公司的核心产品，因此谷歌在搜索引擎市场中的市场份额可能会影响最终用户在火狐和谷歌浏览器之间的选择。这些时变数据是通过选择谷歌作为其主要服务提供商的搜索引擎用户的比例来衡量的。我们用一个领先的网络流量和使用率分析工具收集了这一市场份额数据。

第二个是谷歌提供的基于 Web 的产品数量。在搜索引擎市场取得成功后，谷歌扩展了产品线，并提供了一系列基于 Web 的产品和服务。谷歌可以利用这些基于 Web 的产品的优势来帮助 Chrome 吸引潜在用户并影响火狐平台的网

络价值。该时变变量是通过谷歌到本周为止提供的基于网络的产品的累计数量来衡量的,收集自维基百科。

第三个是谷歌(Google)的品牌价值。品牌是公司的宝贵资产,因为用户对既定产品的体验可以为用户提供有关新产品的相关信息,可以帮助减少与新产品相关的不确定性和可感知的风险。Google 的品牌价值也可能会影响用户在 Firefox 和 Chrome 之间的选择。我们从 BrandZ 全球最有价值的 100 个品牌排名中收集了该年度时变品牌价值数据。

第四个是平台开发人员的沉没成本。进入谷歌浏览器后,新开发人员可以直接在谷歌浏览器上开发第三方应用程序,而不会给火狐造成沉没成本。同时,对于火狐平台上的现有开发人员,他们仍然提供更新,因为沉没成本已经存在。我们使用平台中现有开发人员的百分比来衡量开发人员的沉没成本。计算方法为现有开发人员数量除以开发人员总数。新开发人员在平台中的沉没成本较低,而现有开发人员的沉没成本较高。结果,现有开发人员所占的百分比较高,表明开发人员的沉没成本较高。

四、模型设置与估计

277 周的观测值包括新的第三方应用程序和第三方应用程序更新的数量、质量和多样性,以及平台网络的价值。我们使用了包含外生变量的向量自回归(VARX)方法来建立模型(Adomavicius et al., 2012; Chang & Gurbaxani, 2012; Dekimpe & Hanssens, 1995; Luo, 2009; Luo et al., 2013; Pauwels, 2004; Stephen & Toubia, 2010)。相对于其他计量模型,VARX 具有多个优点(Luo et al., 2013)。VARX 模型可以同时捕获不同变量之间动态且复杂的相互影响。VARX 模型可以捕获复杂的反馈回路,其中可能包括平台价值对未来第三方应用绩效的反向影响(反馈效应)。例如,平台价值的增加可能导致第三方应用的供应增加。因而 VARX 可以在一个完整的周期中对复杂的连锁效应进行建模,从而揭示第三方应用的全部影响。因此,VARX 可以帮助我们更好地估计第三方应用程序对竞争进入之前和之后的平台价值有何不同,并且可以评估解释变量对因变量的短期影响和长期影响(Dekimpe & Hanssens, 1999)。

对于聚合级别的模型分析,我们遵循了德金佩和汉森(Dekimpe & Hanssens, 1999)概述的标准 VARX 过程:

（1）根据格兰杰（Granger，1969）因果关系测试确定了 VARX 的适当性。

（2）根据单位根和协整检验结果确定了模型形式（直接、差分或误差修正形式）。

（3）利用信息标准确定了模型规格（滞后期数）。

（4）推导出脉冲响应函数（IRF）以产生累积效应。

我们还参照前人的文献（Trusov et al.，2009；Adomavicius et al.，2012）进行了一系列的格兰杰因果关系检验，以探讨变量 X 是否解释了变量 Y（超出 Y 自身的先验值），从而为时间序列数据提供了因果关系的分析。通过使用多达 20 个周期的延迟（Trusov et al.，2009），我们对其进行完整的系统动态建模。我们发现在许多情况下，多个变量对都存在格兰杰因果关系。例如，平台的价值导致了第三方应用程序更新的数量（$p=0.02$）。

我们进行了单位根检验，以确定内源变量是稳定的（围绕固定平均值暂时波动）还是在演变的（没有固定平均值，可能永久偏离以前的水平）。单位根分析的结果随后影响了模型估计过程。我们还使用迪基—富勒检验（Dickey-Fuller test），结果都拒绝了单位根的存在（见表 2-4），所以我们直接估计 VARX 模型。

表 2-4　　　　　　　　单位根测试结果

变量	测试统计	p 值
新第三方应用程序的数量对数	-5.068	<0.0001
新第三方应用程序更新数量的对数	-4.223	0.0006
新第三方应用程序的质量	-5.039	<0.0001
第三方应用程序更新的质量	-4.019	0.0007
新第三方应用程序的多样性	-12.128	<0.0001
第三方应用程序更新的多样性	-10.058	<0.0001
平台绩效	-9.486	<0.0001

因此，我们需要确定适当的滞后数量。根据赤池信息量准则（Akaike information criterion）和贝叶斯准则（Bayesian information criterion），我们选择了三个滞后周期（AIC = -13.93，SBIC = -10.10）。

在我们的模型设置中，与前人的文献一致（Pauwels & Weiss，2008），竞争加剧的影响体现在两个方面：（1）哑变量的移动，在从 0 移动到 1 时，表示竞争进入（加剧），衡量它对平台网络的价值的直接影响。（2）哑变量"进入"（0 表示竞争进入前，1 表示竞争进入和加剧后）与新第三方应用程序和第三方应用程序更新的数量与多样性相互作用，并揭示其有效性在竞争加剧后有何不同。所有变量可能具有即时或滞后效应。每个外生变量的矢量包括拦截 C 和确定性趋势变量 T，它控制了变量中省略、逐渐变化的趋势的影响（Pauwels & Dans，2001）。VARX 规范由式（2.6）给出：

$$
\begin{bmatrix} \ln QN_t \\ \ln QU_t \\ Q_u N_t \\ Q_u U_t \\ DN_t \\ DU_t \\ \ln NN_t \times Entry \\ \ln NU_t \times Entry \\ Q_u N_t \times Entry \\ Q_u U_t \times Entry \\ DN_t \times Entry \\ DU_t \times Entry \\ PP_t \end{bmatrix} = \begin{bmatrix} C_{QN} \\ C_{QU} \\ C_{Q_uN} \\ C_{Q_uU} \\ C_{DN} \\ C_{DU} \\ C_{QN \times Entry} \\ C_{QU \times Entry} \\ C_{Q_uN \times Entry} \\ C_{Q_uU \times Entry} \\ C_{DN \times Entry} \\ C_{DU \times Entry} \\ C_{PP} \end{bmatrix} + \begin{bmatrix} \delta_{QN} \\ \delta_{QU} \\ \delta_{Q_uN} \\ \delta_{Q_uU} \\ \delta_{DN} \\ \delta_{DU} \\ \delta_{QN \times Entry} \\ \delta_{QU \times Entry} \\ \delta_{Q_uN \times Entry} \\ \delta_{Q_uU \times Entry} \\ \delta_{DN \times Entry} \\ \delta_{DU \times Entry} \\ \delta_{PP} \end{bmatrix} \times T + \sum_{j=1}^{J} \begin{bmatrix} \phi^j_{1,1} \cdots \phi^j_{1,13} \\ \phi^j_{2,1} \cdots \phi^j_{2,13} \\ \phi^j_{3,1} \cdots \phi^j_{3,13} \\ \phi^j_{4,1} \cdots \phi^j_{4,13} \\ \phi^j_{5,1} \cdots \phi^j_{5,13} \\ \phi^j_{6,1} \cdots \phi^j_{6,13} \\ \phi^j_{7,1} \cdots \phi^j_{7,13} \\ \phi^j_{8,1} \cdots \phi^j_{8,13} \\ \phi^j_{9,1} \cdots \phi^j_{9,13} \\ \phi^j_{10,1} \cdots \phi^j_{10,13} \\ \phi^j_{11,1} \cdots \phi^j_{11,13} \\ \phi^j_{12,1} \cdots \phi^j_{12,13} \\ \phi^j_{13,1} \cdots \phi^j_{13,13} \end{bmatrix} \begin{bmatrix} \ln QN_{t-j} \\ \ln QU_{t-j} \\ Q_u N_{t-j} \\ Q_u U_{t-j} \\ DN_{t-j} \\ DU_{t-j} \\ \ln QN_{t-j} \times Entry \\ \ln QU_{t-j} \times Entry \\ Q_u N_{t-j} \times Entry \\ Q_u U_{t-j} \times Entry \\ DN_{t-j} \times Entry \\ DU_{t-j} \times Entry \\ PP_{t-j} \end{bmatrix}
$$

$$
+ \sum_{j=1}^{J} \begin{bmatrix} \gamma^j_{1,1} \cdots \gamma^j_{1,13} \\ \gamma^j_{2,1} \cdots \gamma^j_{2,13} \\ \gamma^j_{3,1} \cdots \gamma^j_{3,13} \\ \gamma^j_{4,1} \cdots \gamma^j_{4,13} \\ \gamma^j_{5,1} \cdots \gamma^j_{5,13} \\ \gamma^j_{6,1} \cdots \gamma^j_{6,13} \\ \gamma^j_{7,1} \cdots \gamma^j_{7,13} \\ \gamma^j_{8,1} \cdots \gamma^j_{9,13} \\ \gamma^j_{10,1} \cdots \gamma^j_{10,13} \\ \gamma^j_{11,1} \cdots \gamma^j_{11,13} \\ \gamma^j_{12,1} \cdots \gamma^j_{12,13} \\ \gamma^j_{13,1} \cdots \gamma^j_{13,13} \end{bmatrix} \begin{bmatrix} Move_{t-j} \\ Move_{t-j} \\ Move_{t-j} \\ Move_{t-j} \\ Move_{t-j} \\ Move_{t-j} \\ 0 \\ 0 \\ 0 \\ 0 \\ 0 \\ 0 \\ Move_{t-j} \end{bmatrix} + \sum_{j=1}^{J} \begin{bmatrix} \tau^j_{1,1} \cdots \tau^j_{1,4} \\ \tau^j_{2,1} \cdots \tau^j_{2,4} \\ \tau^j_{3,1} \cdots \tau^j_{3,4} \\ \tau^j_{4,1} \cdots \tau^j_{4,4} \\ \tau^j_{5,1} \cdots \tau^j_{5,4} \\ \tau^j_{6,1} \cdots \tau^j_{6,4} \\ \tau^j_{7,1} \cdots \tau^j_{7,4} \\ \tau^j_{8,1} \cdots \tau^j_{8,4} \\ \tau^j_{9,1} \cdots \tau^j_{9,4} \\ \tau^j_{10,1} \cdots \tau^j_{10,4} \\ \tau^j_{11,1} \cdots \tau^j_{11,4} \\ \tau^j_{12,1} \cdots \tau^j_{12,4} \\ \tau^j_{13,1} \cdots \tau^j_{13,4} \end{bmatrix} \begin{bmatrix} MSG_{t-j} \\ Q_u G_{t-j} \\ BVG_{t-j} \\ DSC_{t-j} \end{bmatrix} + \begin{bmatrix} \varepsilon_{QN} \\ \varepsilon_{QU} \\ \varepsilon_{Q_uN} \\ \varepsilon_{Q_uU} \\ \varepsilon_{DN} \\ \varepsilon_{DU} \\ \varepsilon_{QN \times Entry} \\ \varepsilon_{QU \times Entry} \\ \varepsilon_{Q_uN \times Entry} \\ \varepsilon_{Q_uU \times Entry} \\ \varepsilon_{DN \times Entry} \\ \varepsilon_{DU \times Entry} \\ \varepsilon_{PP} \end{bmatrix} \quad (2.6)
$$

其中 t 表示周，J 等于包含的滞后量，ε 是作为 $N(0, \Sigma)$ 分布的白噪声干扰。δ 和 φ 都是需要估计的参数。我们还测试了序列相关性的存在（LM 检验）。较大的 p 值（LM 检验 = 175.91）表明模型误差项与序列相关性不相关（Joshi & Hanssens, 2010）。

由于 VARX 模型参数无法单独解释（Sims & Zha, 1999），我们通过分析脉冲响应函数（IRF）来确定效应的大小和重要性。脉冲响应函数是"概念性实验"的结果，该概念性模拟了一个单元对一个内生变量的冲击对其他内生变量的未来变化的影响（Dekimpe & Hanssens, 1999; Pauwels, 2004）。这些变化的重要性也可以评估。这样，通过使用 1000 次运行的蒙特卡洛模拟来模拟拟合的 VARX 模型，可以得出变化的均值和标准差（SD）。然后使用均值和 SD 来构造检验统计量，并测试均值是否显著不同于零。参考前人的文献（Dekimpe & Hanssens, 1999; Luo et al., 2013），我们使用广义脉冲响应函数（GIRF）来确保系统中变量的顺序不影响结果，并考虑到同期或同期影响。

我们根据广义脉冲响应函数的结果进行评估短期和长期影响。以新第三方应用程序数量对平台价值的影响为例：短期效应通过测试在新第三方应用程序的数量受到一单位冲击后平台网络价值一周滞后变化的显著性来评估。也就是说，如果本周新第三方应用程序数量激增后，下周平台网络价值的变化显著不同于零，则意味着短期内新第三方应用程序的数量对平台网络价值的影响是显著的。对于长期效果，我们确定 20 周的时间段，因为广义脉冲响应函数值通常会在 20 周后稳定下来。在本周对新第三方应用程序数量的冲击之后，如果 20 周后平台网络价值的变化仍显著不同于零，则意味着从长远来看，新第三方应用程序的数量对平台网络价值的影响很大。表 2 – 5 分别报告了短期和长期影响。图 2 – 5 显示了内生变量的累积冲激响应，还显示了短期和长期影响。

表 2 – 5   竞争加剧与第三方应用程序在平台网络的价值方面的影响

	变量	短期效应	长期效应
主效应	新第三方应用程序数量的对数	0.053(0.022)**	0.062(0.030)*
	第三方应用更新数量的对数	0.021(0.022)	0.008(0.034)

续表

	变量	短期效应	长期效应
主效应	新第三方应用的质量	0.018(0.023)	0.032(0.046)
	第三方应用更新的质量	0.014(0.031)	0.022(0.049)
	新第三方应用的多样性	−0.023(0.022)	−0.054(0.028)*
	第三方应用更新的多样性	0.001(0.024)	0.011(0.029)
交互项	平台竞争加剧×新第三方应用程序数量对数	−0.064(0.022)**	−0.039(0.020)*
	平台竞争加剧×第三方应用更新数量对数	0.018(0.019)	0.036(0.015)**
	平台竞争加剧×新第三方应用的质量	0.044(0.020)*	0.073(0.025)**
	平台竞争加剧×第三方应用更新的质量	0.079(0.021)**	0.115(0.045)**
	平台竞争加剧×新第三方应用的多样性	−0.006(0.023)	−0.066(0.030)*
	平台竞争加剧×第三方应用更新的多样性	0.024(0.028)	0.023(0.034)

注：*、**、***分别表示在5%、1%、0.1%的水平上显著；括号内为标准差。

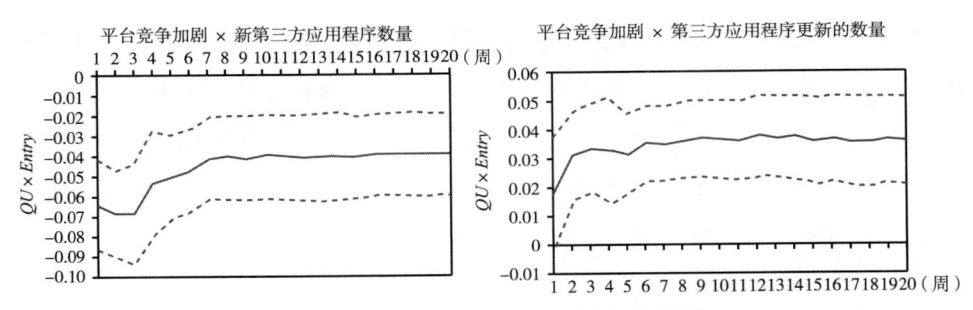

(a) 新第三方应用程序数量和第三方应用程序更新的数量

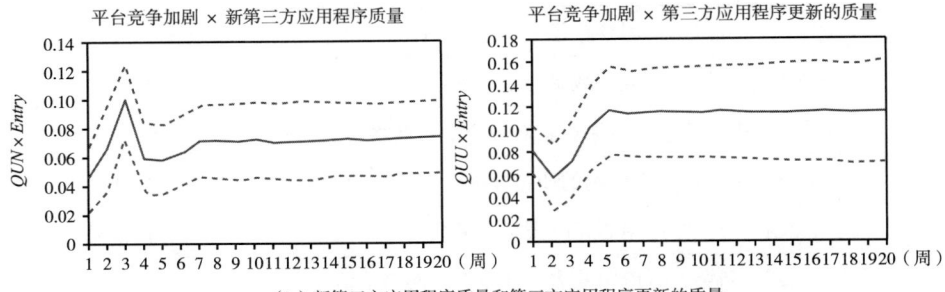

(b) 新第三方应用程序质量和第三方应用程序更新的质量

(c) 新第三方应用程序多样性和第三方应用程序更新的多样性

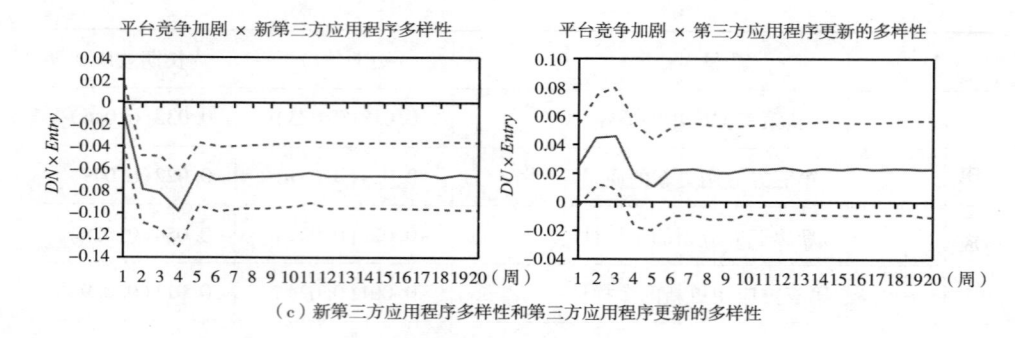

图 2-5　累积脉冲响应函数

注：实线代表平台性能随时间的平均变化。虚线表示在相应平均水平之上或之下的一个标准偏差的水平变化。

五、分析结果

（一）格兰杰因果检验

本部分进行了格兰杰（Granger）因果检验，结果如表 2-6 所示。竞争进入和第三方应用程序的特征之间相互作用项与平台网络价值具有显著的基于时间的因果关系。所有第三方应用程序的指标都是平台网络价值的格兰杰因果。从平台网络价值到竞争加剧与第三方应用程序特性之间的交互项的反向反馈并不显著。这些结果证实了竞争加剧后，第三方应用程序特征和平台网络价值之间的时间预测关系，为假设的检验提供了证据。

表 2-6　　　　　　　　格兰杰因果检验的结果

因果路径	p 值
竞争加剧×新第三方应用数量对数→平台网络价值	0.038*
竞争加剧×第三方应用程序更新对数→平台网络价值	0.021*
竞争加剧×新第三方应用的质量→平台网络价值	0.011**
竞争加剧×第三方应用更新的质量→平台网络价值	0.048*
竞争加剧×新第三方应用的多样性→平台网络价值	0.001**
竞争加剧×第三方应用更新的多样性→平台网络价值	0.006**
平台网络价值→竞争加剧×新第三方应用数量对数	0.205

续表

因果路径	p 值
平台网络价值➡竞争加剧×第三方应用程序更新对数	0.187
平台网络价值➡竞争加剧×新第三方应用的质量	0.708
平台网络价值➡竞争加剧×第三方应用更新的质量	0.663
平台网络价值➡竞争加剧×新第三方应用的多样性	0.509
平台网络价值➡竞争加剧×第三方应用更新的多样性	0.713

注：格兰杰因果关系的估计值是 Wald 联合统计量的 p 值。*、**、*** 分别表示在 5%、1%、0.1% 的水平上显著。

（二）假设检验

在模型（2.6）中，我们对竞争进入和第三方应用程序特性对平台网络价值的短期和长期交互作用感兴趣。如表 2-5 所示，竞争进入和新第三方应用程序数量之间的相互作用对平台网络价值产生负面的短期（-0.064）和长期（-0.039）影响。这表明，新第三方应用程序的数量在竞争进入之前对平台网络价值产生更大的短期和长期影响。这些结果支持了 H2.1。关于第三方应用程序更新数量对竞争进入前后平台网络价值的影响，表 2-5 显示，这种相互作用对平台网络价值具有显著的长期（0.036）积极影响，第三方应用程序更新的数量比竞争进入之前对平台网络价值的贡献更大，H2.2 得到了支持。

H2.3 和 H2.4 均指第三方应用程序质量对平台网络价值的影响。表 2-5 显示，竞争进入和新第三方应用程序的质量之间的相互作用对平台网络价值具有积极的短期（0.044）和长期（0.073）影响。这表明新的第三方应用程序的质量对平台网络价值而言比竞争加剧之前更为重要。因此，H2.3 得到了支持。此外，支持 H2.4 是因为第三方应用程序更新质量和竞争加剧之间的交互作用对于短期（0.079）和长期（0.115）效应均很重要。这意味着与竞争加剧之前相比，第三方应用程序更新的质量对平台网络价值的贡献更大。

最后，H2.5 和 H2.6 都涉及第三方应用程序多样性对平台网络价值的影响。表 2-5 显示，竞争加剧与新第三方应用程序多样性之间的相互作用对平台网络价值产生了长期的负面影响（-0.066）。这一结果表明，新的第三方应用程序的多样性对平台网络价值的长期影响要大于竞争进入后对平台网络价值的长期影响，H2.5 得到了支持。但是，H2.6 没有得到支持，因为第三方应用程序更新的多样性和竞争进入之间的相互作用对于短期和长期影响均不显著。这表明，第三方应用程序更新的多样性在竞争加剧之后与之前相比对平台网络价值贡献相同。一个可能的解释是，第三方应用程序在平台上的快速开发和扩展可能会对用户产生认知挑战。用户忘记的趋势可能会导致浓缩的第三方应用程序更新的吸引力降低。尽管现有平台可能会在第三方应用程序更新集中的最终用户中建立其独特性，但是吸引力的下降可能抵消了竞争进入对第三方应用程序更新与平台网络价值之间关系的调节作用，因此没有明显的竞争进入调节作用。

（三）稳健性检验

我们进行了其他一些分析，以验证结果的可靠性。首先，根据保韦尔斯和威斯（Pauwels & Weiss，2008）的研究，我们研究了具有自举法的 VAR 模型的参数稳定性。我们抽取了 100 次替换的样本，并用每个样本估算了模型。如表 2-5 所示，估计值的比较与自举估计值的分布表明，所有重要结果均保持不变。其次，数据集不平衡。为了验证这种不平衡的数据集是否会影响结果，我们进行了另一项分析。我们尝试了另一种平衡数据集，即 75 个事前周和 75 个事后周。我们重新运行模型。基于新观察窗口的结果在质量上与主要结果一致（见表 2-7）。

表 2-7　　　　　　　　采用 150 周作为观察窗口

	变量	短期效应	长期效应
主效应	新第三方应用程序数量的对数	0.113(0.039)**	0.093(0.048)*
	第三方应用更新的数量对数	0.019(0.037)	0.018(0.067)
	新第三方应用的质量	0.048(0.037)	0.037(0.072)
	第三方应用更新的质量	0.092(0.036)**	0.021(0.079)
	新第三方应用的多样性	-0.039(0.027)	-0.098(0.050)*
	第三方应用更新的多样性	-0.007(0.047)	0.003(0.055)

续表

	变量	短期效应	长期效应
交互项	平台竞争加剧×新第三方应用程序数量对数	-0.078(0.035)*	-0.069(0.025)**
	平台竞争加剧×第三方应用更新数量对数	0.014(0.037)	0.066(0.012)**
	平台竞争加剧×新第三方应用的质量	0.061(0.024)*	0.093(0.023)**
	平台竞争加剧×第三方应用更新的质量	0.079(0.025)**	0.146(0.053)**
	平台竞争加剧×新第三方应用的多样性	-0.033(0.037)	-0.070(0.035)*
	平台竞争加剧×第三方应用更新的多样性	-0.006(0.037)	0.036(0.031)

注：*、**、***分别表示在5%、1%、0.1%的水平上显著；括号内为标准差。

六、研究结论

本节的目的是了解两个问题：（1）新的第三方应用程序和第三方应用程序更新对平台网络的价值有何影响？（2）在竞争加剧之前和之后，这种影响有何不同？我们发现，与竞争加剧后相比，新第三方应用程序的数量在竞争加剧之前更有助于平台网络的价值，而第三方应用程序更新的数量对进入后平台网络的价值的贡献更大。与竞争加剧之前相比，新的第三方应用程序和第三方应用程序更新的质量对于平台网络的价值来说更为重要。最后，在竞争加剧之前，多元化的第三方应用程序产品组合对平台网络的价值的贡献更大，而在竞争加剧后，集中的第三方应用程序产品组合有助于平台网络的价值提高。这些结果既有理论意义，也有实际意义。

（一）理论意义

首先，本节研究有助于对探讨平台网络价值的文献进行研究。特别是，管理第三方应用程序以提高平台网络的价值具有挑战性，因为尽管第三方应用程序与平台网络广泛互补，第三方应用程序产品组合使平台更具吸引力，但广泛的第三方应用程序可能会增加绩效风险并阻止用户接受（Boudreau，2012）。结果表明，与进入竞争后相比，新第三方应用程序的数量对平台网络价值的贡献更大，而第三方应用程序更新的数量对进入后平台网络价值的贡献更大。与竞争加剧之前相比，新的第三方应用程序和第三方应用程序更新的质量对于平台网络的价值更为重要。此外，在竞争加剧之前，多元化的新第三方应用程序和第三方应用程序更新组合对平台网络价值的贡献更大，而在竞争加剧后，集中的产品组合有助于平台网络的价值。因此，互补第三方应用程序对平台网络价值取决于其独特特征（新第三方应用程序与第三方应用程序更新、数量或质量或多样性），并符合市场条件（在竞争加剧之前和之后）。

其次，本节研究有助于我们理解对进入的战略反应，尤其是在基于平台的市场中。当一个新进入市场的人破坏现有公司之间的现有平衡时，几位研究人员就竞争应对策略提供理论预测，导致它们重新定位自己作为回应（Wang & Shaver, 2013）。然而，现有的重新定位作为战略对策的研究主要侧重于片面设置，而不是考虑公司如何应对多面市场的进入。希曼斯和朱（Seamans & Zhu, 2014）以报纸为例，认为差异化是对进入的战略回应，并证明在竞争加剧之后，报纸平台之间的差异化会加剧。为了澄清此类响应的相对有效性，我们已经证明，通过竞争加剧，集中域中更高质量的第三方应用程序升级对平台网络的价值产生了显著的积极影响。因此，我们对双面市场中第三方应用程序战略的有效性进行了实证评估，并记录了这种重新定位如何与其他响应（包括升级第三方应用程序数量增加）同时发生。

最后，我们的发现对互补理论具有重要意义。专注于互补性和企业绩效之间关系战略的大多数研究（Lee et al., 2010; Liu et al., 2010; Wu et al., 2014）认为，企业可以通过互补性来选择价值链活动，通过彼此之间积极地相互促进来获得竞争优势（Lee et al., 2010; Liu et al., 2016）。基于资源的观点认为，公司的补充资产系统比公司的独立资产更有价值、稀有，难以模仿和难以替代（Barney, 1991）。因此，互补资产提供了竞争优势的重要来源。这些论点假设互补关系在不同情况下保持稳定，因此即使条件发生变化，通过互补资产获得的竞争优势也应持续存在。相反，我们的理论框架和经验结果表明，市场条件的变化可以启用或抑制与互补资产相关的绩效优势。"越多越好"的观点是不正确的；相反，互补资产的价值在很大程度上取决于其与市场条件的契合度。

（二）实践意义

我们的研究对商业实践具有几个重要影响。平台所有者应根据市场情况设计其第三方应用程序策略。当平台面临的竞争少时，他们应该开放自己的平台，鼓励大量新的和多样化的第三方应用程序加入。重点不应放在自己开发互补产品上，而应放在提供资源以支持第三方应用程序的发展上。通过建立必要的资源和降低技能要求，该平台可以深化其未来的第三方应用程序生产商池（Hippel，2005；Yoo et al.，2010）。作为智能手机市场的早期发展者，苹果的 iPhone 平台为第三方应用程序提供了大量资源，包括软件开发工具包、API 以及营销和分销方面的支持（Ghazawneh & Henfridsson，2013）。即使是个人爱好者也可以访问复杂的第三方应用程序设计工具。通过划分第三方应用程序和平台之间的开发任务，苹果公司使用户能够设计新的产品和服务，培训和实践相对较少；一个非常基本的第三方应用程序可能只需要几个星期的兼职开发工作（Prochnow，2009）。数字创新的"民主化"帮助苹果成为智能手机市场的平台领导者。

此外，平台应平衡对第三方应用程序的控制和第三方应用程序对平台的贡献。我们的实证证据表明，当面对竞争平台的进入时，平台所有者应将注意力从新的第三方应用程序转移到现有的第三方应用程序，并更加关注第三方应用程序的质量。平台所有者拥有平台生态系统的产权，可以通过合同或其他规则制定工具（Eisenmann et al.，2008）修改其权利、自由和义务，从而控制一系列广泛的第三方应用程序（Budau，2010）。实施这种平台控制与鼓励第三方应用程序加入平台之间存在着微妙的关系。我们的研究表明，对于新的第三方应用程序，平台所有者应追求一定程度的接近，并限制其开发和商业化。相反，对于现有的第三方应用程序，平台所有者应打开或删除任何升级限制，并帮助那些与最终用户特别相关的第三方应用程序，以便他们可以随着时间的推移保持或改善其竞争地位。然而，平台所有者还需要考虑这些现有第三方应用程序的定位，并大力鼓励那些符合其重新定位的第三方应用程序。例如，作为世界上最大的社交网络平台，脸书已经为一系列第三方应用程序建立了庞大的生态系统。为了应对竞争平台的出现，如领英、推特和脸书控制了新第三方应用程序的数量，同时加强了其第三方应用程序产品组合与社会化相关的定位。

最后，由于平台需要根据市场情况调整其第三方应用程序策略，第三方应用程序开发者应分别重新安排开发工作，特别是在进入后阶段。即使在平台将一些设计能力转让给第三方应用程序开发人员之后，他们仍必须评估发展战略与平台定位的战略契合性。对于具有战略意义与重新定位平台契合的第三方应用程序，开发人员可能更喜欢专业化，以便他们愿意提供大量投资和努力。如果第三方应用程序未能实现这种战略契合，开发人员将投入更少的精力，并通过多宿主行为减少对平台的依赖。

第三节　适者生存的平台经济

具有网络效应的互联网软件平台，如苹果的 iOS 和谷歌的 Android，正在成为基于软件服务的主要模式（Evans et al., 2006；Tiwana, 2014）。相对于独立系统，软件平台是一个软件系统的扩展代码库，提供核心功能分享给与它相互操作的应用程序（Baldwin & Woodard, 2009）。在这种技术和业务创新的作用下，平台通过催生大量的应用程序，不断扩展产品边界（Boudreau, 2011；Ceccagnoli et al., 2012）。平台将应用开发人员与平台提供商紧密联系，为双方带来更好的机会，以满足异构用户的需求。平台和应用之间的相互关系催生了软件平台的生态系统。

在软件平台的生态系统中，应用程序在其生命周期内不断进行评估和更新（创新）。在应用的初始发布后，用户或开发人员通常会识别漏洞或故障（Temizkan et al., 2012）。用户可能还需要新功能，因此会开发升级以满足此类请求。更新需要开发人员持续投入时间和努力。然而，对应用程序的投资往往被不确定性所笼罩。许多持续时间的投入通常会导致失败，只有个别的成功（Zittrain, 2006；Boudreau, 2012）。越来越多的开发商抱怨他们的工作不能赚钱。一位成功的开发人员埃莱夫特里乌（Eleftheriou）描述了 iPhone 早期开发的情况："当时大约有 1000 个应用程序，因此要容易得多。"关于后续的发展，他说："开始时要简单一些。不要在一个项目上投资三个月。你也许能做出很好的事情，但可能不会引起注意。现在这就是一个彩票。"（Boudreau, 2012）。

由于软件供应商在实践中普遍使用更新，越来越多的文献关注了软件更新（Arora et al., 2010；Jiang et al., 2012；Morgan & Ngwenyama, 2015）。然而，这些研究有两个明显的不足。首先，现有的关于软件更新的研究检验了升级对焦点软件的传播和市场绩效的直接影响（Arora et al., 2006；Khoo & Robey, 2007；Druehl et al., 2009；Fleischmann et al., 2016）。例如，弗莱舍曼等

（Fleischmann et al.，2016）发现功能更新对用户的继续使用意愿产生了积极的影响。然而，很少有研究探讨创新速度有效性的调节效应，使得对于能够启用或抑制与创新速度相关网络价值优势的任何边界条件，我们知之甚少。其次，尽管事先认识到其他平台和第三方应用程序基本上已经组织为一个独特的生态系统（Ceccagnoli et al.，2012；Tiwana et al.，2010），但很少有研究从生态学的角度探索软件平台。应用程序就像一个有机体，它们与其所属的生态系统有一些相互联系，必须从更大的生态系统中获得资源，以维持其生存和成长。一个应用程序的成功不仅取决于它自己的努力，还取决于它与其他创新在生态系统中的相互作用（Adner & Kapoor，2010）。生态学理论可以拓宽我们对完整依赖项集的看法，并为解释应用更新（创新）与其网络价值之间的关系的边界条件提供可能有用的基础。

因此，本节的目的是研究一个关键问题：应用更新（创新）速度对其绩效的影响如何受到软件平台生态系统中的生态因素的影响？我们专注于生态系统中的四个生态因素：平台更新（创新）、种内竞争、种间互惠和开发者能力。平台更新表示平台策略对应用的外部冲击；种内竞争捕捉同一类别的竞争强度；种间互惠代表了互补类别之间的互惠利益；开发者能力与应用的各个特征相关。

我们的研究对象是一个主要的网络浏览器平台——火狐浏览器中的应用程序。这些应用程序在平台的核心功能基础上提供附加功能，如视频会议和隐私保护等。我们设置的一个独特功能是平台记录用户下载和使用行为。对于每个应用程序，它还提供有关版本历史记录的详细信息（每周的下载数量）。通过跟踪每个应用的版本的故事，我们可以获取有关不同类别应用数量的纵向数据，并量化创新速度的有效性。我们使用 2009 年 7 月 9 日至 2015 年 12 月的应用程序的每周数据集来证实我们的理论假设。面板数据可用于在存在未观测变量的情况下获得一致的估计值（Wooldridge，2002）。固定效果估计的优点是，它控制与每个应用相关的特殊和时间常数的观测特征，这本质上影响了应用程序的绩效。因此，我们使用固定效果面板数据法进行估计，并获得几个重要的结论。首先，创新速度对应用绩效有显著的积极影响。其次，频繁的平台更新和特异性竞争削弱了创新速度的有效性。最后，种间互利和开发人员能力增强提高了创新速度的有效性。

总之，这项研究有三个重要的理论贡献。首先，我们开发并实证测试一个理论框架，以解释在不同环境下观察到的更新（创新）速度有效性的相对大小。特别是，我们试图表明更新（创新）速度有效性在多大程度上取决于创新生态系统的生态因素。我们的理论框架和实证结果表明，"越快越好"的观点是不准确的；相反，评估更新（创新）速度的价值需要注意其与生态系统中其他创新的交互作用。

其次，这项研究扩展了生态学理论的文献，这些理论在社会学（Carroll，1985；Ruef，2000）和管理学（Ingram & Simons，2000；Wang et al.，2013；Xu et al.，2014）领域有着丰富的实证研究。现有研究更注重考察人口间动态存在的强度，并解释其强度如何影响组织或创新生存和体制（Hannan & Freeman，1988；Xu et al.，2014）。例如，王等（Wang et al.，2013）借鉴生态学理论，发展了网络群的生态观，解释了在线群体之间的重叠成员身份如何引起群体间竞争，并影响群体的成长能力。本节通过突出软件平台生态系统的独特情境，研究创新速度的有效性，为生态学理论和相关研究做出了贡献。

最后，研究者普遍认识到，在软件平台的生态系统中，平台策略的变化可能会改变第三方应用程序的行为（Tiwana，2014）。然而，它得到的实证研究却出奇地少。过去的研究主要发展了对平台生态系统的理论理解（Tiwana et al.，2010；Parker & Van Alstyne，2008；Ceccagnoli et al.，2012），我们的实证研究说明了平台本身的行为如何影响创新速度在这个生态系统中的有效性。这些发现对平台如何改进其生态系统管理产生了重要影响。

一、理论与文献回顾

（一）生物生存和进化的生态文献

生物需要资源来生存和成长。资源是增加消费者的人口增长的生物或非生物因素（Holland & DeAngelis，2010）。当资源稀缺时，环境可以支持的组织的数量即承载能力有上限限制（Popielarz & Neal，2007）。生态学理论认为，没有绝对孤立的有机体存在，有机体同时与其他有机体共存和竞争。在同一种群数量或环境中（光、水、土地等）中，对共同、有限的资源的争夺，都会导致这些有机体之间的竞争。与许多有机体争夺有限资源会减少有机体成功或生存的可能性。在这种情况下，一个有机体的生长限制了其他有机体的生长。同时，依赖于资源在环境的互补性，与其共生的其他有机体也可以提高一个有机体的存活率（Leigh，2010）。当两个有机体从彼此的生长中获得积极的互惠效应时，它们就形成了互惠关系（Holland & DeAngelis，2009）。

生态学理论认为，生物的资源依赖于环境，而环境不断进化，环境的变化导致生物体的适应。适应是有机体在其环境条件下变得更能生存的进化过程。生物在生长发育过程中面临着一系列的环境挑战，并具有适应环境变化的可塑性（Eyre-Walker & Keightley，2009）。如在沙漠、热带和极地地区，各种动物和植物都适应于守护它们的食物安全，并且在极端的温度和供水条件下生存。

适应能增强个体的体质和生存能力。适应良好的个人也可能比他们不太适应的竞争对手（Orr，2005）留下更多的后代。物种内个体表现出的差异，自然选择可能有利于或消除差异。在生殖系统中，每一代人的基因重组确保了变异的维持（Molles，2010）。产生优势的特质将被保留，其他个体的不利特征将被破坏。在不同的环境中，更"适合"的有机体具有更好的生存潜力，就像众所周知的"适者生存"一样（Molles，2010）。由于这种由环境选择的过程，物种数量将随着时间的推移而改变。同一环境中的生物体进化能力也不同。与不拥有这些特征的物种相比，进化速度更快的物种更有可能更好地适应环境。

（二）软件平台生态系统中的应用生态视图

软件平台实质上组织了一个创新生态系统，通常包含几个不同的角色：（1）平台，它是指基于软件的系统可扩展的代码库，该系统提供由与其相互操作的应用程序共享的核心功能；（2）应用程序，可以作为附加产品查看到平台、补充和添加功能到平台（Tiwana et al.，2010）。开发人员开发应用程序有外在和内在两种类型的动机：外在动机一般以经济收益为中心，而内在动机通常包括享受经验及获得声誉（Hertel et al.，2003；Koch & Guceri-Ucar，2017）。随着软件平台的显著增长，对应用的巨大需求为开发人员创造了巨大的财务激励和商业机会。在货币支出方面，苹果宣布，2016 年 iPhone 用户平均在苹果应用商店消费 40 美元，高于 2015 年的 35 美元。排名前 10 位的 iOS 游戏每天收入 4.7 万美元，年收入超过 1700 万美元（Chong，2017）。因此，我们关注应用程序的商业成功，并提出应用程序的生态观，以检验创新速度在软件平台生态系统中的有效性。表2-8总结了我们如何在软件生态系统的上下文中映射生态学的核心概念。

表2-8　　　　软件生态系统背景下的生态构造映射

映射	事件
生态	平台及其特定应用的集合
资源	用户及其时间和精力
绩效	用户增长
演化	应用和平台的几代人（即版本）更新
种内竞争	在同一应用类别中争夺有限用户的时间和精力
种间互惠	不同类别的应用之间的互补性，推动互利共赢

资料来源：作者根据样本整理。

在软件平台的生态系统中，应用仍然依赖于环境，以获得对其成功和生存至关重要的资源。他们最宝贵的资源是用户、时间和精力。如果没有最终用户的使用时间和精力，应用程序就不会继续存在和运行。因此，衡量应用程序绩效的关键是用户的增长。由于应用程序易于访问和进入，因此存在大量现有和潜在的应用程序。例如，苹果智能手机平台在2015年拥有150万个应用。[①] 竞争对手谷歌安卓（Google Android）在2015年推出了160万款应用。应用程序同时共存并与其他应用程序竞争。应用程序之间的这种交互将影响应用程序的生存和发展。

应用程序的激增，虽然在很多方面给平台带来了好处，但也给用户造成了选择上的困难，他们必须将自己的时间和注意力分配给那些吸引他们兴趣和激情的应用程序。由于应用程序的数量呈指数级增长，平台用户需要选择在哪里花费有限的时间和精力。当应用程序属于同一类别时，它们会为用户提供类似需求的服务。同一类别中的其他应用程序将与焦点应用程序共享同一资源。因此，应用程序可能面临巨大的压力，在同一类应用程序中争夺有限用户的时间和精力。同时，应用程序的使用行为很少是排他性的，对一个应用程序的使用通常是开放的和流动的。人们通常使用互补的应用程序来满足不同的需求。由

[①] 苹果2015年全球开发者大会（WWDC），北京时间6月9日。

于互补类的其他应用不会与焦点应用共享同一资源，不同类别应用的互补性将促进焦点应用的增长。

作为软件平台生态系统中的有机体，应用程序在不断更新的过程中不断进化。更新或升级是指软件将已安装的产品版本替换为同一产品的更新版本（Khoo & Robey，2007）。更新过程通常会保留现有的用户数据和首选项，同时用新版本替换现有的软件。为了满足用户对新功能的需求或修复漏洞，应用程序需要在其生命周期中不断更新（Arora et al.，2006；Cavusoglu et al.，2008）。最初发布只是产品创新过程的一部分；发布第一个版本后，开发人员需要坚持不懈地进行创新以更新应用程序。应用程序开发是一个资源投入的过程，而不是一个可以瞬间完成的简单过程。开发人员需要了解平台用户对特定类型应用程序的潜在需求，根据自己的专业知识和资源的限制，组织并参与实际开发，并让用户能够访问他们的产品（Ghapanchi，2015；Song et al.，2017）。因此，开发人员在启动和更新应用程序的能力上是异质的。

与传统的创新生态系统不同，软件平台生态系统具有中心辐射结构，围绕关键平台进行组织，导致平台与应用之间的不对称。应用程序建立在平台之上，依赖于平台的内部工作。相比之下，平台可以独立工作并控制应用程序的行为。例如，平台（如iOS和Android）会对所有应用程序进行审查，以确保它们符合某些标准，然后才能在公共市场上使用（Maurer & Tiwana，2012）。此外，平台发布开发指南，并以软件开发工具包的形式提供标准化的开发和测试环境，以控制应用程序开发人员执行开发工作的方式（Ghazawneh & Henfridsson，2013）。因此，应用的生存和发展也取决于平台的行为。

二、研究假设

以更快的速度更新的应用程序更有可能导致一些更适合进化环境的进化变体。对软件发布的研究表明，由于补丁投资的固定成本性质，软件供应商可能会提前发布一款来不及完善的产品，然后在更大的市场进行更新（Arora et al.，2006；Ji et al.，2005）。更新的应用通常有更多的功能和更好的可用性或绩效，包含了增量的创新，产品质量将随着更新而提高。当创新速度很快时，应用程序可以快速向最终用户提供质量改进。因此，用户将更有信心采用这些应用程序，并在更新的应用程序中分配更多的时间和注意力。

应用程序的开发者通常创新并发布软件的更新,创新的频率不仅在一定程度上代表着创新速度,而且还提供了有关产品质量的信息(Padmanabhan et al., 1997; Pae & Hyun, 2002)。更有能力的供应商将更有可能对新功能的请求或错误报告做出迅速反应。以一个应用程序为例,广告拦截+(Adblock Plus)是火狐中一个典型的隐私和安全保护应用程序,它允许最终用户明确阻止油管(YouTube)、脸书(Facebook)以及其他横幅上的视频广告。潜在用户可以访问应用程序中心,并查看此应用程序的完整版本历史记录。例如,他们发现广告拦截+自第一个版本发布以来已经发布了80个版本,在2016年有6个不同的版本。这样的产品更新频率可以看作是一个信号,表明该应用程序的开发人员有足够的能力快速响应问题和请求,并迅速解决用户的隐私和安全需求。此外,用户还依赖产品升级来帮助他们顺利升级到新的技术产品。新产品的推出、升级和新版本的发布,可以可靠地向使用当前产品/版本的客户传达有关网络外部性的私人信息(Padmanabhan et al., 1997; Sankaranarayanan, 2007; Yin et al., 2010)。因此,随着时间的推移,创新速度更快的应用程序更有可能获得更好的生存和增长机会。据此,我们提出如下假设:

H2.7:创新速度更快的应用程序更可能有更好的绩效。

平台创新并发布更新是软件平台增强自身服务的重要途径(Tiwana et al., 2010)。平台更新频率代表了平台的创新速度,是决定平台生态系统演化动态的关键特征。平台创新速度关系到平台发布其更新版本并随时间演变的频率。由于平台是应用程序的关键,平台创新速度会影响应用程序创新速度的有效性。由于频繁的平台更新,开发者必须将更多的资源投入到应用程序更新上,比如遵从不断变化的API和解决兼容性问题。因此,频繁的平台更新会给应用程序开发者带来更多的技术债务,即随着时间的推移,软件维护义务的增加(Ramasubbu & Kemerer, 2015)。由于开发人员必须付出更多的努力来解决他们的技术债务,他们将面临更多的时间和努力限制,以提高现有应用程序的质量。因此,质量改进的适应性效益将会降低。

从终端用户的角度来看,频繁的平台创新及更新也可能会限制他们获取更新应用价值的意图和能力。对于个人用户来说,经常升级他们安装的软件平台通常是一件很繁重的事情。当频繁的平台更新带来边际效益较低时,一些用户可能会推迟升级的进程。因此,频繁的平台更新会阻止某些最终用户使用更多的最新应用程序,从而减少应用程序演进的信号效益。最终用户可能也没有足够的认知资源跟上平台的更新步伐。一旦他们错过了一些短期的平台升级浪潮，他们可能会在应用程序的适应过程中不断滞后。因此，频繁的平台更新可能会削弱应用程序创新速度对其绩效的影响。我们提出以下假设：

H2.8：频繁的平台创新削弱了应用程序创新速度对其绩效的影响。

生态学理论预测，竞争对成熟种群中生物的表现和生存会产生负面影响。在一个成熟的种群中，需要共同资源的生物数量已经很高，资源也很稀缺。竞争效应占主导地位，因此阻碍了有机体的生存和生长（Wang et al.，2013）。文献中有大量证据支持这种竞争效应。例如，布德罗（Boudreau，2012）发现，将独立的应用程序开发人员添加到已经服务的应用程序类别中会挤出个别开发人员的投资激励。

当种内竞争水平较高时，同一类别的竞争对手较多。更多的竞争信号会降低任何一个信号对用户的有效性或清晰度。这是因为越来越多的类似应用程序会导致用户认为信号是不和谐、混乱、不确定和混淆的（Boudreau & Jeppesen，2015）。随着用户对应用程序的注意力被打断，带来的信号效益将会降低。此外，由于市场变得更具竞争力，最终用户必须从供应方面感知到效用的增加，以克服增加的"噪声"。增加的"噪声"将抵消质量的提高。因此，质量改进的适应性效益也应被削弱。我们假设如下：

H2.9：应用程序创新速度对其绩效的影响因种内竞争而减弱。

任何两个应用程序都可以在替代或补充中关联（Eisenmann et al.，2011）。当两类应用程序互为补充时，它们将不会有相同或非常相似的资源需求。虽然最终用户在时间和注意力上有限制，但他们将使用互补的应用程序来满足不同的需求。此时，互补应用程序之间的重叠使用行为将会很大。这两类应用将从彼此的成长中获得积极的互惠效应。当种间互惠性较高时，互补应用的可用性将扩大焦点应用的需求。与应用程序演进相关的边际质量改进应该在焦点应用程序中吸引更多用户的时间和注意力。因此，焦点应用程序的适应性收益和质量改进对绩效的影响将增加。随着质量改进的适应性效益的提高，应用程序创新速度对绩效的影响应该得到加强。因此，我们提出以下假设：

H2.10：应用程序创新速度对其绩效的影响通过种间互利性得到加强。

应用程序开发是一个资源承诺的过程，它需要开发人员了解用户的偏好，并将其应用到他们的创造性开发工作中（Ghapanchi，2015；Song et al.，2017）。开发人员在识别潜在需求、吸收用户反馈并将其应用于商业目的的能力是异构的（Boudreau，2012）。开发人员可以开发一个应用程序组合，并积累一些经验。这种积累的能力或经验可能有助于应用程序的发展。当开发人员的能力很强时，应用程序可以在每次演进中为最终用户提供更显著的质量改进。它还可以显示开发能力，让用户对应用程序的采用和使用更有信心。随着质量改进和信令的自适应效益的增加，应用程序创新速度对其绩效的影响将得到加强。因此，我们提出以下假设：

H2.11：开发人员的能力增强了应用程序创新速度对其绩效的影响。

完整的研究模型如图2-6所示。

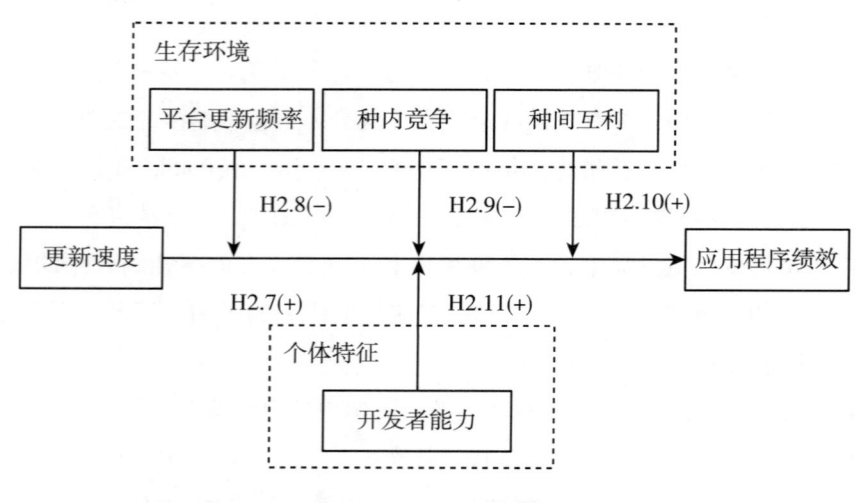

图2-6 研究模型和假设

三、样本与数据

（一）研究样本

我们的实证研究对象是一个主要的网络浏览器系统——火狐浏览器。自2004年底首次亮相以来，火狐一直是第二大网络浏览器，直到2011年底被谷歌浏览器超越。截至2016年12月，它是第三大桌面网络浏览器，市场份额约为15%。作为一个开源系统，火狐更依赖于一个平台生态系统来维持其运营。它通过鼓励大量第三方开发者提供互补的应用程序来扩展其产品边界。这些应用程序基于火狐的核心功能提供附加功能，如视频会议和隐私保护。火狐还更新了自己的浏览器平台，以添加功能并提高质量。这些更新可能还需要相应地更新第三方应用，以便与浏览器平台兼容。对于最终用户，火狐可以自动检查更新的可用性，并通知他们手动将其安装的浏览器升级到最新版本。但是，升级可能需要耗时的下载和重新启动用户的计算机的过程。从 2004 年末到 2011 年初，火狐每年更新一次浏览器平台。2011 年初，火狐更改了平台更新策略，更新之间的平均时间间隔已大幅缩短到六周。

火狐的平台生态系统为我们的实证分析提供了一个理想的环境。首先，该平台记录了自 2004 年启动以来所有火狐的第三方应用程序。对于每个应用程序，它都会提供有关更新历史记录的详细信息（即何时和多少次）。因此，我们可以准确地观察应用程序的创新速度。其次，平台记录了部分应用程序的用户下载和使用行为。从这些应用程序收集的纵向数据可用于量化应用程序的绩效。再次，火狐的平台更新策略主要是应用程序的外生性，因为火狐的更新决策通常不是基于应用程序的更新。这个特性应该能够最大限度地减少对内生更新决策的关注，并使我们能够更好地评估平台更新对应用程序创新速度有效性的因果影响。最后，由于应用程序对最终用户是免费的，因此对应用程序更新的检查不太可能受到任何定价因素的干扰。

（二）数据和测量

从 2009 年 7 月到 2015 年 12 月，我们使用一个关于火狐生态系统的每周纵向数据集来测试我们的理论假设。我们选择每周数据有两个原因。首先，关于应用程序更新和绩效的每日数据没有显示出足够的变化，每月数据也没有提供显示更新和应用程序绩效的持续模式的粒度。其次，我们的数据表明，第三方应用程序的状态通常每周都会发生变化。

我们从火狐附加应用程序的官方网站收集了有关最终用户和第三方应用程序的信息。这个网站记录了自 2004 年启动以来所有的第三方应用程序。对于每个应用程序，它都能提供详细信息，包括初始启动时间、更新历史（即应用程序更新的时间和次数）、类别和开发人员姓名。这些应用程序只在火狐上运行，作为火狐浏览器平台的补充组件，对最终用户是免费的。截至 2015 年 12 月，该平台上有超过 13000 个应用程序，涵盖 14 个类别。

我们收集了应用程序发布和更新的纵向数据，并将其汇总到周级别。为了获取创新速度，我们使用应用程序发布的版本之间的平均时间间隔。较低的时间间隔表明创新速度较高。为了使结果解释更直观，我们从最大更新间隔值中减去更新间隔来衡量应用程序创新速度。为了获取应用程序的绩效，我们使用每周每个应用程序的下载次数。此外，我们还收集了有关用户数量的数据。由于下载量和用户之间高度的相关性，我们在主分析中使用了下载量，并在稳健性检查中选择了用户数。

我们对平台更新频率的度量是一个哑变量，2011年3月21日之前所有周的值为0，2011年3月21日之后所有周的值为1。2011年3月21日，火狐改变了更新策略，显著缩短了浏览器更新间隔。在此之前，火狐大约每年更新一次浏览器平台。在此日期之后，更新的平均时间间隔急剧缩短到大约六周。我们的整个样本覆盖了更新前的89周和更新后的185周。关于开发人员的能力，我们考虑对开发人员开发的应用程序的平均用户评级进行衡量。用户等级越高表明开发人员的能力越强。

我们使用同一类别中应用程序的数量来衡量种内竞争的规模。为了捕捉种间互惠的大小，我们使用了一个互补类别的应用程序数量的度量。具体来说，遵循软件互补性的定义（Lee et al., 2010），我们对14个类别进行了内容分析。对于每一个类别，由两名研究助理独立选择竞争力最高的类别作为补充类别。如果出现任何相互矛盾的选择结果，第三名研究助理将分别向两人询问原因并做出最终决定。佩罗和利的信度指数（Perreault & Leigh, 1989）显示编码和选择的信度达到0.86。经过选择，我们无法找到两类应用的互补类别。因此，我们在数据分析中删除了这两个类别。

我们还控制了四个因素。首先是软件生态系统的资源丰富度，这可能会影响应用程序的绩效。资源丰富度是通过每周在火狐平台上下载的平台数量来衡量的。其次是应用程序的年龄，它是以应用程序在这个平台上发布后的周数来衡量的。平台上快速的应用程序开发和更新可能会给用户带来认知挑战。随着时间的推移，用户的遗忘倾向会导致新应用的吸引力下降（Bass et al., 2007）。再其次是应用程序是否是开源的。在这个平台上，开发者可以决定是否打开他们应用程序的源代码。它由一个二进制指示符测量，值为0表示打开源代码，值为1表示关闭源代码。最后一个因素是更新的范围，这是由不同版本之间应用程序大小变化的百分比来衡量的。表2-9显示了变量定义和摘要统计信息。表2-10显示了这些变量的相关矩阵。

表 2-9　　　　　　　变量的度量和描述性统计信息

变量	测量	均值	标准差
应用绩效	每个应用的每周下载次数	415.100	4967.533
创新速度	应用发布的版本之间的平均时间间隔	1899.434	716.240
平台频繁更新	虚拟变量（频繁更新后=1，频繁更新前=0）	0.799	0.401
种内竞争	同一类别中的应用数	1349.637	891.514
种间互惠	补充类别的应用数	481.831	515.921
开发人员能力	开发人员开发的应用的平均评分	3.657	0.897
资源丰富度	平台每周下载次数（千次）	8203.689	1238.560
应用持续时间	应用上架的天数	1260.425	868.330
是否开源	虚拟变量（开放源代码=1；关闭源代码=0）	0.581	0.493
更新范围	不同版本应用大小的更改的百分比	2.139	421.162

资料来源：作者根据样本整理。

表 2-10　　　　　　　　　相关系数矩阵

变量	(1)	(2)	(3)	(4)	(5)	(6)	(7)	(8)	(9)	(10)
(1) 应用绩效	1									
(2) 创新速度	0.031	1								
(3) 平台频繁更新	-0.043	-0.005	1							
(4) 种内竞争	-0.041	-0.040	0.528	1						
(5) 种间互惠	-0.022	-0.066	0.341	0.173	1					
(6) 开发人员能力	0.059	0.027	-0.109	-0.081	-0.111	1				
(7) 资源丰富度	-0.017	-0.007	0.551	0.294	0.1824	-0.025	1			
(8) 应用持续时间	0.029	0.154	0.257	0.204	0.099	0.165	0.158	1		
(9) 是否开源	0.022	0.002	0.228	0.149	0.030	-0.033	0.265	0.069	1	
(10) 更新范围	-0.000	0.002	0.002	-0.001	-0.000	-0.004	0.002	-0.006	0.000	1

四、模型的设定

通过对不同时间段的应用程序进行叠加，我们构建了一组面板数据来验证我们的假设。我们的面板数据包括每周观察应用程序更新和下载信息。为了检验创新速度有效性的主要影响，我们首先估计以下模型：

$$Perfor_{it} = \beta_0 + \beta_1 UpSpeed_{it} + ControlVars_{it} + \varepsilon_{it} \qquad (2.7)$$

$$Perfor_{it} = \beta_0 + \beta_1 UpSpeed_{it} + \beta_2 PlatUpdate_t + \beta_3 IntraCompe_{it}$$
$$+ \beta_4 InterMutu_{it} + \beta_5 DevCapa_{it} + ControlVars_{it} + \varepsilon_{it} \qquad (2.8)$$

其中，i 代表应用程序，t 代表周因变量是每个应用程序的每周下载量。在模型（2.8）中，$UpSpeed_{it}$ 的系数代表创新速度对应用绩效的主要影响。此外，为了进一步捕捉生活环境和个人特征的影响，我们在模型（2.8）中添加了四个交互项：

$$Perfor_{it} = \beta_0 + \beta_1 UpSpeed_{it} + \beta_2 PlatUpdate_t + \beta_3 IntraCompe_{it}$$
$$+ \beta_4 InterMutu_{it} + \beta_5 DevCapa_{it} + \beta_6 UpSpeed_{it} \times PlatUpdate_t$$
$$+ \beta_7 UpSpeed_{it} \times IntraCompe_{it} + \beta_8 UpSpeed_{it} \times InterMutu_{it}$$
$$+ \beta_9 UpSpeed_{it} \times DevCapa_{it} + ControlVars_{it} + \varepsilon_{it} \qquad (2.9)$$

在模型（2.9）中，交互项 $UpSpeed_{it} \times PlatUpdate_t$ 反映了频繁平台更新在创新速度有效性中的调节作用。$UpSpeed_{it} \times IntraCompe_{it}$ 和 $UpSpeed_{it} \times InterMutu_{it}$ 的系数度量了种内竞争和种间互利的调节作用。交互项 $UpSpeed_{it} \times DevCapa_{it}$ 的系数表示创新速度对应用绩效的影响如何由开发人员能力来调节。

面板数据可用于在存在未观测变量的情况下获得一致的估计值（Wooldridge，2002）。模型（2.8）和模型（2.9）包括特定应用的固定效应，用于捕获与每个应用相关的特点和时间常数的未观测特征。固定效应估计的优点是它控制软件内在特性对应用绩效的影响。此外，固定效应估计还允许误差项 ε_{it} 与其他解释变量任意关联，从而使估计结果更加可靠。因此，对于每个模型，我们使用固定效应（FE）面板数据方法进行估计。

五、数据分析

（一）对假设的分析

表 2-11 显示了我们的固定效果估计结果。在表 2-11 中，第 2~3 列报告主效应估计结果，第 4 列报告交互效应估计结果。如表 2-11 所示，创新速度对应用程序绩效有显著的正影响。这个影响在添加交互项后仍然保持成立。这个结果表明，对于具有更多更新的应用，更多的用户将下载这些应用。因

此，H2.7 得到了支持。

表 2-11　　　　　　　　　　估计结果

	变量	模型(2.7)	模型(2.8)	模型(2.9)
主效应	创新速度	0.118(0.001)	0.065(0.001)	0.052(0.001)***
	平台频繁更新		-0.032(0.006)	-0.026(0.006)***
	种内竞争		-1.065(0.006)	-1.044(0.005)***
	种间互惠		0.054(0.004)	0.032(0.004)***
	开发人员能力		0.231(0.013)	0.253(0.013)***
交互项	创新速度×平台频繁更新			-0.029(0.002)***
	创新速度×种内竞争			-0.012(0.0001)***
	创新速度×种间互惠			0.007(0.001)****
	创新速度×开发人员能力			0.041(0.003)***
控制变量	资源丰富度	0.086(0.005)***	0.588(0.005)***	0.580(0.005)***
	应用持续时间	-0.473(0.002)***	0.019(0.003)***	0.024(0.003)***
	是否开源	-0.411(0.006)*	-0.003(0.006)	-0.008(0.003)
	更新范围	0.057(0.006)***	0.065(0.006)***	0.065(0.006)***
	应用固定效果	是	是	是
	应用数量	1449	1449	1449
	样本量	369230	369230	369230
	R^2	0.194	0.335	0.339

注：*、**、*** 分别表示在5%、1%、0.1%的水平上显著。

关于平台频繁更新的效果，表 2-11 揭示了创新速度和平台频繁更新之间的交互对应用程序绩效有着显著的负面影响。如表 2-11 中的第 4 列所示，"创新速度×平台频繁更新"的系数表明，在平台频繁更新的期间，创新速度对应用绩效的影响比频繁平台更新期之前要降低 2.9 个百分点。这种关系在考虑到控制变量后仍然成立。因此，H2.8 也得到了支持。

关于种内竞争的影响，表 2-11 显示了创新速度和内部竞争对应用绩效的交互项。结果表明，对于具有高竞争水平的应用，创新速度对应用程序绩效的影响不如低竞争水平的应用。因此，H2.9 得到了支持。当涉及种间互惠的影响时，表 2-11 揭示了创新速度和种间互惠的相互作用对应用绩效有显著的积极影响。换句话说，对于具有高互惠关系的应用，创新速度对应用绩效的影响比互惠关系低的应用更为积极。因此，H2.10 也得到了支持。

关于开发人员功能的调节效果，表 2-11 揭示了创新速度和开发人员功能之间的交互术语对应用程序绩效有显著的积极影响。正如表 2-11 第 4 列所示，"创新速度×开发人员能力"系数表明，与低能力开发人员相比，创新速度对应用程序绩效的影响对高能力开发人员的影响很大，这种关系在考虑控制变量后仍然一致。因此，H2.11 也得到了支持。

（二）稳健性检验

我们进行了一些额外的分析，以验证我们结果的稳健性。首先，我们主要分析的因变量是基于下载量的。为了进一步验证我们分析的稳健性，我们选择用户数量作为应用程序绩效的替代标准。基于新因变量的结果与基于下载次数的主要结果在质量上是一致的。具体来说，创新速度对用户数量有显著的正面影响；频繁的平台更新和种内竞争削弱了创新速度的有效性，而种间互惠和开发者能力则增强了创新速度的有效性（见表 2-12）。

表 2-12　　　　采用用户使用作为替代因变量进行回归

	变量	模型(2.7)	模型(2.8)	模型(2.9)
主效应	创新速度	0.134(0.001)***	0.070(0.001)***	0.059(0.001)***
	平台频繁更新		-0.004(0.006)	-0.003(0.006)
	种内竞争		-1.321(0.005)***	-1.305(0.006)***
	种间互惠		0.082(0.004)***	0.071(0.004)***
	开发人员能力		0.103(0.015)***	-0.082(0.014)***
交互项	创新速度×平台频繁更新			-0.019(0.006)***
	创新速度×种内竞争			-0.011(0.002)***
	创新速度×种间互惠			0.003(0.001)***
	创新速度×开发人员能力			0.037(0.001)***

续表

	变量	模型(2.7)	模型(2.8)	模型(2.9)
控制变量	资源丰富度	0.408(0.006)***	0.512(0.006)***	0.505(0.006)***
	应用持续时间	-0.553(0.005)***	-0.547(0.003)***	-0.551(0.003)***
	是否开源	0.061(0.006)***	0.032(0.006)***	0.026(0.006)***
	更新范围	0.052(0.007)***	0.040(0.005)***	0.041(0.006)***
	应用固定效果	是	是	是
	应用数量	1449	1449	1449
	样本量	369230	369230	369230
	R^2	0.059	0.247	0.249

注：*、**、*** 分别表示在5%、1%、0.1%的水平上显著。

其次，我们将使用版本之间的时间间隔作为创新速度的度量。为了进一步验证分析的结论，我们选择版本数作为创新速度的替代度量。我们重新运行模型，发现基于创新速度新度量的结果与基于版本之间时间间隔的主要结果在方向上是一致的。具体来说，版本数量对应用程序绩效有显著的负面影响。当平台更新频繁且内部竞争激烈时，版本数量对应用程序绩效的影响较小。相比之下，当种间互惠和开发者能力较强时，版本数量对应用程序绩效的影响更为积极（见表2-13）。

表2-13　用版本数量作为创新速度的替代变量进行回归

	变量	模型(2.7)	模型(2.8)	模型(2.9)
主效应	创新速度	0.748(0.006)***	0.907(0.005)***	0.953(0.005)***
	平台频繁更新		-0.075(0.005)***	-0.101(0.005)***
	种内竞争		-1.152(0.005)***	-1.056(0.006)***
	种间互惠		0.062(0.004)***	0.049(0.004)***
	开发人员能力		0.333(0.013)***	0.422(0.014)***
交互项	创新速度×平台频繁更新			-0.064(0.006)***
	创新速度×种内竞争			-0.179(0.003)***
	创新速度×种间互惠			0.011(0.001)***
	创新速度×开发人员能力			0.271(0.015)***

续表

	变量	模型(2.7)	模型(2.8)	模型(2.9)
控制变量	资源丰富度	0.572(0.005)***	0.479(0.005)***	0.421(0.005)***
	应用持续时间	-0.054(0.005)***	-0.116(0.002)***	-0.175(0.003)***
	是否开源	0.096(0.006)***	0.045(0.005)***	0.050(0.005)***
	更新范围	0.079(0.006)***	0.067(0.005)***	0.054(0.005)***
应用固定效果		是	是	是
应用数量		1449	1449	1449
样本量		369230	369230	369230
R^2		0.200	0.378	0.390

注：*、**、*** 分别表示在5%、1%、0.1%的水平上显著。

最后，我们收集了每个应用的用户评分的纵向数据，并将平均用户评分与评分数量（以100为单位）相加。合并值被视为开发人员功能的替代度量。我们重新运行模型。如表2-14所示，基于针对开发人员能力的新度量的结果在质量上与主要结果一致。

表2-14　　　　加入点评数量因素作为开发者能力变量替代行回归

	变量	模型(2.7)	模型(2.8)	模型(2.9)
主效应	创新速度	0.118(0.001)***	0.065(0.001)***	0.052(0.001)***
	平台频繁更新		-0.032(0.005)	-0.026(0.006)***
	种内竞争		-1.067(0.006)***	-1.045(0.006)***
	种间互惠		0.054(0.004)***	0.032(0.004)***
	开发人员能力		0.243(0.010)***	0.261(0.009)***
交互项	创新速度×平台频繁更新			-0.029(0.002)***
	创新速度×种内竞争			-0.012(0.001)***
	创新速度×种间互惠			0.007(0.003)***
	创新速度×开发人员能力			0.034(0.002)***
控制变量	资源丰富度	0.486(0.005)***	0.583(0.005)***	0.575(0.005)***
	应用持续时间	-0.073(0.002)***	-0.018(0.003)***	-0.023(0.003)***
	是否开源	-0.011(0.001)***	-0.003(0.006)	-0.009(0.006)
	更新范围	0.057(0.006)***	0.066(0.006)***	0.066(0.006)***

续表

变量	模型(2.7)	模型(2.8)	模型(2.9)
应用固定效果	Yes	Yes	Yes
应用数量	1449	1449	1449
样本量	369230	369230	369230
R^2	0.195	0.336	0.338

注：*、**、***分别表示在5%、1%、0.1%的水平上显著。

六、研究结论

运用生态学理论，我们为检验软件平台生态系统中创新速度的有效性提供了一个初步的分析框架。我们发现创新速度对应用程序绩效有显著的正向影响。频繁的平台更新和种内竞争削弱了创新速度的有效性，而种间互惠和开发者能力增强了创新速度的有效性。我们的理论框架和研究结果为通过创新激活网络效应提供了新的思路。

（一）理论意义

本节几个重要的发现有助于多学科的研究。首先，本节研究为创新速度的价值打开了一扇通往丰富新知识的大门。长期以来，创新研究表明，诸如创新速度等时间因素对项目成功有很大影响（Kessler & Bierly, 2002）。然而，以往关于创新速度与正式组织环境下项目成功之间关系的研究结果是相互矛盾的。虽然大多数研究支持积极关系（Carbonell & Rodriguez, 2006; Kessler & Bierly, 2002; Kessler & Chakrabarti, 1996），但也有少数研究表明这种关系无关紧要（Griffin, 2002; Ittner & Larcker, 1997; Meyer & Utterback, 1995）。显然，有必要通过考察创新速度的调节者来填补这一空白。相反，我们的理论框架和实证结果表明，市场条件的变化可以使或抑制与创新速度相关的绩效优势。

其次，本节提出了我们对创新生态系统的理解，特别是对软件平台生态系统的理解。由于信息技术大大降低了协调成本，创新生态系统已成为众多行业（如高清电视、手机和软件）增长战略的核心要素。在创新生态系统的世界里，如果不能将重点扩展到整个生态系统，就会建立失败的创新（Adner &

Kapoor，2010）。新的范式要求创新者通过拓宽视角来考虑整个生态系统，从而对其全套依赖关系形成更清晰的认识。我们的实证结果表明，一个应用的成功不仅取决于其自身的努力，还取决于平台和其他应用的特点。因此，本书扩展了我们对生态系统内共同创新风险的认识，即一项创新的成功程度取决于其他创新的特征（Adner，2006）。

最后，本节补充了现有的软件更新文献。软件开发周期的大多数模型明确地包含了通过升级在发布后改进产品的可能性（Arora et al.，2006；Temizkan et al.，2012）。升级变得如此普遍，以至于许多供应商都有"升级管理"系统来有效地集成现有软件中的补丁（Arora et al.，2010）。现有的软件更新研究更多地关注升级对焦点软件的传播和市场绩效的影响（Sankaranarayanan，2007；Druehl et al.，2009；Jiang et al.，2012），我们的分析揭示了对应用程序更新有效性的更深远影响。

（二）实践意义

我们的研究也产生了重要的实际意义。首先，应用开发者可以利用我们的发现来根据生态环境调整创新速度。虽然有些更新是强制性的，而其他的是选择性的，但更新总是需要开发人员在时间和精力上的持续投资。当开发人员的能力和种间互惠性较高时，更新的边际绩效效益就会增大。因此，如果应用程序开发者有选择的话，他们可以提高创新速度。相比之下，当平台更新频率和特定领域的竞争更高时，更新的边际效益应该被削弱。因此，如果应用程序开发人员有选择，他们可以降低创新速度。这一含义可以推广到非软件平台。例如，在爱彼迎（Airbnb）等平台中，平台（供应商）经常更新其服务，以拥有更多的功能和更好的可用性或绩效。平台可以根据 Airbnb 平台生态系统中的生态因素来设计创新速度。

其次，对于这个平台来说，第三方应用程序是一把"双刃剑"（Gawer & Cusumano，2002；Wu et al.，2002）。一方面，广泛的应用程序组合使该平台更具吸引力；另一方面，管理广泛的应用程序在绩效风险和最终用户接受度方面都具有挑战性（Cenamor et al.，2013）。我们的研究结果表明，"越多越好"的观点并不准确。创新在很大程度上是一种经济活动，与其他经济活动一样，它是为了获取利益而进行的（Acemoglu & Linn，2004）。创新者将更多的时间和金钱投资于具有更大市场潜力的创新，因为在更大的市场上，预期盈利能力有所提高（Fabrizio & Thomas，2012）。随着同一类别的应用越来越多，创新的潜在收益应该减少，创新者的创新动力被挤出。平台需要管理和控制应用程序的数量和多样性，降低挤出创新激励的风险。例如，对于新的应用程序，平台所有者可以追求某种程度的封闭性，并限制其开发和商业化。相比之下，对于现有的应用程序，平台所有者可以开放或取消对升级的任何限制，并帮助那些与最终用户特别相关的应用程序，以便他们能够随着时间的推移保持或改善其创新激励和竞争地位。

最后，研究结果对平台更新频率的影响，有助于呼吁平台管理者关注平台更新策略的后果。我们的研究表明，平台更新会影响应用程序端，并会显著削弱应用程序的进化效率。更频繁的平台更新，虽然可能通过增强的功能和效率使生态系统受益（Khoo & Robey，2007），但限制了应用程序从更新中获益的能力。因此，平台管理者应该设计最佳的创新速度，并在更新平台本身时，找出恢复应用程序进化有效性的策略。

第三章

长尾理论

长尾（long tail）这一概念是由《连线》杂志主编安德森（Anderson）在2004年10月的《长尾理论》一文中最早提出的，用来描述诸如亚马逊和奈飞之类网站的商业和经济模式。一方面，互联网经济脱离了实体店的约束，商品展示的场所被无限放大，每一位供给者的生产都能够被需求方了解。另一方面，互联网的各种应用使得每一位消费者的需求也能够直接传递给供给者。长尾经济是借助互联网对接供需，匹配了原本线下无法匹配的交易。因此，长尾市场并非完全是对传统线下市场的替代，而是直接创造了一个原本线下不存在的长尾（利基）市场。在线上销售线下市场的那一部分商品，通常被称为大热门市场；而线上销售线下无法匹配交易产品的市场，通常被称为利基市场。

第一节 热门产品与利基产品的对比研究

安德森（2006）提出的长尾理论表明，互联网上存在一种现象：非热门产品的市场份额加起来不容忽视，足以形成一个新的市场，他将这个新的市场定义为利基市场，对应于热门产品的热门市场。互联网创造出利基市场的原因在于供给和需求两方面的原因（Brynjolfsson et al., 2006）。从供给上看，互联网和信息技术的发展不仅低成本地将丰富种类的产品展示出来，而且也间接地导致产品种类越来越丰富。从需求上来看，互联网上在线产品的信息比传统渠道更加丰富，消费者能够减少搜寻成本。产品的信息能够被消费者更加有效地识别，使得消费者个性化的需求得以满足，从而产生更好的产品与消费者匹配。

然而，对于利基市场和热门市场两个市场的关系，学者们产生了较大的分歧。支持安德森（2006）的长尾理论的学者认为，长尾理论彻底颠覆了二八法则，利基产品的市场份额将最终超过热门产品的市场份额（Brynjolfsson et al., 2007），商家应该关注互联网创造的利基市场，并做出适当的战略调整。而另外一些学者则认为，即使在互联网环境下，80%以上的销售量仍然由20%以下的热门产品支撑，二八法则仍然成立。埃尔伯思（Elberse, 2008）指出，由于热门产品的自然垄断和利基产品的双重危机[①]，热门市场会越来越大，而利基市场则越来越小。谭和尼泰辛（Tan & Netessine, 2009）分析了在线电影碟片租赁公司 Netflix 的跨度 5 年的数据：2000~2005 年销量最好的前 20% 的产品产生的销售量由 86% 增长至 90%。他们由此得出结论：商家应该像传统渠道一样，忽略这个新产生的利基市场。

在我国互联网上，发展利基和热门市场的商家都有着成功的例子。以拉手网为代表的团购网站靠着每日销售几种甚至一种产品就能够积聚大量的购买者，得到传统店铺不可比拟的巨大销售量。而以京东商城为代表的 B2C 销售平台，则从 3C 数码到家电、百货、图书，不断扩张自己的产品线，利基市场和热门市场都得到了较好的发展，销售增长达到了较高的水平。对于大部分互联网商家而言，都同时存在利基和热门这两个市场。弄清这两个市场不同的发展规律，不仅有着重要的理论价值，而且对于互联网商家战略实施有着重要的实践意义。

一、理论与研究假设

根据前人的研究，我们认为影响在线销售的因素主要由商家的信誉、产品多样性、产品的价格、口碑与被推荐机会五个因素以及若干控制变量构成（包括服务保障标记、店铺成立时间、产品展示文字与图片数量等因素）。由

[①] 埃尔伯思（2008）指出，根据麦克菲（Mcphee）在 1963 年提出的暴露理论（theory of exposure），可以推理出热门产品的自然垄断和利基产品双重危机。自然垄断是指热门产品"垄断"了"轻度"消费者。而双重危机则是指，选择利基产品的"重度"消费者对其他竞争产品较熟悉，选择余地大，选择余地少的"轻度"消费者却坚持选热门产品。

于每个商家样本只能贡献一个利基市场和一个热门市场的样本,我们的分析层面就应该落在商家而不是在产品层面①。由此,需要将产品层面的因素对应于所属商家(商家产品平均价格、商家产品平均口碑数量和商家产品平均被推荐机会)进行相应的转换(见图3-1)。

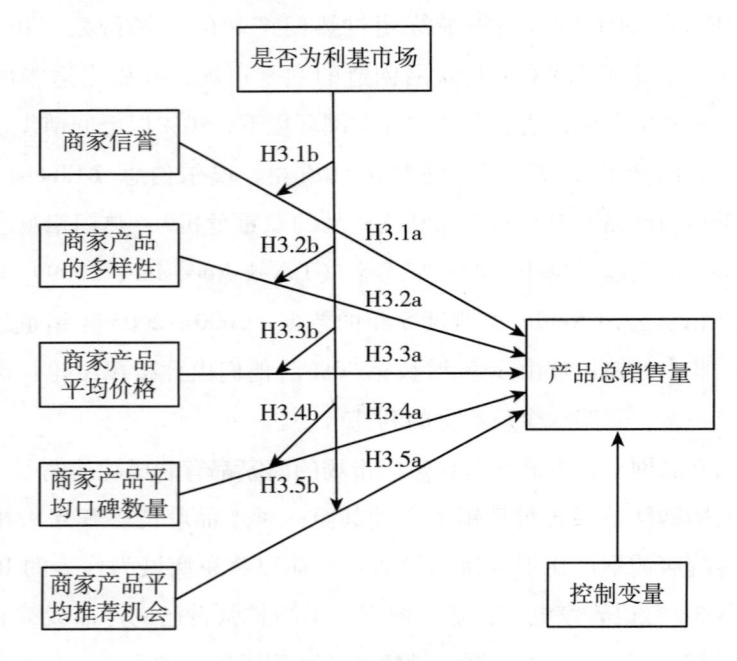

图3-1 研究脉络

(一)产品价格与利基市场

价格一直是影响消费者购买行为的主要因素之一,两者的关系在传统经济学中得到了广泛的验证。经济学需求定律表明,其他条件相同的情况下,当产品价格上升时,产品需求(购买意愿)会减少。经济学家们常用价格敏感度或价格弹性来描述这一关系。虽然在一些特殊情况下,需求定律并不一定成立(如炫耀性商品和吉芬商品等),但价格和购买行为的负向关系得到了更多学者的证明。这种关系不仅比广告等因素对购买行为影响要大得多(Tellis,1988),而且在互联网上也同样存在(Castronova,2008)。

埃尔伯思(Elberse,2008)的研究表明,互联网上热门产品的参与者主

---

① 当分析视角为产品层面时,单一的利基产品与热门产品不具有可比性。

要是购买不太频繁的轻度消费者，而利基产品则多数由购买较频繁的重度消费者所购买。同轻度消费者相比，重度消费者掌握更专业的与产品相关的知识（如产品的原材料、功能等），对产品的性价比有着更准确的评估。相反，热门产品的主要参与者——轻度消费者由于缺少足够的知识，他们难以确定产品价格的合理性。因此，热门产品的价格弹性可能会小于利基产品。据此，我们提出以下假设：

H3.1a：商家产品的平均价格与店铺总体销售有负向关系：平均价格越高，商家总销售量越小。

H3.1b：相对于热门产品，产品平均价格对利基产品的总销售量负向影响更强。

（二）商家信誉与利基市场

作为影响消费者购买行为的主要因素，信誉是在先前与其他人互动的经验中或是在收集信息的过程中所获得（Wilson，1995）。买卖双方信息不对称时，消费者无法辨别产品和服务的好坏，存在"逆向选择"的问题。信誉能够改善这种信息不对称的情况，让买方觉得卖方会提供较高品质的服务（Sporleder & Goldsmith，2001）。互联网市场能使得信息传递以较低的成本运行，具有建立信誉的显著优势（Resnick et al.，2006）。虽然信誉的积极作用已被理论所揭示，但是由于数据可得性的原因，对信誉机制作用的验证大部分是在互联网出现后才开始的。学者们普遍认为，当消费者感到好的信誉，对商家的信任也会增加，商家也会因此维持其好的信誉（Ba & Pavlou，2002）。好的信誉能够打消消费者购物决策前的疑虑，从而提高消费者的购买意愿（Grewal et al.，1998）。

然而，"先前其他人与商家互动经验"的信息不仅可能来自消费者有意购买的产品，也可能来自该商家销售的其他产品。受到产品多样性的影响，单一产品的经验在信誉构成中所占的比例小到可以忽略不计。有数据表明，网上消费者和商家进行初次交易的情形占到了所有交易的89%（Resnick & Zeckhauser，2002）。无论是重度消费者还是轻度消费者，在与素未谋面的商家初次交易时都存在一定程度的信息不对称。当产品为热门产品时，消费者能够接触到大量的其他消费者对本产品"与商家互动"的经验信息（如向在该商家已购本产品的其他消费者咨询）信息不对称程度相对较低，消费者会减少对商家总体信誉的依赖。反之，当产品是利基产品时，消费者可获得的这些经验信息太少（甚至没有），信息不对称程度相对较高，他们就会更加依赖信誉来进行决策。据此，我们提出：

H3.2a：商家信誉与店铺产品的总销售有正向关系：信誉越高，商家总销售量越大。

H3.2b：相对于热门产品，商家信誉对利基产品的总销售量正向影响更强。

（三）产品多样性与利基市场

互联网上的货架展示几乎不需要成本，商家可以展示尽可能多的产品。产品种类的增长不仅显著地增加了消费者剩余（Brynjolfsson & Smith，2003），还能够使得消费者的口味和需求模式发生改变（Brynjolfsson et al.，2006），因此能够增加购买行为。然而，古维尔和索曼（Gourville & Soman，2005）却认为，产品种类过多会导致"选择过载"，从而对消费者的购买行为产生负面影响。实际上，对于任何待销售的产品，这两种不同方向的影响都会存在，只不过前者的影响表现得更加突出，被提及较多而已。对于互联网上的绝大多数商家而言，利基产品的数量远远多于热门产品。产品种类增加一个单位对利基产品整体的"信息过载"影响可能远远小于对热门产品整体的影响。虽然周和段（Zhou & Duan，2009）也支持了产品多样性对利基产品更有影响的结论，但是他们的研究基于免费的软件这种虚拟产品，具有较大的特殊性。因为消费者免费下载与付费购买的决策过程可能存在较大的差异[①]。因此，非常有必要检验在付费实物产品的背景下这种关系是否仍然成立。据此，我们提出：

H3.3a：商家的产品多样性与产品总销售有正向关系：产品种类越多，商家总销售量越大。

H3.3b：相对于热门产品，产品多样性对利基产品总销售的正向影响更强。

（四）网络口碑与利基市场

阿恩特（Arndt，1967）认为，相对于传统营销方式，口碑（WOM）营销

[①] 该研究得出了"极端负面评价也能够带来更大的下载量，并能加强产品多样性对下载量的正向影响"的结论，这在付费购买条件下是不太可能成立的。

具有以下优势：（1）具有反馈和澄清的机会。（2）提供更可信赖的建议。（3）个人之间的信息沟通有助于社会支持和鼓励。互联网的发展使得口碑传播具有范围广、速度快、信息量大、可存储、即时大量接收、匿名性和穿越时空等性质（Hennig-Thurau et al.，2004），这使得小群体之间的口碑扩展到了巨大规模的消费者网络中。学者们的研究表明，网络口碑有两个重要的属性：口碑的量（口碑传播过程中的数量）和口碑的价（消费者口碑信息的偏好，如正向/负向口碑或评分）。查伟勒和麦哲林（Chevalier & Mayzlin，2006）认为口碑的量和价的增长都能够引起销售的增长，但口碑的量对销售的影响要大得多。而陈等（Chen et al.，2004）和段等（Duan et al.，2008）的分析却表明，只有口碑的量对销售有着显著的正向影响，而口碑的价对于销售没有影响。雷斯尼克和泽克豪斯（Resnick & Zeckhauser，2002）对eBay口碑的文本分析发现，绝大多数口碑都是正面的（99.1%），评分的同质性可能是导致口碑的价影响较弱的主要原因。鉴于此，本节仅考虑口碑的量[①]。

网络口碑对热门产品和利基产品起到的作用是不同的，巴克斯（Bakos，1997）认为，基于网络口碑的推荐能够帮助消费者找到符合他们偏好的非热门产品，因此网络口碑能够更加促进利基产品的销售。这一点已经得到了网络游戏（Zhu & Zhang，2010）和软件下载（Zhou & Duan，2009）等产品的实证支持。但是，克莱蒙斯（Clemons，2008）的研究却表明，网络口碑增加了消费者的信息，需求方的这些变化导致了商家在热门产品上赚到了更多利润，而在利基产品上赚得更少。因此，非常有必要对口碑与利基和热门产品销售关系的差异再次进行验证。根据大多数学者的观点，我们提出假设：

H3.4a：商家的产品平均口碑数量与产品总销售有正向关系：平均口碑数量越多，产品总销售量越大。

H3.4b：相对于热门产品，产品平均口碑数量对利基产品的总销售正向影响更强。

（五）产品推荐机制与利基市场

当前，我们正在从信息时代迈向推荐时代（Anderson，2006），产品推

[①] 此外，本研究的64万件有效商品样本涉及口碑近亿条，要获取并分析如此巨大的数据，当前的技术条件是无法做到的。

荐对产品销售起着重要的作用。目前产品推荐机制大多是根据以往消费者的购买意愿（收藏）或购买行为（订单），利用一定的数据挖掘技术向当前的消费者展示产品的信息。推荐机制能够有效地帮助消费者发现和购买他们原本从未考虑过的产品（Brynjolfsson et al., 2006），额外增加一些产品的销售。推荐系统作为一个匹配偏好的机制，向消费者推荐与他偏好相同的其他消费者购买的产品，将导致对销售的集中度的减少，销售向利基产品倾斜（Hervas-Drane, 2007）。因此，推荐系统会促成长尾的实现（Brynjolfsson et al., 2007）。

但是，推荐系统的设计会影响销售的集中度，有些推荐系统会促成长尾的实现，有些则会使销售更加集中（Fleder & Hosanagar, 2009）。就目前主流的推荐系统而言，产品的被推荐机会取决于历史数据，即前期被收藏（或交易）的数量。产品被收藏量越大，被推荐的机会越大，经推荐产生的额外销售越多，从而引发更多的收藏量（即被推荐机会）。而且，由于网上销售存在从众行为（Duan et al., 2009），被推荐机会的销售曲线斜率（边际销量）随着被推荐机会的增加会不断地增长。因此，产品销量（或被推荐机会）越大，被推荐机会的销售曲线斜率也越大，即该推荐机制能更加促进热门产品销售。据此，我们提出以下假设：

H3.5a：产品平均被推荐机会与产品的总销售有正向关系：产品平均被推荐机会越大，产品总销售量越大。

H3.5b：相对于热门产品，产品平均被推荐机会对利基产品销售的正向影响更弱。

二、变量的说明与数据

（一）变量的说明

除了假设中提到的五个因变量外，服务保障标记、店铺注册天数以及产品展示的文字和图片数量四个变量对在线销售的作用曾经被部分学者提到（Adelaar et al., 2003; Kim et al., 2008）。但是并没有证据表明这些因素对利基和热门产品销售的影响存在差异，因此我们将这些变量作为控制变量（见表3-1）。

表 3-1　　　　　　　　　　　变量含义说明

变量性质	变量名称	变量含义	变量类型
因变量	Sales	产品销售量	连续变量
调节变量	T	是否为利基产品	0-1 变量
自变量	AvgP	产品平均价格	连续变量
	Rep	店铺的信誉	连续变量
	ActNums	店铺活跃产品总量	连续变量
	AvgWM	产品平均口碑的数量	连续变量
	AvgFav	产品平均被收藏的次数	连续变量
控制变量	Seals	商家服务保障标记	0~3 的变量
	RegDays	店铺的注册时长	连续变量
	AvgImg	产品平均图片数量	连续变量
	AvgTxt	产品平均文字字节数	连续变量

资料来源：作者根据样本整理。

（二）数据的选取

为了用数据来验证上述假设，我们选择某大型电子商务网站作为研究对象。该网站由约 400 万家店铺加盟构成，2009 年的交易总额达到 2083 亿元，占我国网上零售总额的 79.2%。[1]

第一步，我们在 2010 年 5 月 10 日 22：00 前后，以"衬衫"为关键字，随机选取了 2693 家销售服装的商家，得到了店铺层面的交易，如信誉积分[2]（rep）、销售产品总量（sales）、服务保障标记（seals）、店铺注册时间（regdays）等。随后，根据以下原则对部分不适合作为样本的商家进行剔除：（1）考虑到商城和非商城商家信用的机理可能存在差异，而且商城商家样本数量较少，我们剔除了淘宝商城的商家。（2）考虑到新成立的店铺经营的策略和成熟性可能存在一定的缺陷，我们将注册时间小于半年的店铺剔除。（3）考虑我们研究的产品主要为服装，将主营业务不是服装的店铺剔除。

---

[1] 《2.5 亿用户 4.5 亿件商品 全球最大网购市场将诞生》，中国经济网，2010 年 5 月 12 日。
[2] 由于从 2010 年起，网站在商家首页和产品页面不再显示信誉具体分数，仅显示"钻、皇冠"等图标的数量，我们令信誉积分＝红星个数＋钻个数×10＋蓝皇冠个数×100＋黄皇冠个数×1000，以充分体现信誉对消费者决策的影响。

(4) 考虑需要足够长尾样本，将执行"大热门"战略的商家剔除，即产品总数量未达到 200 种①的商家剔除。经过上述剔除工作后，有效商家样本剩余 791 家。第二步，我们于 2010 年 5 月 22～30 日对相关店铺产品数据进行了观测。得到了每个店铺销售产品的价格、30 天内销售量、被评论数量、被收藏次数等产品层面的数据，共获得产品样本 648378 种。由于网站产品被推荐机会来自收藏数量的数据，我们将产品的收藏量作为被推荐机会的替代变量。为统计便利，我们粗略地认为价格低于 5 元的产品为非有效产品②，最后得到有效产品的样本数量为 641314 种，其中收藏不为零的产品为 435436 种，销售量不为零的产品为 315028 种。我们分别对每一商家的销售产品按销售量进行了排名，从表 3-2 中可以看出，产品平均销售随着排名的增长下降很快。第 1 名、第 10 名和第 100 名的产品平均销售分别为 693 件、117 件和 15 件。到了尾部，销售量下降的趋势逐渐放缓，第 1000 名、1500 名和 2000 名的产品分别平均销售 0.4 件、0.13 件和 0.04 件。

表 3-2　　　　　791 家店铺不同排名产品的平均销售量　　　　　单位：件

排名	1	2	5	10	20	50	100	200	300	500	800	1000	1500	2000
平均销量	692.7	392.7	194.7	117.2	67.7	30.2	14.6	6.0	2.8	1.2	0.6	0.4	0.13	0.04

（三）利基和热门产品界限的划分

一个产品不可能同时归属利基产品和热门市场，两者必须存在一个界限，而如何定义"头部"成为这个界限的关键。一直以来，对于头部的定义是研究长尾理论的学者们所争议的焦点。埃尔伯思（2008）认为，由于互联网上商家的产品不断增加，用绝对数量定义头部不能体现这一点，所以应该用百分比来定义头部（如最畅销的前 10% 的产品）。而谭和尼泰辛（2009）则更进一步，不仅用百分比来定义头部，还用百分比来定义尾部（如最不畅销 10% 的产品）。但是，长尾理论的提出者安德森在自己的博客上对此进行了反驳，他认为用百分

---

① 一般而言，实体店铺产品通常执行大热门战略。淘宝店铺对应于大型百货商场的柜台，根据我们的调研，这些柜台产品数量上限在 200 左右。

② 这些数据中存在一些价格较低（甚至为零）的赠品，它们与正式的服装类产品存在较大的差异，我们将这部分数据进行了删除处理。

比定义头部是一种误导。他再次强调头部对应于传统渠道销售的产品，而尾部不应该被表达为最不畅销产品排行，而是除了头部以外的所有产品。

我们认为，长尾理论的精髓在于互联网市场实现了传统市场无法达到的销售量，采用安德森（2006）对头部的绝对定义能够反映这一思想。而且，本书的研究对象不是处于垄断环境中的大商家，而是几乎在完全竞争环境中的中小店铺。如果采用百分比来定义头部，不同规模的商家之间头部和尾部的比较就失去了意义。因此，我们也采用绝对定义法来定义头部。淘宝网上销售服装的单个店铺可以对应于传统渠道大型商城的小型服装柜台。2010 年 10 月 17～21 日，我们在南京市新百、中央和金鹰等商场中随机走访了 22 家服装柜台，调查其销售的产品种类有 12～213 种，均值为 109 种。考虑淘宝网上非淘宝商城的店铺大多由个人经营（可能无工商执照），规模偏小，因此取 50～120 种产品作为头部是较为合适的。我们尝试对所获取数据的头部进行不同的界定，分别计算出两个市场的份额（见表 3-3）。

表 3-3　头部数量取不同值时热门与利基市场的份额对比　　　　单位：%

头部数量	50	60	70	80	90	100	120	150
热门市场份额	61.8	65.5	68.5	71.2	73.5	75.6	79.0	83.1
利基市场份额	38.2	34.5	31.5	28.8	26.5	24.4	21.0	16.9

资料来源：作者根据样本整理。

谭和尼泰辛（2009）与埃尔伯思（2008）的研究采用百分比定义头部时，一般用最畅销的 10% 的标准对头部进行分析，他们所举的例子中热门市场的份额为 67%～78%。在本书的样本中，当头部数量取值为 100 时，热门市场约占总销售份额的 75.6%，不仅基本符合安德森对头部的定义，也与谭和尼泰辛（2009）与埃尔伯思（2008）的相对法的取值较为吻合。因此，根据头 100 种产品的界限[①]，我们分别汇总计算了每家店铺的热门和利基产品销售量（$Sales$）、产品平均价格（$AvgPrice$）、产品平均评论数量（$AvgWM$）、产品平均收藏数量（$AvgFav$）、产品的平均展示文字字节数（$AvgTxt$）和平均展示图片数（$AvgImg$）。

---

① 此外，我们对头部取 80 与 120 分别进行了与后文同样的数据分析。可以看出，头部取值的变化对研究结论没有明显的影响。

三、数据的描述与分析

（一）数据统计性描述

在我们选取的 791 个店铺样本中，共展示有效产品总数为 641314 种，平均每家店铺展示 810.76 种产品。30 天内一共成交产品 594.46 万件，成交总金额为 3.06 亿元。平均每家店铺成交 7515.30 件产品，成交额 38.73 万元。平均每种产品成交件 9.27 件，成交均价为 51.54 元。由于消费者发现产品的数量跟不上产品种类增长，用"活跃产品"来表示产品多样性更加科学（Tan & Netessine，2009）。我们将收藏或交易不为零的产品定义为"活跃产品"，并汇总到店铺层面，得到变量活跃产品数量（$ActNums$）。

从表 3-4 可以看出，店铺样本中，信誉积分最小的为 20（两钻），最大的为 3000（三黄色皇冠），平均为 217（接近两蓝色皇冠）；活动产品的数量最小为 245 种，最多为 8623 种，平均 602 种；而店铺注册时间最早的为 2003 年（通过 183 天折算），最晚的为 2009 年（通过 2517 天折算），差异较明显。而服务保障标记方差较小，差异并不明显。从产品的汇总数据中，可以看出利基产品比热门产品具有更低的价格、更少数量的口碑和更少的被推荐机会（被收藏量）。但是，对于产品展示的文字字节数和图片的数量，两者几乎没有差异。

表 3-4　　　　　产品数据统计性描述（N=791）

变量	均值	中位数	最大值	最小值	标准差
Rep	217.45	200	3000	20	219.32
$ActNums$	602.72	507	8623	245	439.82
$Seals$	1.58	2	3	0	0.60
$RegDays$	979.46	888	2517	183	507.92
$Sales-H$	5663.70	2761	104901	255	9092.80
$Sales-T$	1821.90	521	46967	76	4320.52
$AvgPrice-H$	62.21	48.40	451.60	8.90	51.73
$AvgPrice-T$	72.67	57.50	505.90	12.80	58.56
$AvgWM-H$	16.36	11	85	0	15.53
$AvgWM-T$	4.20	2	58	0	5.50

续表

变量	均值	中位数	最大值	最小值	标准差
$AvgFav - H$	292.47	104	15591	2	790.78
$AvgFav - T$	61.55	20	2020	1	147.69
$AvgTxt - H$	60553	56126	232738	12234	25472.25
$AvgTxt - T$	59550	55226	230475	12029	25238.48
$AvgImg - H$	18.87	16	84	4	9.40
$AvgImg - T$	18.73	16	84	4	9.35

注：后缀 H、T 分别表示变量在热门市场和利基市场的平均值。

（二）数据分析

我们以30天销售量为因变量，采用 Stata 软件对收集到的数据按照设定的四个模型进行了多元线性回归分析。在各模型中，VIF 的值在 1.06~3.84 之间，低于海尔等（Hair et al., 1995）建议的标准10，排除了多重共线的可能性。在回归分析之前，我们观察了所有变量的 Q-Q 图，发现所有变量均未达到正态要求。因此，我们对不符合正态要求的这些变量进行了对数处理，然后观察处理后的 Q-Q 图，除了控制变量中的图片数量和保证标记外，大部分散点都落在一条直线上。可以近似认为经过对数变化后，这些变量都服从了正态分布。为保证回归分析的效果，我们将不满足正态分布的 AvgImg 和 Seals 这两个变量从回归分析中剔除。此外，我们还在调节作用分析时，对相关变量进行了中心化处理（见表 3-5）。

模型一和模型二分别针对 791 个店铺样本的热门和利基产品销售的影响因素进行分析。模型三则将两部分的样本进行合并，考虑不区分利基和热门产品时各因素对销售的整体影响。模型四则在模型三的基础上引入"是否为利基产品" 0-1 变量以及一系列交互项，用来验证各种影响因素对于利基产品和热门产品的影响是否存在显著差异。所有变量进入回归方程后，当交互项不存在时模型三的解释力为 77.6%，而考虑交互项后模型四的解释力变为 83.3%，Hierarchical F-test[①] 结果显示在 0.001 统计水平上显著，模型四比模型三更具有解释力。

---

① $F = (\Delta R^2/\Delta k)(N - k_2 - 1)/(1 - R_2^2)$，$k$ 是因变量个数，N 是总体样本的数量（Jaccard et al., 1990）。

表 3-5　　　对商家 30 天内交易数量的回归模型
（热门市场定义为前 100 种产品）

	变量	因变量:产品成交量 log(S)			
		模型一 热门市场 (N=791)	模型二 利基市场 (N=791)	模型三 两类市场 样本合并 (N=1582)	模型四 两类市场 样本合并 (N=1582)
自变量	log(AvgPrice)	-0.10 *** (-3.27)	-0.21 *** (-5.22)	-0.15 *** (-4.97)	-0.16 *** (-6.14)
	log(Rep)	0.20 *** (5.29)	0.38 *** (7.79)	0.16 *** (5.24)	0.29 *** (9.42)
	log(ActNums)	0.04 (0.86)	1.25 *** (22.37)	0.68 *** (16.84)	0.65 *** (18.27)
	log(AvgWM+1)	0.83 *** (19.53)	1.00 *** (18.37)	1.05 *** (31.77)	0.92 *** (26.67)
	log(AvgFav+1)	0.10 *** (4.60)	-0.09 *** (-3.39)	0.04 (1.78)	0.003 (0.19)
控制变量	log(AvgTxt)	0.10 * (2.11)	0.05 (0.77)	0.06 (1.34)	0.07 (0.05)
	log(RegDays)	-0.06 (-1.35)	-0.19 *** (-3.58)	-0.09 * (-2.44)	-0.12 *** (-3.63)
调节变量	T(利基1,热门0)				0.40 *** (-8.9)
	T×log(AvgPrice)				-0.14 ** (-3.00)
	T×log(Rep)				0.12 * (2.25)
	T×log(AvgWM+1)				1.21 *** (17.43)
	T×log(ActNums)				0.20 ** (2.88)
	T×log(AvgFav+1)				-0.20 *** (-5.66)
C		3.89 *** (6.85)	-2.75 *** (-3.84)	0.60 (1.14)	0.01 (0.57)
调整 R^2		0.779	0.756	0.776	0.833
$\triangle R^2$					0.057
Hierarchical F-test					41.70 ***

注：*、**、*** 分别表示在 5%、1%、0.1% 的水平上显著。

在模型一到模型四中，价格对产品销售的回归系数均为负，均达到 0.001 的显著水平，H3.1a 得到了支持。模型一和模型二中价格的回归系数分别为 -0.10 和 -0.21，利基产品系数较大。在模型四中，价格对产品销售的影响系数为 -0.16，交互项 $T \times \log(AvgPrice)$ 的系数为 -0.16，分别在 0.001 和 0.01 的统计水平上显著。相对于热门产品，产品价格对利基产品的销售负向影响更强，H3.1b 也得到了支持。该结论对在线商家实施差异化的促销策略具有指导意义：对于已经成为热门的产品，由于其消费对象主要是轻度消费者，对价格敏感程度较低，降价促销的成效有限。相反，消费利基产品的重度消费者对于价格更加敏感，执行促销策略的效果可能会更好。

信誉对销售的正向影响在所有的模型中都达到高显著性水平（$p < 0.001$），回归系数均为正，各模型中的数值非常稳定（介于 0.16~0.38）。这说明，网上购物的消费者仍然是理性的：商家信誉越高，消费者购买量越大。因此，H3.2a 得到了支持。对于热门产品和利基产品，信誉的回归系数分别为 0.20 和 0.38，相差近一倍。从模型四的信誉的交互项 $T \times \log(Rep)$ 来看，回归系数为正，而且在 0.05 的水平上显著。这表明信誉对于消费者选择利基产品和热门产品的影响存在显著的差异，利基产品受到信誉的影响更大，H3.2b 得到了支持。由于信誉很难短期内快速得到，实施长尾战略的商家尤其要重视信誉的积累。相反，由于较低的信誉更加不利于利基产品的销售，信誉不高的商家则可以考虑优先执行大热门战略，待提高信誉后再逐步开拓利基产品市场。

虽然产品多样性对产品销售的回归系数在模型一中不显著，但是在随后的三个模型中回归系数均为正，统计水平也达到了 0.001 以上。这说明产品多样性对热门产品的销售影响较弱，但由于其对利基产品的销售存在较大影响导致了对产品总体的销售存在正向影响，因此 H3.3a 得到了支持。在模型四中，交互项 $T \times \log(ActNums)$ 的系数达到了 0.65，并在 0.01 的统计水平上显著，再次印证了产品多样性对热门与利基产品影响的差异是显著的，H3.3b 也得到了支持。这表明，即使执行大热门战略的商家，也不需要担心产品种类增加会冲击热门产品的销售。相反，在像 C2C 这样的竞争性市场中，商家产品页面越多，吸引消费者光顾店铺的机会就越多，从而引向热门产品的机会也会越大。而执行长尾战略的商家更应该在控制成本的前提下，不遗余力地增加产品种类。因此，不论执行何种策略的商家，都应该尽可能多地增加产品种类，并且采用各种办法保持产品的活动状态。

网络口碑数量对产品销售的回归系数均为正，而且均在 0.001 以上的统计水平上显著。无论对于热门产品还是利基产品，口碑数量越多，产品的销售量越大，H3.4a 得到了支持。其中，模型一、模型二中产品多样性的回归系数分别达到了 0.83 和 1.00。虽然它们之间的差异看起来不太明显，但是模型四中的交互项 $T \times \log(AvgWM + 1)$ 不仅为正，而且显著水平达到了 0.001，说明口碑的数量对利基产品的影响更大，H3.4b 也得到了支持。在卢比肯（Rubicon）咨询公司 2008 年对美国消费者做的调查中发现，虽然评论对用户购买行为有着显著的影响，但是大多数网络用户阅读的是产品评论内容而不是贡献内容。这就提示商家要通过积分奖励等激励措施鼓励消费对已购买产品发布评论信息。而且，由于利基产品的评论所带来的边际销量更大，这种奖励措施应该对利基产品适当倾斜。

产品被推荐的机会对产品销售的回归系数在模型一中为正，在模型二中为负，并且在 0.001 的统计水平上显著，但在模型三中没有表现出显著。在模型四中，产品被推荐机会的交互项 $T \times \log(AvgFav + 1)$ 为负，并且在 0.001 的水平上显著，剔除了这种交互效应后，产品被推荐机会对销售影响系数仍然不再显著。因此，H3.5a 仅得到部分支持。H3.5b 不仅得到了支持，还得到了更极端的结论：推荐机会仅对热门产品的销售有正向影响，而对利基产品有负向影响。利基产品不仅本身由于被收藏的数量少导致了被推荐的机会少，而且即使在同样的被推荐机会情况下，消费者仍然倾向于选择热门产品。这支持了弗莱德和霍桑纳格（Fleder & Hosanagar, 2009）的观点，目前基于购买意愿的推荐机制会导致产品销售趋向集中。因此，如果商家的目标是发掘利基产品市场，必须大力改进现有基于历史交易数据的产品推荐机制（如增加专家推荐等），从而使得销售趋于分散。但是，对于非虚拟产品而言，推荐系统导致的销售集中有利于采购和库存等成本的节约，这类推荐系统的改革要具体问题具体分析。

此外，文字描述的字节长度对热门产品有显著正向影响，但对利基产品没有影响。这也为埃尔伯思（Elberse, 2008）的研究结论提供了间接的证据：热门产品主要由轻度消费者购买，其对产品相关的知识了解得较少，主要是依靠商家对产品的宣传介绍来认知产品。而对于购买大部分利基产品的发烧友等重度消费者，他们具有丰富的与产品相关的知识，对商家的产品宣传依赖较弱。因此，在资源有限的情况下，商家对产品的文字宣传（如功能等）等方面投入应该重点放在热门产品上。

数据显示，店铺注册时长与产品的销售呈现负向关系。这种负向关系在模型二和模型三中表现出显著，但在模型一中不显著。这说明，在其他因素尤其是信誉基本相同的情况下，网上销售的商家具有后发优势，这种后发优势主要体现在长尾的销售上。本研究样本商家的开业时间跨度为 6 年（2003～2009 年），正是该网站的年交易额从不足 10 亿元增长到 2000 亿元的黄金时期。网上购物作为一个相对新鲜的事物，老商家要肩负起开发消费者、培养购物习惯的任务，而新商家则可坐享早期被开发的消费者，具有相对的成本优势。而且，新商家在开张伊始就向优秀的老店铺学习，在经营过程中具有强烈的学习意识，不仅学习热门产品的销售，还通过对利基产品市场的开拓来实施差异化的战略。

四、研究结论与展望

（一）理论贡献

首先，本节用某大型电子商务网 791 家店铺 64 万种产品的销售数据来验证信誉、价格、产品多样性、口碑以及产品推荐等因素对热门产品和利基产品销售的影响存在结构上的差异，不仅为长尾理论贡献了来自中国企业层面的数据，还为深入了解长尾形成机理迈出了重要的一步，是对长尾理论的丰富。

其次，以往的长尾研究都是围绕国外 B2C 企业（如 Quickflix、CNET 等）展开的（Zhou & Duan，2009），不仅企业层面的样本单一，缺少对比，而且它们的经营范围大都为音乐、软件和电影等理论上可以实现无限货架虚拟的产品（Duan et al.，2009），这与我国互联网上销量最大的服装、手机这类产品具有明显不同的特征。更为重要的是，上述企业在自身行业已经处于垄断地位，具有难以复制的特性，其研究结论也难以推广到其他竞争性行业中。而本节的样本取自淘宝网这一全世界最大的 C2C 平台，不仅克服了上述缺陷，研究结论也可应用于我国竞争行业的中小企业上，大大扩展了长尾理论的适用范围，使得长尾理论有着更强的生命力。

最后,本部分研究并未将长尾当作一个必然的时间趋势,而是将"如何让长尾变肥厚"作为研究的出发点。这不仅将理论和实践更加紧密地结合起来,也使得研究结论对企业更加具有指导意义。

(二)研究结论

我们的研究表明,网上销售受到信誉、价格、口碑、产品多样性以及推荐机会的影响。其中,信誉、价格、产品多样性和口碑对利基产品销售的影响要大于对热门产品销售的影响。利基产品和热门产品在这方面的差异从另外一个角度证实了布林约尔松(Brynjolfsson,2007)等学者的研究,互联网确实存在偏向利基产品销售的趋势。商家应该顺应这种趋势,将有限的销售资源分散到利基产品而不是限制在热门产品上,这样才能够得到更大的边际收益。当前京东商城的销售策略与该观点不谋而合:对每件产品前5位评论者进行多倍的积分奖励,经常对利基产品进行特价促销,对新上架产品在首页上给予显著的版面展示等。这就不难解释京东商城作为后起之秀,在产品多样性不足的劣势下,还能够在较短的时间内领先其主要竞争对手一倍以上的销售额,并实现了2010年销售额300%的惊人增长。虽然以高朋(Groupon)为代表的团购网站以"每日一团"的销售方式强调热门产品市场的价值,但是从国内团购网站的发展趋势来看,这种"一日一团"销售模式在向"每日百团"甚至"每日千团"的模式转变。截至2011年10月,"拉手网"(当时国内规模最大的团购网站之一)仅在南京地区每日团购商品和服务的种类就已经超过600种。这个事实也证明了我们的观点,团购网站要做大做强,应该顺应互联网偏向利基产品的趋势,提高产品的多样性,满足不同偏好消费者的需求,而不是只关注少数几种热门产品。

然而,我们的研究还发现,虽然产品推荐机会对热门产品销售呈现正向影响,但是却对利基产品的销售有负向影响。这也印证了费德和霍桑纳(Fleder & Hosanagar,2009)对目前推荐系统的担忧,推荐系统往往将消费者推向了热门产品,不利于利基产品的销售。因此,对于实施长尾战略的商家,需要对当前简单基于历史数据的推荐系统进行改革。这个问题已经引起了一些商家的关注,如美国最大的在线DVD租赁商奈飞曾开出100万美元的悬赏,征集优秀推荐系统算法。因此,我国在线企业也必须重视对推荐系统数据挖掘技术的投入，而不是简单地使用历史数据。

最后，我们还发现了网上销售的后发优势，当其他条件相同时，新成立的商家在销售利基产品上具有优势。这就意味着，如果本身在传统渠道有着很好声誉的商家，能把握好价格、口碑、推荐以及产品多样性的因素，进入互联网渠道来实施长尾战略可能会有很大的优势。除了京东商城外，苏宁易购的案例可以证明后发优势的观点。自 2010 年 1 月重新上线以来，苏宁易购的发展十分迅速：2010 年销售额突破 10 亿元人民币，已经进入我国 B2C 在线零售 10 强。[①] 因此，该结论对实体商家进军网络销售市场具有较强的参考价值。

（三）局限性与展望

由于数据可获得性的限制，本部分研究未涉及消费者层面的数据。对国外学者埃尔伯思（2008）提出的利基产品和热门产品的消费者构成无法进行直接的验证；而且，本研究中样本的销售周期只有 30 天，可能会缺少几个月才有销售的（偏向尾部的）利基产品的样本；缺少时间序列数据也导致无法比较利基和热门产品销售随着时间的变化趋势的差异。这些缺陷将随着数据收集逐渐完备，与相关企业深入合作，在以后的研究中加以完善。

第二节 "大热门"的影响因素

在传统市场中，由于商店的货架有限，零售商为了追求最大利润，通常将销售资源用在小部分可能的明日之星上。只要他们准确地预测到几种热门商品，就可以弥补其他的亏损，并得到比例很高的收入和利润。安德森（2006）将上述传统渠道的战略称为"大热门"战略，并提出了在互联网环境下与之不同的"长尾"理论。该理论认为，网上零售市场最大的特点是非热门产品供给与消费者需求的匹配实现了传统零售中难以达到的高度，互联网上热门产品销售所占的比例将会越来越低。根据该理论，在线企业应该实施"长尾战略"，即尽可能地发展非热门产品，扩大产品种类，从而在总

[①] 艾瑞咨询：《2010 年中国 B2C 在线零售商 Top30 榜单》。

体上获得更大的收益。

然而，在网上销售的实践中，单品"日销百件"甚至"日销千件"的案例层出不穷，热门产品似乎变得更加畅销。对此，埃尔伯思（2008）、谭和尼泰辛（2009）通过对部分互联网企业的销售数据进行分析后，得到了与长尾理论相反的结论：在互联网上，消费者对热门产品的消费有增无减，网上销售越来越向少数热门商品集中。但在他们的研究中，并没有揭示出少数网上商品热销的原因。本节试图从网上销售的影响因素出发，通过实证研究来揭示这种现象背后深层次的原因，这不仅为少部分网上商品热销的现象找到理论上的解释，还能为在线商家的战略选择提供更好的建议。

一、网上交易影响因素回顾与评述

（一）价格

需求定律表明，在其他条件相同的情况下，产品（炫耀性商品和吉芬商品等除外）价格上升时，需求会减少。但在互联网上，学者们对价格与需求（销售）关系的看法出现了较大的分歧。一方面，互联网使人们低成本地获得了产品价格信息，消费者能更容易地进行比价，从这一点来看，需求定律不仅在互联网上继续适用，而且价格需求弹性比传统渠道更大。另一方面，人们不仅能较容易地获得产品价格的信息，还能识别出更多产品品质的信息。根据信息整合理论，这些品质信息的丰富导致价格在消费者决策过程中的权重变得更小，消费者对价格更加不敏感。

（二）信誉

当买卖双方信息不对称时，消费者无法辨别产品的好坏，存在"逆向选择"的问题。信誉能够改善这种信息不对称的情况，让买方接收到卖方"能提供某种品质产品"的信号。互联网市场能使信息传递以较低的成本运行，具有建立信誉的显著优势。周黎安等（2006）认为，好的信誉能够打消消费者购物决策前的疑虑，从而提高消费者的购买意愿和商品成交概率。李维安等（2007）的研究也发现，商家的信誉对销售有着显著的正向影响。

(三) 保障标记

网上商店仅仅是利用网上渠道进行销售，而支付、物流、售后服务等环节都有可能出现问题。保障标记（assurance seal）就是针对上述问题设计出的一种保证卖方能按照他的承诺履约的制度安排。类似于传统交易中的财务审计，保障标记能让消费者只要观察几个关键的结果，就能迅速地做出商家是否值得信任的判断。

(四) 口碑的评分与数量

互联网的发展使口碑传播具有了可存储和穿越时空的性质，这使消费者在决策过程中能更多地考虑其他消费者的意见。尽管口碑机制与信誉机制都反映了其他消费者的反馈信息，但它们的区别是明显的：（1）口碑信息一般针对的是某种具体的产品，而信誉所指向的对象则为商家；（2）口碑信息是多项具体的流量信息，而信誉则是一项简单而抽象的存量信息。鉴于口碑信息的这种复杂性，学者们经常采用口碑的数量和口碑的评分来对口碑进行度量。口碑的量和评分的增长都能引起销售的增长，但口碑的量对销售的影响要大得多 (Chevalier & Mayzlin, 2006)。

在长尾理论相关的研究中，学者们过于纠缠热门产品与非热门产品销售比例的变化是否符合长尾理论，而对导致这种变化微观基础的讨论略显不足。另外，网上销售的影响因素得到了较多学者的关注。但这些因素对热门和非热门产品影响的差异并未得到足够重视，而热门产品销售比例的变化很有可能是这些差异所导致的。本节引入分位数回归方法，将上述两方面的研究结合起来，为揭示"销售向少数热门产品集中"这一反长尾现象背后所蕴含的更深层次的原因提供了一定的实证支持。

二、变量与模型的设定

(一) 变量的设定

某大型电子商务平台2010年的交易总额达到4000亿元，占当年中国网上零售总额的81.2%，是开展用户网上交易行为研究的理想对象。我们在该网站上选取的变量如表 3-6 所示。

表 3-6　　　　　　　主要变量的说明（N = 4059）

变量	中文名称	详细说明
$sales$	产品交易量	产品 1 周内交易的笔数
p	产品价格	产品展示的一口价
rep	商家信誉	淘宝网对商家展示的信用等级
$seal$	保障标记的数量	"如实描述""七天退换"等标记的数量
$wom1$	口碑的评分	对评论记录进行编码，按货架汇总计算均值
$wom2$	口碑的数量	按货架汇总评论记录的数量得到
$click$	货架的点击次数	在 1 周头尾的两个时间点采样，取差分得到

（二）计量模型的设定

由于产品的热门程度体现在产品销售量上，销售量的不同分位数即可较好地体现出产品热门程度的差异，因此，我们选择由科恩克和巴塞特提出的分位数回归模型来对以上变量进行分析。参考李维安等（2007）的研究，我们对上述变量进行对数处理后（在变量名前加上前缀 L 表示），将分位数模型设定为：

$$Q_{Lsales}(\theta|x) = \hat{\beta}_0(\theta) + Lp\hat{\beta}_1(\theta) + Lrep\hat{\beta}_2(\theta) + Lseal\hat{\beta}_3(\theta) +$$
$$Lwom1\hat{\beta}_4(\theta) + Lwom2\hat{\beta}_5(\theta) + Lclick\hat{\beta}_6(\theta), 0 < \theta < 1$$

(3.1)

三、数据的选取

我们于 2011 年 1 月 2 日以"毛衣"为关键字浏览了 4077 个货架。然后在 1 月 3～10 日的 1 周时间内对这 4077 个货架进行了跟踪，并选取了这些商品的价格、信誉、保障标记、口碑记录、销售记录以及货架点击次数等数据。在此期间，有 18 件商品下架或受到了处罚，最终得到有效样本 4059 个。随后，我们对这些货架的口碑记录进行了人工编码（好评为 1，差评为 -1，其他为 0），并按货架汇总得到各货架口碑的评分（$wom1$）和口碑的数量（$wom2$）。对销售记录按照货架进行了汇总处理，从而得到各货架 1 周的销量（$sales$）。最终得到各变量的统计性描述如表 3-7 所示。

表 3-7　　　　　主要变量描述性统计（$N=4059$）

变量	均值	标准差	最小值	最大值	中位数
sales	106.38	190.54	0	4289	60
p	99.78	71.78	9	899	80
rep	12.74	3.59	4	20	12
seal	1.83	0.63	0	3	2
*wom*1	0.81	0.12	0	1	0.83
*wom*2	120.60	50.24	0	694	115
click	4936.48	9523.68	6	173487	2596

表 3-8 列出了各变量之间的相关系数，从中可以看出各自变量之间的相关系数都在 0.5 以下。我们对变量 OLS 回归分析的 VIF 值介于 1.08~1.69，该值远远低于判别值 10。这样我们就基本排除了模型的多重共线性。

表 3-8　　　　　取对数后各变量之间的相关系数矩阵

变量	L*sales*	L*p*	L*rep*	L*seal*	L*wom*1	L*wom*2	L*click*
L*sales*	1.00						
L*p*	-0.06	1.00					
L*rep*	0.05	0.14	1.00				
L*seal*	0.18	0.02	0.25	1.00			
L*wom*1	0.15	0.14	-0.30	0.07	1.00		
L*wom*2	0.39	0.13	0.09	0.14	0.13	1.00	
L*click*	0.24	-0.10	-0.48	-0.47	0.07	0.11	1.00

四、数据的分析

我们按照式（3.1）的模型，采用 Stata 软件对上述变量进行了 10 分位（再加上 0.01 和 0.99 这两个分位数）的分位数回归分析，结果如表 3-9 和图 3-2 所示。由于本研究模型为双对数模型，自变量的系数就代表了需求弹性。

表 3 – 9　　　　Lsales 对各影响因素的分位数回归结果 （N = 4059）

自变量	0.1	0.2	0.3	0.4	0.5	0.6	0.7	0.8	0.9	0.99
Lp	-0.37*** (-10.23)	-0.26*** (-9.06)	-0.20*** (-7.58)	-0.17*** (-6.93)	-0.15*** (-13.01)	-0.15*** (-7.00)	-0.15*** (-6.33)	-0.17*** (-7.72)	-0.12*** (-3.17)	-0.01 (-0.11)
Lrep	0.64*** (4.26)	0.67*** (8.11)	0.69*** (12.84)	0.62*** (8.87)	0.56*** (9.14)	0.61*** (11.41)	0.65** (8.59)	0.80*** (11.23)	1.05*** (8.09)	1.95*** (11.42)
Lseal	1.39*** (8.23)	1.33*** (7.89)	1.29*** (10.25)	1.19*** (11.64)	1.08*** (11.40)	1.10*** (18.25)	1.13*** (14.06)	0.99*** (8.54)	0.68*** (5.30)	0.21 (1.06)
Lwom1	3.08*** (6.95)	3.17*** (10.36)	2.70** (9.02)	2.26*** (8.02)	1.81*** (7.27)	1.84*** (10.42)	1.88*** (7.57)	2.13*** (4.78)	2.34*** (4.32)	1.75 (1.85)
Lwom2	0.69*** (5.16)	0.76*** (6.41)	0.79*** (8.64)	0.85*** (12.62)	0.90*** (13.68)	0.88*** (17.21)	0.87*** (11.52)	0.81*** (13.82)	0.72*** (9.60)	0.25** (2.77)
Lclick	0.45*** (13.71)	0.33*** (13.04)	0.27*** (13.02)	0.21*** (14.18)	0.18*** (15.49)	0.17*** (16.23)	0.16*** (16.88)	0.15*** (13.66)	0.14*** (7.00)	0.18*** (8.66)
C	-6.76*** (-9.26)	-6.33*** (-10.26)	-5.74*** (-11.27)	-4.99*** (-11.51)	-4.38*** (-11.88)	-4.14*** (-15.01)	-3.96*** (-4.20)	-3.74*** (-5.19)	-3.45*** (-5.19)	-2.33*** (-3.02)
R^2	0.22	0.19	0.17	0.17	0.17	0.18	0.18	0.18	0.19	0.20

注：*、**、*** 分别表示在 5%、1%、0.1% 的水平上显著。

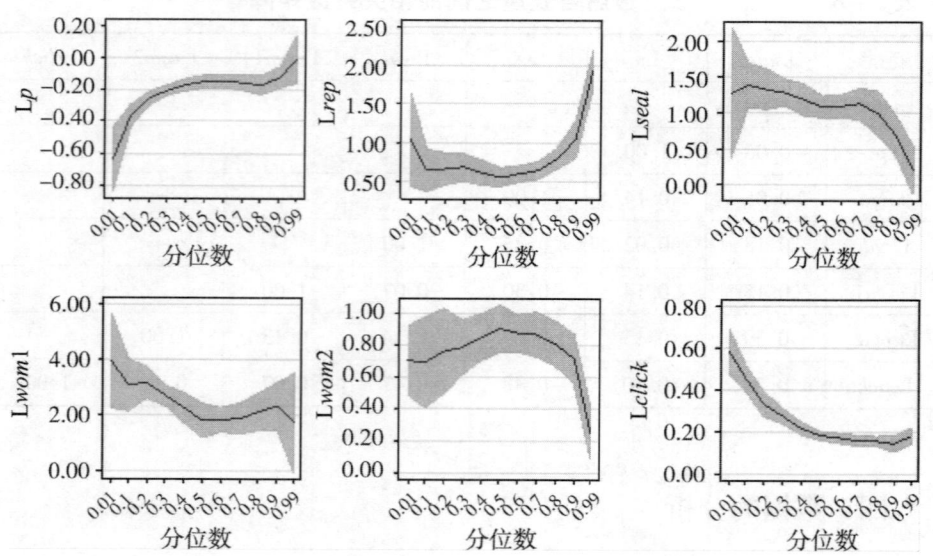

图 3 – 2　分位数回归结果图示（阴影部分表示 95% 的置信区间）

从 Lsales 对 Lp 的系数可以看出，价格需求弹性在 0.1 ~ 0.9 的分位数上的系数不仅为负值，而且都表现出 0.1% 的统计显著性水平，这支持了史密斯（Smith，2002）的观点，需求定律在互联网上仍然适用。在 0.1 分位数时，价格每增加1%，销量下降37%。到了0.3~0.9分位数时，价格对销售的影响在 -0.12~-0.20，其值相对稳定。而到了0.99分位数时，需求弹性系数不再显著。该结果也支持了信息整合理论的推断：对于非热门商品，消费者能搜索到商品品质有关的信息是有限的，价格在他们的决策中具有更大的权重。相反地，对于热门商品，由于存在足够的品质信息，价格在他们的决策中的权重较低，导致了价格需求弹性较低。

信誉的需求弹性在各分位数的回归模型中，均达到了1%以上的统计显著性水平。在0.1~0.7分位数处，信誉需求弹性在0.61~0.69之间波动。而在0.8分位数以上时，系数表现出明显的增长趋势。这说明产品热门程度越高，信誉对销售的影响越大。信誉对销售的影响可以采用埃尔伯思（2008）对网上交易的消费者构成进行解释。埃尔伯思将消费者分为重度消费者和轻度消费者两类。与前者相比，轻度消费者除了购买次数不太频繁外，其主要特点为没有掌握与产品相关的知识，对商家宣传的产品是否匹配自己的需求缺乏准确地评估。因此，轻度消费者就更加依赖商家的宣传以及商家宣传的可信度（信誉）来进行决策，信誉对销售的影响就更大。而埃尔伯思调研的数据表明，互联网上热门产品的参与者主要是轻度消费者，更加依赖信誉进行决策。这就形成了"销售增长→信誉对销售的影响提升→销售进一步增长"的正反馈环，使得热门产品变得更加热门。

保障标记的需求弹性对于0.1~0.9分位数都表现出正向影响，而且在0.1%的统计水平上显著。但与信誉的表现相反，随着分位数的提高，其系数有着明显下降的趋势。从表3-9中可以看出，对最畅销1%的商品（分位数0.99），其影响力衰减到几乎为零。这可能是由于非热门产品的购买者主要是经常进行网上购物的重度消费者，他们对退换货等售后服务有着更多的真实经历，服务保障标记在他们的决策过程中表现出更大权重。

无论是口碑评分还是口碑数量，他们对销售的影响均为正，而且在0.1~0.9的分位数上表现出0.1%的统计显著性水平。从图3-2中我们可以观察出一个非常明显的趋势：随着分位数的提高，其口碑评分和口碑数量的需求弹性在逐渐下降。对于最不热门的10%的商品，口碑评分和口碑数量提高1%时，需求的数量则分别增加308%和69%。这证实了巴科斯（Bakos, 1997）的观点，即基于网络口碑的推荐能帮助消费者找到符合他们偏好的非热门产品。

点击量对销售的影响均为正，而且在各分位数上都达到了 0.1% 的统计显著性水平。在 0.1~0.4 的分位数上，点击量提高 1% 时，销售数量由 45% 下降到了 21%。而在 0.5 分位数以上时，点击量提高 1%，销售数量的提升率在 14%~18% 之间小幅波动。这说明互联网特有的搜索引擎营销对非热门产品的影响相对较大。

从各因素的系数值来看，口碑评分的需求弹性最大，而价格的需求弹性最小。在大部分分位数上，他们的差距达到了 10 倍以上。因此，商家更应该关注提高客户满意度的方法，并采取一定的措施鼓励用户进行文字评论，而不是盲目地采用价格战来促进销售。

五、研究结论与局限性

本节通过某大型电子商务网站 4059 件货架商品 1 周内的销售数据，对不同热门程度商品需求弹性的差异进行了对比分析。

（1）信誉对网上商品的热销具有加速作用。与周黎安和张维迎（2006）提出信誉的价值在于提高成交概率不同，本部分研究从动态的角度揭示了信誉进一步的作用：信誉与销售存在一个正反馈环，能加速热门产品的销售，使得热门商品更加畅销。因此，实施"大热门"战略的商家应该高度重视自身的信誉建设。否则，即使准确地预测到几种热门商品，由于低信誉导致销量无法进一步提升，就可能达不到潜在的销量，甚至无法弥补其他的亏损。

（2）在非热门商品向畅销品转变的过程中，完善商品品质信息的差异化策略比低价格竞争策略更加有效。一方面，产品价格的需求弹性要低于其他因素的需求弹性，价格战不是最有效的竞争策略；另一方面，滞销产品的价格需求弹性较畅销品大，这可能是缺少价格以外的信息所导致的。因此，商家应该优先采取完善货架上商品品质相关的信息，采用更多的保障标记，积极推动消费者的评论和搜索引擎推广等竞争策略，而将价格战作为最后的、不得已而为之的竞争手段。

（3）口碑补充的信息能帮助消费者找到不太热门的、但更符合他们偏好的商品。由于口碑在所有影响因素中的需求弹性最大，实施长尾战略的商家要特别重视对口碑系统的投入，尤其要鼓励消费者对非热门产品进行评论。例如，在我国最大的 B2C 网站——京东商城的口碑系统中，对每件商品的前 5

位评论者给予多倍积分的奖励（积分可用于下次购买商品），就在很大程度上激励了消费者对非热门产品的评论，从而促进了非热门商品的销售。

由于人工处理的工作量太大，本节对商品图片的吸引力、服装的款式、品牌等因素未进行有效控制，这有可能对分析结果带来一定的偏差，而且时间序列数据的不足也会导致对信誉加速作用的持续性缺乏有效的验证。在未来的研究中，除了通过改进搜索程序，加强与企业的合作，获得更高质量的数据外，揭示信誉加速作用的微观机理也是一个非常值得关注的研究方向。

第四章

羊群效应理论

从众行为是指人们在决策的过程中受到他人决策影响的一种社会经济现象，该现象在政治投票、金融投资和社会心理等领域引起了较广泛的关注。比克汉达尼等（Bikhchandani et al., 1992）认为，从众行为的发生需要两个先决条件：决策者对"自我信息的不确定"和他们"观察前人决策"的能力。随着互联网不断渗透到人们的日常生活中，投资、投票、购物甚至言论发表等传统环境中的决策逐渐转移到了互联网上进行。决策环境的这种变化使得从众行为发生的条件得到了增强：首先，由于用户与信息提供方没有物理接触而且相互匿名，大部分用户对自己掌握的信息并不能很好地把握。其次，互联网上的信息平台能够不同程度地披露前期用户的决策信息，而互联网的开放性使得所有的用户都获得了这种"观察前人决策"的能力。

第一节 互联网零售市场的羊群效应

从表4-1列举的2010~2012年我国较有代表性的羊群效应来看，相对于传统的从众行为，网上的从众行为表现出了更大的参与规模和更广泛的社会影响力。虽然互联网从众行为的主体是以网络爱好者为代表的特定的人群，但是，随着互联网的普及，这种特定的人群也会蔓延到整个群体。2011年与2012年出现的食盐抢购风潮就是一个最典型的案例，表明网络上的信息已经实实在在地影响到了整个社会消费者的行为，乃至构成了社会的潜在风险。因此，研究这样的问题，不但对如何规范和有效引导网上购物行为向合理的消费行为转变，而且对整个社会的稳定都有十分重大的理论和现实意义。

表4-1　2010~2012年我国网上信息引发的从众行为举例

从众行为导致的事件	决策类型	媒体对事件的评述
2010年淘宝电器城开业14天销售额过亿元	网上购物	平均每日销售额增长39%
2010年"神马都是浮云"风靡全国	网上言论	受到网友们集体无意识的从众行为的推动
2011年春晚赵本山小品获高票支持	网上投票	网上33.98%的支持率引发网友的质疑
2011年3月食盐抢购风潮	网上信息网下购买	造成这种行为是由人们的从众心理引起的
2012年10月莫言作品全国脱销	网上购物	莫言作品脱销反映了社会上的跟风心理

资料来源：作者根据样本整理。

经典的经济学文献对于从众行为的理论解释通常来自四个方面：（1）对异常者的制裁。（2）正的网络外部性。（3）共同的偏好。（4）前人决策发出的信号所导致的信息串流（information cascade）。首先，在互联网环境下，人们往往采用匿名的方式进行决策，因此采用"对异常者的制裁"来解释几乎行不通。其次，虽然互联网上的即时通信等虚拟产品存在这种效应，但对于绝大部分的网上购物、投资和投票等行为，这种网络效应较弱。而且，网上的用户来自不同地域，拥有不同教育背景，处于不同的收入层次，共同偏好的假设似乎也很难成立。最后，由于信息不对称是互联网决策最大的特点，采用信息不对称理论为背景的信息串流来解释网上的从众现象可能会更加合理。

在各种类型的网上决策中，网上购物发展的历史相对较长，用户对获取决策信号的途径也较熟悉。网上购物不仅涉及标的物的获取，还涉及成本的付出，用户感知的信息不确定程度较高。因此，研究网上购物的从众机理对其他类型的网上决策具有相当强的借鉴意义。本节以网上购物为例，研究互联网上决策的从众行为机理，可能的创新为：一是结合了互联网特有的信号传递机制，从理论层面揭示了两类不同信号对用户决策的影响；二是区分不同经验的用户决策，了解不同经验用户从众行为的差异。

一、网上决策的两类信号：以购物为例

阿希（Asch，1956）揭开了从众行为研究的序幕，在他著名的"线条判断"实验中，他观察到个体在群体的压力下放弃自己对线条长度认知的正确答案，转而附和大多数人（由实验员扮演）错误的答案。随后，许多学者在人们的投资、投票等行为中发现了从众行为：威尔奇（Welch，1992）发现，在股票首次公开发行（IPO）时，投资者往往会模仿先前投资者的报价行为；阿什沃思等（Ashworth et al.，2006）也发现，选民有将选票投给获胜候选人的倾向。多伊奇和杰拉德（Deutsch & Gerard，1955）将人们从众的动机分为信息性和规范性两类。信息性动机指个体为了形成对现实的正确解释和客观的判断，理性地听从他人的意见。而规范性动机指个体为了满足他人或群体的期望而听从他人的意见，其目的是为了获得奖励或避免惩罚。在互联网环境下，由于用户的匿名性，在进行决策时规范性动机影响较弱。这时，信息性动机就扮演了重要的角色：人们通过他人行为获得有助于决策的信息。

根据"信息串流"理论，用户在网上决策前会先了解事物两方面的信号。一方面，他们通过浏览网页了解事物自身属性的信息（如在购物决策中观察商品的价格、信誉、服务保障等），并根据这些信息进行判断，得出最优的选择，即信号 i'。另一方面，用户观察其他用户选择的数量信息。尽管这些信息只是一些数字，但是它们作为其他用户决策的结果，隐含了非常有价值的决策信号 $i^{\#}$。如果两类信号指向同一选择，用户将选择该商品。但是，当两类信号出现了矛盾，用户就需要比较私人信号与他人信号，根据两者正确概率的大小来进行选择。

假设用户面临 i 个可选的商品（商家），每个商品 i 实际价值（质量）为 Z_i，获取商品 i 需要付出的成本为 C_i。用户的目标是效用最大，即寻找 i^*，使得 $U = Z_i^* - C_i^*$ 最大。用户并不知道每一商品的真实 Z_i，无法直接判断 i^* 的位置，仅依靠有限的信息来进行决策。他面临决策的信号来自以下两个方面。

（一）私人信息

私人信息一般是较客观的信息，是指用户凭简单的观察，就可以完全确定与商品自身属性有关的信息，这些信息有助于减少用户与商家的信息不对称。

用户凭借客观信息，形成产品质量与成本的一个初步的估计，并据此寻找到 i'，使得 i' 尽可能接近 i^*。因此，有利于减少付出的成本或提升产品质量的判断信息，会促进用户的购买行为。在网上购物环境中，一般存在下列几种私人信息。

（1）商品成本相关信息：价格与促销。价格是影响用户购买行为的主要因素之一，两者的关系在经济学中受到广泛的验证。需求定律表明，其他条件相同的情况下，当产品价格上升时，产品需求会减少。虽然在一些特殊情况下，需求定律并不一定成立（如炫耀性商品和吉芬商品等），但价格和购买行为的负向关系得到了更多学者的证明。如同价格改变，促销也能够影响购买行为：其他条件相同时，相对于不进行促销的商品，促销商品的购买行为发生得更多。

（2）商家服务的信息：信誉与保障标记。作为影响购买行为的主要因素，信誉是在先前与其他人互动的经验或是在收集信息的过程中所获得的。买卖双方信息不对称时，用户无法辨别产品的好坏，存在"逆向选择"的问题。好的信誉能够打消用户购物决策前的疑虑，从而提高用户的购买意愿，进而促进用户的购买行为。淘宝、eBay 等交易平台都采用了"信誉积分"的形式，为实证研究信誉的市场价值提供了一个绝好的机会。在每次交易成功后，由买家对卖家进行（好评、中评和差评）评价，卖家累计得到的分数即为卖家信誉积分，该积分随着时间的推移不断更新。网上交易的这种信誉积分机制可以帮助消费者去分辨谁可以信任或是阻止投机者的行为。

保障标记是一种能够让易受伤害的消费者对在线交易更有信心，并保证卖方能够按照他的承诺履行制度的安排。以淘宝网为代表的 C2C 商城，创造了"如实描述""7 天退换"等一系列保障标记，对消费者的网上购买行为有着积极的作用。

（3）商品质量的信息：网络反馈。淘宝、eBay 等交易平台不仅将反馈量化为信誉积分，还能将部分前期消费者具体的反馈信息显示出来，如对产品和商家是否满意，是否达到了预先的期望，这是传统购物环境所无法比拟的。营销学者多将这种反馈信息称为网络口碑（eWOM），并认为口碑的评分对消费者的购物行为有着明显的影响（Chevalier & Mayzlin, 2006）。帕夫洛和笛墨卡（Pavlou & Dimoka, 2006）认为，与信誉积分类似，前期消费者反馈信息能够加强消费者对商品的了解，减少信息不对称，甄别出优质商家，从而避免柠檬市场的产生。但是反馈信息与信誉积分的区别主要有以下四点：（1）反馈信息针对的是某种具体的商品，而信誉积分针对的是商家。（2）反馈信息是丰富的文本信息，而信誉积分仅仅是一个简单的数量信息。（3）不同商家的信誉积分很容易进行对比，而不同商家之间的反馈信息难以直接进行比较，需要消费者进行一一识别。（4）受限于消费者的精力，消费者一般仅仅观察近期（如2页以内）的反馈信息。黄和陈（Huang & Chen, 2016）的研究发现，反馈信息对从众的影响是双面的：正面的反馈使得消费者倾向于跟随他人的购买决策，而负面的反馈则使消费者不购买或减少购买，抵消从众效应。

（二）其他用户决策的信息

1. 他人决策的行为

前期选择数量的主要展现形式有以下三种：一是"选择的数量"，即直接提供前期用户购买行为数量的信息，这是前期用户行为最直接的信号；然而，这种最直接的展示方式往往将商家的营业收入直接暴露在竞争对手面前。因此，该信息一般很少见于B2C网站，而是出现在像淘宝网这样的C2C平台中。二是"选择数量的名次"，即提供产品在所在分类中销售量的名次（或提供"按销量排序"的功能）来反映前期用户的购买行为。三是"评论人数"，即发表评论意见的人数。在大部分购物网站中，购买过商品的用户才可以进行评论，该指标能间接地反映前一时期用户的购买数量。由于上述三种信息高度相关，绝大部分网站仅仅展示其中一种或两种信息。

西蒙松和艾瑞里研究（Simonsohn & Ariely, 2008）发现，即使eBay上高数量的投标可能是很低的初始价格导致的，但投标人仍然将投标的数量当作商品质量的信息。这表明，他人前期选择的数量信号与私人信号一样，都能够反映出商品的价值。巴纳吉（Banerjee, 1992）提出的模型表明，当私人信号与他人信号出现不一致，且前期选择的数量足够多时，用户可能会放弃私人信号，转而选择正确概率更高的他人信号。

2. 他人决策的意向

在大部分子商务网站中，每个用户都存在"收藏夹"（或"书签"），可以将有意向购买的商品加入收藏夹中，以便日后购买。与传统购物环境不同，网上商店能够将这种潜在购买意向通过汇总的方式展示出来，让消费者能够观察到其他消费者对产品的购买意向。当当网、淘宝等网站在商品购买按钮附近的显著位置显示了这种购买意向指标（收藏人气），方便消费者观察他人的购买意愿，同时将收藏按钮放在非常醒目的位置，方便消费者揭示自己的购买意向。实际上，行为意向工具是互联网减少用户搜索成本的一种特有的机制。"意向"工具也存在于其他类型的决策中，如网上投资中的"自选股"、网上论坛中的"收藏帖"、微博中的"关注"等。

对于网上购物而言，消费者揭示"意向"不需要付出货币成本，"意向"工具大大降低了消费者自我信息揭示的门槛。这些意向购买的数量信息向其他消费者传达了商品质量相关的信号。但是，不同的用户对信号的识别可能会存在差异。李维安等（2007）的研究表明，为了节约搜索成本，部分用户把那些信用度较高、价格比较合理的卖家储存在收藏夹中，并优先同这些卖家进行交易。而能做到这一点的必然是拥有较多交易经验的、对信息搜索流程较为熟悉的用户。因此，当消费者为高经验用户时，他们可能将收藏数量视为强于购买行为的信号。相反，较少交易经验的用户由于对网上购物的信息搜索流程缺乏足够的了解，不仅较少使用收藏夹功能，还可能倾向于将收藏视为购买行为的中间状态，[①] 甚至完全忽略该信息。因此，对于低经验的用户，收藏数量的信号可能要弱于购买行为的信号。

二、网上决策的双信号模型

由于互联网的开放性，每位决策者都能获得私人信号，假定该信号为 $i^* = i'$。而前期 n 位决策者则发出 $i^* = i^\#$ 的信号。参考巴纳吉提出的资产选择从众模型，结合前文分析，我们提出网上决策从众模型的四项基本假定：

假定 A：当决策者对于自己获得的信号 i' 和他人传递信号 $i^\#$ 的概率无差异时，他会根据自己的信号 i' 进行选择。

假定 B：经验高的决策者正确的概率为 α，经验低的决策者正确的概率为 β，且 $\alpha > \beta > 0$。决策者知道自己的经验类型，但不知道其他人的经验类型，只能按照平均值估计。

[①] 即用户出于某种顾虑或限制（如价格太高、信誉不够等）"暂时"放弃了购买行为，虽然这种"暂时"放弃又有别于"完全"放弃。

假定 C：当接收他人行为信号时，决策者对他人信息正确概率的估计为 $(\alpha+\beta)/2$。

假定 D：当接收他人意向信号时，高经验决策者对他人信息正确的概率估计为 $(\alpha+\beta)/2+\theta$；而低经验决策者对他人信息正确的概率估计为 $(\alpha+\beta)/2-\lambda$，其中 θ 与 λ 均大于零。

（一）选择信号

当决策者决策时，前期 n 位独立的决策者发出的信号 $i^{\#}$ 为正确选择[①]的概率为：

$$P(n) = 1 - \left(1 - \frac{\alpha+\beta}{2}\right)^n \tag{4.1}$$

这时，决策者 k 通过观察获取私人信息，获得 i' 的私人信号，该信号正确的概率为 γ。当 $i' = i^{\#}$ 时，决策者选择该一致的信号。而当 $i' \neq i^{\#}$，即决策者私人信息与获取的他人信息不一致时，决策者要比较选择 i' 与 $i^{\#}$ 正确的概率。

信号 $i^{\#}$ 正确的概率为：

$$(1-\gamma)p(n),\text{其中}\gamma \in \{\alpha,\beta\} \tag{4.2}$$

信号 i' 正确的概率为：

$$\gamma(1-P(n)) \tag{4.3}$$

在这种情况下，决策者是否从众（选择 $i^{\#}$），只需比较 $P(n)$ 与 γ 的大小。当前者较大时，用户选择 $i^{\#}$ 产生从众行为；相反，当后者较大时，用户选择 i'，坚持采纳自己的信息进行决策。

（1）当 $n=1$ 时，根据 $\alpha > \beta$ 的假定条件可推算出，高经验决策者选择坚持自己的信息（选择 i'），而低经验决策者选择从众（选择 $i^{\#}$）。

（2）当 $n=2$ 时，高经验决策者是否从众取决于 $\beta > \left(\frac{\alpha+\beta}{2}\right)^2$ 的条件是否得到满足，而低经验决策者仍然选择从众。

（3）随着 n 的增加，$P(n)$ 的值将越来越大，高经验决策者选择 $i^{\#}$ 的限制条件将越来越弱，越来越倾向于选择 $i^{\#}$。而低经验决策者将坚持选择 $i^{\#}$，放弃自己的私人信息 i'。

[①] 假定即使前人的决策不是独立进行的，用户也会将信号 $i^{\#}$ 看成是前人独立选择的结果。

因此，决策者放弃私人信息，产生从众行为需要他人的选择发出足够的强的信号。而他人选择数量越多，他人选择信号越强。上述分析表明，相对于低经验决策者，高经验决策者产生从众行为需要的信号更强。

(二) 意向信号

（1）当高经验的决策者决策时，若已经有 n 位决策者发出 $i^\#$ 为正确选择的信号。这时，$i^\#$ 为正确选择的概率为：

$$P(n) = 1 - \left[1 - \frac{(\alpha + \beta + 2\theta)}{2}\right]^n \tag{4.4}$$

而 i' 正确的概率仍然为 $\alpha[1 - P(n)]$。决策者是否选择 $i^\#$ 就取决于式（4.3）和式（4.4）大小的比较。当 $n=1$ 时，若 $\alpha < \beta + 2\theta$ 的条件能够得到满足，即 α 与 β 的差距较小时，高经验决策者选择 $i^\#$，否则仍然坚持选择 i'。如当 $\theta = 0$，$\alpha < \beta + 2\theta$ 的条件不成立，决策者选择坚持 i'。但是，随着 n 的增长，$P(n)$ 将不断增大，他人释放的信号 $i^\#$ 真实的概率将最终超过 α。因此，即使在 θ 趋近于零的极端条件下，一定的前期收藏数量就有可能导致高经验决策者的从众行为。

（2）当低经验的决策者决策时，若已经有 n 位决策者发出 $i^\#$ 为正确选择的信号。这时，$i^\#$ 为正确选择的概率为：

$$P(n) = 1 - \left[1 - \frac{(\alpha + \beta - 2\lambda)}{2}\right]^n \tag{4.5}$$

当 $n=1$，且 $\alpha > \beta + 2\lambda$ 条件满足时，即 α 与 β 的差距较大时，低经验决策者选择 $i^\#$，产生从众行为。否则仍然坚持自己的信号，选择 i'。随着 n 的增长，$P(n)$ 将不断增大，他人释放的信号 $i^\#$ 真实的概率将最终超过 β。但是，在 λ 趋近 $(\alpha + \beta)/2$ 的极端情况下，他人收藏信号对低经验决策者基本无影响，低经验决策者此时不会产生从众行为。

由此可见，当前期收藏数量足够大时，高经验决策者会产生从众行为；而低经验决策者是否有从众行为则取决于对他人收藏行为发出信号的识别，若能够进行识别（即 $\lambda < (\alpha + \beta)/2$），从众行为亦会发生。否则，低经验决策者不会产生从众行为。

三、计量模型与数据获取

（一）计量模型

由于面板数据既包含了截面，又包含了时间序列数据的特征，采取一般的 OLS 方法估计可能会存在较大偏差。我们将上述关系表示为固定效应的计量模型：

$$S_{i,t} = \beta X_{i,t-1} + c_i + u_{i,t-1} \tag{4.6}$$

其中，X 代表了所有的因变量，c_i 代表了个体 i 的特别因素影响，而 $u_{i,t}$ 则为综合截面与时间两个维度后的干扰项。固定效应模型的优越性在于放松了随机效应中 c_i 与 $X_{i,t}$ 的不相关假定，认为 c_i 可以与解释变量相关，并能够得到一致的估计量。为了研究不同经验的用户受上述因素影响的区别，我们按照用户的消费经验的多少将用户分为 K 类，这 K 类用户的交易量分别为 $S0_{i,t}, S1_{i,t}, \cdots, SK_{i,t}$。由于销售量 $S_{i,t}$ 分解为 K 类后可能导致大量因变量为零的情况，如果仍然采用上述固定效应模型进行估计可能会得不到一致的估计，根据考克斯黑德和德玛克（Coxhead & Demeke，2004）的建议，这种情况可以采用随机效应的 Tobit 模型进行估计：

$$\begin{aligned} SK_{i,t} &= \max(0, \beta X_{i,t-1} + c_i + u_{i,t-1}) \\ u_{i,t} | x_i, c_i &\sim N(0, \sigma_u^2), \ x_i = [x_{i,1}, \cdots, x_{i,t}] \\ c_i | x_i &\sim N(0, \sigma_c^2) \end{aligned} \tag{4.7}$$

（二）数据的选取

为了用数据来验证上述模型，我们选择某大型电子商务网站作为数据收集的对象。我们分店铺和产品两大步骤对样本进行观测。第一步，我们在 2010 年 12 月 26 日至 2011 年 1 月 5 日，以"毛衣"为关键字，在网站的销售榜单上随机选取了 2000 个销售毛衣商品的网页，这些商品来自 1352 个商家。第二步，我们于 2011 年 1 月 6 日至 1 月 20 日对该 2000 件产品的交易情况进行了跟踪观测，① 记录了每件商品每日的价格、历史销量、信誉积分以及销售记录和

---

① 两周的期限既满足了分析的需要，基本保证毛衣销售不会出现结构性变化，又可以规避春节前快递延迟等复杂因素的影响。

评价记录等数据（见图 4-1 和表 4-2）。

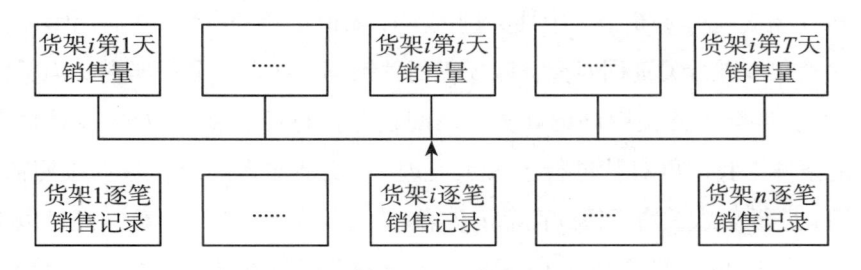

图 4-1 销售数据汇总

资料来源：作者根据样本整理。

表 4-2　　　　　　　　主要变量说明

变量名称	变量说明
$S_{i,t}$	商品 i 在 t 期的总销售量
$Sk_{i,t}$	商品 i 在 t 期对于 K 级消费者的销售量
$BS_{i,t}$	商品 i 在第 t 期的"历史销量"
$BI_{i,t}$	商品 i 在 t 期累计"有购买意愿"的数量
$FB_{i,t}$	商品 i 在第 t 期反馈的"历史用户评分"均值
$P_{i,t}$	商品 i 在第 t 期的标识价格
$R_{i,t}$	商品 i 所在店铺在第 t 期的信用等级
$M_{i,t}$	商品 i 所在第 t 期所提供的保障标记的数量
$PR_{i,t}$	商品 i 所在第 t 期是否执行促销
$CL_{i,t}$	商品 i 所在第 t 期浏览次数

在初始样本中，我们选取了历史评论记录 62 万条，交易记录 110 万条。由于在数据观测窗口的 15 天期间，部分商品发生了 24 小时以上的撤柜现象，[1] 我们将这部分样本删除。然后将 40 万条有效的交易记录经每日汇总得到每日销售量。我们还对每家店铺的每日销售量的构成进行了计算，按照购物网站划分的用户等级区分出 7 类不同经验消费者的购买量 $S_{0,t} \sim S_{6,t}$。反馈文本的数量达到了 30 万条，全部采用人工评分对数据量化具有较大困难。我们首先随机

---

[1] 由于网站规定商品必须 7 天或 14 天下架，一些非职业商家可能忘记重新上架导致商品网页无法被消费者浏览。此外，部分商家采用不实言辞或违反相关规定都会遭到淘宝对该商品网页封杀的惩罚。为了保障面板数据的平衡性，我们将这部分数据略去。

选择5000份样本进行人工评测,得到了正面关键词"给力"等330个,负面关键词"老气"等176个,中性关键词"不知道"等59个。然后用编制的程序对评论文本进行关键词匹配,匹配正面关键词1次记1分,匹配负面关键词记-1分,匹配中性关键词记0分。匹配程序执行后,剩余2657条数据不满足匹配条件,我们再对其进行了人工处理。① 反馈文本的量化数据按照商品i与日期t进行汇总平均后得到商品i在第t期反馈分数(FBi,t)。经过以上处理,最终得到1258件商品共15天销售情况的面板数据(由于存在滞后项,可用数据为14天),变量的描述性统计如表4-3所示。为了保证信用等级能够真正代表商家的信誉,我们还对30天内有违规行为店铺的信用等级进行了降级处理,以体现信誉因此受到了负面影响。

表4-3   主要变量描述性统计($n=1258$,$T=14$,$N=17612$)

变量	均值	标准差	最小值	最大值	中位数
$S_{i,t}$	26.14	43.54	0	1103	14
$BS_{i,t}$(百次)	9.41	15.84	0.69	292.38	4.73
$BI_{i,t}$(万次)	0.350	1.39	0.0001	43.39	0.14
$FB_{i,t}$	0.83	0.10	0.15	1.00	0.85
$P_{i,t}$	98.20	66.21	9.9	658	79
$R_{i,t}$	11.18	2.83	4	18	11
$M_{i,t}$	1.68	0.63	0	2	2
PR	0.59	0.49	0	1	1
CL(百次)	14.09	25.99	0.01	905.33	7.01

从表4-3我们可以看出,样本商品每日平均销售26件,中位数为14件。产品销售平均价格为98.2元,14天的总销售接近4000万元。所展示的平均近期销量和平均被收藏次数分别为941件与3504人,最大值和最小值差异较大。反馈文本的评分均值为0.83,正面的评论也达到了92.8%,与雷斯尼克和泽克豪瑟(Resnick & Zeckhauser,2002)对eBay的研究基本吻合。② 信誉等级

---

① 这些评论绝大部分与商品无关,如"12345"等一些没有意义的语句,我们将其置为0(作为中性)处理。
② 他们对eBay评论的文本分析发现,99.1%的评论是正面的。

介于4级和18级之间，中位数为11级，取值的变化较为充分。由于商家申请"七天退换"标记之前一定要先存在"如实描述"标记，M 中位数为2，表明大部分商品同时展示了两种保障标记。同样，PR 的中位数为1，说明50%以上的商品采用了促销。

四、两类信号对用户决策的影响研究

表4-4计算了各变量之间的相关系数，从中可以看出，所有自变量之间的相关系数都在0.5及以下。从混合OLS回归分析的结果来看，[①] 所有变量的VIF值介于1.07~1.57之间，平均为1.22。该值远远低于海尔（Hair，1995）所建议的判别值10，基本排除了多重共线性的可能。

表4-4　　　　　　　　主要变量的相关系数矩阵

变量	$S_{i,t}$	$BS_{i,t-1}$	$BI_{i,t-1}$	$FB_{i,t-1}$	$P_{i,t-1}$	$R_{i,t-1}$	$M_{i,t-1}$	$PR_{i,t-1}$	$CL_{i,t-1}$
$S_{i,t}$	1.00								
$BS_{i,t-1}$	0.76	1.00							
$BI_{i,t-1}$	0.22	0.25	1.00						
$FB_{i,t-1}$	0.08	0.04	0.02	1.00					
$P_{i,t-1}$	-0.08	-0.07	-0.00	0.21	1.00				
$R_{i,t-1}$	0.12	0.13	0.07	-0.16	-0.07	1.00			
$M_{i,t-1}$	0.06	0.04	-0.02	0.20	-0.02	-0.09	1.00		
$PR_{i,t-1}$	0.01	0.01	0.05	-0.01	0.22	0.14	0.00	1.00	
$CL_{i,t-1}$	0.65	0.50	0.19	-0.00	0.11	0.17	0.01	0.10	1.00

我们采用式（4.6）中的固定效应模型对上述变量与销售量之间的关系做了6次估计[②]（见表4-5）。在模型1中，不考虑他人决策数量的信息对购买行为的影响。只有价格（P）、促销（PR）、信誉（R）、反馈（FB）、保障（M）以及商品点击次数（CL）等控制变量进入了回归方程，这也是以往研究网上购买行为较常用的模型之一。从回归结果来看，价格P对销售有显著的负

---

① 固定效应模型无法计算VIF值，这里用混合OLS计算的VIF值替代。
② $S_{i,t}$为零的数据量仅占样本的3.5%，样本的因变量并没有明显的"受限"。

面影响（p<0.05），促销（PR）对销售有积极的正面作用（p<0.01）。信誉和保障对标记和销售的正向影响系数的显著性都达到了 0.05 的统计水平。而反馈和点击次数对销售的正向影响的显著性水平都达到了 0.001。模型 1 的组内 R^2 达到了 0.31，组间 R^2 达到了 0.48。

表 4 – 5　　　　两类信号对销售影响的固定效应模型
（$n = 1258$，$T = 14$，$N = 17612$）

	变量	模型 1	模型 2	模型 3	模型 4
自变量	$BS_{i,t-1}$		0.22 *** (3.83)	-0.00 (-0.01)	-0.00 (-0.02)
	$BI_{i,t-1}$		1.54 (1.50)	1.47 (1.45)	8.45 ** (3.02)
	$P_{i,t-1}$	-0.11 ** (-2.64)	-0.12 ** (-2.61)	-0.16 *** (-3.67)	-0.14 *** (-3.21)
	$PR_{i,t-1}$	2.48 *** (3.66)	2.43 *** (3.58)	3.58 *** (3.84)	2.66 *** (3.95)
	$R_{i,t-1}$	0.89 *** (4.84)	0.88 *** (4.79)	0.47 * (2.55)	0.46 * (2.51)
	$M_{i,t-1}$	1.25 * (2.29)	1.41 * (2.53)	1.65 *** (2.98)	1.79 ** (3.16)
	$FB_{i,t-1}$	37.81 *** (4.28)	39.00 *** (4.71)	33.21 *** (3.81)	33.28 *** (3.82)
	$CL_{i,t-1}$	0.75 *** (85.18)	0.75 *** (85.15)	0.75 *** (86.47)	0.75 *** (86.58)
交互项	$BS \times P$			-0.01 *** (-10.48)	-0.01 *** (-11.03)
	$BS \times PR$			0.26 *** (4.64)	0.22 *** (3.92)
	$BS \times R$			0.03 ** (5.73)	0.01 * (2.01)
	$BS \times M$			0.09 (1.90)	0.07 (1.38)

续表

	变量	模型 1	模型 2	模型 3	模型 4
交互项	$BS \times FB$			5.75*** (14.59)	5.65*** (14.06)
	$BI \times P$				0.10* (2.42)
	$BI \times PR$				2.22* (2.33)
	$BI \times R$				1.38*** (3.58)
	$BI \times M$				1.40 (1.73)
	$BI \times FB$				−0.51 (−0.10)
	C	15.74*** (89.56)	15.75*** (89.62)	14.26*** (74.12)	13.73*** (58.86)
组内 R^2		0.3103	0.3110	0.3314	0.3223
组间 R^2		0.4828	0.5857	0.7156	0.5810
整体 R^2		0.4382	0.5235	0.6313	0.5323
F		1225.6***	922.2***	623.04***	451.7***

注：*、**、*** 分别表示在 5%、1%、0.1% 的水平上显著。

模型 2 则结合了自我信息与他人信息两方面的因素来解释用户的购买行为。模型的拟合度得到明显的提升，组内和组间的解释力分别达到了 0.31 和 0.58。这表明，同时考虑私人信号与他人信号能更好地解释用户的购买行为。与模型 1 相比，控制变量系数和显著性并未发生明显的变化。尽管他人选择数量（BS）的显著性表现出较高水平（$p < 0.001$），但他人收藏的数量（BI）未表现出显著。

模型 3 将他人选择的数量与价格、促销、信誉、保障标记以及反馈评分的交互项纳入固定效应模型中。$BS \times P$ 的系数为 −0.01，在 0.001 的统计水平上显著。价格与销售的关系起着显著的负向交互作用：他人选择的数量越多，价格对销售的负向影响越强。同样，$BS \times PR$ 的系数为 0.26，显著性也表现出较高水平（$p < 0.001$），说明他人选择的数量与促销的正向交互作用：他人选择的数量越多，促销对销售的正向影响越强。交互项 $BS \times R$ 与 $BS \times FB$ 以及 $BS \times M$ 系数均为正，并且都在 5% 以上的统计水平上显著。这同样表明，他人选择的数量与信誉、反馈评分以及保障标记有着较强的正向交互作用。与模型 2 相比，一个重要的变化是 BS 对销售的直接影响不再显著（$t = 0.63$）。这说明他人选择的数量对销售的影响主要体现在各交互项上。这表明，用户的私人信号是产生行为的主要原因，而他人信号则发挥了调节作用。BS 与 M 的交互项 t 值为 1.38，表现出较弱的显著性，可能与保障标记的不确定性较低，不具备从众的前提条件有关。从模型的拟合度来看，模型 3 比模型 2 有较大的提升，整体拟合度从 0.52 提升到 0.63。

模型 4 在模型 3 的基础上将他人收藏的数量价格、促销、信誉、保障标记以及反馈评分的交互项纳入模型中，与前面的几个模型相比，BI 对销售的直接影响表现出显著，t 值为 3.02，而他人选择的数量 BI 对销售的直接影响同样不显著。一方面，在交互项中，值得注意的是 $BI \times P$ 的系数为正（$p < 0.05$），表明商品被他人收藏的数量越多，价格对销售不再是纯粹的负向影响，而有着向正向影响转变的趋势。另一方面，人们更愿意为收藏数量多的商品支付更高的价格，即他人收藏数量具有一定的"溢价效应"。同时 $BI \times PR$ 和 $BI \times R$ 的系数也为正，同样在 0.05 的统计水平上显著，表明商品被收藏的数量越多，促销和信誉对销售的正向影响更大。在该模型中，他人收藏的数量与保障标记和反馈评分的交互项 $BI \times M$ 和 $BI \times FB$ 未表现出显著。

五、两类信号对不同决策经验用户的影响

淘宝对用户经验（信用）等级共分为 21 级，依据卖方对买方好评的分数（代表了成功交易的次数）制定。在我们的研究样本中，涉及的 7 级分类如表 4–6 所示。

表 4-6　　　　　　用户经验等级与交易量（$N=17612$）

用户等级	交易次数（次）	平均日交易量（件）		零交易比例（%）
0	0~3	4.08		25.6
1	4~10	2.66	13.02	36.5
2	11~40	6.28		16.3
3	41~90	4.81		19.7
4	91~150	2.91	13.12	30.9
5	151~250	2.41		35.6
6 以上	251 以上	2.99		28.6

为了验证不同经验的用户对两类信号识别的差异，我们按照用户经验等级（不同的群体）对销售量进行了重新计算，各层面销售数据的关系如图 4-2 所示。

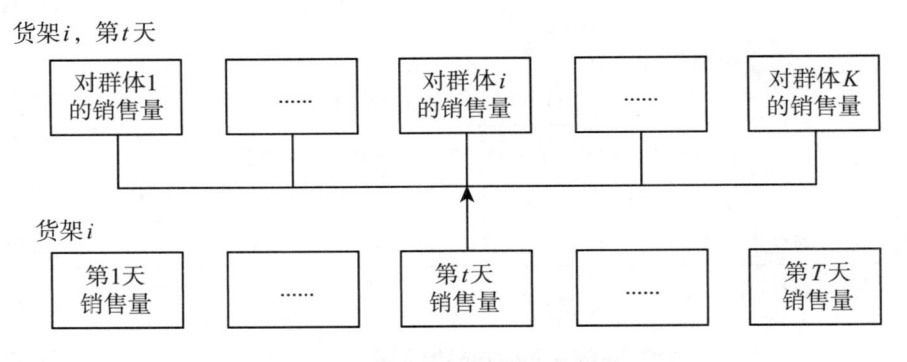

图 4-2　用户经验等级的销售数据的计算

销售量分解到不同等级用户后，因变量为零的数据占样本比例在 16.7%~35.6% 之间，远远高于总销售量中日销售为零的比例（3.5%）。如果仍然采用固定效应模型进行估计，可能得不到一致的估计。因此，我们采用了式（4.7）的随机效应 Tobit 模型进行估计（见表 4-7）。

表 4–7　　对不同经验用户交易量回归的随机效应的
Tobit 回归模型（$N = 17612$）

用户经验等级		0	1	2	3	4	5	6 以上
用户购买量		$S0_{i,t}$	$S1_{i,t}$	$S2_{i,t}$	$S3_{i,t}$	$S4_{i,t}$	$S5_{i,t}$	$S6_{i,t}$
自变量	$BS_{i,t-1}$	0.23 *** (30.92)	0.17 *** (32.72)	0.36 *** (35.06)	0.25 *** (31.69)	0.13 *** (25.09)	0.14 *** (26.48)	0.11 *** (18.51)
	$BI_{i,t-1}$	0.12 (1.39)	0.07 (1.24)	0.19 (1.63)	0.18 * (2.06)	0.15 * (2.53)	0.14 * (2.55)	0.14 * (2.01)
控制变量	$P_{i,t-1}$	−0.01 *** (−6.93)	−0.01 *** (−8.53)	−0.02 *** (−9.30)	−0.01 *** (−7.54)	−0.01 *** (−4.72)	−0.00 *** (−3.70)	−0.00 (−1.83)
	$R_{i,t-1}$	0.03 (0.88)	0.02 (0.59)	0.03 (0.77)	0.03 (1.04)	0.05 ** (2.27)	0.02 (1.08)	0.03 (1.28)
	$FB_{i,t-1}$	5.19 *** (4.70)	6.30 *** (7.86)	12.92 *** (8.67)	10.19 *** (9.07)	6.49 *** (8.30)	5.86 *** (7.56)	5.16 *** (5.73)
	$M_{i,t-1}$	0.98 *** (7.65)	0.58 *** (5.37)	0.86 *** (4.79)	0.36 * (2.55)	0.34 *** (3.09)	0.07 (0.63)	0.23 (1.87)
	$PR_{i,t-1}$	0.31 (1.52)	0.27 (1.68)	0.63 * (2.23)	0.41 (1.85)	0.38 * (2.35)	0.12 (0.75)	0.16 (0.88)
	$CL_{i,t-1}$	0.08 *** (38.93)	0.08 *** (40.50)	0.19 *** (59.71)	0.15 *** (59.54)	0.10 *** (46.24)	0.08 *** (37.13)	0.10 *** (41.16)
	C	−5.37 *** (−5.35)	−6.92 *** (−9.42)	−11.37 *** (−8.37)	−8.91 *** (−8.68)	−7.21 *** (−10.03)	−6.47 *** (−9.06)	−5.57 *** (−6.73)
左约束观测点		4510	6429	2871	3463	5438	6164	5043

资料来源：作者根据样本整理。

表 4–7 表明 7 个不同等级购物经验的用户购买量与上述因素进行随机效应 Tobit 回归分析的结果。为了从统计上检验不同经验等级的用户从众行为的差异，我们增加了一个反映用户经验的虚拟变量 E，并将 0~2 级经验的用户购买时的情况定义为 $E = 0$，3 级以上经验的用户购买的情况定义为 $E = 1$。这样，原 17612 个观测样本根据不同经验的用户购买量一分为二，得到 35224 个总体样本。我们将 E 与 BS 和 BI 的交互项 $BS \times E$ 与 $BI \times E$ 分别加入固定效应、随机效应以及随机效应的 Tobit 模型中进行回归，结果如表 4–8 所示。

表 4 − 8　　样本对半拆分后反映用户经验与交易量关系的
模型分析（$n=2516$，$T=14$，$N=35224$）

	变量	固定效应	随机效应	随机效应的 Tobit 模型
自变量	$BS_{i,t-1}$	0.11 *** (4.42)	0.54 *** (36.77)	0.53 *** (31.70)
	$BI_{i,t-1}$	0.61 (1.33)	0.61 *** (3.45)	0.58 ** (2.92)
	E	−3.49 *** (−3.73)	−3.49 (−3.70)	−3.35 (−3.36)
	$P_{i,t-1}$	−0.06 *** (−3.02)	−0.04 *** (−10.02)	−0.04 *** (−9.27)
	$R_{i,t-1}$	0.44 *** (5.39)	0.17 ** (2.91)	0.19 ** (3.08)
	$FB_{i,t-1}$	19.55 *** (5.00)	20.22 *** (9.29)	22.45 *** (9.55)
	$M_{i,t-1}$	0.72 ** (2.91)	0.66 *** (3.05)	1.57 *** (6.66)
	$PR_{i,t-1}$	1.76 *** (3.95)	0.64 (1.82)	0.77 * (2.06)
控制项	$CL_{i,t-1}$	0.37 *** (96.24)	0.37 *** (98.85)	0.38 *** (96.45)
交互项	$E \times BS$	−0.10 *** (−13.62)	−0.10 *** (−13.53)	−0.10 *** (−13.55)
	$E \times BI$	0.25 *** (3.01)	0.25 *** (2.99)	0.24 ** (2.81)
	$E \times P$	0.02 *** (9.59)	0.02 *** (9.53)	0.02 *** (9.97)
	$E \times R$	0.17 *** (5.03)	0.17 *** (4.99)	0.20 *** (5.36)
	$E \times FB$	4.29 *** (3.83)	4.29 *** (3.80)	4.35 *** (3.65)

续表

变量		固定效应	随机效应	随机效应的 Tobit 模型
交互项	$E \times M$	-1.84*** (-9.83)	-1.84*** (9.76)	-2.29*** (-11.35)
	$E \times PR$	-0.45** (2.96)	-0.46** (-2.94)	-0.50** (-3.08)
	C	-9.59* (-2.51)	-8.23*** (-4.20)	-12.59*** (-5.94)
整体 R^2		0.4821	0.6120	—
F 统计量		616.79***	13324.8***	—
左约束观测点		—	—	2301

注：*、**、*** 分别表示在 5%、1%、0.1% 的水平上显著。

从表 4-7 中可以看出，当用户的经验等级为 0~3（即购物经验 1~90 次）时，BS 对销售影响系数在 0.17~0.36（p<0.001）。然而，当用户经验到了等级 4 以上（即购物经验在 90 次以上），BS 对销售的影响系数减弱到 0.11~0.14 左右（p<0.001），z 值也有较大幅度的下降。在表 4-8 的三个模型中，$E \times BS$ 系数均为 -0.10，均在 0.001 的统计水平上显著。这就表明，随着消费者购物经验提高，他人决策的行为数量信息（BS）对销量的影响有递减的趋势。这证实了双信号模型中的推论：较少的他人选择数量就能激发低经验用户的从众行为，而高经验决策者产生从众行为需要更强的他人信号，即从众行为更容易在低经验的用户身上发生。该结论对埃尔伯思（Elberse，2008）的判断"互联网上热门产品的参与者主要是购买不太频繁的轻度消费者"提供了新的解释。

虽然他人收藏数量的系数对于等级为 0~2（购物次数为 40 以下的用户）的消费者并未表现出显著性（即其对销售的影响系数与零无显著差异），但对经验等级为 3 以上的用户（购物次数 40 以上的用户）购买量表现出显著的正向影响（p<0.05）。在表 4-8 的三个模型中，$E \times BI$ 的系数为 0.24~0.25，显著性水平都达到了 0.001 的统计水平。这就证实了双信号模型的假定与推论：低经验决策者并未将他人收藏行为当作有力的信号，他人收藏数量并不能左右他们的决策。相反，高经验的决策者能够识别出收藏人数所发出的信号，对决策产生了积极的影响。

从其他的私人信号来看，表 4-7 中保障标记（M）对销售的影响系数随着用户等级的升高，从 0.98（p<0.001）逐渐递减到不显著（与零无显著差异）。表 4-8 中的 $E×M$ 系数均为负（p<0.001），这表明经验值越低，越重视保障标记。这其中可能的原因在于低经验的消费者由于缺乏与商家交涉的经验，更加重视商品能否得到担保，从而规避损失。同样地，$E×PR$ 的系数为负，并在 0.01 的统计水平上显著，也表明低经验的用户对促销更加在意。这可能与高经验的用户对部分商家的"假促销"行为能够进行更好地识别，从而忽略部分促销有关。

从表 4-8 的价格（P）、信誉（R）以及反馈（FB）与用户经验（E）的交互项的系数来看，他们的值均为正（p<0.001）。这说明相对于低经验的用户而言，高经验的用户倾向于购买信誉更好商家所出售的、价格更高、反馈更加正面的商品。这可能是低经验的消费者由于缺乏购物经验，对上述信息的识别技巧不够，过分注重了低价因素，这就导致了信誉和反馈对这类用户购买行为的影响也相对较小。

六、研究结论

本节试图通过理论模型和实证研究来探索互联网上的从众行为背后所蕴含的机制。在理论模型中，我们构建了一个基于私人信号与他人信号的双信号决策模型，探讨了他人选择的信号与他人收藏的信号对不同经验用户决策的影响；在实证模型中，本节采用某大型电子商务网站 1258 件商品 15 天销售的面板数据，对两类信号与从用户购买行为的关系以及不同经验用户的从众行为差异进行了验证。

（1）用户观察到的私人信号对决策具有主导作用，而他人信号则充当了调节作用。这是对弗莱塔格（Fleitas，1971）的"仅仅展示民意测验的结果并不会导致明显的从众行为，当选民接触到更多候选人信息时，从众行为才会显著"这一研究结论的进一步发展。

（2）在互联网上，他人释放的选择信号能够显著影响后续用户的行为。但是，这种影响对于不同决策经验的个体存在较大差异，低经验的用户更容易产生从众行为。这揭示出企业或相关部门对于从众行为的发展或治理要对用户个体特征进行更充分的考虑，也为后续的研究指明了方向。

（3）互联网上特有的一些信号工具，如他人的收藏的数量，也能释放出影响用户决策的信号，但只有高经验的用户才能识别出这些信息。这对互联网企业有着很强的实践意义。比如对低经验用户进行必要的激励，促使他们使用这些工具，让信号传递更加顺畅，促进低经验用户的从众行为。

七、实践意义

（一）发展理性从众效应的对策

在有些情况下，从众效应是理性或是对社会有益的，如国债的网络发行、爱国影视的推广、对国家有益的网络投票等情景下，从众行为是值得鼓励的。根据我们的理论模型，"他人选择数量"信号能否被观察到是从众行为是否会发生的关键。当用户能够观察足够多的他人的行为时，往往会放弃自己识别出的私人信息，跟随前人的决策。因此，在发展从众效应时，应该首先在网页的醒目位置突出这项数据，并保持频繁地更新。

虽然观察到他人的信号在从众行为中起到的关键作用，然而本研究表明，从众行为最根本的原因却是来自私人信号，即用户对事物本身的了解。因此，加强对决策事物本身的宣传、释放出更多的信息、提高用户获取私人信号的强度也是非常重要的，尤其在事物推广的初期会得到更为显著的效果。

尽管对于不同的决策的事物，私人信号的表现形式不尽相同，但"反馈评分"是大部分网上决策所共有的。① 而黄和陈（Huang & Chen, 2016）的研究表明，只有正面的反馈信息才能促进从众效应的发展，而负面的反馈会阻碍用户从众行为的发生。由于大部分用户精力有限，对文本信息仅仅浏览前面的两页，甚至仅阅读默认页的信息。相关网络平台可以将正面的反馈信息放置在靠前的页码上，而将负面的反馈排在较后的位置。

本部分研究还表明，对于需要重复决策的事物，高决策经验的用户不仅利用"收藏"或书签等功能来减少信息搜索成本，而且对"收藏数量"发出的信号能够有效地识别。因此相关网站平台应该不仅要多采取"心愿单""书签""自选股"等减少重复搜索成本的机制，并鼓励用户使用。而且还需要将这些数量信息展示出来，以促进用户的从众行为的发生。

---

① 即使小部分网站平台没有提供反馈机制，第三方如 BBS、SNS 等平台也能促使这种反馈机制的运作。

此外，"他人选择的数量"的信号对决策经验较少的用户影响更大。在互联网上，相关平台能够较容易地识别出初级用户。因此，在有限的资源下，重点针对初级用户宣传他人决策的信息，能够起到更好的效果。

（二）规避非理性从众效应的措施

然而，在另外一些情况下，从众行为不仅是非理性的，还有可能给社会带来危害，如激进的种族主义行为、网络谣言的传播行为、被人利用的网络投票行为、被欺诈的网络投资行为等。上述网络从众行为需要有关部门采取适当措施进行管制。

首先，要加强对决策事物本身的宣传，提高用户判断力，了解该行为对社会造成的危害，使得用户获取的私人信息指向事物的负面性质。霍恩西等（Hornsey et al., 2003）的研究表明，当决策任务涉及价值观时，不仅不容易受到群体意见的影响，还可能表现出反从众倾向。因此，相关部门加强对用户价值观的教育，以增强私人信号的正确性，在当前环境下也显得尤为重要。

其次，非理性的从众行为往往是不需要重复决策的事物，用户不需要为以后节约搜索成本产生"收藏"行为，用户的从众行为依赖于"他人选择数量"信号的发送。由于决策经验较少的用户（对类似事物）更容易产生从众行为，加强教育和宣传的重点应该针对低经验用户。在抢购食盐的事件中，相关部门通过传统的新闻媒体（线下面临低经验的受众比互联网上更多）对群众进行了宣传和说服，起到了非常明显的效果。

最后，非理性或危害性的从众，往往是虚假的他人行为信息所导致的。因此，只要条件具备，完全可以对提供虚假信息（如囤货居奇，发布人为的稀缺信息）的单位进行处罚，并要求相关平台提供真实的他人决策信息。而且在对"反馈评分"的显示上，采取"先负面后正面"的基本排序方式，使得大部分用户决策之前了解的他人反馈是负面的。在极端情况下，甚至可以停止对他人决策信息的更新。

由于研究时间和技术条件等方面的限制，本节研究存在一定的局限性：（1）未对性别、年龄、教育程度等其他用户特征的从众行为进行区分。（2）本节研究的采集数据期限较短，无法检验从众行为较长的时间趋势。（3）不同类型决策的从众效应可能存在区别，受制于数据的可得性，本节仅对网上购物这种决策进行了研究。这些问题会随着与有关信息平台的深入合作，在未来的研究中逐步解决。

第二节　互联网金融市场的羊群效应

金融市场中的羊群效应是指投资者在交易过程中存在着相互学习与模仿的现象，从而导致他们做出同样的投资决策（Bikhchandani，2000）。当市场的参与者增多时，相互学习与模仿得到强化，羊群效应将被放大。据统计，2014年我国互联网金融市场整体规模超过10万亿元，用户规模已达到4.12亿人。在如此大的用户基数下，羊群效应在某些互联网金融产品上达到了惊人的效果。例如，2013年6月余额宝从零开始，借助这种被放大的羊群效应，仅仅8个月的时间，就成为国内第一、世界第七规模的基金产品。而另外一些互联网金融市场，如互联网上的股票基金和P2P散标理财产品的羊群效应则明显较弱，其发展速度相对滞后。[①]

为什么在类似的用户规模下，不同类型金融产品的羊群效应强弱具有如此大的差异？从金融产品的特点来看，产品复杂度和佣金水平是金融产品区别于传统消费品的重要特征。上述发展速度不均衡的金融产品在这两个维度上具有较大差异。例如，佣金宝的特点是低佣金（零佣金）和收益计算复杂；股票基金的特点是高佣金和收益计算复杂；而P2P散标理财的特点则是低佣金和收益计算简单。从这三类产品的情况来看，产品复杂度和佣金水平可能与羊群效应存在某种关联，从而导致了互联网金融产品出现了发展不平衡的现状。因此，本书在互联网背景下对产品复杂度、佣金水平和羊群效应这三个变量之间可能存在的关联机制进行研究，不仅能够将传统金融市场的从众行为理论拓展到互联网金融领域，还对我国互联网金融市场发展具有一定的实践意义。

一、文献回顾

（一）互联网金融

由于互联网金融是一个新兴事物，很多学者围绕各类概念进行辨析，试图

---

① 艾瑞咨询：《2015年中国互联网金融市场研究报告》。

通过理论分析探索出互联网金融的本质与发展趋势。在这类分析中，一些学者认为互联网金融是金融业的未来。例如，谢平（2012）认为互联网金融模式能通过提高资源配置效率、降低交易成本来促进经济增长，将对人类金融模式产生颠覆性影响。也有一部分学者认为这一看法过于极端，并认为当前互联网金融业名不副实者居多，甚至还不足以被赋予一个新的独立概念（李鑫等，2014）。还有一种折中观点认为，互联网金融与传统金融之间并不完全是一种替代关系，互联网金融与传统金融的相互竞争，会推动金融结构变革和金融效率提升，完成从大企业金融、富人金融到普惠型金融的转型（吴晓求，2015）。

另外一些学者着手对金融细分行业的互联网应用情况进行研究。龚映清（2013）对互联网渗透证券行业的状况进行了分析，认为互联网金融改变了证券行业价值的实现方式，引发证券经纪和财富管理的渠道革命，弱化证券行业金融中介功能，重构资本市场投融资格局，并加剧了行业竞争。庄雷等（2015）则研究了互联网渗透借贷市场的身份歧视问题，认为借贷身份歧视源自信息披露的低质量，而高质量的互联网信息披露环境有助于消除借贷身份歧视，提高市场效率。廖理等（2014）对人人贷平台的贷款记录进行了分析，认为非市场化的利率仅仅反映了部分借款人的违约风险，理性的投资者能够借助公开信息来识别借款人的违约风险。

国外学者并没有集中提出互联网金融的概念，对这方面的研究主要集中在微观行为层面上，研究的主题主要包括市场效率的比较，网络借贷匹配成功的因素，社交网络与借贷风险等（Lin et al., 2013）。总体而言，国内外学者大多是从市场效率和行为金融的角度进行探讨，而对金融产品本身的特点缺乏必要的关注。

（二）金融市场中的羊群效应

在金融市场中，投资者模仿他人的投资行为会加剧市场偏差的自我强化，造成金融市场的大起大落（Greenspan，2014）。由于金融市场具有丰富的交易数据，验证市场中是否存在从众行为的实证研究具有较高的可行性。研究发现，我国资本市场的从众行为不仅存在，而且明显高于发达国家的资本市场（宋军等，2001）。随后，学者们证实了从众行为在开放式基金、QFII 等市场参与者中都广泛存在。也有学者分析认为，随着我国资本市场逐渐成熟，我国资本市场的羊群效应已发生明显减弱（汤长安等，2014）。尽管成熟资本市场的羊群效应不如我国市场这么明显，但是大量的国外学者仍然证明了即使成熟发达市场中，羊群效应仍然广泛存在于 IPO 市场以及共同基金和基金经理（Grinblatt et al.，1995）等市场参与者之中。随着研究的深入，学者们试图采用更能够揭示因果关系的实验方法（Anderson et al.，1997）和预测性更强的建模方法（Park et al.，2011）寻找非理性从众行为背后的机理，他们演示了即使理性的个体仍然能导致群体非理性的从众行为。

主流的观点认为，互联网为金融市场的羊群效应带来了更多的非理性成分。基于互联网的金融市场可以拓展市场交易的空间并延长市场的交易时间，非专业个人投资者数量大大增加，盲目从众可能会导致市场效率低下（Wang et al.，2010）。然而，张等（Zhang et al.，2012）发现，在互联网 P2P 借贷环境下，用户投资决策的过程反而更加理性：投资者会主动地观察而不是被动地模仿其他人，导致羊群效应高的贷款最终违约率相对更低。

总体上看，国内外学者对金融市场从众行为的实证研究大多在证明市场从众行为的存在性上，而对羊群效应相关作用机理的解释还存在不少缺陷（廖理，2015），对于金融产品的特征与从众行为的关系缺乏必要的关注。

（三）金融产品的复杂度与佣金水平

具备较高的产品复杂度（组成复杂）是金融产品区别于一般零售产品的重要特征。崔等（Choi et al.，2006）发现，人们都具有选择复杂金融产品的倾向，而且当人们选择这种金融产品时，他们实际上并不确切知道他们买了什么，也不清楚他们实际上支付了多少。伯纳德等（Bernard et al.，2009）进一步分析认为投资者倾向于选择复杂产品的原因在于投资者高估了产品高收益这一小概率事件发生的可能性。卡林（Carlin，2009）也支持了这个观点，认为零售金融产品的复杂性能够显著影响市场定价，复杂产品的定价过高。国内学者王增武（2010）则认为复杂产品有利于分散产品集中风险，导致了复杂金融产品定价过高和投资者偏好复杂产品而非简单产品。总之，现有的复杂产品的研究主要集中在单个投资者选择的层面，而在羊群效应较为普遍的互联网群体选择的环境下，投资者对复杂产品的选择机制需要得到进一步挖掘。

针对金融市场佣金水平的研究并不十分丰富，主要原因在于传统经济学理论将佣金视为正常的交易费用，认为佣金对交易结果和市场效率的影响较弱

(王彦等，2004）。戴尔娃等（Dellva et al.，1998）比较了基金佣金收费的不同方式，认为前后端收费的方式能够减少风险，而其他方式则会增加金融产品的风险。随后佩恩等（Payne et al.，1999）对美国众多基金的表现进行分析，发现高佣金的金融产品并没有给投资人带来相应的高回报。而崔等（2010）发现产品佣金水平与复杂产品的市场机制存在一定的交互作用：当人们面临同等复杂的金融产品时，他们不一定选择佣金最便宜的产品。我国学者主要讨论了佣金对市场效率的影响、最优佣金率以及佣金类型比较等问题。总体而言，尽管学者们认为佣金对市场效率存在影响，不当佣金存在资源错配，最优佣金仍是存在的。但是，学者们并没有指出佣金对金融市场产生影响的机理，更忽视了互联网环境下不同产品的佣金水平更容易比较这一特性。

二、研究模型与假设

我们的研究模型如图 4-3 所示，共包含三个假设。

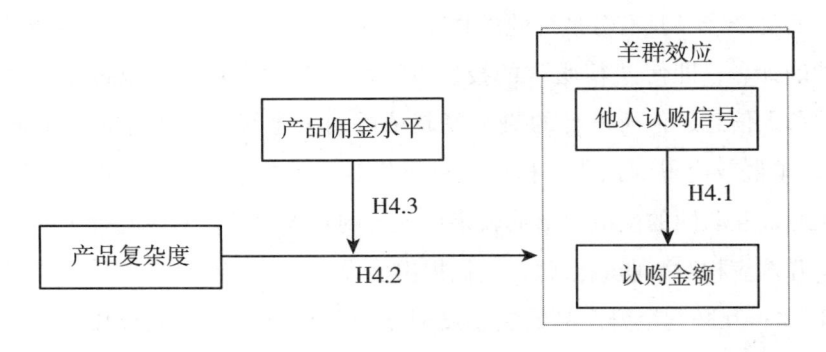

图 4-3 模型中的假设

张等（2012）认为，互联网金融市场中投资者的从众行为可以分为非理性行为和理性行为。前者指投资者被动地模仿他人的选择，将他人的投资选择作为一个社会规范，在捐款行为中尤为常见（Croson et al.，2008）。相反，理性的从众行为是建立在对他人决策信息的观察和学习基础之上，是投资人在信息不确定环境下进行贝叶斯推断后最优选择的结果（Banerjee，1992）。互联网对金融市场从众行为的影响主要体现在两个方面：一方面，互联网为金融市场带来了更多金融知识较少的非专业投资者，这些非专业投资者将一些社交媒体中"大V"的行为视同社会规范，完全不加思考地模仿他人的投资行为，这导致了非理性从众行为被放大（Wang et al.，2010）。另一方面，在互联网的大数据环境下，精明的投资者可主动观察更多的信息，如每笔成交的具体信息，其他投资者在社交网络上分享的信息，甚至投资标的的各种细节信息等，不同的投资者会对这些蛛丝马迹般的信息进行不同的私人解读，投资者进行理性从众行为的可能性也明显高于传统金融市场（Zhang et al.，2012）。传统金融市场中的羊群效应被学者所证实（Grinblatt，1995），而上述分析表明互联网金融市场中理性和非理性程度都有所增加，羊群效应不仅继续存在，而且会更加显著。据此，我们提出假设：

H4.1：互联网金融产品的投资存在显著的羊群效应：其他条件相同的情况下，$t-1$ 期他人认购的金额越多，t 期投资者认购的金额倾向于越多。

无论传统零售产品怎么复杂，一般不会存在消费者不确切知道他们买了什么，更不可能不清楚他们实际上支付了多少的情况。而金融产品则具有这样的特征，普通投资者并不能通过自身的精确计算了解产品的全部，更可能借助他人的认知进行推断。在没有其他信号的情况下，理性的投资者具有风险规避的倾向，而复杂产品具有分散风险的作用（王增武，2010）。由于复杂产品更难进行精确计算，即使"精明"的投资者面临互联网环境，也很难获取并转化较多的私人信息，他所进行的决策就越依赖对其他投资者的推断（Banerjee，1992），羊群效应得到强化。相反，对于相对简单的金融产品，"精明"的投资者能通过互联网的交流，形成较多可理解的私人信息，减少对他人决策的依赖，羊群效应相对减弱。据此，我们提出假设：

H4.2：互联网金融产品的复杂度对羊群效应具有正向调节作用：在一般情况下，相对于简单产品，复杂产品认购过程中的羊群效应更强。

在理性的互联网环境下，理性的用户对付出的成本非常敏感（Degeratu et al.，2000）。在金融市场中，佣金水平是投资者所必须付出的成本。当佣金水平越低时，用户参与越多，但这种参与是用户独立决策的结果，而不是羊群效应所带来的。当观察到某一个项目具有较多的投资人参与，理性的投资者会对这种选择进行归因，将前期投资者的决策归因为佣金低导致的还是自己没有掌握内部信息导致的，然后再决定是否模仿他人的决策（Zhang et al.，2012）。因此，当佣金水平低时，参与人数众多，可供交流的信息量大。相对于复杂产品，投资者从互联网上观察学习，转化简单产品的私人信息量较多。投资者就更倾向于将参与者多归因为佣金低所导致的，羊群效应就会表现出较弱的水平。类似于张等（2012）的发现——"P2P 小贷市场看起来具有明显缺陷的贷款的羊群效应反而更强"：越是看不懂的复杂的产品，越需要精确地计算，投资者转化的私人信息量越少，越可能会被投资者归因为他人掌握了自己没有掌握的内部信息，从而表现出更强的羊群效应。

然而，在较高佣金的水平下，上述决策机制可能产生了变化：竞争环境中更高佣金的产品被商家赋予了其他情况下没有的质量信号（Zeithaml，1988），即产品的风险得到了控制。一旦被投资者识别出这种信号，他们的偏好可能会发生逆转：从规避高风险转向了追逐高收益。投资者在这种环境下更加偏好对简单产品进行从众行为。当观察到更多的他人识别出这种质量信号时，投资者就倾向于将他人的选择归因为高质量信号被认同，追逐高收益导致从众效应的动力较强。相反，当产品较为复杂时，收到高质量信号的投资者更偏好高收益，转而追逐更高可能收益的简单产品，对该类产品进行从众行为的可能性减弱。据此，我们提出假设：

H4.3：互联网金融产品的佣金水平对产品复杂度与羊群效应的关系起负向调节作用：其他条件相同时，当产品佣金水平较低，复杂产品的羊群效应相对较强。相反，当产品佣金水平较高时，复杂产品的羊群效应相对较弱。

三、数据与统计描述

数据来自我国某大型互联网彩票平台。在该平台上，存在一项特殊的彩票"合买"市场。"合买"市场实际上是一个二级市场，将足球彩票的各种组合进行打包销售。在这个二级市场中，发起人类似理财产品的经理，设计出不同复杂度、不同佣金以及不同风险偏好的产品方案供投资者选择；而投资者这种选择的过程与购买各类互联网理财产品基本相同。如图 4-4 所示，产品经理"长远利益"发起了一个总额为 100 万足球彩票的购买方案，项目佣金（提成）为净利的 6%，共有 4002 人投资（购买）了该产品的份额。从这个形式上来看，这类彩票合买形式已经包含产品的发行与认购，任何一个参与者都可以观察到其他参与者的投资情况，而且不同产品的佣金和方案复杂度具有较大的差异。此外，该市场还不容易受到汇率、利率等其他金融市场的影响。因此，该"合买"市场是观察互联网金融产品从众行为，研究这种从众行为调节机制较为理想的场所。在 2014 年 12 月到 2015 年 1 月共两个月的时间内，①我们通过爬虫软件观察该网站足球彩票的合买情况，得到样本的变量和统计描述（见表 4-9）。

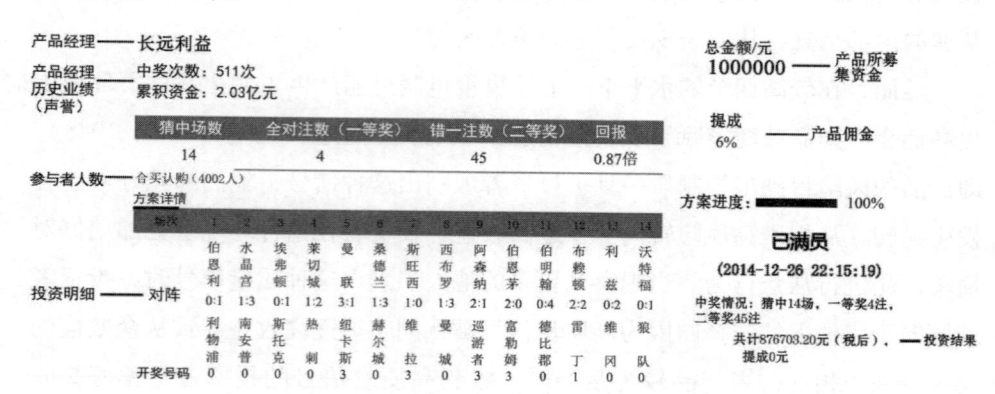

图 4-4　2015 年足球彩票合买市场中发行的金融产品

资料来源：作者根据样本整理。

表 4-9　　　　　　　　主要研究变量的名称与说明

变量名称	变量说明
$mon_{i,t}$	当前用户在时期 t 对产品 i 的投资金额（元）
$herd_{i,t}$	时期 t 之前其他用户累计参与产品 i 投资的资金总额（元）
tc_i	产品 i 的佣金水平（百分比）
$comp_i$	产品 i 是否为复杂产品：0 = 否，1 = 是
$self_{i,t}$	产品 i 在时期 t 的这笔交易是否为产品经理自己所投：0 = 否，1 = 是
dep_i	产品经理为该项目设立的保证金额度（元）
$se_{i,t}$	产品 i 在时期 t 的投资方案内容是否保密：0 = 否，1 = 是
$mob_{i,t}$	产品 i 在时期 t 参与投资用户的渠道是否为移动终端：0 = 否，1 = 是
$expu_{i,t}$	对于产品 i 和时期 t 参与投资用户的经验水平（积分）
exp_i	产品 i 的产品经理的声誉积分

我们的数据结构中包含了时间因素，即每位投资者认购当时所面临的市场情况，以及该投资者对这些市场情况进行考虑后进行的投资金额。从表 4-10

---

① 由于受到财政部对互联网彩票销售政策的限制：自 2015 年 2 月底起，500.com 开始停止售卖彩票。我们样本获取的最后一周发生在该政策下达之前。

中可以看出，我们取样的样本量达到了 37.73 万份。首先，投资者对每次决策平均投资了 170.67 元，最多的投资了 80 万元，而最少的只有 1 元。投资者进行投资时，平均观察到了他人投资 10.4 万元。有 36% 的投资者通过手机端认购产品。投资者平均的经验值为 58.73 积分，而项目产品经理的平均声誉值则为 2.5 万积分。其次，这些金融产品平均佣金水平为 6%，最低免费，最高为 8%。产品复杂度为 0－1 变量，0 对应于简单的单式彩票，而 1 对应于复杂的复试彩票，这里有 30% 的产品为复杂产品。32% 的产品设置了保密，用户不购买无法看到具体的投资内容。最后，产品经理人自己的投资较少，只有 0.9% 的交易是产品经理自购。产品经理为产品缴纳的保证金平均为项目总金额的 20%。

表 4－10　　　　　　　　　数据描述性统计

变量	样本数量	均值	中位数	标准差	最大值	最小值
mon	377303	170.67	4	3383.91	800000	1
herd	377303	104535.1	26196	188842.6	999999	0
tc	377303	5.35	6	2.04	8	0
comp	377303	0.310	1	0.46	1	0
self	377303	0.009	0	0.09	1	0
dep	377303	20.31	20	18.46	94	0
se	377303	0.32	0	0.46	1	0
mob	377303	0.36	0	0.49	1	0
expu	377303	58.73	0	1763.56	310	0
rep	377303	25354.63	3220	38834.6	100880	0

从表 4－11 中可以看出，各主要变量的相关系数均未超过 0.5，各自变量 VIF 系数最高为 1.65，远远低于临界值 10，说明变量自相关的问题得到了控制。羊群信号与产品经理声誉的相关系数达到了 0.5，说明产品经理的社交威望对产品成交可能存在较弱的影响。产品复杂度与佣金水平相关系数为 －0.06，说明产品复杂度与佣金水平之间并不存在相关关系。

表 4-11　　　　　　　主要研究变量的相关系数矩阵

变量	mon	herd	tc	comp	se	dep	self	mob	expu	rep
mon	1.00									
herd	0.01	1.00								
tc	-0.00	0.05	1.00							
comp	-0.01	0.32	-0.06	1.00						
se	-0.00	-0.16	-0.02	0.50	1.00					
dep	-0.00	0.04	0.08	-0.16	-0.09	1.00				
self	0.26	-0.04	0.01	0.05	0.03	-0.02	1.00			
mob	-0.02	0.03	-0.01	0.04	-0.03	0.01	-0.05	1.00		
expu	0.47	-0.01	0.00	0.01	-0.01	0.00	0.26	-0.02	1.00	
rep	0.01	0.50	0.14	0.42	-0.21	0.24	-0.05	0.03	0.02	1.00

四、数据模型分析

将非 0-1 变量取对数后，我们建立的弹性回归模型如下：

$$Log\_mon_{i,t} = c_i + \beta_1 se_{i,t-1} + \beta_2 Log\_dep_i + \beta_3 self_i + \beta_4 mob_i$$
$$+ \beta_5 Log\_expu_{i,t-1} + \beta_6 Log\_rep_i + \varepsilon_i \quad (4.8)$$
$$+ \beta_7 Log\_herd_{i,t-1} + \beta_8 Log\_tc_i + \beta_9 comp_i \quad (4.9)$$
$$+ \beta_{10} comp_i \times Log\_herd_{i,t-1} \quad (4.10)$$
$$+ \beta_{11} Log\_tc_i \times Log\_herd_{i,t-1} \quad (4.11)$$
$$+ \beta_{12} comp_i \times Log\_tc_i \times Log\_herd_{i,t-1} \quad (4.12)$$

式（4.8）即模型（4.8），将产品的细节是否保密（$se_{i,t-1}$）、产品的保证金（Log_dep_i）、投资者是否是产品经理（$self_i$）、投资者是否用移动端投资（mob_i）、投资人的投资经验（$Log\_expu_{i,t-1}$）、产品经理的声誉（Log_rep_i）等控制变量纳入回归方程中。而模型（4.9）则在模型（4.8）的基础上将本节主要关注的投资者的羊群信号（$Log\_herd_{i,t-1}$）、产品的佣金（Log_tc_i）、产品的复杂度（$comp_i$）加入方程中，其中 β_7 可以用来验证 H4.1。模型（4.10）则在模型（4.9）的基础上增加了产品复杂度与羊群信号的乘积项（$comp_i \times Log\_herd_{i,t-1}$），该项的系数 β_{10} 可以用来验证 H4.2。与模型（4.10）类似，模型（4.11）则是为了检验佣金水平是否也对羊群效应存在调节作用，在模型

(4.10) 的基础上增加了产品佣金与羊群信号的乘积项（$\text{Log\_}tc_i \times \text{Log\_}herd_{i,t-1}$），为 H4.3 的验证进行铺垫。而模型（4.12）则在模型（4.10）和模型（4.11）的基础上增加了产品复杂度、产品佣金和羊群信号的三重交互项（$comp_i \times \text{Log\_}tc_i \times \text{Log\_}herd_{i,t-1}$），该项的系数 β_{12} 可以用来验证 H4.3 是否成立。

在对乘积项相关变量进行中心化处理后，数据经过 Python 处理和 Stata 11.0 软件分析，得到回归结果如表 4-12 所示。在模型（4.8）中，所有的控制变量与投资者的投资金额呈现出 0.001 水平上的显著关系，模型的解释力达到了 11.2%。其中产品方案保密（$se_{i,t-1}$）对投资者投资金额具有正向影响。平均而言，投资者对方案保密的产品比不保密的产品多投资 0.168%，这可能是由于金融产品的特点决定了投资方案被模仿会导致收益率下降。而方案保密的情况下，不容易被竞争对手模仿，这不仅表明投资者投资具有较高的理性成分，还说明金融产品知识产权保护具有需求驱动的特点；而产品的保证金（$\text{Log\_}dep_i$）每增加 1%，投资者倾向于多投资 0.013%；而产品经理（$self_i$）比一般投资者倾向于多投资 3.761%，说明产品经理对自己设计的产品非常有信心，通过有力的自购行为吸引一般投资者加入；相对于 PC 端，移动端投资的金额平均减少 0.527%，这可能是样本获取期间移动支付安全体系还不是十分完善，各类移动支付渠道都存在一定的支付限额，用户目前也不习惯通过手机端进行较大金额的支付；此外，投资者经验（$\text{Log\_}expu_i$）每提高 1%，投资者投资额度平均提升 0.293%，这表明在互联网金融市场中，老用户比新用户更有价值，互联网金融企业非常有必要实施用户忠诚度计划。最后，项目经理的声誉（$\text{Log\_}rep_i$）每增加 1%，用户反而平均减少 0.029% 的投资，再次表明投资人的理性成分较大：他们并没有盲目跟随历史业绩比较好的项目经理。

表 4-12　　　　　　　对投资者投资金额回归分析结果

变量	模型(4.8)	模型(4.9)	模型(4.10)	模型(4.11)	模型(4.12)
$\text{Log\_}herd_{i,t-1}$		0.198*** (0.002)	0.199*** (0.002)	0.198*** (0.002)	0.197*** (0.002)
$\text{Log\_}tc_i$		−0.111*** (0.006)	−0.106*** (0.006)	−0.113*** (0.007)	−0.106*** (0.007)
$comp_i$		0.087*** (0.009)	0.137*** (0.011)	0.088*** (0.010)	0.137*** (0.011)

续表

变量	模型(4.8)	模型(4.9)	模型(4.10)	模型(4.11)	模型(4.12)
$se_{i,t-1}$	0.168*** (0.007)	0.144*** (0.008)	0.146*** (0.008)	0.143*** (0.008)	0.146*** (0.008)
Log_dep_i	0.013*** (0.002)	-0.002 (0.002)	-0.001 (0.002)	-0.002 (0.002)	-0.001 (0.002)
$self_i$	3.761*** (0.037)	4.671*** (0.037)	4.737*** (0.038)	4.673*** (0.038)	4.728*** (0.038)
mob_i	-0.527*** (0.007)	-0.529*** (0.006)	-0.527*** (0.006)	-0.530*** (0.006)	-0.527*** (0.006)
Log_expu_i	0.293*** (0.003)	0.304*** (0.003)	0.302*** (0.003)	0.304*** (0.006)	0.302*** (0.003)
Log_rep_i	-0.029*** (0.001)	-0.036*** (0.002)	-0.034*** (0.002)	-0.036*** (0.002)	-0.034*** (0.002)
$comp_i$ $\times \text{Log\_herd}_{i,t-1}$			0.042*** (0.004)		0.044*** (0.004)
Log_tc_i $\times \text{Log\_herd}_{i,t-1}$				-0.002 (0.004)	0.018 (0.005)
$comp \times \text{Log\_tc}_i$ $\times \text{Log\_herd}_{i,t-1}$					-0.037*** (0.008)
C	1.588*** (0.011)	-0.321*** (0.002)	0.281*** (0.003)	0.279*** (0.022)	0.301*** (0.007)
调整 R^2	0.1120	0.1382	0.1385	0.1382	0.1385
F	7933.00***	6723.98***	6064.37***	6051.61***	5056.09***
N	377303	377303	377303	377303	377303

注：*** 表示在0.1%的水平上显著。
资料来源：作者根据样本整理。

在模型（4.9）中，羊群信号（$\text{Log\_herd}_{i,t-1}$）的系数 β_7 为正，在0.001的水平上显著，H4.1 得到了支持：观察到的他人投资每增加 1%，投资者倾向于增加 0.198% 的投资，互联网金融市场的羊群效应非常明显。对于佣金（Log_tc_i）系数为负，同样在 0.001 水平上显著，表明投资者投资时也非常关注所付出的交易成本：每增加 1% 的佣金，投资者的投资金额会减少 0.111%。而且，我们观察到产品复杂度（$comp_i$）对投资金额影响系数为 0.087，并且在 0.001 统计水平上显著。这表明，投资者确实具有偏好复杂产品的倾向：平均而言，相对于简单产品，复杂产品的投资金额要多 0.087%，支持了崔等（2006）的结论。模型（4.9）的 R^2 在模型（4.8）的基础上提升到了 0.1382，F 值也达到了 0.001 统计水平的显著性。而且，其他控制变量的系数与显著性与模型 1 基本保持一致，模型具有较高的稳定性。

模型（4.10）~模型（4.12）增加了一些交互乘积项，3 个主要研究变量和 6 个控制变量的系数以及 R^2 都保持稳定，进一步表明模型的稳健性较好。在模型（4.10）中，产品复杂度与羊群信号的乘积项（$comp_i \times \mathrm{Log\_herd}_{i,t-1}$）系数 β_{10} 为 0.042。这说明，平均而言复杂产品的羊群效应要比简单产品的羊群效应高 0.042%，H4.2 得到了支持：产品复杂度与羊群效应具有正向调节作用，即产品复杂度有加强羊群效应的效果。模型（4.11）中，佣金水平与羊群信号乘积（$\mathrm{Log\_tc}_i \times \mathrm{Log\_herd}_{i,t-1}$）的系数 β_{11} 不仅接近零，而且不显著。这证实佣金水平本身不能够调节羊群效应的强弱，因为总体上佣金水平并不能改变投资者的私人信息。在模型（4.12）中，增加了产品复杂度、产品佣金和羊群信号的三重交互项（$comp_i \times \mathrm{Log\_tc}_i \times \mathrm{Log\_herd}_{i,t-1}$），该项的系数 β_{12} 呈现出负向显著，显著性水平为 0.001。这表明，H4.3 得到了支持：互联网金融产品的佣金水平对产品复杂度加强羊群效应的效果起到负向调节作用。平均而言，佣金每提高 1%，产品复杂度加强羊群效应的效果就被削弱 0.037%。表 4-13 展示了我们的进一步分析，将样本按照佣金 tc 的均值 5.35 进行拆分。当佣金低于均值时，对模型（4.10）重新计算得到 β_{10} 为 0.043（p<0.001），与全样本时的计算结果差别不大。但是当佣金水平高于均值时，重新计算的 β_{10} 为 -0.179（p<0.001）。这表明，高佣金水平下，复杂产品对羊群效应不但没有增强，反而有所减弱。这时，相对于复杂产品，简单产品对羊群效应具有一定的强化作用。高佣金的产品对羊群效应的促进机制可能发生了变化。一种可能的解释是，高佣金的产品对投资者传递了质量信号，这种信号有助于投资者风险偏好的转向：由风险规避转向风险追逐。而在低佣金水平时，这种质量信号并不存在。

表 4-13　模型（4.10）按佣金高低分别回归时重新计算 β_{10} 的结果

佣金水平	β_{10} 系数	β_{10} 的 t 值	Adj-R^2	F	N
低佣金水平（$tc<5.35$）	0.043***	5.89	0.1423	2737.57	181458
高佣金水平（$tc>5.35$）	-0.179***	-11.35	0.1369	2824.01	195845

注：*** 表示在 0.1% 的水平上显著。

五、结论与启示

在传统金融市场中，羊群效应的存在已经被国内外学者所证实。但是，由于传统渠道难以收集到不同投资主体跨时间的投资数据，金融市场羊群效应作用机理的研究仍然停留在数学模型的讨论中。本节借助互联网金融市场的丰富数据，挖掘出金融产品区别于传统零售产品的两个主要特征，产品佣金和复杂度对羊群效应的强化—弱化的机理进行了系统性的分析。本节得到的主要结论是，互联网金融市场的羊群效应是存在的，而且投资者具有一定的理性成分；在低佣金水平的环境下，复杂产品能够加强羊群效应；相反，在特殊高佣金水平的情形下，形势发生了逆转：复杂产品弱化了羊群效应；此外，保证金制度和保密制度有利于互联网金融产品的销售。上述结论的理论与实践启示如下。

第一，互联网金融市场中的羊群效应具有一定的理性成分。我们的研究支持了张等（Zhang，2012）的研究，认为市场的投资者是非常聪明和理性的。虽然投资者可能更加偏好复杂产品，但是他们对佣金低和保证金高的产品投资更多，并且投资的金额随投资经验的增长而增长。理性从众行为发生的关键在于投资者推断他人决策采用了自己没有掌握的信息。我们的研究表明无论在哪种佣金环境下，这种理性的推断机制都起到了重要作用。在低佣金水平下，基于风险规避的推断机制让投资者更偏好对复杂产品进行从众行为；相反，在高佣金水平下，基于信号传递和风险偏好的推断机制使得投资者更加喜欢对简单产品实施从众行为。这在非理性的环境下是不可能观察到的。因此，由于存在信息量大、信息传递通达等优点，互联网金融市场中的投资者具有较高的决策效率。从众行为即便发生，也并非一定会导致市场效率低下（Wang et al.，2010）。政府监管部门对从众行为无须过多介入，只需维护好市场公开透明的环境，保证佣金的竞争机制和信号传递机制的正常运作即可。

第二，互联网金融产品的设计与定价要与羊群效应机制相匹配。我们的研究表明，互联网金融市场羊群效应的发生是必然的，但是可以通过改变产品的相关属性来调节羊群效应的强弱。由于当前互联网金融市场普遍采用了低佣金的市场策略，市场还没有足够成熟，那么当金融机构需要在该市场大力拓展产品时，就需要重点推广较复杂的金融产品，这样能够在更大程度上增强羊群效应的发挥。这个结论也能够说明为什么货币基金可以成为互联网金融平台最受欢迎的产品，因为其低佣金（几乎为零）和投资收益不确定（投资组合复杂）大大强化了羊群效应。相反，随着我国互联网金融市场的逐渐成熟，当未来市场上的产品具有足够的差异化，高佣金能够代表商家发出的质量信号时，"简单产品＋高佣金"的模式也能够通过更高的羊群效应占领市场。

第三，大力挖掘老用户的价值。我们的研究还发现，投资者经验越高，其投资的力度也越大。在传统的电子商务零售市场中，普通消费者对一般产品的需求是存在生理上限的，他们对日用品的需求不可能超过其实际用量的几倍。因此，电子商务市场开拓市场的资源主要针对的是新用户，例如只有新注册用户才可以享受某项促销活动的情况是比较常见的。相反，在互联网金融市场中，投资者对金融产品的需求只受到自身财富的限制，而与生理上限无关。这对金融机构拓展互联网市场具有重要意义。一方面，要按照电子商务的做法扩大用户基数，为未来培育更多的老用户。另一方面，要加大挖掘老用户的价值，培养用户的黏性。例如，余额宝等互联网货币基金纷纷放开100万元上限的限制，鼓励老用户进行更多的投资，是符合这种要求的。

第四，完善互联网金融市场的知识产权保护。我们的研究证实，知识产权保护的需求不仅存在于金融产品供给方，而且需求方也有支持知识产权保护的强烈意愿。因此，政府监管部门要加大金融知识产权的保护力度，借助市场的力量鼓励创新者脱颖而出，从而活跃我国互联网金融市场，提高市场效率。

第五，由于时间和技术条件等方面的限制，本节研究存在一定的局限性。（1）采集数据时间为2个月，期限较短，无法验证较长时间内的羊群效应机制。（2）互联网金融产品为足球彩票这种风险较高的品种，对于一些低风险的互联网金融产品是否适用的问题也无法进行验证。（3）受到数据限制，对于产品复杂性，只采用了0－1变量的编码，无法考量不同程度的复杂性带来的影响。例如，产品复杂性与从众行为是否可能存在倒"U"型关系等在我们的样本中无法得到验证。随着我们研究的深入，我们将选取P2P、众筹等更多不同风险和复杂类型互联网金融市场的数据，对该市场羊群效应机制进行更深入的研究。

第五章

经济新业态

第一节 固定价格的团购

2010年以来，诞生了大量的团购网站，团购活动为消费者提供了交易的选择（Underwood，2010），能够接触到海量新用户成为团购活动成功的关键（Edelman et al.，2010；McIntosh，2010）。商家首先通过电子邮件与电视等形式的大众传播（mass media communication，MMC）模式来吸引目标消费者的注意（Parekh，2011）。一旦交易发生，商品和新的折扣信息将通过人与人之间的人际传播（interpersonal communication，IPC）机制在消费者中分享，这又会影响随后的消费者决策（Dholakia，2010）。另外，博客、微博、维基百科、社交网络、订阅和论坛等社会媒介促进了新的内容在互联网上的传播，这将放大MMC和IPC的效应。

因此，探索团购信息是如何通过海量互联网用户传播与如何将他们转化为购买者是同样重要的。而现有的研究往往聚焦了后者，忽略了前者。尽管有大量文献研究了旅游、新闻、电源和无线电话的扩散（Bass，2004；Gruhl et al.，2004；Hsiao et al.，2009；Sawhney & Eliashberg，1996），但是并没有文献探索团购中的信息扩散。而在团购中，产品信息和价格对大部分消费者来说都是新的信息（Edelman et al.，2010；McIntosh，2010）。

对于团购交易，大部分消费者都是新手，所以时间将在信息扩散中扮演一个重要的角色（Bass et al.，1994）。根据前人的研究（Kauffman & Wang，

2001；Kauffman et al.，2010b；Lai & Zhuang，2004），团购中的"开团效应"和"关团效应"是两个主要的时间效应。在这个背景下，开团效应或关团效应被认为是导致团购开始或结束时销售变化的机制。

我们从中国两个大型电子商务网站的团购频道收集了大样本的数据，这些销售数据可以近似地代表信息传播的效果。我们的分析表明：MMC 和 IPC 在团购开始时都能导致更多的销售，并且，团购期间其他时间段的这种效应比团购开始时的这种效应要弱得多。我们的发现与前人的研究完全相反：团购开始时开团效应弱（Kauffman et al.，2010b；Lai & Zhuang，2004），团购结束时关团效应强（Kauffman & Wang，2001）。我们提出信息扩散（MMC 和 IPC）在团购中扮演了重要的角色，提出这两者在不同的时期有不同的影响。

就像我们所指出的，这是第一次探索团购中信息扩散，为团购理论的发展提供了一个新的理论视角：团购在不同的时间段对销售的影响是不同的。这项研究也具有较高的管理实践价值：解答了如何有效利用 MMC 和 IPC 来提高团购的业绩这一问题。

一、文献回顾

（一）浮动价格的团购

当前流行的以高朋网（Groupon）为代表的模式是固定价格的团购，即价格不随着时间变化。在这之前还存在另一种浮动价格或拍卖模式的团购（如 mobshop 和 metcata 等），即价格随参与团购的人数动态变化。浮动价格团购自 20 世纪 90 年代中期开始引起了很多学者的关注（Anand & Aron，2003；Chen et al.，2002，2007，2010；Kauffman et al.，2010a，2010b；Kauffman & Wang，2001，2002），这些研究可分为以下三类。

1. 用户参与

在考夫曼和王（Kauffman & Wang，2001）的研究中，投标者的行为被刻画在一个浮动价格模型中，不同的投标者参与其中。这个研究发现，当前的投标数量显著影响后续的投标数量：当投标的数量接近下一个价格阶梯的阈值时，即当价格马上就会下降时，在这个拍卖周期的最后 3 个小时内会有更多的投标。另外一些研究从信用和风险的角度考察了传统的团购拍卖（Kauffman et al., 2010a），发现现有投标影响投标者的信任感知和财务风险感知：正面的用户评论和更多数量的投标增强了信任感知，减少了财务风险感知。考夫曼和王（2001b）认为在线团购的消费者从参与者的共同议价中获得了巨大的公平感知。与其他的刺激机制相比，这个连续的刺激机制，能让消费者忽略程序上的不公平，从而对价格满意度与购买意愿存在正向影响。李等（Li et al., 2004）在贝叶斯均衡框架下研究了团购的共谋与成本分享，他们发现团购中的稳定性和激励相容性之间有一个正向的关系。

2. 卖家和买家策略

陈等（Chen et al., 2002）考察了买家投标策略，从而帮助卖家设定更好的参数来达到他们的最优目标。阿南德和阿隆（Anand & Aron, 2003）比较了基于网络的动态定价机制和标价机制，对卖家的决策提出了建议。陈和李（Chen & Li, 2013）提出了一个双寡头模型，来考察买家组织执行排他性采购的影响，当团购出现并且具有排他性行动时，企业具有投资质量改进的动力。

3. 团购的机制

李（2012）考察了团购环境下的买方异质性。他发现，相对于个别购买，团购家具团体议价的优势是存在条件的，这个条件是卖方议价权利较买方群体弱或者买方对卖方产品的偏好有足够的差异。给定团购的买方战略选择，随着买方议价权的增长，卖方会变得越来越差。陈和罗马（Chen & Roma, 2011）的研究显示，在线性需求曲线下，团购对于对称的商家通常是可取的。对于非对称商家，团购对于小（或者低效率）的商家是有利的，而对于大（或者高效率）的商家是不利的。

陈等（2009）认为，在线团购拍卖，投标成员之间的合作是一个双赢策略。而且，在线合作的结果导致了高的社会福利，引导市场扩张，对于买方和卖方团购中介都是有利的。赖等（Lai et al., 2006）发现，团购对于价格离散程度低的市场具有更好的表现。随后，一些学者也注意到团购的问题可能会带来市场的失败。例如，赖和庄（Lai & Zhuang, 2004）开发了一些激励机制来解决启动困境（一些消费者等待其他消费者投标将价格拉低）的问题，而考夫曼等（2010b）讨论了这个激励机制公平性的问题。

（二）固定价格团购

浮动价格团购和固定价格团购的差异如表 5-1 所示。

表 5-1　　　　　互联网上的固定价格团购与浮动价格团购对比

指标	浮动价格团购	固定价格团购
销售模式	拍卖	标价
价格	不确定	固定
交易标题	没有固定格式	标准化"花 X 元购买价值 Y 的产品 Z"
消费者参与动机	货币动机	自我提升动机
消费者最差的体验	买到价格曲线上最高价格	门槛没有满足，没有交易
交易开放时间	很长，通常几周	很短，通常一天内完成

现有固定价格团购的研究主要集中在以下三个方面。

1. 团购的盈利能力

德洛基亚（Dholakia，2011）开发了一个概念模型，并通过对在 Groupon 上团购促销的 150 个商家的问卷调查，对利润的决定因素进行了实证分析。他们的研究发现，促销和雇员的满意度影响用户购买的长期和短期行为，进而对促销的利润有影响。据此，他们提出了提高团购盈利的建议。爱德曼等（Edelman et al.，2010）采用经济学理论模型分析了 Groupon 模式的团购。结果显示，Groupon 促销对于三种类型的商家利润会更高：不知名的商家、能够控制短期损失的商家和具有低边际成本的商家。德洛基亚等（Dholakia et al.，2011）提供了明显的曝光价值证据。公司虽然对于 Groupon 一般用户而言损失一个很小单位的资金，但是由此额外的曝光效应导致了更高的全价用户购买率。

2. 用户参与

只有拜尔斯（Byers et al.，2011）的研究探索了团购消费者购买的动机。在这个研究中，用来自 Groupon 的数据分析购买交易和最优策略。这个研究表明，优惠券相对没有弹性，通过基于价格调整获得的最大收入十分有限。另外，消费者对安排和期限、交易置顶和有限库存等"软"的刺激是敏感的。

刘和苏坦托（Liu & Sutanto，2012）分析了团购的从众行为，他们发现，在团购首日的半天内，当前的订单对后续的新订单有正向影响。

3. 团购机制

敬和谢（Jing & Xie，2011）展示了团购使卖方通过便利消费者之间的社会交互而获益。当专家和新消费者之间的信息和知识差距不是太高也不是太低，并且个体之间的信息分享是有效率的时候，团购模式相对于传统个体销售是占优策略。

尽管有很多团购的研究从各种角度分析，但目前为止并没有集中在信息扩散，而扩散则对于团购活动的成功至关重要。正如前文所提到的，对于用户参与的行为和其他影响因素仅有很少的研究。我们则从信息扩散的角度来研究团购，而 MMC 和 IPC 作为影响信息扩散的主要因素，在不同的期间表现不一。这个研究将对彻底了解团购时的信息扩散效应非常有价值。我们发现了一些有趣的结论，例如，MMC 在接近团购结束的时期内会导致更少的销售。

对比采用浮动价格的团购，采用固定价格能够增加 MMC 和 IPC 的影响。首先，标准化的简短标题，诸如"花 X 元就能获得价值 Y 元的 Z"，是十分便于 MMC 和 IPC 的传播的（Kwak et al.，2010）。其次，消费者合作的动机不再是基于货币，而是基于自我提升。提升社会标识的动机增强了人们在社交网络中的关系，进一步导致了更高的 IPC 影响（Brown & Reingen，1987；Paulhus，1998）。最后，消费者经常迅速决定是否购买产品，不需要再等下一个价格阶梯，使 MMC 和 IPC 的影响相对于浮动定价时更大（Aggarwal & Vaidyanathan，2003）。

（三）信息扩散

很多现有的研究聚焦于产品和信息扩散，这些研究可以划分为两个领域。

1. 信息模型和产品扩散

很多研究建立了模型来描述新产品或创新扩散（Gruhl et al.，2004；Hsiao et al.，2009；Sawhney & Eliashberg，1996）。在这些文章中，巴斯模型（Bεss，1969；Bernhardt & Mackenzie，1972）是最常用的一个模型。在该模型中，随着时间的变化，创新的扩散通过一些通道向社会系统中的成员传递。接受创新者被划分为两类：创新者和模仿者，而这两类人群被两种交流所影响——

大众传播和口口相传。创新者被大众传播（MMC）影响，MMC也经常被一些文献称为外在影响（Mahajan et al.，1990）。模仿者则被人际传播（IPC）所影响，IPC也经常被称为观察学习、传染、口口相传、内在影响等。这些模型应用到一些具体场景时，对销售的峰值和峰值到达的时间能做出较为准确的预测。

2. 扩散模型的应用

巴斯模型和其他扩散模型用来描述一些产品的扩散过程，这些产品包括卫星电视、卫星电话、卫星广播、新型LCD放映机、新型医疗设备、无线电话、无线互联网电话（3G）等（Bass，2004）。例如，巴斯（Bass，2004）开发了检验3G电话对不同价格敏感程度的扩散模型，结果显示，扩散对价格非常敏感，显示出规划过程中价格的重要性。萧等（Hsiao et al.，2009）应用该模型来衡量和理解信息扩散如何影响游客的消费模式。他们衡量了前端广告的效果，证明了口口相传的信息扩散对购买的影响力越来越大。伊里巴伦和摩洛（Iribarren & Moro，2009）通过邮件实验，对一则信息在社会网络中的传播进行了跟踪。在他们的研究中，信息传递的步伐比预期要慢得多，他们的研究显示大量回复时间的异质性导致了信息传递偏慢。

在团购领域，信息扩散成为活动成功的一个关键因素。虽然团购所销售的产品不一定新，但是产品与折扣价格组合在一起对大多数消费者是新的，这与发布新产品是类似的。团购网站或销售商家通过各种渠道来游说消费者接受他们的网站或者参加他们的团购活动，在消费者之间传播关于团购的新的有价值的服务（Gruhl et al.，2004）。这样，在众多的团购网站和团购活动中，信息传播将是吸引消费者到某个网站下单的关键因素。同时，社交网络的出现将加速团购信息传播的过程，将团购由几周缩减到几天。相对于前人的研究，本节采用了真实的数据来审视信息传播以及它们对销售的影响。

二、假设的提出

（一）大众传播

在团购交易开始时，网站或者商家经常使用大众传播的渠道，包括借助推特（Twitter）的电子邮件、广告栏、博客、微博、维基百科以及互联网论坛等，这些都能够帮助消费者知晓正在进行的团购交易。根据巴斯模型，创新型消费者经常被大众传播所影响，大众传播程度越强，越多的创新型消费者会被影响。团购活动的消息经常被展示为"用 X 元购买价值 Y 元的产品 Z"，来匹配微博或者电子邮件的标题。当创新型消费者知晓了团购交易时，他们面临一个潜在的收益 $Y-X$（元）；一旦团购开始，他们又面临一个潜在的损失 $Y-X$（元）。根据前景理论，消费者通常对损失比对收益更敏感，所以当他们没有下单时就会感知到损失。

当团购价格是固定的低价时，消费者不需要为降价而等待，他们面临有吸引力并且有时间限制的交易时，可以迅速地进行决策。同时，根据后悔理论（Aggarwal & Vaidyanathan，2003），考虑到产品可能随时售罄而导致交易结束，消费者会预期后悔，因此消费者会非常快地进行决策。总体而言，创新型消费者一旦接收到团购信息，就会很快地进行决策。这意味着 MMC 的开始效应是正向的。然而，大众传播的效果会随时间而减弱（Mahajan et al.，1990），因此 MMC 的影响也会减弱，巴斯模型下的这一过程如图 5-1 所示。

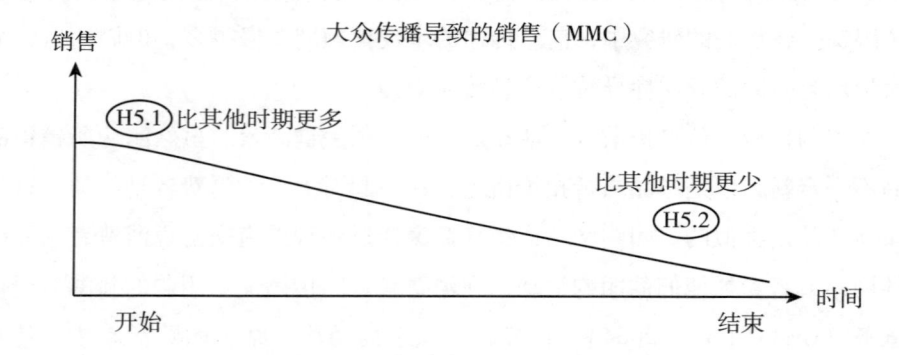

图 5-1 固定价格团购中的 MMC

资料来源：巴斯模型（Mahajan et al.，1990）。

MMC 的影响在开始时达到最大，随后逐渐下降。据此，我们提出第一个假设：

H5.1：在固定价格团购中，相对于其他时间段，MMC 将在开始阶段导致更多的销售（MMC 的正向开团效应）。

在浮动价格团购中，考夫曼和王（2001）是这样解释关团效应的：已购订单的增长影响最后时期的订单。一种可能的原因是，当拍卖触及团购最后的动态价格时，团购的不确定性极大地消失了。然而，在固定价格的团购中，消费者面临购买决策时，并不用担心价格的波动。大众传播的效力随着时间而减弱。正如巴斯模型所展示的那样：如同新产品一样，被 MMC 影响的销售逐渐减少。据此，我们提出假设：

H5.2：在固定价格的团购中，相对于其他时间段，MMC 在结束阶段会导致更少的销售（MMC 的负向关团效应）。

（二）人际传播

人际传播被很多研究沟通的学者所定义，但是这些定义大多描述参与者依赖其他参与者。如巴斯模型所示，IPC 对新产品或者进入市场的创新者是有效的（Mahajan et al.，1990），模仿者会受到创新的影响。另外，这些从众行为的研究显示（Bikhchandani et al.，1992），后期消费者通常模仿前期消费者的行为。这些能够被信息（串）流（information cascade）理论和网络效应解释（Bikhchandani et al.，1992；Katz & Shapiro，1994）。类似地，IPC 通常存在于固定价格团购中，IPC 传递相关信息给后期消费者，因为创新型消费者通常通过诸如 Facebook 和即时通信工具等社交媒介渠道发布他们的选购意见等团购信息。

尽管 IPC 对销售有正向的影响，不过这种影响在不同的时期是不同的（Christiansen & Tax，2000）。通常，IPC 在扩散的前半个时期内比后半个时期内有更大的影响力（Mahajan et al.，1990）。而且，一旦更多的人知道了相关信息，IPC 将在最后时期失去更多的影响力（Liu & Sutanto，2012）。在团购开始时期，有更多潜在的模仿型消费者。因此开始期相对于其他时期，创新型消费者可能通过口口相传方式激活更多的团购模仿者（Paulhus，1998）。对应地，在团购的结束时期，潜在的模仿者较少，创新型消费者影响力减弱。另外，团购的一些负面评论往往在团购后期集中爆发，这也同样导致 IPC 的影响减弱。这个 IPC 的开团效应和关团效应对应于巴斯模型的斜率（见图5-2）。据此，我们提出假设：

H5.3：在固定价格团购中，相对于其他时期，开始时期的 IPC 正向影响销售的效应更强（IPC 的正向开团效应）。

H5.4：在固定价格团购中，相对于其他时期，结束时期的 IPC 对销售的影响更弱（IPC 的负向关团效应）。

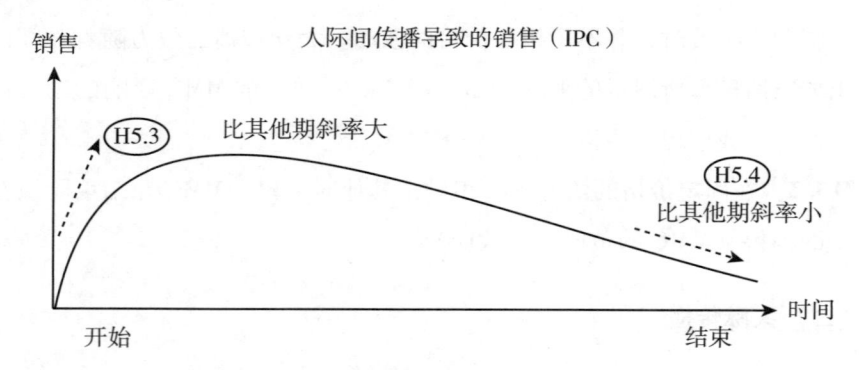

销售　　　　　　　人际间传播导致的销售（IPC）

（H5.3）比其他期斜率大

（H5.4）比其他期斜率小

开始　　　　　　　　　　　　　结束　　时间

图 5-2　固定价格团购下的 IPC

资料来源：巴斯模型（Mahajan et al., 1990）。

三、数据描述

（一）数据收集

我们的研究中收集的固定价格团购渠道来自中国两个大型电子商务网站。T 网站是 C2C 电子商务网站，J 网站是 B2C 电子商务网站。这两个网站的团购频道于 2010 年开通，相对于其他团购网站，他们具有巨大的用户群。由于他们的业务能够覆盖全中国，地理位置对固定价格团购的影响在本研究中可以忽略。

我们获取了小时频度的数据，从 2011 年 11 月 21 日开始收集，到 2012 年 1 月 24 日结束。固定价格的团购信息包括：产品（去除本地服务）的名称、类型、价格、折扣，剩余时间，累计销量和展示时间，以及我们收集的一系列哑变量。每小时销量由累计销量的差分计算而得。由于两个网站庞大地覆盖了全中国的用户，因此我们收集的数据具有很高的代表性。表 5-2 展示了基于产品类别数据的基本描述。在两个网站中，前三种类别占据了 90% 的销售量，因此我们的研究主要考察这三种商品类别。

表 5-2　　样本中不同类别销售收入的情况

商品类别	T 网站 交易数量	T 网站 交易收入（百万元）	J 网站 交易数量	J 网站 交易收入（百万元）
1. 服装鞋帽	4173	1450.08	721	151.19
2. 家电 3C	488	168.45	587	120.50

续表

商品类别	T 网站 交易数量	T 网站 交易收入（百万元）	J 网站 交易数量	J 网站 交易收入（百万元）
3. 日用百货	2730	557.23	769	89.88
4. 其他	335	35.08	149	12.03
合计	7824	2210.84	2230	373.6

注：产品数据期间为 2011 年 11 月 21 日到 2012 年 1 月 24 日。1 人民币 = 0.16 美元。3C = 电脑、通信和消费电子产品。

资料来源：作者根据样本整理。

（二）主要变量

主要变量如表 5-3 所示。在这个研究中，主要的因变量是小时级别的销售量 $Sales_{i,t}$，主要的自变量则与购买决策处理过程和时间相关，包括对产品 i 在 $t-1$ 期的累计销量 $Cum\_Sales_{i,t-1}$，其代表了创新型消费者数量或 IPC 力量的强度。时间效应由六个哑变量组成，展示了不同阶段的销售，如最开始的 2 小时、最后的 2 小时等；is_sleep_t 也是用来控制哑变量。

表 5-3　　　　　　　　　　主要变量说明

变量	变量描述与取值
$Sales_{i,t}$	产品 i 在时间 t 的销售量
$Cum\_Sales_{i,t}$	产品 i 在时间 t 的累计销售量
$Start\_Hour1_{t-1}$	如果时间在团购最开始两小时（1，2）内为 1，否则为 0
$Start\_Hour2_{t-1}$	如果时间在团购最开始的第二个两小时（3，4）内为 1，否则为 0
$Start\_Hour3_{t-1}$	如果时间在团购最开始的第三个两小时（5，6）内为 1，否则为 0
End_Hour1_{t-1}	如果时间在团购最后两小时（1，2）内为 1，否则为 0
End_Hour2_{t-1}	如果时间在团购倒数第二个两小时（3，4）内为 1，否则为 0
End_Hour3_{t-1}	如果时间在团购倒数第三个两小时（5，6）内为 1，否则为 0
is_sleep_t	如果时间在凌晨 2~6 点为 1（大部分消费者睡眠），否则为 0

表 5-4 展示了主要变量的统计性描述。我们可以看出，最高的销售达到了 7 万件，最低是 0。平均而言，J 网站只有 T 网站团购小时销量的 20%~

50%，这是由这两个网站巨大的用户基数差异导致的。从不同的商品种类来看，家电 3C 类别比其他两类更少，可能是这类产品的价格较高导致的。自变量之间都没有显著的相关关系。

表 5-4 主要变量描述性统计

变量	N	均值	中位数	标准差	最小值	最大值
T 网站：服装鞋帽						
$Sales_{i,t}$	102165	145.89	23	616.65	0	74234
$Cum\_Sales_{i,t}$	102165	3090.24	1600	5541.97	0	117147
$Start\_Hour1_{i,t}$	102165	0.08	0	0.27	0	1
$Start\_Hour2_{i,t}$	102165	0.08	0	0.27	0	1
$Start\_Hour3_{i,t}$	102165	0.07	0	0.26	0	1
$End\_Hour1_{i,t}$	102165	0.08	0	0.27	0	1
$End\_Hour2_{i,t}$	102165	0.08	0	0.27	0	1
$End\_Hour3_{i,t}$	120165	0.07	0	0.26	0	1
$is\_sleep_{i,t}$	102165	0.21	0	0.41	0	1
T 网站：数码 3C						
$Sales_{i,t}$	14891	64.27	13	214.65	0	6837
$Cum\_Sales_{i,t}$	14891	1452.25	659	2333.18	0	33112
$Start\_Hour1_{i,t}$	14891	0.07	0	0.25	0	1
$Start\_Hour2_{i,t}$	14891	0.06	0	0.24	0	1
$Start\_Hour3_{i,t}$	14891	0.06	0	0.24	0	1
$End\_Hour1_{i,t}$	14891	0.07	0	0.25	0	1
$End\_Hour2_{i,t}$	14891	0.06	0	0.24	0	1
$End\_Hour3_{i,t}$	14891	0.06	0	0.24	0	1
$is\_sleep_{i,t}$	14891	0.21	0	0.41	0	1
T 网站：日用品						
变量	N	均值	中位数	标准差	最小值	最大值
$Sales_{i,t}$	76203	133.28	24	550.90	0	64894
$Cum\_Sales_{i,t}$	76203	3293.9	1737	5830.4	0	159380

续表

变量	N	均值	中位数	标准差	最小值	最大值
$Start\_Hour1_{i,t}$	76203	0.07	0	0.26	0	1
$Start\_Hour2_{i,t}$	76203	0.07	0	0.25	0	1
$Start\_Hour3_{i,t}$	76203	0.07	0	0.25	0	1
$End\_Hour1_{i,t}$	76203	0.07	0	0.26	0	1
$End\_Hour2_{i,t}$	76203	0.07	0	0.26	0	1
$End\_Hour3_{i,t}$	76203	0.07	0	0.25	0	1
$is\_sleep_{i,t}$	76203	0.21	0	0.41	0	1

J 网站：服装鞋帽

变量	N	均值	中位数	标准差	最小值	最大值
$Sales_{i,t}$	19263	67.10	27	119.79	0	2562
$Cum\_Sales_{i,t}$	19263	856.09	355	1580.19	0	26788
$Start\_Hour1_{i,t}$	19263	0.07	0	0.26	0	1
$Start\_Hour2_{i,t}$	19263	0.07	0	0.26	0	1
$Start\_Hour3_{i,t}$	19263	0.07	0	0.26	0	1
$End\_Hour1_{i,t}$	19263	0.07	0	0.26	0	1
$End\_Hour2_{i,t}$	19263	0.07	0	0.26	0	1
$End\_Hour3_{i,t}$	19263	0.07	0	0.26	0	1
$is\_sleep_{i,t}$	19263	0.21	0	0.40	0	1

J 网站：数码 3C

变量	N	均值	中位数	标准差	最小值	最大值
$Sales_{i,t}$	17202	20.41	8	38.64	0	789
$Cum\_Sales_{i,t}$	17202	269.20	105	436.36	0	4273
$Start\_Hour1_{i,t}$	17202	0.07	0	0.25	0	1
$Start\_Hour2_{i,t}$	17202	0.07	0	0.25	0	1
$Start\_Hour3_{i,t}$	17202	0.07	0	0.25	0	1
$End\_Hour1_{i,t}$	17202	0.07	0	0.25	0	1
$End\_Hour2_{i,t}$	17202	0.07	0	0.25	0	1
$End\_Hour3_{i,t}$	17202	0.07	0	0.25	0	1
$is\_sleep_{i,t}$	17202	0.23	0	0.42	0	1

续表

变量	N	均值	中位数	标准差	最小值	最大值
J 网站：日用品						
$Sales_{i,t}$	20951	31.55	11	64.31	0	1327
$Cum\_Sales_{i,t}$	20951	454.75	152	947.59	0	14463
$Start\_Hour1_{i,t}$	20951	0.06	0	0.24	0	1
$Start\_Hour2_{i,t}$	20951	0.06	0	0.23	0	1
$Start\_Hour3_{i,t}$	20951	0.06	0	0.23	0	1
$End\_Hour1_{i,t}$	20951	0.07	0	0.26	0	1
$End\_Hour2_{i,t}$	20951	0.07	0	0.26	0	1
$End\_Hour3_{i,t}$	20951	0.07	0	0.26	0	1
$is\_sleep_{i,t}$	20951	0.21	0	0.41	0	1

四、数据分析和结果

（一）计量模型

我们的主要目标是分析 MMC 和 IPC 的时间效应。虽然不能直接观察到每个消费者的购买行为，但是可以从销售量看出加总层面的购买决策。

根据马哈詹等（Mahajan et al.，1990）的研究，巴斯模型基本的表达式如下：

$$f(t)/[1-F(t)] = c + \alpha F(t) \qquad (5.1)$$

$f(t)$ 代表了随时间接受新事物的密度函数，而时间 t 的累计接受则用 $F(t)$ 表示。所以 $f(t)/[1-F(t)]$ 能够代表 t 时间接受的概率。式（5.1）的基本思想是，影响接受的一部分因素来自模仿（IPC），而另一部分则不是来自模仿（MMC）。因为固定价格的团购交易时间很短（0~3 天较为常见）（Byers et al.，2011），所以我们的研究非常适合采用小时级别的数据。因此，在参考前人的文献（Hsiao，1986）的基础上，我们设定的固定效应模型如下：

$$\text{Log } Sales_{it} = c + \alpha_m \text{Log } Cum\_Sales_{i,t-1} + \beta_n T_{t-1} + \gamma_n Is\_Asleep_{t-1} + u_i + \varepsilon_{i,t-1}$$

$$(5.2)$$

$$\text{Log } Sales_{it} = c + \alpha_m \text{Log } Cum\_Sales_{i,t-1} + \beta_n T_{t-1} + \lambda \text{Log } Cum\_Sales_{i,t-1}$$
$$\times T_{t-1} + \gamma_n Is\_Asleep_{t-1} + u_i + \varepsilon_{i,t-1} \tag{5.3}$$

我们接受固定效应模型的原因是，这个模型能够控制产品特点的内生性，而这种内生性可能导致团购消费者行为受到间接影响。u_i 包括产品的固定效应，可以捕捉特质和时间常量，以及无法观测到的产品特征（Wooldridge，2002）。因此，为了避免共线性，与时间无关的变量如价格、折扣和团购时长不能被纳入模型中。另外，固定效应估计允许误差项 u_i 和其他自变量 $X_{i,t-1}$ 相关，使估计结果更具备稳健性。这个模型也包括与时间相关的固定效应（β_n 和 γ_n），来控制时间效应对销量的影响。

这里，我们采用了三种类型的时间因素。is_sleep_t 被用来控制凌晨 2~6 点，绝大多数消费者此时在睡觉。而累计销量代表了 IPC，因为它不仅仅代表了一些文献中所强调的单通道 IPC 的从众行为，而且还代表了通过社交网络的双通道 IPC。式（5.1）中的巴斯模型，MMC 是一个常数，IPC 随着时间而增长。根据这个思想，我们提出了式（5.2），当 is_sleep_t 和 $Cum\_Sales_{i,t-1}$ 加入模型后，MMC 的影响能够通过常数 c 体现出来。因此，当 IPC 和 is_sleep_t 控制时，式（5.2）中的六个哑变量 T_{t-1} 能够体现 MMC 的时间效应。在式（5.3）中，IPC 的时间效应可以通过六个交互项体现出来。

通过重新计算不同时间产品的销量，我们构造了用于式（5.2）估计的面板数据。为了检验正向的 MMC 开团效应（H5.1），三个哑变量（$Start\_Hour1_{i,t}$，$Start\_Hour2_{i,t}$，$Start\_Hour3_{i,t}$）被用来测量 MMC 的开团效应。三个变量的系数的符号代表了被 MMC 影响的开团效应是不是比别的时间段更强。类似地，为了验证 H5.2，另外三个哑变量（$End\_Hour1_{i,t}$，$End\_Hour2_{i,t}$，$End\_Hour3_{i,t}$）用来测量 MMC 的关团效应。

基于式（5.2），式（5.3）引入了六个交互变量。为了验证 IPC 假设正向的开团效应，用三个交互变量（$LCum\_Sales_{i,t-1} \times Start\_Hour1_{i,t}$，$LCum\_Sales_{i,t-1} \times Start\_Hour_{2i,t-1}$，$LCum\_Sales_{i,t-1} \times Start\_Hour3_{i,t}$）来测量 IPC 的开团效应。类似地，为了测量 IPC 的负向关团效应（H5.4），用三个交互变量（$LCum\_Sales_{i,t-1} \times End\_Hour1_{i,t-1}$，$LCum\_Sales_{i,t-1} \times End\_Hour2_{i,t-1}$，$LCum\_Sales_{i,t-1} \times End\_Hour3_{i,t-1}$）来测量 IPC 的关团效应。

（二）面板数据和固定效应估计结果

分析结果如表 5–5 和表 5–6 所示。在控制 IPC（$LCum\_Sales_{i,t-1}$）之后，$Start\_Hour1_{i,t-1}$ 和 $Start\_Hour2_{i,t-1}$ 对两个网站的下一阶段的三种类型的产品销售都具有显著的正向影响（$p<0.01$），这符合之前团购 MMC 的描述。而且，$Start\_Hour2_{i,t-1}$ 的系数比 $Start\_Hour1_{i,t-1}$ 要小得多，而 $Start\_Hour3_{i,t-1}$ 的系数比 $Start\_Hour2_{i,t-1}$ 系数还要小。这表明 MMC 随时间变化对销售影响减弱是成立的。J 网站团购样本甚至出现了 $Start\_Hour3_{i,t-1}$ 对销售的负向影响，这可能是 J 网站开团时间是 0 点而 T 网站开团时间是早上 10 点导致的。这些数据分析表明，正向的 MMC 假设（H5.1）是广泛成立的。而对于 $End\_Hour1_{i,t}$、$End\_Hour2_{i,t}$、$End\_Hour3_{i,t}$，这些符号都是负向的，说明 MMC 在结束期比其他时期会导致更少的销售。除了 J 网站样本中的家电 3C 类别在 $End\_Hour1_{i,t}$ 的不显著外，其他所有的关团效应的系数都负向显著（$p<0.001$）。这说明负向 MMC 假设也是成立的。这个发现与考夫曼和王（2001）的结论是相反的，他们认为消费者在团购结束时会更多地购买。一种可能的解释是，浮动价格机制使得团购的不确定性在开始时很高，结束时很低，而这在固定价格团购中并不存在。在两个网站的三大类别中，无论是式（5.1）还是式（5.2）估计，$LCum\_Sales_{i,t-1}$ 都对销量有正向影响。系数衡量了累计销量对下一阶段的销售影响的边际效应。系数正向表明 IPC 对团购具有正向的影响（$p<0.05$），尤其是对于服装鞋帽类别。这个效应不仅代表单向的从众行为（Duan et al., 2009；Liu & Sutanto, 2012），还代表了创新者和模仿者之间的双向 IPC 行为。在表 5–6 中，结果显示 $LCum\_Sales_{i,t-1} \times End\_Hour1_{i,t-1}$ 的系数对于所有的网站、所有的产品种类是正向显著的（$p<0.1$）。另外，$LCum\_Sales_{i,t-1} \times Start\_Hour2_{i,t-1}$ 和 $LCum\_Sales_{i,t-1} \times Start\_Hour3_{i,t-1}$ 对于 T 网站样本都是正向显著的，但是他们的数值随着时间而减少。而对于 J 网站样本，这两个交互项并不显著。可能的原因是样本采集期间 J 网站团购开团的时间是 0 点，大多数消费者在这个时间段可能无法触及互联网。由于 $LCum\_Sales_{i,t-1} \times End\_Hour1_{i,t-1}$ 的系数是显著正向的，所以 H5.3 得到了支持。对于 $LCum\_Sales_{i,t-1} \times End\_HourY_{i,t-1}$（$Y=1,2,3$）的系数，T 网站和 J 网站出现了分化，这些系数对

于 T 网站所有的类别都是负向显著的（p<0.001），而对于 J 网站两类的类别则是正向显著的（p<0.05）。这样我们认为 H5.4 仅得到了部分支持（见表 5 - 7）。

表 5 - 5　　　　　　　　　　固定效应的估计结果

变量	T 网站 服装鞋帽 (1)	T 网站 家电 3C (2)	T 网站 日用百货 (3)	J 网站 服装鞋帽 (4)	J 网站 家电 3C (5)	J 网站 日用百货 (6)
$Lcum\_Sales_{i,t-1}$	0.37*** (36.79)	0.26* (11.76)	0.17*** (14.52)	0.58*** (68.33)	0.49*** (64.78)	0.47*** (50.84)
$Start\_Hour1_{i,t-1}$	2.70** (131.58)	1.97*** (37.19)	2.01*** (83.58)	1.74*** (33.89)	1.47*** (31.75)	1.73*** (33.71)
$Start\_Hour2_{i,t-1}$	1.70*** (126.21)	1.27*** (36.91)	1.30*** (82.53)	0.49*** (11.60)	0.49*** (12.92)	0.49*** (11.28)
$Start\_Hour3_{i,t-1}$	0.94*** (73.77)	0.76*** (23.62)	0.74*** (50.83)	-0.76*** (-20.90)	-0.43*** (-12.92)	-0.77*** (-20.47)
$End\_Hour1_{i,t-1}$	-2.27*** (-180.06)	-1.90*** (-61.40)	-2.13*** (-148.09)	-0.12*** (-3.81)	-0.02 (-0.63)	-0.06* (-2.07)
$End\_Hour2_{i,t-1}$	-1.27*** (-91.58)	-1.06*** (-31.40)	-1.19*** (-74.18)	-0.34*** (-11.04)	-0.25*** (-8.85)	-0.34*** (-12.16)
$End\_Hour3_{i,t-1}$	-0.50*** (-35.69)	-0.25*** (-7.43)	-0.33*** (-20.97)	-0.33*** (-10.93)	-0.15*** (-5.38)	-0.29*** (-10.48)
$is\_sleep_{i,t-1}$	-1.37*** (-151.06)	-1.21*** (-58.39)	-1.26*** (-123.00)	-0.90*** (-30.14)	-0.83*** (-32.77)	-0.96*** (-35.98)
C	0.74*** (10.00)	1.30*** (8.90)	2.37*** (28.70)	-0.04 (-0.88)	-0.02 (-0.43)	0.23*** (4.74)
整体 R^2	0.60	0.51	0.42	0.54	0.53	0.45
N	97988	14403	72683	18542	16615	19901

注：*、**、*** 分别表示在 5%、1%、0.1% 的水平上显著；括号内为 t 值。
$Lcum\_sales_{i,t-1} = \log(cum\_sales_{i,t-1})$。

表 5-6　　IPC 和时间交互效应的估计结果

变量	T 网站			J 网站		
	服装鞋帽 (1)	家电 3C (2)	日用百货 (3)	服装鞋帽 (4)	家电 3C (5)	日用百货 (6)
$Lcum\_Sales_{i,t-1}$	0.33*** (15.78)	0.27*** (5.85)	0.10*** (4.12)	1.08*** (62.78)	0.93*** (61.32)	0.88*** (46.90)
$Start\_Hour1_{i,t-1}$	0.73*** (140.51)	0.61*** (38.63)	0.56*** (88.22)	0.47*** (29.16)	0.46*** (22.35)	0.47*** (22.04)
$Start\_Hour2_{i,t-1}$	0.43*** (125.84)	0.34*** (34.25)	0.33*** (80.82)	0.12*** (9.70)	0.06*** (4.37)	0.11*** (7.01)
$Start\_Hour3_{i,t-1}$	0.22*** (71.31)	0.20*** (22.73)	0.18*** (49.38)	-0.24*** (-23.49)	-0.28*** (-21.13)	-0.23*** (-16.78)
$End\_Hour1_{i,t-1}$	-0.53*** (-153.94)	-0.48*** (60.24)	-0.50*** (-121.23)	-0.03* (-1.98)	-0.03*** (-3.81)	-0.03* (-3.18)
$End\_Hour2_{i,t-1}$	-0.26*** (-71.75)	-0.26*** (30.10)	-0.24*** (-56.39)	-0.12*** (-8.43)	-0.08*** (-9.95)	-0.10*** (-11.42)
$End\_Hour3_{i,t-1}$	-0.07*** (-22.26)	-0.05*** (-6.19)	-0.05*** (-11.77)	-0.12*** (-8.83)	-0.05*** (-7.03)	-0.09*** (-10.88)
$is\_sleep_{i,t-1}$	-1.39*** (-160.40)	-1.23*** (-60.54)	-1.27*** (-126.39)	-0.93*** (-31.12)	-0.87*** (-34.27)	-0.97*** (-35.97)
$Lcum\_Sales_{i,t-1} \times$ $Start\_Hour1_{i,t-1}$	0.24*** (49.59)	0.17*** (12.38)	0.15*** (24.13)	0.02 (1.77)	0.05*** (4.25)	0.03* (1.97)
$Lcum\_Sales_{i,t-1} \times$ $Start\_Hour2_{i,t-1}$	0.13*** (32.64)	0.06*** (5.45)	0.03*** (5.98)	-0.03*** (-3.22)	-0.06*** (-6.36)	-0.02 (-1.23)
$Lcum\_Sales_{i,t-1} \times$ $Start\_Hour3_{i,t-1}$	0.08*** (22.45)	0.05*** (4.26)	0.03*** (7.09)	-0.10*** (-10.56)	-0.15*** (-16.40)	-0.06*** (-4.00)
$Lcum\_Sales_{i,t-1} \times$ $End\_Hour1_{i,t-1}$	-0.17*** (40.90)	-0.15*** (-12.96)	-0.16*** (-29.91)	-0.00 (-0.28)	0.05*** (4.64)	0.03* (2.36)
$Lcum\_Sales_{i,t-1} \times$ $End\_Hour2_{i,t-1}$	-0.16*** (-41.81)	-0.17*** (-14.97)	-0.15*** (-29.85)	0.03** (2.59)	0.03*** (2.60)	0.03* (2.43)
$Lcum\_Sales_{i,t-1} \times$ $End\_Hour3_{i,t-1}$	-0.12*** (-28.29)	-0.10*** (-8.62)	-0.09*** (-17.27)	0.03*** (2.74)	0.04*** (3.63)	0.04*** (3.59)
C	3.51*** (709.20)	3.14*** (251.99)	3.61*** (659.11)	2.90*** (224.49)	2.51*** (221.30)	2.65*** (233.09)
整体 R^2	0.50	0.41	0.33	0.54	0.54	0.45
N	97988	14403	72683	18542	16615	19901

注：*、**、*** 分别表示在 5%、1%、0.1% 的水平上显著；括号内为 t 值。$Lcum\_sales_{i,t-1} = \log(cum\_sales_{i,t-1})$。

表 5-7　假设验证的结果

假设	结果
H5.1：正向的 MMC 开团效应	支持
H5.2：负向的 MMC 关团效应	支持
H5.3：正向的 IPC 开团效应	支持
H5.4：负向的 IPC 关团效应	部分支持

（三）稳健性检验

与贝尔斯（Byers et al.，2011）的发现类似，团购决策的变量价格、购买的百分比、团购的门槛、期限、地点和产品类别能够影响固定价格团购的销量。除了这些因素外，我们还拓展了团购最开始 10 分钟的购买量（Leading）作为变量。最开始 10 分钟的销量对未来销量的影响能够让我们看出 MMC 和 IPC 的开团效应的初步效果。

在我们的数据中，团购销售的主要是产品而不是服务。因此，我们忽略了团购产品的地理位置。另外，团购门槛绝大多数都是 1，团购门槛这个因素也被忽略。我们主要采用了前人的模型（Kauffman & Wang，2001；Byers et al.，2011），加入 Leading 这个变量：

$$\text{Log } Total\_sales = \beta_0 + \beta_1 \text{Log } Price + \beta_2 \text{Log } Discount + \beta_3 \text{Log } Duration + \beta_4 \text{Log } Leading + \varepsilon \tag{5.4}$$

相关系数矩阵主要展示在表 5-8~表 5-11，所有相关系数都低于 0.5，满足回归的要求。表 5-12 展示了变量的基本描述。Log Price 的系数具有很强的经济含义，因为它代表了固定价格团购在该价格点的价格弹性（Byers et al.，2011；Chen & Wu，2010），这个值对于两个网站的三种类型商品都在 -0.54~-0.79，这意味着价格上升 1% 会导致 0.54%~0.79% 的需求下降。这个价格需求弹性比贝尔斯等（2011）计算出来的要大，可能的原因是中国本身的高价格弹性（Perloff，2008）。这个结果也展示了服装鞋帽类别在所有类别中价格弹性最高。家电 3C 类别的价格弹性最低，其折扣（$Discount_i$）的系数不显著，与这个发现是一致的。这个数据也支持了陈等（Chen et al.，2010）的发现，团购对于低价商品需求比高价商品需求更有效率。团购期限（$Duration_i$）的系数为正，表明延长团购时间能够对总销售有正向影响，这和贝尔斯等（2011）的结论是一致的（见表 5-12）。

表 5-8　　　　　　　　　　主要变量相关系数矩阵

T 网站：服装鞋帽

变量	1	2	3	4	5	6	7	8	9
1. $Log\_Sales_{i,t}$	1.00								
2. $Log\_cum\_Sales_{i,t-1}$	0.10	1.00							
3. $Start\_Hour1_{i,t-1}$	0.39	-0.51	1.00						
4. $Start\_Hour2_{i,t-1}$	0.21	-0.01	-0.09	1.00					
5. $Start\_Hour3_{i,t-1}$	0.11	0.01	-0.08	-0.08	1.00				
6. $End\_Hour1_{i,t-1}$	-0.20	0.07	-0.05	-0.01	-0.02	1.00			
7. $End\_Hour2_{i,t-1}$	-0.18	0.04	-0.01	-0.02	-0.05	-0.09	1.00		
8. $End\_Hour3_{i,t-1}$	-0.14	0.03	-0.02	-0.05	-0.01	-0.08	-0.08	1.00	
9. $is\_Sleep_{i,t-1}$	-0.50	0.09	-0.13	-0.10	-0.08	-0.02	0.33	0.33	1.00

T 网站：家电和 3C

变量	1	2	3	4	5	6	7	8	9
1. $Log\_Sales_{i,t}$	1.00								
2. $Log\_cum\_Sales_{i,t-1}$	0.20	1.00							
3. $Start\_Hour1_{i,t-1}$	0.33	-0.51	1.00						
4. $Start\_Hour2_{i,t-1}$	0.20	-0.05	-0.07	1.00					
5. $Start\_Hour3_{i,t-1}$	0.14	-0.01	-0.07	-0.07	1.00				
6. $End\_Hour1_{i,t-1}$	-0.13	0.08	-0.04	-0.03	-0.05	1.00			
7. $End\_Hour2_{i,t-1}$	-0.18	0.07	-0.03	-0.05	-0.05	-0.07	1.00		
8. $End\_Hour3_{i,t-1}$	-0.14	0.07	-0.05	-0.05	-0.05	-0.07	-0.07	1.00	
9. $is\_Sleep_{i,t-1}$	-0.49	0.11	-0.13	-0.12	-0.10	-0.05	0.35	0.36	1.00

T 网站：日用百货

变量	1	2	3	4	5	6	7	8	9
1. $Log\_Sales_{i,t}$	1.00								
2. $Log\_cum\_Sales_{i,t-1}$	0.16	1.00							
3. $Start\_Hour1_{i,t-1}$	0.34	-0.52	1.00						
4. $Start\_Hour2_{i,t-1}$	0.21	-0.03	-0.08	1.00					
5. $Start\_Hour3_{i,t-1}$	0.13	0.00	-0.07	-0.07	1.00				
6. $End\_Hour1_{i,t-1}$	-0.16	0.07	-0.04	-0.04	-0.04	1.00			
7. $End\_Hour2_{i,t-1}$	-0.19	0.06	-0.04	-0.04	-0.05	-0.07	1.00		
8. $End\_Hour3_{i,t-1}$	-0.12	0.06	-0.04	-0.05	-0.01	-0.07	-0.07	1.00	
9. $is\_Sleep_{i,t-1}$	-0.48	0.11	-0.13	-0.11	-0.08	-0.01	0.37	0.37	1.00

续表

J 网站：服装鞋帽

变量	1	2	3	4	5	6	7	8	9
1. $Log\_Sales_{i,t}$	1.00								
2. $Log\_cum\_Sales_{i,t-1}$	0.59	1.00							
3. $Start\_Hour1_{i,t-1}$	-0.08	-0.41	1.00						
4. $Start\_Hour2_{i,t-1}$	-0.27	-0.26	-0.08	1.00					
5. $Start\_Hour3_{i,t-1}$	-0.33	-0.24	-0.08	-0.08	1.00				
6. $End\_Hour1_{i,t-1}$	0.16	0.22	-0.08	-0.07	-0.06	1.00			
7. $End\_Hour2_{i,t-1}$	0.14	0.19	-0.07	-0.06	-0.07	-0.08	1.00		
8. $End\_Hour3_{i,t-1}$	0.10	0.17	-0.06	-0.07	-0.07	-0.08	-0.08	1.00	
9. $is\_Sleep_{i,t-1}$	-0.48	-0.41	0.41	0.49	0.25	-0.15	-0.15	-0.15	1.00

J 网站：家用电器和 3C

变量	1	2	3	4	5	6	7	8	9
1. $Log\_Sales_{i,t}$	1.00								
2. $Log\_cum\_Sales_{i,t-1}$	0.61	1.00							
3. $Start\_Hour1_{i,t-1}$	-0.09	-0.38	1.00						
4. $Start\_Hour2_{i,t-1}$	-0.25	-0.26	-0.07	1.00					
5. $Start\_Hour3_{i,t-1}$	-0.30	-0.24	-0.07	-0.07	1.00				
6. $End\_Hour1_{i,t-1}$	0.18	0.21	-0.07	-0.07	-0.07	1.00			
7. $End\_Hour2_{i,t-1}$	0.13	0.18	-0.07	-0.07	-0.07	-0.07	1.00		
8. $End\_Hour3_{i,t-1}$	0.09	0.16	-0.07	-0.07	-0.06	-0.07	-0.07	1.00	
9. $is\_Sleep_{i,t-1}$	-0.45	-0.37	0.40	0.49	0.26	-0.14	-0.14	-0.13	1.00

J 网站：日用百货

变量	1	2	3	4	5	6	7	8	9
1. $Log\_Sales_{i,t}$	1.00								
2. $Log\_cum\_Sales_{i,t-1}$	0.52	1.00							
3. $Start\_Hour1_{i,t-1}$	-0.04	-0.41	1.00						
4. $Start\_Hour2_{i,t-1}$	-0.22	-0.21	-0.06	1.00					
5. $Start\_Hour3_{i,t-1}$	-0.26	-0.19	-0.06	-0.06	1.00				
6. $End\_Hour1_{i,t-1}$	0.14	0.18	-0.07	-0.07	-0.06	1.00			
7. $End\_Hour2_{i,t-1}$	0.10	0.16	-0.07	-0.06	-0.06	-0.08	1.00		
8. $End\_Hour3_{i,t-1}$	0.05	0.14	-0.07	-0.06	-0.06	-0.08	-0.08	1.00	
9. $is\_Sleep_{i,t-1}$	-0.40	-0.30	0.41	0.48	0.26	-0.14	-0.14	-0.13	1.00

表 5-9　　　　　平均累计每日销量占总销量的比例　　　　单位：%

交易持续时间	T 网站	J 网站	高朋（Groupon）
1 天	75.2	77.1	42
2 天	85.3	95.1	78
3 天	96.3	99.7	96

表 5-10　　　　　OLS 回归主要变量的描述

变量	变量描述
$Discount_i$	产品 i 的折扣率
$Price_i$	产品 i 的原价
$Total\_sales_i$	产品 i 最终的销量
$Duration_i$	产品团购进行的时间
$Leading_i$	产品 i 在最初 10 分钟内的销售量

表 5-11　　　　　OLS 回归分析的相关系数矩阵

服装鞋帽	T 网站					J 网站				
变量	1	2	3	4	5	1	2	3	4	5
1. $Log\_Total\_sales_i$	1.00					1.00				
2. Log_Price_i	-0.69	1.00				-0.50	1.00			
3. $Log\_Discount_i$	0.41	-0.33	1.00			0.33	-0.12	1.00		
4. $Log\_Duration_i$	-0.02	0.12	0.07	1.00		0.20	-0.04	-0.04	1.00	
5. $Log\_Leading_i$	0.07	-0.04	0.02	-0.04	1.00	0.32	-0.22	0.25	-0.26	1.00
数码 3C	T 网站					J 网站				
变量	1	2	3	4	5	1	2	3	4	5
1. $Log\_Total\_sales_i$	1.00					1.00				
2. Log_Price_i	-0.63	1.00				-0.64	1.00			
3. $Log\_Discount_i$	0.44	-0.28	1.00			0.26	-0.42	1.00		
4. $Log\_Duration_i$	-0.03	0.28	-0.10	1.00		0.16	0.05	-0.19	1.00	
5. $Log\_Leading_i$	0.06	0.03	0.11	0.02	1.00	0.39	-0.17	0.15	-0.15	1.00
日用百货	T 网站					J 网站				
变量	1	2	3	4	5	1	2	3	4	5
1. $Log\_Total\_sales_i$	1.00					1.00				
2. Log_Price_i	-0.68	1.00				-0.64	1.00			
3. $Log\_Discount_i$	0.41	-0.33	1.00			0.31	0.30	1.00		
4. $Log\_Duration_i$	-0.04	0.15	0.07	1.00		0.22	0.01	0.06	1.00	
5. $Log\_Leading_i$	0.05	-0.02	0.02	-0.04	1.00	0.42	-0.25	0.11	-0.20	1.00

表 5-12　　　　　　　　　主要变量描述性统计

变量	N	均值	中位数	标准差	最小值	最大值
T 网站：服装鞋帽						
$Total\_sales_i$	4173	3744.76	2280	5839.64	1	117153
$Price_i$	4173	210.76	99	916376	1	33869
$Discount_i$	4173	0.55	0.56	0.12	0.01	0.99
$Duration_i$	4173	24.48	22	20.09	1	94
$Leading_i$	4173	163.70	0	1566.33	0	70284
T 网站：家电 3C						
$Total\_sales_i$	488	2043.05	1079.5	2831.79	7	33437
$Price_i$	488	481.67	189	840.57	1	5195
$Discount_i$	488	0.40	0.42	0.17	0.03	0.99
$Duration_i$	488	30.51	22	22.15	1	94
$Leading_i$	488	73.33	0	469.67	0	5227
T 网站：日用百货						
$Total\_sales_i$	2730	3908.72	2262	6211.05	2	159943
$Price_i$	2730	191.81	58	1154.25	10	40800
$Discount_i$	2730	0.52	0.53	0.16	0.04	0.99
$Duration_i$	2730	28.74	22	23.00	1	166
$Leading_i$	2730	176.93	0	1341.61	0	39163
J 网站：服装鞋帽						
$Total\_sales_i$	721	1817.23	1272	2177.84	2	27936
$Price_i$	721	170.31	128	317.77	39	6999
$Discount_i$	721	0.59	0.60	0.11	0.14	0.89
$Duration_i$	721	26.72	23	12.91	3	71
$Leading_i$	721	23.78	9	39.05	0	380
J 网站：家电 3C						
$Total\_sales_i$	587	607.43	418	641.93	1	4559
$Price_i$	587	751.88	288	1366.63	19	9988
$Discount_i$	587	0.36	0.33	0.15	0.04	0.86
$Duration_i$	587	29.30	23	14.16	3	95
$Leading_i$	587	9.09	2	29.13	0	582

续表

变量	N	均值	中位数	标准差	最小值	最大值
J 网站：日用百货						
$Total\_sales_i$	769	873.85	500	1313.63	3	14849
$Price_i$	769	337.79	126	645.16	34	3999
$Discount_i$	769	0.43	0.42	0.17	0.02	0.88
$Duration_i$	769	28.79	23	13.70	5	90
$Leading_i$	769	12.92	2	45.67	0	789

注：3C 代表电脑、通信和消费电子产品。

对于两个网站三种类型的商品，$Leading$ 前的系数是正并且显著的，表明"开团效应"是正的：在固定价格团购下，初始交易数量越多，将导致总销售量越多。另外，模型的 R^2 比贝尔斯等（2011）的模型要高，表明"开团效应"的因素加入模型后会有更好的解释力（见表 5-13）。

表 5-13　　　　　　　　　OLS 估计结果

变量	T 网站 服装鞋帽 (1)	T 网站 家电 3C (2)	T 网站 日用百货 (3)	J 网站 服装鞋帽 (4)	J 网站 家电 3C (5)	J 网站 日用百货 (6)
Log_Price_i	-0.79*** (-42.24)	-0.62*** (-16.97)	-0.79*** (-42.24)	-0.67*** (-13.97)	-0.54*** (-18.75)	-0.61*** (-20.91)
$Log\_Discount_i$	0.64*** (13.69)	0.70*** (8.68)	0.64*** (13.69)	1.10*** (7.81)	0.02 (0.33)	0.27*** (3.98)
$Log\_Duration_i$	0.07** (2.89)	0.26*** (5.13)	0.06** (2.89)	0.54*** (8.38)	0.62*** (8.15)	0.80*** (11.69)
$Log\_Leading_i$	0.03** (2.66)	0.04 (1.26)	0.03** (2.66)	0.14*** (7.37)	0.28*** (11.14)	0.28*** (13.37)
C	11.12*** (114.18)	9.83*** (41.41)	11.11*** (114.18)	8.91*** (25.45)	6.66*** (22.32)	6.46*** (22.75)
R^2	0.50	0.50	0.50	0.41	0.54	0.57
N	4173	488	2730	721	587	769
F	991.56***	91.20***	610.79***	123.69***	169.99***	257.12***

注：*、**、*** 分别表示在 5%、1%、0.1% 的水平上显著；括号内为 t 值。

五、结论

在固定价格团购中，更多团购信息快速扩散，能够在很大程度影响消费者购买决策。团购交易的很多信息，包括价格和产品的组合，对消费者来说都是新的，所以团购的信息和新产品一样有一个信息扩散的过程。

（一）总结

本部分研究收集了中国两个大型团购网站的数据，采用新型扩散理论，验证 MMC 和 IPC 在不同时间段对购买过程的影响。我们发现，正向开团效应和负向关团效应与浮动价格机制的团购相反：在浮动价格机制的团购中，"启动困境"是一个团购开始时显著的负面因素，而在固定价格机制的团购中，团购启动时，MMC 和 IPC 对销售都有正向影响；而且，在浮动价格机制的团购中，"关团效应"对销售存在一个显著的正向影响，但是在固定价格机制下，"关团效应"是负的，这一点在 MMC 中尤其显著。本部分的贡献如下：首先，如同上面提到的，基于我们查阅的文献，这是首次用创新扩散理论来研究团购；其次，我们将 MMC 和 IPC 视为影响固定价格团购的主要机制；最后，确认了固定价格团购和浮动价格团购的"开团效应"和"关团效应"是不一致的。

（二）局限性

本部分研究的局限性如下。首先，本部分研究的普遍适用性受到了数据局限性的影响。我们的数据只包含了商品，没有包含本地服务。而本地服务会有更多影响消费者购买决策的因素，例如距离、时间限制和地理位置等（Byers et al.，2011）。在这种情况下，MMC 和 IPC 可能会表现出不同的特征。我们未来的研究将探索这些本地服务的数据。

其次，虽然我们的研究展示了固定价格团购的信息扩散表现出巴斯模型的一些基本特征，但是我们并不能确认扩散的过程完全符合巴斯模型。在未来的工作中，我们将通过建模技术来探索这些问题。

再次，除了控制睡眠之外，我们并没有控制 24 小时内其他时段的时间效应。团购消费者并不能均匀地在不同时间内扩散（Liu & Sutanto，2012）。在我们未来的研究中，这个因素将会被认真考虑。

最后，受到数据的限制，我们的研究中没有考虑个体层面的行为。例如，消费者财务和心理的风险偏好或者个体经验能够显著影响他们的决策（Kauffman et al.，2010b）。在我们未来的研究中，将考虑加入各种消费者特征。

（三）管理实践

2010年以来，固定价格的团购在全世界范围内非常流行。Groupon作为最知名的固定价格团购网站，成功上市（IPO），2012年的估值达到130亿美元。① 同时，曾经流行的浮动价格团购网站却在2000年后不久淡出市场，一些已经破产（如letsbuyit.com），另一些已经转型到社交网站（如ewinwin.com），还有一些转变到固定价格机制的团购（如livingsocial.com）。

这种实际市场改变的趋势体现出了固定价格和浮动价格机制的优势和劣势。一些研究已经展示出动态价格团购的弱点，例如，考夫曼等（2010b）、赖和庄（Lai & Zhuang，2004）曾指出"启动困境"是浮动价格团购模式失败的主要原因。"启动困境"是指消费者都在等待其他消费者下单，导致初始交易期的订单相对较少。

从扩散的视角，"启动困境"是信息扩散中断所导致的。通过MMC，具有购买意愿的消费者应该在开始期成为创新型消费者。然而，由于"启动困境"，IPC扩散中断。根据研究的结果，MMC和IPC的启动效应是正向显著的，销量会在团购开始那一段时间出现某种程度的增大，从而对后来的销量有决定性的影响。通过对普通最小二乘回归（OLS）的分析，在最开始10分钟内的销量对最终销量有着显著的影响。因此，商家需要有效地利用MMC和IPC来提高团购交易的成功率。例如，MMC能够吸引创新型消费者，而社交渠道则要方便消费者分享他们的购买信息，从而利用好IPC。

固定价格团购被市场证明是成功的商业模式。这不仅因为网站提供了便利的手段让消费者知晓产品低廉的价格（Grewal et al.，1998），而且因为将团购时间缩短到1~3天，能够更好地利用框架效应和后悔效应，鼓励消费者尽快下单（Kahneman & Tversky，1979；Simonson & Tversky，1992）。在这两个因素的基础上，我们的研究证实了MMC和IPC的正向开团效应。这为团购管理

---

① 谷歌财经。

者提供了实用的建议：通过有效和高效地使用大众传播和人际传播来取得成功。

第二节　引入抽奖的众筹

2015年以来，网络消费市场出现了一种类似于"一元夺宝"等的新兴抽奖模式。它将抽奖与消费行为结合在一起，用户每消费一元钱即代表该用户参与一人次的抽奖，参与人次可以被重复购买。商品的参与人次每达到总需人次，即抽取一人获得该商品。在一些众筹网站也引入了这种模式，如京东众筹设置了一元抽奖档位。一些众筹非常成功的项目，其抽奖人数占到了总参与人数的70%以上。除了直接增加的参与人数外，提供抽奖档位的支持模式是否能带来更多间接价值呢？

一方面，我们通过对比不设置抽奖和设置抽奖的众筹，初步发现设置抽奖众筹的项目绩效要优于不设置抽奖的众筹。例如，从用户基数上来说，T网站比J网站更加庞大。然而在众筹领域，两家网站所公布的单项最高支持金额和单项最高支持人数的数据显示，J网站的表现要胜于T网站。2015年第三季度的数据显示，J网站众筹的融资规模（占比42.3%）和平台活跃人数（41万人）排名第一，领先于T网站（分别为占比16.9%和33.9万人）。[①] 通过对J网站众筹项目的回顾，我们发现，支持抽奖档位的人数在大多数项目的支持总人数中占比较高。因此，我们希望通过数据验证抽奖档位对众筹绩效的影响。

另一方面，从理论上来说，互联网环境中用户行为往往具有从众和认同等特征。在众筹的研究中，也有许多证据显示项目的支持人数和金额具有自我加强的规律，即众筹初期得到较多的支持会显著预示其最终的成功。我们认为这可能是羊群效应存在的表现：初期的支持人数和筹资金额会引发后来者的从众行为。此外，我们还注意到目前研究中的"众筹社区"的概念，这引发了我们对网络社会的联想，例如认同感。本节讨论了一种关于支持模式的模型，来说明这两种效应如何影响项目绩效。

本节的结构如下：首先，从众筹、羊群效应和社会认同等角度回顾了相关

[①] 速途研究院：《2015年Q3众筹平台市场报告》，2015年11月。

文献，我们发现关于支持模式的研究还有待深入。其次，提出模型并进行了验证，同时将项目的支持者分为两类：抽奖者和投资者。最后，给出了研究结论和未来方向。

一、文献回顾

（一）众筹

目前的研究主要集中于社交媒体以及项目因素对众筹绩效的影响。在社交媒体方面，费迪南德·蒂斯等（Ferdinand Thies et al.，2014）发现社交分享对支持行为的正向作用：潜在支持者会利用质量信号，如社交分享和之前支持者的行为，确认众筹项目的质量并作出决策；卢春塔等（Chun-Ta Lu et al.，2014）也指出众筹项目初始阶段的社交媒体推广与众筹结果相关，并且利用社交媒体推广的指标预测项目成功率。在项目因素方面，研究者探讨了多种项目因素的影响，包括页面设计、发起人的社会关系等。萧胜生和谭学等（Shengsheng Xiao & Xue Tan et al.，2014）通过研究 Kickstarter 的项目，得出众筹金额较高项目的设计要素。例如，设置稍高的最大支持金额和较少的支持档位，精心设计网页以及与支持者进行尽可能多的沟通等。刘洋等（Yang Liu et al.，2014）利用叙事移转理论和自我决定理论，分析了项目页面的视频内容对支持行为的影响。结果表明，当视频内容强调的是创始人以及产品的诞生过程时，项目倾向于筹到更高的金额，而当视频内容强调的是产品的功能与用户的收益时，会增加支持者的购买意愿；马西莫·科伦坡等（Massimo G. Colombo et al.，2015）指出项目发起人在众筹平台内部的社交资本会引发自我加强机制的初始积累，其对众筹结果的影响受到初期所吸引到的支持人数与金额的调节。

值得注意的是，在对投资者的动机进行研究的过程中，研究者提出"众筹社区"的概念。伊丽莎白·格伯（Elizabeth M. Gerber et al.，2012）运用归纳法，访谈了 11 位涵盖美国三大众筹平台的使用者，初步发现除了获取物质回报以外，投资者的主要动机包括：支持一项与他们个人价值观相符的事业；参与到一个相互信任和具有创造力的网络社区中来，并作出贡献。伊丽莎白等（2012）指出，这与以往社会科学领域的研究结果是相容的。在随后的研究中，伊丽莎白等（2013）访谈了83位众筹平台的用户，其中58人有过支持众筹项目的经历，使用更加严谨的数据分析方法仍然得到了一致的结论。此外，rockethub.com（美国三大众筹网站之一）的数据表明，与互联网的整体用户群相比，众筹平台往往吸引具有以下特征的用户：35岁以下的大学毕业生，年收入超过3万美元，利用工作间隙浏览网站，一般每次浏览花费4~5分钟。显然，这是一个非常依赖社交网络的群体，他们天生对网络社区敏感，不仅是寻求物质回报，更是寻求精神的满足。

（二）网络口碑和羊群效应

许多研究从网络口碑的角度解释人们在网络中作出决策的依据。20世纪50年代，研究者就提出口碑的概念。比卡特（Bickart，2003）将口碑的概念延伸到网络中消费者之间的信息传递上。此后的大量研究都表明了网络口碑对消费者的影响。例如，里格纳（Riegner，2007）的研究指出，用户产生内容对高价格的复杂产品有较大的影响，例如科技产品。

众筹项目的产品也具有复杂而难以分辨质量的特点。然而，众筹的产品一般具有原创性，而且大多是由创业型团队设计研发，既没有商誉背书，同时由于几乎还没有真正的使用者，也没有用户评论，因此不具备通过网络口碑传递质量信号的条件。相应地，众筹平台具有如下特点：其一，众筹的产品复杂度高，且网页上基本没有产品的评价信息，这会加大用户做选择以及收集信息的难度，个体的信息源会更加不准确，从而个体会倾向于模仿他人的决策；其二，其他用户的行为信息如项目的支持人数等可以很容易地被观察到。两者共同满足了羊群效应发挥作用的前提条件。

从生物学层面来讲，羊群效应是指在一群散乱的组织中，当头羊行动起来，其他的羊会不假思索地追随，而并不判断其追随的方向将遭遇危险还是将获得食物。阿施（Asch，1956）著名的实验"线条判断"揭示出人群中也有这样的情况，个体在群体压力下会放弃自己对线条长短的认知判断，服从大多数人的认知。在网络环境中，羊群效应的作用机制可以被比赫尚达尼（Bikhchandani，1992）的信息串流理论很好地解释。

羊群效应广泛存在于多个领域。韦尔奇（Welch，1992）发现，在股票首次公开发行时，投资者会模仿之前投资者的报价行为。诺夫辛格和赛亚斯（Nofsinger & Sias，1999）说明了从众行为导致了一群投资者在一段时间内朝着同一方向交易。伯伦斯坦和诺茨（Borenstein & Nertz，1999）发现航空公司之间的竞争会导致航班离港时间变得愈加相近。肯尼迪（Kennedy，2002）发现几家大的电视网络广播公司在引进新节目时会相互模仿。随着消费行为的互联网化，电子商务领域也显示出明显的从众现象。西蒙索恩和阿里利（Simonsohn & Ariely，2004）验证了 eBay 网上拍卖中羊群效应的存在。他们发现竞标者更看好那些竞价更多的拍卖，将其作为一个重要的质量信号，而不管是不是由于起价较低的缘故。李恩京和李炳泰（Eunkyoung Lee & Byungtae Lee，2012）验证了韩国 P2P 网站羊群效应的存在。薛玉林等（2015）在研究某电子商务网站的最佳商户评定过程中发现，在观察周期的 20% 时间点前后，人数出现突增，此时，被评为"最佳酒店"后的到达率是整个观察期平均到达率的 14 倍，显示出羊群效应的显著特征。

（三）社会认同

众筹所具有的"社区"性质，使社会认同对投资者的决策产生影响。根据泰弗尔（1972）的定义，社会认同是指："个体知晓他/她归属于特定的社会群体，而且他/她所获得的社会资格（group membership）会赋予其某种情感和价值意义。"在这里，"社会群体"是指"两个或更多个体，这些人有共享的社会认同"（特纳，1982）。迈克尔·豪格指出，某人的认同在很大程度上是由自我描述构成的，而自我描述是与某人所归属的群体的特质联系在一起的，这种归属是心理上的，而不仅仅是对于某个群体特质的知晓，与被指派到某个群体是完全不同的心理状态。

在消费行为研究领域，斯科特和莱恩（Scott & Lane，2000）指出会员资格不是认同感存在的前提条件，企业认同感的产生源于充满吸引力和富有内涵的形象，这些形象可以部分满足顾客对自我定义的追求（Bhattachaiya & Sen，2003）。也就是说，在顾客和企业品牌之间，有重叠的身份形象认同，这个概念被称作顾客品牌认同。克雷斯曼等（Kressman et al.，2006）的研究表明，品牌的忠诚度有赖于顾客的自我感知与品牌用户画像之间的匹配。顾客会有意寻找能够产生自我认同的品牌，因此品牌的用户相似度与品牌的吸引力正相关（Alaa M. Elbedweihy et al.，2016）。

在投资决策方面，社会认同也发挥着作用。科恩（Cohen，2009）的研究表明雇员常常将自身资产的大部分投资于他们雇主的股票。普尔等（Pool et al.，2012）发现共同基金的经理对家乡进行投资的可能性更大。罗伯·鲍尔和保罗·斯梅特斯（Rob Bauer & Paul Smeets，2015）通过对荷兰两家银行客户的研究发现，具有强烈社会认同的投资人，在社会责任投资的账户中，无论是其总量还是所占投资比例方面，均明显超过其他人。并同时描述这些人的特征为：受过高等教育、年轻、没那么富有。

综上所述，目前的研究较少对众筹中的支持模式进行讨论。国内众筹平台的支持模式大致分为设置抽奖档和不设置抽奖档两类。前者以京东众筹和众筹网为代表，后者以淘宝众筹为代表。我们认为，设置抽奖档的支持模式会对支持者的决策行为产生影响，从而影响众筹绩效。此外，在以往的研究中，对众筹中的羊群效应的观察主要从支持者的社交分享和社会资本属性的角度展开，本节则研究了支持者中不同群体之间的相互关联。在此基础上，本节完善补充了众筹中的"社区"概念，提出社会认同的调节效应，区分了羊群效应和社会认同发挥作用的不同机制。

二、模型与假设

本节首先提出一个中介模型验证抽奖档对众筹绩效的影响。众筹绩效是指项目最终的筹资金额。由于抽奖档的支持金额是1元，根据前景理论，面对损失时（即出资1元），多数人是风险偏好者，存在迷恋小概率事件的情况。这种以小博大的机会在项目初期能帮助项目快速积累支持人数。项目在初始阶段获得的支持人数可以加速其众筹的成功（Massimo G. Colombo et al.，2015）。这是因为，由于众筹项目的质量很难确认，潜在支持者会利用质量信号，例如，根据之前的支持者的行为作出决策（Ferdinand Thies et al.，2014）。因此我们假设抽奖者数量对众筹绩效有正向影响，即：

H5.5：抽奖者数量对众筹项目的筹资金额具有正向的影响。

除了抽奖者，众筹中还存在另外一种支持项目的人，即投资者。投资者是实际投入筹资金额的人，其数量直接影响众筹绩效。投资者人数越多，项目众筹成功的概率就越大，最终的筹资金额也越高。与之相比，抽奖者数量对众筹绩效的影响是间接的。同时，许多研究表明投资者的行为存在羊群效应。在众筹中，抽奖者数量显著地影响项目支持者的总数量，这会触发投资者的羊群效应。因此我们假设抽奖者数量通过影响投资者数量，最终影响众筹绩效，即：

H5.6：投资者数量具有中介效应。

众筹的产品具有创新性的特质，能够吸引那些对项目有共同兴趣的人，从而形成一个"众筹社区"。我们将社会认同分为两个层面，其一是个人价值观的确认；其二是特定社区的归属感。一方面，那些认同项目价值观的用户会选择利用点赞功能表达自己的态度，并且可能转变为一个投资者；另一方面，其他用户看到项目被点赞，产生归属的动机，希望加入众筹社区中成为其中的一员，这一动机使其更倾向于做出投资决策。在这两种情况下，抽奖者数量的作用在投资者心中的地位下降，投资者不再盲目从众，转而表达和关注众筹社区的认同感，即由抽奖者数量带来的羊群效应减弱（见图5-3）。因此我们假设，抽奖者数量对投资者数量的正向影响，受到点赞数量的调节，该调节效应表现为负向调节，即：

H5.7：点赞数量对抽奖者数量和投资者数量之间的关系有负向调节效应。

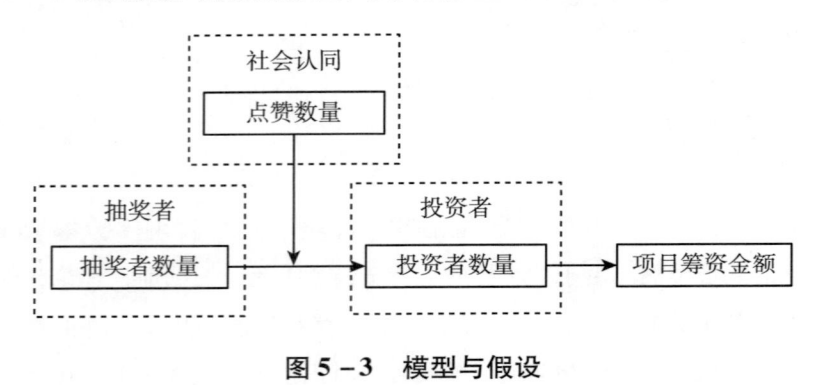

图5-3 模型与假设

三、研究背景和数据

（一）某大型众筹网站

本节的数据来自某大型众筹网站的众筹项目。目前，众筹有产品众筹和股权众筹两种模式。产品众筹的模式与股权众筹有很大区别，产品众筹实质上是一种预售形式。众筹项目的产品已经经历过研发和测试阶段，可以马上投入生产。京东众筹平台也在积极探索产品众筹项目的营销方式。

一个产品众筹项目主要有三个相关方参与：众筹平台、项目发起人和支持者。项目经平台审核通过后，项目发起人通过视频、图片和文字的形式展示产品价值、项目团队以及众筹回报。众筹回报的多少取决于支持者的出资金额，支持者的支持档位从 1 元到上百上千甚至上万元不等。例如，1 元档位的出资人，得到的回报是一个抽奖名额，我们称这部分人为抽奖者；上万元的投资人可能就会获得产品的代理资格。众筹采用如下筹资模式：若项目达到众筹目标，发起人可以得到全部的筹资金额，包括超出众筹目标的部分；若项目未能达到目标，则所筹金额将全部返还给支持者。

众筹平台为每个项目设置了点赞、关注和评论的功能，并且实时标注数字，表明参与人数。点赞的图标与社交网络中的"赞"是一致的，它代表了社会称许。关注区别于点赞的地方在于，如果一个登录用户选择关注该项目，则他/她可以在退出平台再次登录的时候，在"我的关注"中找到该项目，方便查看项目进度；评论的功能显示在主页的话题区，项目发起人可以在这里与项目的参与者进行互动。由于点赞的行为在项目层面的数据量大，有代表性，所以本书选取了点赞数量进行研究。

产品众筹分为科技、健康、家电、设计、娱乐、出版和公益七大类。公益类的投资和回报与消费者的购买或投资人的投资过程并没有太大联系，故而不予考虑。

（二）样本和变量

本节数据属于项目层面。我们获得该平台在 2015 年 2 月 11 日至 2015 年 10 月 15 日期间的数据，共 1266 条。我们的数据包含这些项目的抽奖档位（1 元档位）人数、无私支持人数、投资档位（除了 1 元档位和无私支持以外的所有档位）人数、点赞数量、目标金额、筹资金额、持续时间以及档位数量，并且观测了项目发起人的信息：发起项目数和支持项目数。

本节的自变量是抽奖者数量（LDR）；中介变量是投资者数量（INV）；调节变量是点赞数量（$LIKE$）；控制变量是项目的目标金额（FG）、持续时间（DUR）和档位数量（FS），以及发起人的发起项目数（$INIT$）和支持项目数（$SUPP$）；因变量是筹资金额（FA），即项目最终众筹到的金额，反映众筹绩效。

（三）描述性统计

表 5 - 14 是各变量的描述性统计。各变量观测样本数均为 1266 个，没有缺失值。

表 5-14　　　　　　　　各变量的描述性统计

变量	观测值	平均值	方差	最小值	最大值
FA	1266	520859	2966725	1000	72022500
LDR	1266	2242.575	11178.67	0	357610
INV	1266	687.094	2635.435	0	50619
LIKE	1266	3144.241	11837.35	39	175250
FG	1266	90274.9	343204.7	2	5000000
DUR	1266	38.62243	12.58538	1	150
FS	1266	7.803318	1.845843	2	28
INIT	1266	1.614534	1.892338	1	22
SUPP	1266	1.163507	3.342286	0	43

抽奖者数量（LDR）的均值是 2242.575，最小值是 0，最大值是 357610，项目之间的方差较大。根据直方图分析，55.213% 的项目的 LDR 在 1000 以下，随着 LDR 的增长，项目数呈现明显的下降趋势；当 LDR 介于 2500~5000，各数据段（width = 166.6）的项目数均少于 50，并逐渐减少至 10 以下；之后，长尾出现。特别的是，每当到达 2000、3000、4000、5000 的数据段时，项目数量就会在整体下降的情况下，出现突然上升。

投资者数量（INV）的均值是 687.094，最小值是 0，最大值是 50619，整体比 LDR 低，但是方差更大。随着 INV 的增长，项目数量平稳下降，当 INV 介于 231~1000，各数据段（width = 33）对应的项目数量均小于 50，且长尾更早出现。

点赞数量（LIKE）的均值是 3144.241，最小值是 39，最大值是 175250，方差达到 11837.35，项目之间的社会认同度差异巨大。

筹资金额（FA）的最小值是 1000，最大值是 72022500，方差是 2966725，各项目之间的众筹绩效差异显著。筹资金额占比介于 100%~3123900%，也就是说，本节的数据只选择了众筹成功的项目。

表 5-15 是各变量的相关系数。在 $p<0.05$ 的显著性水平下，抽奖者数量（LDR）与筹资金额（FA）之间相关系数为 0.36；投资者数量（INV）与筹资金额（FA）之间的相关系数为 0.53；抽奖者数量（LDR）与投资者数量（INV）之间相关系数为 0.17，因此数据满足中介效应检验的前提条件。

表 5-15　　　　　　　　　各变量的相关系数

变量/相关系数	（1）	（2）	（3）	（4）	（5）	（6）	（7）	（8）	（9）
（1） FA	1.00								
（2） LDR	0.36*	1.00							
（3） INV	0.53*	0.17*	1.00						
（4） LIKE	0.42*	0.23*	0.46*	1.00					
（5） FG	0.51*	0.22*	0.33*	0.30*	1.00				
（6） DUR	-0.08*	-0.09*	-0.06*	-0.06*	-0.10*	1.00			
（7） FS	0.17*	0.23*	0.13*	0.09*	0.05	-0.04	1.00		
（8） INIT	0.01	-0.02	-0.03	-0.02	-0.05	-0.10*	0.17*	1.00	
（9） SUPP	0.004	0.12*	-0.03	-0.02	-0.02	0.04	0.03	0.01	1.00

注：*、**、*** 分别表示在 5%、1%、0.1% 的水平上显著。

同时，在此显著性水平下，社会认同度（LIKE）与抽奖者数量（LDR）、投资者数量（INV）之间的相关系数分别为 0.2261 和 0.4592。数据同样满足调节效应检验的前提条件。

四、数据分析与结果

（一）中介效应分析

本节的中介分析方法参考了温忠麟（2014）的《中介效应分析：方法和模型发展》，他讨论了几种系数乘积检验法（依次检验法、Sobel 检验、Bootstrap 法和 MCMC 法）的适用情况，通过对照其论述，本节选择依次检验法。一方面，本节的数据使用依次检验法可以得到中介效应显著的结论，不存在检验力低的问题；另一方面，依次检验法的第一类错误率更低。依次检验法是逐步法（Baron & Kenny，1986）的一个步骤，因此本节的中介效应检验采用逐步法。

回归分析之前先对自变量、中介变量和因变量进行对数化，得到三个新的变量：$\ln LDR$，$\ln INV$，$\ln FA$。同时剔除支持数为 0 的项目，共 42 个。回归方程如下所示，回归分析的结果如表 5-16 所示。

$$\ln FA = \alpha_0 \ln LDR + \beta_0 X + \varepsilon_0 \qquad (5.5)$$

$$\ln INV = \alpha_1 \ln LDR + \beta_1 X + C_1 + \varepsilon_1 \qquad (5.6)$$

$$\ln FA = \alpha_3 \ln LDR + \alpha_2 \ln INV + \beta_2 X + C_2 + \varepsilon_2 \text{①} \tag{5.7}$$

表 5-16　　　　　　　　　中介模型数据分析结果

变量 因变量	模型 (5.5) $\ln FA$	模型 (5.6) $\ln INV$	模型 (5.7) $\ln FA$
FG	0.011 *** (0.026)	0.008 *** (0.001)	0.007 *** (0.001)
DUR	-0.001 (0.003)	0.001 (0.003)	-0.001 (0.002)
FS	0.116 *** (0.019)	0.203 *** (0.022)	0.012 (0.017)
INIT	-0.050 ** (0.020)	-0.048 ** (0.022)	-0.028 * (0.016)
SUPP	-0.010 (0.009)	-0.009 (0.011)	-0.006 (0.008)
$\ln LDR$	0.737 *** (0.026)	0.431 *** (0.030)	0.530 *** (0.024)
$\ln INV$			0.480 *** (0.021)
F 值	214.02	77.45	338.04
调整 R^2	0.5106	0.2728	0.6586

注：*、**、*** 分别表示在 5%、1%、0.1% 的水平上显著；括号中的内容是相应的方差。

为了验证 H5.5，将筹资金额（$\ln FA$）与自变量抽奖者数量（$\ln LDR$）以及所有的控制变量进行回归。回归结果显示，抽奖者数量的系数为正向显著（$\alpha_0 = 0.737$，$p < 0.01$），说明抽奖者数量越多，项目最终的筹资金额越多，H5.5 被支持。

为了验证 H5.6，首先将投资者数量（$\ln INV$）与抽奖者数量（$\ln LDR$）进行回归，得到抽奖者数量的系数为正向显著（$\alpha_1 = 0.431$，$p < 0.01$）。回归结果说明，项目的抽奖者数量越多，投资者越乐意投资该项目。在此基础上，将中介变量投资者数量（$\ln INV$）加入到包含因变量筹资金额（$\ln FA$）与自变量抽奖者数量（$\ln LDR$）以及所有的控制变量的回归方程中。回归结果显示，此

---

① $X = (\mu, FG, DUR, FS, INIT, SUPP)^T$，$\mu$ 为截距项。

时总体解释的方差从 0.5106 上升到 0.6586，且投资者数量的系数为正向显著（$\alpha_2 = 0.480$，$p < 0.01$）。同时，该回归结果中抽奖者数量（$\ln LDR$）的系数为正向显著（$\alpha_3 = 0.530$，$p < 0.01$），由于代表中介效应的系数乘积（$\alpha_1 \alpha_2$）也为正，说明中介效应为部分中介，中介效应占总效应的比为 $\alpha_1 \alpha_2 / \alpha_0 = 0.28$。

（二）调节效应分析

为了得到关于是否存在调节作用的结论，本书将对数化的变量 $\ln LIKE$ 和 $\ln LDR$ 进行中心化，并相乘得到交互项（$\ln LDR \cdot \ln LIKE$），对比加入交互因子前后模型的显著性。采用分层回归的方法验证社会认同度对抽奖者数量与支持者数量之间关系的影响。第一步先做与投资者数量（$\ln INV$）的回归，第二步引入调节变量社会认同度（$\ln LIKE$），第三步引入交互项。回归结果如表 5-17 所示，模型（5.8）、模型（5.9）和模型（5.10）分别检验这三个过程。

$$\mathrm{Ln}INV = \alpha_1 \ln LDR + \beta_3 X + c_3 + \varepsilon_3 \quad (5.8)$$

$$\mathrm{Ln}INV = \alpha_1 \ln LDR + \alpha_2 \ln LIKE + \beta_4 X + c_4 + \varepsilon_4 \quad (5.9)$$

$$\mathrm{Ln}INV = \alpha_1 \ln LDR + \alpha_2 \ln LIKE + \alpha_3 \ln LDR \cdot \ln LIKE + \beta_5 X + c_5 + \varepsilon_5 \quad (5.10)$$

从回归结果可以看出，点赞数量与抽奖者数量的乘积项在 5% 的水平显著为负，说明点赞数量对抽奖者数量与投资者数量之间的关系有负向调节作用，H5.7 被验证。

表 5-17　　　　　　　　调节效应数据分析结果

变量	模型（5.8）	模型（5.9）	模型（5.10）
FG	0.008*** (0.001)	0.005*** (0.001)	0.005*** (0.001)
DUR	0.001 (0.003)	-0.001 (0.003)	-0.002 (0.003)
FS	0.203*** (0.022)	0.162*** (0.020)	0.165*** (0.020)
INIT	-0.048** (0.022)	-0.025 (0.020)	-0.0023 (0.020)
SUPP	-0.009 (0.011)	-0.009 (0.010)	-0/007 (0.010)
$\ln LDR$	0.431*** (0.030)	0.060* (0.035)	0.283** (0.108)

续表

变量	模型 (5.8)	模型 (5.9)	模型 (5.10)
ln$LIKE$		0.524*** (0.032)	0.771*** (0.116)
lnLDR·ln$LIKE$			−0.034** (0.016)
F 值	77.45	120.09	106.01
调整 R^2	0.2728	0.4053	0.4072

注：*、**、*** 分别表示在 5%、1%、0.1% 的水平上显著；括号中的内容是相应的标准差。

五、结论和意义

（一）研究结论和选题意义

本节首先从理论上论证了引入抽奖模式下的众筹绩效与抽奖者数量和投资者数量之间的关系，以及社会认同度的调节效应，并提出相应假设模型，然后选取某大型众筹平台的项目数据为样本，对假设进行了实证检验。根据检验结果及对结果的分析和讨论，得出以下结论。

从众行为主要表现在投资者数量的变化上，当项目的抽奖人数增加，支持者更倾向于投资该项目，因而投资者数量增加。在抽奖者数量与众筹绩效的正向关系中，投资者数量起到中介作用。这说明，虽然从项目的支持人数占比角度来讲，抽奖者人数往往占比更高，但其真正发挥作用是通过羊群效应影响投资者的决策从而影响众筹绩效。

众筹具有一定程度的"社区"特质，众筹页面的点赞与社交媒体中的点赞类似，能够为投资者带来价值认同和归属感，因此影响其投资的决策。我们的研究发现，点赞数量会调节抽奖者数量与投资者数量之间的关系，这种调节效应是负向的，即点赞数量上升，社会认同加强，羊群效应会被减弱。

本节扩展了众筹领域的研究范围。之前众筹的研究主要集中于社交媒体、页面布局等因素对众筹绩效的影响，而我们把研究焦点放在了支持模式上，通过对引入抽奖模式的众筹的支持者数量及众筹绩效之间的关系的研究，在众筹领域确认了羊群效应的存在。另外，本部分研究指出了以往的研究中"众筹社区"这一概念的具体表现，并利用众筹页面的点赞数据研究了社会认同对投资者决策的影响。

(二) 政策建议

随着互联网对商业的渗透，越来越多的企业参与到互联网平台中来，也越来越迫切地需要增加对平台的了解。本节通过分析某大型众筹平台的项目数据，对企业的众筹提出以下建议。

首先，要在项目初期关注参与人数的增长，通过增加项目曝光率提高抽奖者参与人数，并不断跟进投资者人数的变化，确保其在项目进行到一定阶段后，可以提供筹资金额上的优势。其次，通过整合营销，激励页面浏览者的点赞行为。点赞行为对项目有重要的影响，如果在某一领域的交流社区，如某些专业论坛中，建立项目口碑，对众筹绩效的提高会有显著的作用。

对于众筹平台而言，如何提供一个更加开放、多元的平台，满足投资者不同的需要，以及创造信任机制，营造众筹的社区环境，是一项巨大的挑战。

(三) 研究局限性和未来的研究方向

首先，我们的研究没有对项目数据根据其众筹类型进行分类。因此，本部分研究无法辨识出不同项目类型对本部分研究结论的影响。未来可以研究单个类型的项目，找出影响本部分结论的类型因素。

其次，投资风险也是众筹平台的一个不可忽视的问题。随着国内众筹平台的日益成熟，投资者也会趋于理性，将风险纳入决策依据中。未来可以从平台角度研究风险评估的机制或模型。

最后，本节采用二手数据的研究方法，客观反映事实，但存在以下不足：第一，项目数据是平台上经过审核的项目的反映，因此可能存在幸存者偏差的问题；第二，本节研究依据理论推导出支持者动机，缺乏调查问卷等研究方法所具有的对动机研究的可靠性。

第三节 产业聚集的"淘宝村"

2004年以来，互联网电子商务的高速发展极大地改变了中国商品流通和消费购物的模式，越来越多的消费者从线下购物转到了线上购物，越来越多的生产厂商选择"触网",将销售渠道从线下搬到线上。伴随而来的是具有鲜明中国特色产业集聚模式的淘宝村的迅猛发展。淘宝村自 2009 年发端兴起时仅有 3 个,到 2017 年已经发展到 2118 个,遍及全国 24 个省份,年销售额超过 1200 亿元。①

淘宝村是一个新生事物,学界对其形成和发展的研究尚处于起步阶段。曾亿武等(2015)根据江苏东风村和广东军埔村两个调研案例提出,淘宝村是由网商、生产商、服务商、电商协会和社会环境等各类服务主体构成的共生进化系统。曾亿武和郭红东(2016)提出包含产业基础、电商平台、基础设施、新农人以及市场需求五个要素的淘宝村形成理论框架。周静等(2017)从产业基础、电商平台、网商群体和物流支撑四个维度构建江苏淘宝村发展的动力机制。刘亚军和储新民(2017)运用演化经济学分析方法,结合多个淘宝村实例,提出企业家精神、技术创新和商业模式创新、农民网商"双网学习"以及网商的竞争合作是淘宝村形成和发展的动力。部分文献聚焦于社会网络对淘宝村的影响。刘杰等(2011)基于案例调研指出社会网络有助于淘宝村网商能人发现创业机会,获取创业资源,形成创业组织。崔丽丽等(2014)基于浙江丽水淘宝村的案例调查实证地证明了邻里示范、社交示范和网商协会组织等社会创新因素对淘宝村的形成具有重要作用。李育林和张玉强(2015)根据淘宝村具体案例剖析了在淘宝村发展过程中地方政府职能作用的重要性。部分研究者关注地理空间分布格局与淘宝村发展动因的关系。朱邦耀等(2016)利用地理空间数据发现淘宝村呈现组团状集聚格局,商业文化传统、乡镇互联网化、邻近示范、产业集群协同等因素是淘宝村空间集聚的驱动因素。徐智邦等(2017)分析指出淘宝村分布呈现从东部沿海向西部内陆梯度递减的特征,地域网络消费、通信网络、网络金融、快递行业的发展以及当地的商业文化和邻里效应都是推动淘宝村快速发展的因素。

已有的淘宝村研究存在三点不足之处:(1)缺少对淘宝村的经济学界定,没有对不同起源的淘宝村区分对待。阿里巴巴官方将淘宝村定义为网商数量占当地家庭户数 10% 以上,年线上交易额超过 1000 万元的村庄,而已有的研究文献也大多沿用这种定义方式。但这种定义主要依据的是线上销售金额,是从方便电商平台运营管理和资源配置的角度提出的,并不是从经济学研究角度。

---

① 阿里研究院:《中国淘宝村研究报告》,2019 年 9 月。

淘宝村按其形成原因的不同可以归为两类：一类是拥有良好产业基础的块状经济体在原有线下渠道基础上拓展线上渠道进行销售，是从有到优，比如广东顺德乐从镇；另一类是原偏远落后的农村地区利用电商平台建立起一定规模的产业，是从无到有，比如江苏睢宁东风村。两者虽然同是集聚经济，但成因有着根本的不同，需要区别对待。（2）重视供给侧因素的研究，对需求侧因素关注不够。已有的研究借用产业集聚理论的成果，侧重从供给侧的集聚因素来解读淘宝村的形成原因和发展机制，研究角度呈多样化：从马歇尔技术外部性和金钱外部性[①]、分工协作、创新扩散、商业模式到社会网络、社会文化、政府政策、基础设施、产业协同等角度均有所涉及；相比之下对需求侧的因素重视不足，尤其是对电商平台的作用考察不够，大多把电商带来的线上消费的兴起当作背景因素或者与供给侧因素笼统地混在一起进行考察，而且往往论述不详。（3）研究方法多样化，有经济学的研究，也有管理学和社会学的研究，还有地理学的研究，但定性分析和数据描述多而系统理论少，各种研究方法间缺少整合。

第一类先发的成熟块状经济体利用电商平台拓展销售市场形成的"淘宝村"，在经济研究上属于生产者线上线下渠道选择和协同的问题，而第二类后发的农村地区依靠电商平台从零开始形成的"淘宝村"，在经济研究上属于产业集聚形成和发展的动力和机制问题。本节关注的是第二类"淘宝村"，即从无到有地在电商平台驱动下由外围地区要素形成的后发产业集聚。本节试图设计构造一个经济理论模型，用比较静态的均衡分析方法，结合江苏睢宁东风村等"淘宝村"的实际案例来较为全面和系统地刻画出第二类淘宝村的形成和发展机制。

一、模型的构建

（一）中心城市和外围农村

假定一个区域内已经先发地形成了中心城市和外围农村两类地区。初始

[①] 马歇尔外部性是指产业的产量增加带来企业生产成本的下降。经济学家马歇尔认为外部性包含三种类型：中间投入品的规模效益；劳动力池供给效应；信息交换和技术扩散。前两种称为金钱外部性（pecuniary externalities），后一种被称为技术外部性（technical externalities）。

时，中心城市拥有多种规模报酬递增的制造业，外围农村只有规模报酬不变的农业，没有制造业。在中心城市高报酬高收入的吸引下，外围农村是要素流出地，中心城市是要素流入地。劳动力分为高技能劳动力和低技能劳动力两类，由于城市的物价水平高，只有高技能劳动力才能迁移到城市从事高收入的制造业，低技能劳动力的产出低于城市物价水平，无法在城市生活，只能在低物价水平的农村从事低收入的农业。低技能劳动力虽然无法迁移到城市，但是在同样低物价水平的农村区域内可以自由流动。

一些外围农村地区还拥有一定的不可流动的特色要素，比如历史文化、传统工艺、适宜农产品生长的自然条件等，这些特色要素会给农村地区的商品增加特殊的效用（U_S）。

在本模型的"中心—外围"结构中，外围地区广泛分布着限于农村地区内部流动的低技能劳动力要素和一些不可流动的特色要素，这些构成了淘宝村后发产业集聚的禀赋条件。

（二）商品生产者和商品生产成本

落后的外围农村地区劳动力资源较为丰富，价格低廉，在淘宝村产业起步阶段将主要依靠发展劳动力密集型产业，故为简化起见，本节仅考虑劳动密集型商品，不讨论资本密集型、技术密集型和知识密集型商品。

假定城市和农村生产的商品对消费者的使用效用相同，都是U_P。商品生产成本包含三个部分：生产劳动成本、生产性服务成本和基础设施成本。城市生产者生产的商品成本为$C_C = C_{CL} + C_{CS} + C_{CI}$，农村生产者生产的商品成本为$C_R = t_L C_{RL} + t_S C_{RS} + C_{RI}$，$t_L$和$t_S$分别表示农村相对于城市的生产技术水平系数和生产性服务技术水平系数，一般来讲，t_L和t_S都大于1，表示农村的生产技术水平和生产性服务技术水平都落后于城市。

城市生产者和农村生产者会选择同时向实体门店和电商平台供货销售商品。由于劳动密集型商品进入门槛低，城市中的商品生产处于完全竞争状态，城市商品生产者会按照生产成本（C_C）设定价格（P_C），向电商平台和实体门店供货销售。

农村商品生产者向电商平台和实体门店供货销售的价格记为P_R。

（三）消费者购买的交易成本和商品选择

消费者购买一件商品可以选择电商平台的线上渠道和实体门店的线下渠

道，在电商平台和实体门店都可以选购到城市生产的商品和农村生产的商品。实体门店和电商平台在商品生产者供货的价格上加上各自的渠道服务费向消费者销售。

消费者购买商品除了支付生产者的商品价格之外，还需要支付交易成本。无论是线上购买还是线下购买，消费者购买的交易成本都包括渠道服务费、搜寻成本、物流成本、风险成本和其他成本五个部分。表 5-18 展示了某一消费者分别在电商平台和实体门店购买城市商品的交易成本（C_{CT}）和农村商品的交易成本（C_{RT}）的结构。

表 5-18　消费者在电商平台和实体门店购买城市商品与农村商品的交易成本结构

交易成本项目	城市商品		农村商品	
	电商平台	实体门店	电商平台	实体门店
渠道服务费	$C_{COnChnl}$	$C_{COffChnl}$	$C_{ROnChnl}$	$C_{ROffChnl}$
搜寻成本	$C_{COnSrch}$	$C_{COffSrch}$	$C_{ROnSrch}$	$C_{ROffSrch}$
物流成本	C_{COnLog}	无	C_{ROnLog}	无
风险成本	$C_{COnRisk}$	$C_{COffRisk}$	$C_{ROnRisk}$	$C_{ROffRisk}$
其他成本	ε 正态随机变量		η 正态随机变量	

其他成本变量的设定可以类比于线性回归模型中的随机项。实际中，消费者购买选择还受到很多因素影响，如个人特点、地理位置、购物场景、广告宣传、消费偏好、购买冲动和社交关系等，把这些纳入其他成本的随机项可以提升模型与现实的吻合度，增强模型解释力。

某消费者购买城市商品的效用为 $U_C = U_P - P_C - C_{CT} = U_P - C_C - \min\{C_{COnChnl} + C_{COnSrch} + C_{COnLog} + C_{COnRisk}, C_{COffChnl} + C_{COffSrch} + C_{COffRisk}\} - \varepsilon$，购买农村商品的效用为 $U_R = U_P + U_S - P_R - C_{RT} = U_P + U_S - P_R - \min\{C_{ROnChnl} + C_{ROnSrch} + C_{ROnLog} + C_{ROnRisk}, C_{ROffChnl} + C_{ROffSrch} + C_{ROffRisk}\} - \eta$，则购买城市商品与购买农村商品效用差 $\Delta = U_C - U_R$。如果 $\Delta < 0$ 消费者就会选购农村商品，如果 $\Delta > 0$ 消费者就会选购城市商品。

假设所有消费者共购买 N 次商品，N 足够大。由于一个消费者在某次购买时选择城市商品和农村商品的效用差 Δ 受到数量众多而作用很小的因素的影响，根据中心极限定理可以认为 N 次消费者购买的城市商品和农村商品效

用差 Δ 服从正态分布。设 Δ 的正态分布概率密度函数为 $Q(x,\mu,\sigma)$，使用期望购买次数等同于实际购买次数进行分析，可以得到农村商品的需求量为 $N_R = N\int_{-\infty}^{0} Q(x,\mu,\sigma)\mathrm{d}x = N\int_{-\infty}^{0} \frac{1}{\sqrt{2\pi}\sigma}e^{\frac{-(x-\mu)^2}{2\sigma^2}}\mathrm{d}x$。农村商品的市场占有率为 $\frac{N_R}{N}$。

如果 $\mu>0$，则农村商品市场份额小于城市商品市场份额；如果 $\mu<0$，则农村商品市场份额大于城市商品市场份额。图 5-4 阴影部分显示了某商品市场上农村商品的市场份额，空白部分表示城市商品的市场份额。

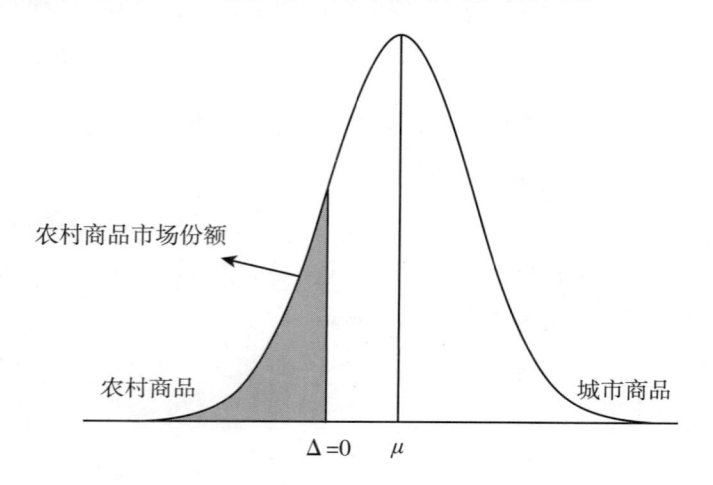

图 5-4　市场上农村商品市场份额

（四）消费者购买商品选择的变动

很多因素会影响消费者购买城市商品和农村商品的效用，进而影响市场上消费者购买城市商品和农村商品效用差 Δ 的概率密度函数，造成城市商品和农村商品的市场份额变动。例如，以纪录片《舌尖上的中国》中的章丘铁锅为典型案例的农村传统工艺的突然流行火爆，对应模型中农村商品的特色效用 U_s 增加；农村地区交通基础设施水平提升，物流成本下降，对应模型中农村商品的物流成本 C_{COnLog} 下降；某年农产品丰收带来原料成本下降引发农村商品价格 P_R 下降等。根据定义和表达式可以看出这些变化会导致消费者购买农村商品效用增加，购买城市商品和农村商品效用差 Δ 的正态函数曲线 $Q(x,\mu,\sigma)$ 向左移动形成新的正态函数曲线 $Q'(x,\mu',\sigma)$，$\mu'<\mu$，图 5-5 阴影部分的变化显示了这种消费者购买城市商品和农村商品效用差的变动带来的市场份额的改变情况。

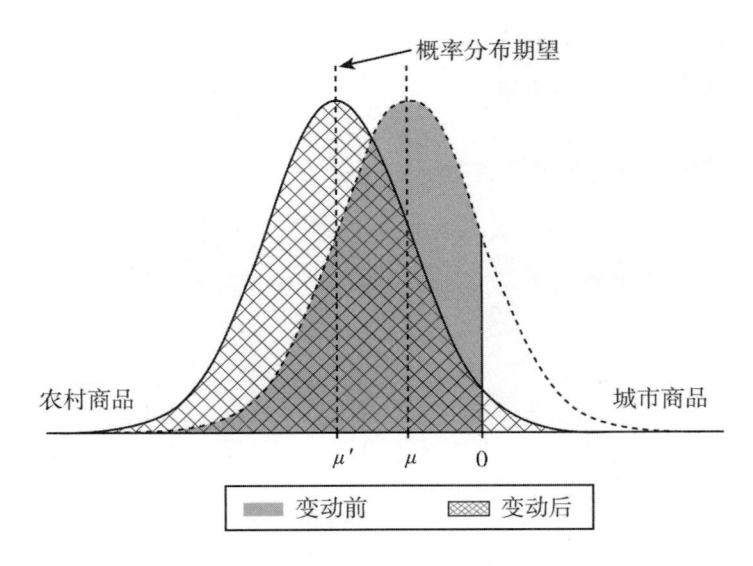

图 5-5　消费者效用差函数曲线变动

（五）外围农村要素禀赋对消费者购买选择的影响

农村要素禀赋条件会影响农村商品的成本优势和差异化优势，进而影响消费者购买城市商品和农村商品的选择。农村的劳动力价格低于城市越多，农村商品销售价格就会越低，就越有成本优势。由于低技能劳动力在农村地区可以自由流动，淘宝村周围的劳动力数量越多，农村商品就越有可持续性的成本优势。如果农村当地特色的历史文化和传统工艺，比如山东即墨的明代鸟笼、云南鹤庆的唐代银器、河南孟津古典牡丹画等，能够给消费者带来额外的效用，农村商品就拥有差异化优势。这些要素禀赋优势在模型中表现为消费者的城市商品和农村商品效用差的正态函数曲线更加靠左，增大了农村商品的市场份额。值得强调的是，外围农村的要素资源禀赋虽然可以为农村商品提供一定的竞争优势，能对产业集聚起到促进作用，但事实证明仅有这些并不能够实现产业集聚，而是需要有其他的"关键"因素来激活这些要素才能形成集聚。

二、淘宝村形成和发展的均衡分析

在构建前述模型的基础上，我们运用比较静态的方法分别分析淘宝村形成阶段和发展阶段的均衡过程。淘宝村形成阶段和发展阶段依据动因的不同划分：形成阶段的推动力量是外部需求变化以及市场竞争驱动；而到了发展阶段，推动力量转换为产业集聚效应。

（一）淘宝村的形成阶段

图 5-6 阴影部分展示了淘宝村形成过程中三个分阶段（电商发展前初始状态、电商发展引发能人率先进入以及效仿者进入）的市场份额变化情况。

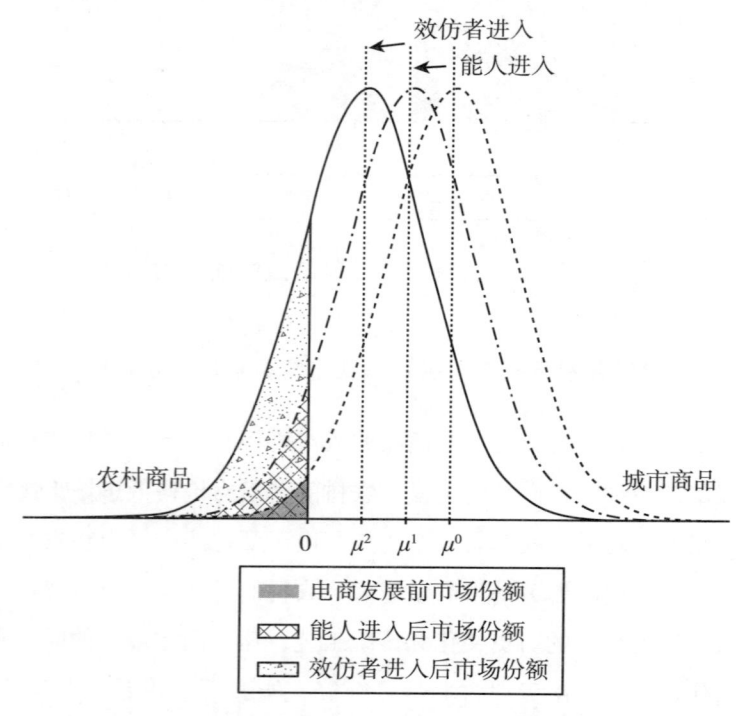

图 5-6 淘宝村形成阶段市场份额变化情况

1. 电商发展前农村商品交易成本远大于城市商品，市场份额很小

电商平台发展兴起之前，农村和城市的生产者都只有实体门店一种销售渠道可以选择，模型上对应为线上渠道购买商品的交易成本无限大。农村所处地方偏远，实体门店销售农村商品需要支付更多的运输成本，因此会向消费者附加索要更高的渠道服务费，即 $C_{ROffChnl} > C_{COffChnl}$；农村生产者相较城市生产者规模小，实力弱，售后服务水平低，维权困难，因此消费者购买农村商品的风险成本也高于购买城市商品，即 $C_{ROffRisk} > C_{COffRisk}$；农村商品相比城市商品缺少营销推广投入和品牌经营，消费者难以知晓，消费者购买农村商品的搜寻成本远高于城市商品，即 $C_{ROffSrch} > C_{COffSrch}$。

此时农村低廉的劳动力要素和特色要素优势无法抵消交易成本高昂的劣势，农村商品需求量很小，无法触发集聚的形成。模型上对应为消费者购买城市商品和农村商品效用差 Δ 的期望值 μ 远大于 0，农村商品需求量 $N_R^0 = N\int_{-\infty}^{0} Q^0(x,\mu^0,\sigma)\mathrm{d}x$ 很小，市场份额也很小。

2. 电商发展后农村商品和城市商品交易成本不对称变化，需求增加，能人率先进入

电商平台发展兴起之后，农村生产者和城市生产者在原有实体门店的渠道之外多了线上渠道可以销售。无论最终选择农村商品还是城市商品，消费者都将选择交易成本最低的渠道购买，会有相当一部分消费者从线下购买转化为线上购买。对于线上购买的这部分消费者需求而言，农村生产者可以通过规模更大和更专业化的电商物流将商品直接送给消费者，与同样使用电商物流线上销售的城市商品相比，农村商品物流成本劣势得到削弱；电商平台推出的第三方交易担保和卖家声誉评估机制能够统一覆盖城市商品和农村商品，缩小了消费者线上购买城市商品与农村商品的风险成本差异；李海舰等（2014）指出在互联网平台上商品展示和搜索的成本极低，消费者在线上搜寻农村商品和城市商品的成本相差无几，弱化了原本农村商品在搜寻成本上的劣势。这样，电商平台发展影响了城市商品和农村商品的交易成本，弱化了农村商品的交易成本劣势，在模型上对应为消费者购买城市商品和农村商品效用差 Δ 的正态函数曲线左移。

电商平台改变了农村交易成本的区位条件，增大了农村商品的市场需求量。少数农村能人敏锐地发现其中的商机，率先投入商品生产。假定此时在农村仅有能人进入该商品市场，暂时垄断了农村地区的所有商品生产，并以高于实际的农村生产成本 C_R 的价格 P 销售，此时消费者购买城市商品和农村商品效用差的概率密度函数变为 $Q^1(x,\mu^1,\sigma), \mu^1 < \mu^0$，能人的市场销量为 $N_R^1 = N\int_{-\infty}^{0} Q^1(x,\mu^1,\sigma)\mathrm{d}x$，利润为 $\pi = (P - C_R)N\int_{-\infty}^{0} Q^1(x,\mu^1,\sigma)\mathrm{d}x$。农村商品的市场份额较初始情况有所增加。对应于江苏东风村实际发展的案例，示范能人孙寒最早把握机会在村里从事家具生产销售，并赚取了丰厚的利润迅速成为百万富翁（曾亿武等，2015）。

3. 能人赚钱示范引发效仿者进入，农村商品产量增加，价格降低，市场份额增加

能人带头示范在电商销售商品可以赚取高额利润，其他村民纷纷效仿进入。由于淘宝村商品生产进入门槛低，会形成完全竞争的市场结构，产量大幅度增加，销售价格也从 P 下降到按照成本 C_R 定价，这样市场上消费者购买城市商品和农村商品效用差的概率密度函数变为 $Q^2(x,\mu^2,\sigma)$，$\mu^2<\mu^1$，正态函数曲线继续向左移动。此时农村地区的商品产量增加到 $N_R^2 = N\int_{-\infty}^{0} Q^2(x,\mu^2,\sigma)\mathrm{d}x$，市场份额进一步扩大。与此同时，率先进入市场的能人面对进入者的竞争无法保持高于成本的定价，垄断利润消失。对应于江苏东风村实际发展的案例，示范能人孙寒表示最初在淘宝销售家具的时候利润率可以达到100%，随着竞争者的不断进入，利润率逐渐下滑到15%，自己的网店经营也变得困难起来。[①]

至此电商发展带来的外生需求增加和市场竞争推动了淘宝村的形成，市场份额从很少增加到一定水平，完成了形成阶段，步入了新的发展阶段。

（二）淘宝村的发展阶段

在发展阶段，一方面产业集聚的向心力推动淘宝村产业继续扩大，另一方面产业集聚的离心力也在制约着淘宝村的规模上限。图5-7阴影部分描述了发展阶段淘宝村市场份额在集聚向心力和集聚离心力作用下的变化。

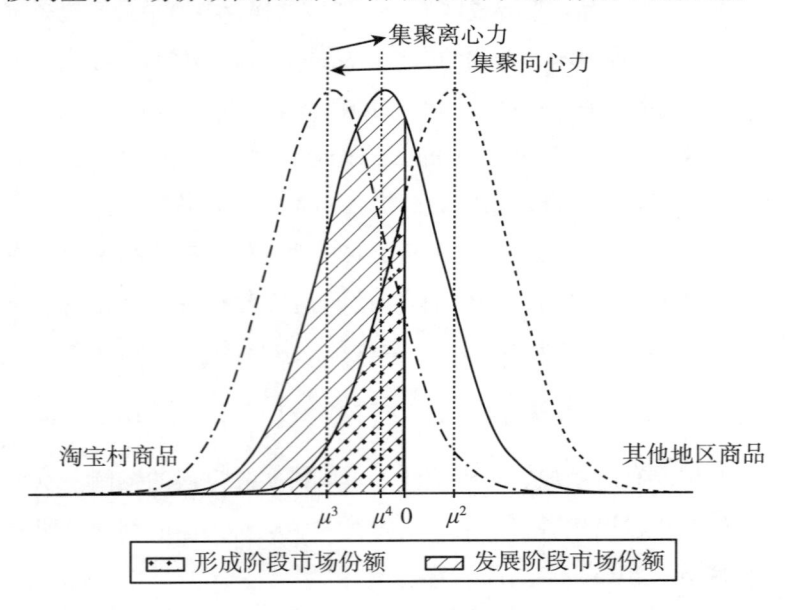

图5-7 淘宝村发展阶段市场份额变化情况

[①] 中国社会科学院：《"沙集模式"调研报告》，2011年2月。

1. 集聚效应提供集聚向心力，推动淘宝村集聚扩大

淘宝村产业形成之后，在报酬不变的农业地区出现了报酬递增、收入高于农业的制造业，周围从事农业的劳动力受高收入吸引会大量转投淘宝村产业。很多案例调研显示淘宝村村民的亲戚朋友纷纷远道而来投靠加盟，农村熟人社会的社会网络效应在其中发挥了较大的作用。要素的大量流入延缓了劳动力价格上升，既扩大了淘宝村的产业规模，也维持了淘宝村商品的低价格优势。

要素集聚形成较大规模之后，马歇尔外部性会发挥作用，通过分工、共享和知识溢出效应增强淘宝村的产业集聚。市场规模的扩大促进分工和专业化投入品的产生，淘宝村生产者在竞争的驱使下深化生产过程的分工程度，采用效率更高的专业设备，使用专业化的生产性服务。东风村从最初的手工家具小作坊发展成为包含外观设计、板材加工、五金生产、家具制造、包装、印刷、仓储、快递、美工、网页制作、营销广告和客户服务等环节的整套生产流程。价值链拉长带来的分工深化可以大大提高淘宝村的生产效率，降低成本，在模型上表现为农村生产技术水平系数 t_L 和生产性服务技术水平系数 t_S 降低。

淘宝村规模发展之后形成的生产制造和生产性服务劳动力池，能够降低生产劳动要素成本和生产性服务要素成本。东风村现在已经发展到农民网商3000多人，为淘宝村产业提供了丰富的劳动要素资源储备，这在模型上表现为 C_{RL} 和 C_{RS} 下降。随着市场规模的扩大，淘宝村各生产者还能够共享很多基础设施。快递公司会面向具有较大规模的淘宝村投入建设更大规模和更专业化的物流基础设施，例如，东风村所在的沙集镇2014年的快递规模超过了3000万元，吸引了40多家快递公司进驻，建立乡镇物流网点；电商平台推行"渠道下沉"，配设专门的运营专员辅导村民接入平台，向村民提供商业市场信息和小微企业金融贷款，降低淘宝村生产者的信息成本和融资成本；当地政府同时也会向形成规模的淘宝村增加投入交通、通信和水电等基础设施资源和服务，这些在模型上表现为 C_{RI} 下降。

农村地区的地理聚居和熟人社会特点有利于村民间的知识传播和扩散。创业能人往往会较少保留地向乡里乡亲、亲戚朋友介绍成功经验、商业信息、生产诀窍和网店运营方法。互联网的接入也使村民突破原来农村信息闭塞的环境，能够在更加开放的网络环境中掌握信息和学习知识。这些知识溢出效应在模型中表现为农村生产技术水平系数 t_L 和生产性服务技术水平系数 t_S 降低。

马歇尔外部性产生的集聚效应降低了淘宝村商品的成本，扩大了对淘宝村商品的需求，增加了淘宝村商品的产量；产量的增加又继续通过集聚效应降低成本，形成循环累积的正反馈机制，使淘宝村占有了较为可观的市场份额。这些在模型上对应于市场上消费者购买城市商品和农村商品效用差的概率密度函数变为 $Q^3(x,\mu^3,\sigma),\mu^3<\mu^2$，正态函数曲线左移。此时农村地区的商品产量增加到 $N_R^3 = N\int_{-\infty}^{0} Q^3(x,\mu^3,\sigma)\mathrm{d}x$，市场份额得到扩大。

2. 拥塞效应和外部竞争形成集聚离心力，制约淘宝村集聚增长

随着淘宝村规模的扩大和集聚的增强，拥塞效应也随之而来。大量的生产者在一个地区集聚会导致对公共基础设施、生活服务设施、原材料、劳动力和土地的争夺，造成基础设施、原材料、劳动力和土地等价格上升，增加商品的成本，还会出现过度竞争和恶性竞争的情况。

电商的发展既然能够增加消费者对本地淘宝村的商品需求，那么同样能够增加对其他农村地区的商品需求，促进其他地区淘宝村的崛起。淘宝村产业多是没有进入门槛、低技术含量的劳动密集型产业，同行业其他地区淘宝村的形成和发展不可避免地会与本地淘宝村形成竞争。先行的浙江永嘉西岙村教玩具淘宝村就受到同行业后来的江苏宝应县曹甸镇和山东临沂的竞争冲击（朱康对等，2015）。

拥塞效应抬高了本地淘宝村的商品成本和价格，其他淘宝村竞争的出现导致一些消费者选择其他地方商品的效用更高，减少了对本地淘宝村商品的需求量，这些起到抑制淘宝村规模扩大的作用，在模型上对应于消费者购买其他地区商品与本地淘宝村商品效用差概率密度函数变为 $Q^4(x,\mu^4,\sigma),\mu^3<\mu^4$，正态函数曲线右移，本地淘宝村商品产量减少到 $N_R^4 = N\int_{-\infty}^{0} Q^4(x,\mu^4,\sigma)\mathrm{d}x$，市场份额缩小。

综合以上两方面考虑，发展阶段的淘宝村在马歇尔外部性集聚效应的推动下，商品成本继续下降，产业集聚增强；但是在拥塞效应和外部竞争的制约下，淘宝村商品的市场竞争优势被削弱了，产业集聚发展受到阻碍。

三、结论及启示

（一）电商平台的产业集聚能力是后发淘宝村产业集聚形成和发展的关键

"中心—外围"结构是在规模报酬递增的循环累积效应下形成的，具有很强的路径依赖性，在外围落后的地区后发地实现产业集聚困难重重。相较城市，农村拥有劳动力要素的低成本优势和特色要素的差异化优势，但也有交易成本高的巨大劣势。两相比较，如果农村商品的优势不能弥补劣势，那么其商品的市场竞争力就弱，需求量就少，就无法启动淘宝村的产业集聚。

电商平台能够不对称地影响农村商品和城市商品的交易成本，为后发淘宝村的形成提供了绝佳契机。由于消费者线上购买农村商品和城市商品的交易成本差要小于线下购买农村商品和城市商品的交易成本差，电商平台实际上改善了农村的交易成本区位条件，弱化了农村商品劣势，扩大了农村商品的需求。

电商平台也是淘宝村发展阶段马歇尔外部性的重要来源。电商平台为村民网商提供营销广告、在线支付、交易担保等专业化生产性服务，提供物流基础设施和小微企业金融贷款等基础服务给淘宝村共享，给村民提供市场信息和商务培训促进知识传播和扩散，这些都能够在供给侧降低淘宝村商品的成本。

淘宝村的要素禀赋如低成本劳动力要素、特色要素以及头脑敏锐的农村能人等，都是普遍存在的，模型也显示这些要素具有促进和加速产业集聚形成和发展的作用，但在电商平台发展之前淘宝村并没有依靠这些要素禀赋形成先发的集聚区域，而是沦为了外围地区；可是在电商发展之后这些要素就被迅速激活起来，甚至能够吸引周边的低成本劳动力要素形成集聚，成为外围区域中局部的"中心地区"。前后鲜明对比足以证明电商平台需求侧扩大商品需求，供给侧降低商品成本的二重性具有强大的产业集聚力，是淘宝村产业集聚能够后发形成和发展的关键。

（二）淘宝村产业集聚实现产业空间布局优化和包容式发展双提升

淘宝村产业集聚是一种电商平台驱动的城乡间产业转移扩散模式，将外围农村地区闲置的、无法被中心城市利用的低技能劳动力要素投入生产，降低了商品成本，提高了消费者的低价格福利，同时还发挥一些当地特色要素优势，提高了消费者的差异化福利。淘宝村的发展必然造成城市中同一产业商品生产规模缩小，通过替代效应释放出城市中宝贵的土地和高技能劳动力资源，有利于城市的产业升级，同时疏散城市产业到农村也有助于缓解城市的拥塞效应，实现了产业空间布局的优化。

淘宝村产业集聚还是一种能有效促进城乡均衡的包容式发展。淘宝村在就业吸纳上比城市产业更加包容。由于从事淘宝村产业离土不离乡，生活成本远低于城市，很多在城市无法立足的低技能劳动力也能够找到工作。在淘宝村能够在家工作计件取酬，行动不便的村民可以找到工作；家庭妇女可以一边带小孩一边做仓储保管；有特色手艺的村民能够充分发挥才能；老年人也可以用手写板做在线客服与客户交流；缺乏技能的青壮年劳动力也能够从事无技能要求的物流快递工作。淘宝村能够提高村民生活水平，完善基础设施，促进就地城镇化。根据阿里巴巴的《中国淘宝村研究报告（2017年）》，国家级贫困县有淘宝村33个，省级贫困县有淘宝村400个，这些贫困县淘宝村的收入水平都显著高于全县平均水平，不少贫困的村民接到一个淘宝订单就可以赚取几千元的收入，实现"一单脱贫"。经济发展、收入提高之后政府会投入资源，提升通信、交通、水电、教育和医疗等基础设施，提高农村的城镇化和现代化水平。曾经"全村拾破烂"的江苏东风村现在已经建成了集生产、居住、物流和公共服务于一体的电商产业园区，拥有5.1万平方米的标准厂房和1.2万平方米的电商大楼，完成了一个村庄的城镇化，整个空间面貌已经产生了根本性的变化。淘宝村同时也在农村产生了良好的社会效益，没有留守儿童、空巢老人的现象，婆媳关系更加融洽，犯罪率下降，幸福宜居度大幅度提高。

（三）政府需要分阶段制定针对性的淘宝村产业集聚政策

淘宝村在形成和发展阶段的动力机制不同，因此要求政府制定和执行不同的政策。

1. 重视淘宝村形成的循环累积效应，培育示范能人，增强基础设施，加速产业集聚

淘宝村的形成主要是在电商平台发展的驱动下依靠市场自发进行的，形成过程一旦启动，就会受到市场竞争、外围要素资源自发流动和马歇尔外部性作用的推动，具有循环累积效应的正反馈性。但市场自发并不是排斥政府介入，政府在制定政策的时候应基于这种经济规律持有一种战略前瞻性，形成积极的"预期"，主动地给市场自发的力量提供良好的成长环境。促进淘宝村集聚形成的劳动力要素和特色要素是外生给定的，政府应该着眼于强化能人带头作用和基础设施供给。能人是淘宝村集聚形成的催化剂，能够加速商机识别和产业形成的过程，政府可以鼓励知识文化水平较高的村民、基层公务员和干部、大学生村官等带头创业探索商机；尝试引入外地企业家补充本地能人资源，预先主动与可能转移到农村的城市企业家接洽招商引资。政府需要积极投入到农村地区的基础设施建设，保障产业集聚形成所需的通信、电力、交通等公共服务到位，以降低本地商品成本，提升竞争力。

2. 重视产业组织优化，吸引高级要素推动产业升级，优化产业空间布局，增强集聚优势

淘宝村产业门槛低，主要依靠低成本获取竞争优势，因此淘宝村内容易产生打价格战的恶性同质化竞争，增强阻碍集聚的离心力，损害集聚体的整体竞争力。淘宝村民形成行业协会，采取集体行动抱团发展，规范竞争秩序，能够有效提升本地的产业集中度，促进从单一的价格竞争转向品牌化竞争、差异化竞争和技术创新竞争（曾亿武和郭红东，2016），对此，政府应该予以培育、支持和引导。

淘宝村产业升级发展离不开引入中心城市地区的高技能劳动力、人才和技术。江苏东风村依靠引进著名的家具设计师提升产品设计，进行产品升级，采购先进的生产设备进行技术升级，经受住了一波产业升级的考验。对此，政府要特别注重提升淘宝村的生活宜居度，弥补农村生活条件差的短板，以吸引高级技工和人才落户定居，同时还要努力提高农村金融服务水平，向村民提供优惠便利的融资服务，为技术进步提供金融支持。

政府可以制定适合淘宝村集聚发展的产业空间布局规划，因势利导、因地制宜地考虑将邻近的若干个淘宝村升级合并为淘宝镇[1]，扩大淘宝村产业的规模和多样性，加深分工协作、提升劳动力池和基础设施的共享程度，并在 MAR 知识溢出效应的基础上再收获雅各布斯知识溢出效应[2]，以提升产业集聚效益。

（四）本部分研究的贡献、不足和未来研究方向

本节探索使用新的模型和方法，以"中心—外围"理论为基础，构建消费者效用差函数模型进行均衡分析，较为直观和系统地从需求侧和供给侧两

---

[1] 阿里巴巴官方"淘宝镇"的统计标准是一个镇、乡或街道出现的"淘宝村"大于或等于3个。
[2] 雅各布斯知识溢出效应是指不同产业的大量企业在某个区域集中，有利于跨产业知识的外溢和扩散，能够降低集聚企业的生产成本，促进创新。

个方面描述出电商平台和外围地区要素资源在后发淘宝村产业集聚形成和发展过程中的作用机制，从理论层面揭示了一类淘宝村产业集聚发展的经济规律。

本节局限于劳动密集型淘宝村产业集聚的形成和发展，而没有考察资本、技术和知识等要素的作用以及淘宝村产业集聚升级的过程，需要进一步深化和优化。另外，本节主要采用纯理论模型推导的研究方法，还需要进一步结合数据进行实证分析。

第六章

信息不对称与治理

在市场交易中，交易双方拥有的信息不同。掌握信息比较充分的一方，往往处于有利的地位，有可能隐藏对自己不利的信息。在合同签约之前，信息优势方隐藏信息的行为一般称为逆向选择。对交易信息的隐瞒，会使信息不足方的成交意愿减少，最终导致市场的萎缩。

在重复博弈的零售环境下，信誉机制可以在一定程度上克服信息不对称带来的负面影响。然而，对于一些非重复博弈的市场，信誉机制很难发挥作用，例如二手车市场和个人借贷市场。在互联网上，那些最有可能造成违约风险的融资者，往往就是那些寻求资金最积极而且最有可能得到资金的人。

在非重复博弈的市场环境下，解决这一问题的主要方法就是信息披露。信息披露制度虽然无法彻底解决信息优势方隐瞒对自己不利信息的问题，但交易者至少可以将对自己有利的信息充分地展示出来。在市场竞争的环境下，如果将披露其他市场参与者没有披露的信息作为自己的竞争优势，那么信息不对称问题将大大缓解，市场效率将得到有效提升。

第一节 众筹中的信息披露与价格歧视

一、引言

众筹（crowdfunding）即"群众筹资"，是一种面向大众募集项目资金的筹资模式。中国人民银行发布的《2014 中国金融稳定报告》将众筹定义为"通过网络平台为项目发起者筹集从事某项创业或活动的小额资金，并由项目发起者向投资人提供一定回报的融资模式"。在一个众筹项目中，项目发起者会通过向公众展示和宣传自己的创意、项目和计划，以争取投资者支持，筹取所需资金。众筹为我国中小微企业提供了新的发展方向、市场空间和融资途径，在一定程度上解决了中小微企业面临的"融资难、融资贵"问题，与2019 年《政府工作报告》中提到的"进一步把大众创业万众创新引向深入"相契合。因此，如何用好众筹平台、设置好众筹项目，以实现发起者、投资者和众筹平台的"三赢"对各利益相关者尤为重要。

由于众筹项目的发起者和投资人之间存在信息不对称，发起者会精心挑选、甚至夸大向投资人展示的信息，这会产生逆向选择问题；同时，发起者通常会对众筹项目划分档位，以此来分层定价、细分投资人，这实质上是一种价格歧视。因此，在项目质量一定的情况下，项目发起者如何准确地通过信息披露向众筹项目的潜在投资者传递"项目值得投资"这一信号、吸引更多的投资者，并合理利用档位设计进行价格歧视、让潜在投资者实现自我揭示以最大化自己利益，是本部分研究的出发点和落脚点。围绕信息披露和价格歧视这两个基本点，本节首先从数量和质量这两方面论证了信息披露会对众筹绩效产生积极影响，并对项目关注度的中介作用进行了研究。由于项目设置中存在价格歧视，本节进一步分析了价格歧视的积极影响和调节作用。此外，因为信息披露数量和价格歧视水平都会向每一个潜在投资者提供大量信息，对过量信息带来的"信息过载"的影响，本节也进行了探究。

本部分研究主要有以下四点贡献：第一，前人的研究以平台强制信息披露为主，较少涉及项目发起者的自愿信息披露，且对信息披露也未在数量和质量上作出区分，这个问题在本节得到解决，并在此基础上进一步发现了项目关注度的中介效应；第二，虽有不少研究运用价格歧视理论解释了众筹档位设置对众筹绩效的影响，但这些研究的重点在于寻找影响众筹绩效的因素，对价格歧视在众筹中的作用机理关注有限，对此本节也作出相应研究；第三，众筹中的信息披露和价格歧视是共存的，但对于之前未有研究考虑过的二者间关系，本节同样进行了关注和研究；第四，针对前人研究中档位数量存在影响方向不一致的矛盾现象，本节通过引入二次项进行解释，并进一步得到了众筹中会存在"信息过载"这一结论。至此，信息披露和价格歧视对众筹绩效影响的过程和结果在本部分研究中都得到了相对完整的解释和论证。

二、文献回顾

（一）众筹绩效

对于影响众筹绩效的因素，现有研究主要围绕众筹平台、众筹发起者、众筹参与者和众筹项目本身这四个主体开展。

在众筹平台方面，"all or nothing"（筹资者只有在规定时间内达到目标筹资额才能获得款项）和"keep it all"（筹资者可以无条件获得全部筹资款项）两种机制各有所长。黄玲和周勤（2014）指出众筹平台可以对接项目双方的异质性激励，利用"all or nothing"的阈值机制促进正反馈的形成，降低投资者被欺骗的可能性、提高众筹项目的可靠性，并使优质项目筹措到超额资金；黄健青等（2015）以"追梦网"为样本，对两种机制进行了横向比较，进一步指出在"keep it all"机制下目标金额较低、可扩展性较强的项目更易获得潜在投资者的青睐，而"all or nothing"机制下的众筹项目可以考虑设置较高的投资额。

在众筹发起者方面，同专业投资者相比，大众投资者在专业水平、投资经验和尽职调查意愿方面都显得不足，对项目质量水平的判断较主观，因此发起者需要尽可能多地展示项目的过人之处，让投资者发现项目的优点并选择投资（彭红枫和米雁翔，2017）。而关于众筹发起者如何通过对外展示信息来提高众筹绩效，本节会在之后的信息披露对众筹绩效影响方面加以详细总结。

在众筹参与者方面，叶芳和杜朝运（2015）运用两阶段模型探究影响项目吸引力的因素，发现投资者数量越多、参与众筹的额外效用越高、越偏好风险，项目的吸引力越大；库普斯瓦米和贝叶斯（Kuppuswamy & Bayus，2018）利用 Kickstarter 上的数据发现项目存在一个"U"型的筹资曲线：项目在前几周和后几周筹集的金额较多，而在中期筹集的金额较少；吴文清等（2016）验证了国内众筹项目在筹资过程中存在从众现象；曾江洪等（2020）将投资者分为三类，发现抽奖型投资者不受羊群效应影响，消费型投资者的从众行为会更多表现出非理性特征，而投资型消费者的从众行为则更加理性。

在众筹项目本身设置方面，黄玲和周勤（2015）基于期望理论发现项目投资者对项目成功概率的预期同项目是否新颖正相关、同项目的预设目标负相关，而优质的项目质量信号和差异化的项目回报设置则可以提高这种预期。吴文清等（2016）通过实证分析得出众筹项目的关注人数、互动话题数、价格梯度及筹资周期对众筹项目成功有显著正向影响。张天顶和胡馨杨（2017）发现最小投资额、网络互动和项目质量信号有利于融资效率，而较低的目标筹资额则更有利于提高融资效率。黄健青等（2017）利用回归分析与神经网络相结合的方法，发现代表项目质量的最低融资额、最高融资额、视频数量和代表发起者特征的发起者积分都有助于众筹的成功，而衡量项目不确定性的目标金额、回报级别和风险描述都对众筹的成功有负面影响。顾乃康和赵坤霞（2019）探索了产品众筹过程中的动态性，发现众筹项目的支持金额的新增数和累计数存在一种动态变化：在项目初期回归系数为正，随时间发展，回归系数呈下降趋势但仍为正，到项目结束阶段，回归系数又出现不明显的上升趋势。此外，随着累计支持金额接近目标金额，新增支持人数和金额增速明显。

部分研究针对众筹项目的部分具体设置进行了深入分析。刘梦冉和周耿（2016）引入1元抽奖模式，发现这一模式的成功降低了参与门槛，让更多人参与到众筹项目中来，从而提升支持人数，并通过羊群效应影响项目的众筹绩效。图里尔和坎莱特纳（Thürridl & Kamleitner，2016）认为仅在数量上作出区别过于单调，众筹项目应当战略性地选择奖励，不同投资档次上设置的回报应该在产品稀缺性、投资者的产品认知度和参与度方面作出区分。邓金卫（2016）研究发现投资者评论数能增加投资者对项目的兴趣，拉高项目筹资比例。王伟等（2016）采用扎根理论，借助文本挖掘方法，将众筹项目的语言说服风格分为五类，发现不同的语言说服风格会影响项目的成功率，其中诉诸情感这一风格对大多数项目而言都有效。

尽管前人对众筹平台、众筹发起者、众筹参与者和众筹项目本身这四个影响众筹绩效的因素进行了广泛而深入的分析，但尚未发现有研究将信息披露和价格歧视放在同一框架内。下面我们将对信息披露和价格歧视进行文献回顾。

（二）众筹的信息不对称与信息披露

一些研究指出了众筹中存在信息不对称的问题。多夫（Dorff，2014）指出股权众筹中存在信息不对称而导致逆向选择问题，因为真正有前途的创业公司会继续寻求传统的天使投资的帮助，而发起众筹的公司可能潜力有限。易卜拉欣（Ibrahim，2015）从法律角度指出众筹项目的发起公司可能存在债务过高、滥用潜在的不成熟的投资群体来应对其不完善的资本结构的问题，这会导致众筹市场中出现逆向选择。钟肖英（2017）通过委托代理理论研究了产品众筹中的逆向选择和道德风险问题，发现在信息不对称的情况下，众筹项目提供的高端产品不存在质量扭曲，但低端产品会更加劣质，即产品越贵反而性价比越高；而只有在产品价格够高或有足够多消费者了解产品质量的条件下，发起者的道德风险才会降低。

另一些研究者实证分析了信息披露对缓解信息不对称问题的积极作用。布洛克（Block，2016）指出，项目信息更新对项目投资者人数和筹资额都有显著的积极影响，但这种影响存在几天的滞后。戴静等（2016）分析了第三方推荐信息、历史声誉信息以及实时互动沟通对非专业投资者的显著影响：历史声誉和第三方推荐是专业投资者常用的决策依据，这些关键信息通过网络平台在更大范围内发送，辅以动态实时的社交互动，能有效吸引投资者。

还有一些研究者从信号传递理论这一视角解释了信息披露缓解信息不对称的机理。例如，康纳利等（Connelly et al.，2011）指出信号理论关注的是内部人士有目的地向外部人士传达关于其自身不易察觉的、积极的信息方式，被广泛应用于解释不同环境下信息不对称对决策制定的影响。王伟等（2016）认为针对某项目的讨论越多，该项目的筹资成功率就越高，因为讨论和互动都有助于增进投资者对项目的了解程度。岳中刚等（2016）利用债权众筹的数据发现众筹市场上的大众投资者有较强的信息甄别能力，能够利用项目发起者的信用评级和在社交网络上展现出的信息识别违约风险，但对信息披露中的噪声也存在一定的认知偏差。

沿着这个思路，另一些学者讨论了哪些内容可以充当众筹项目的质量信号。例如，李晓鑫和曹红辉（2016）指出直接信息可以帮助投资者确定项目质量、作出更理性的决策，而间接信息则会带来市场噪声、增强投资者的从众行为、进而增大项目实际回报与投资者预期产生背离的可能性。苏涛永等（2019）发现作为质量信号的平台点赞数、话题数、项目进展更新数与众筹绩效正相关。而克莱纳特等（Kleinert et al.，2020）认为，股权众筹之前的事先融资可以为投资者证明公司质量，且对人力资本和社会资本水平较低的公司而言，质量信号更重要。彭红枫和米雁翔（2017）则发现，项目简介长度和包含视频在项目不确定性低时为"伪信号"、在不确定性高时为"真信号"，而团队成员数量则恰恰相反。

从现有文献来看，当前研究以平台的强制信息披露为主，较少研究项目发起者自愿进行信息披露，且对信息披露未做数量和质量上的区分。本节将以发起者自愿披露信息为背景，通过对自愿披露信息的质量进行评估，来分析质量信号的作用。

（三）众筹与价格歧视

在一定程度上，产品众筹可以理解为一种预定机制。诺克等（Nocke et al.，2011）认为，在这种情境下，产品的真实质量要稍后才公布，所以公司有能力根据即将推出的产品在不同期望下的估值来与消费者进行交易，这会诱使消费者在知晓实际质量之前以最高预期的估价进行预购。胡等（Hu et al.，2015）认为，当投资者对产品的估值有足够异质性时，众筹发起者应该提供一系列存在差异的产品；企业还可以在预售市场和即期市场间实施跨市场的价格歧视，在预售市场设定高价，以实现利润最大化（刘波等，2017）。另一些研究也指出，价格歧视并不一定能帮助众筹项目发起者获得更好的回报，众筹发起者在预先订购的消费者（众筹参与者）和其他消费者之间实施价格歧视会受到目标筹资额的限制，只要这个数量超过某个阈值，价格歧视的扭曲变得过度，众筹的收益下降（Belleflamme et al.，2014）；本德尔等（Bender et al.，2019）发现众筹项目发起者实施价格歧视的能力取决于他们对筹集资金的渴望程度，当项目的总剩余较小、潜在投资者数量较小、投资者群体的异质性程度相对较高时，实施价格歧视、攫取消费者剩余的可行性较高。

从以上文献可以看出，虽然部分研究用价格歧视理论解释了众筹的档位设置对众筹绩效的影响，但这些研究的重点在于寻找影响众筹绩效的因素，对价格歧视在众筹中的作用机理的关注还不够。而且当前研究中档位数量存在影响方向不一致的矛盾现象。本节将对上述问题展开讨论。

三、模型与假设

从信号传递角度来看，由于众筹中天然存在信息不对称，这一缺点往往会造成潜在投资者的无谓流失，众筹项目的发起者为了赢取融资，有动力将自己的部分私人信息发送给潜在投资者、借助公告—评论机制主动进行信息披露，向潜在投资者发送更多关于"项目可投资"的信号。众筹投资者与项目发起者的沟通只能通过网络进行，存在一定的不足（戴静等，2016）。因此，除了创业者特质和项目特征等质量信号，众筹项目的关注数量和话题数量可以传递出积极的质量信号，增强投资者信心（苏涛永和林宇佳，2017）。已有研究表明，质量信号可以显著提升众筹项目的成功率及超额融资规模（姚卓等，2016），即使在监管和执行机制不明确的情况下，这种效应仍然存在（Cascino et al.，2019）。

众筹平台自愿披露的信息是在项目发起后发起者逐渐披露出来的，其影响主要存在于数量和质量这两个不同的方面。披露的信息越多，越能够较全面、综合地展示产品的细节，使潜在投资者快速、准确地获取"项目质优"这一影响投资决策的关键信号。信息披露的质量越高，会有更多潜在投资者对项目产生兴趣并加以了解，此时"项目质优"这一关键信号会被更多潜在投资者所接受。信息披露数量和质量都有利于潜在投资者识别、接收信号并将优质项目甄别出来、参与投资。据此，我们提出如下假设：

H6.1a：信息披露数量对众筹绩效有正向影响：信息披露的数量越多，众筹绩效越高。

H6.1b：信息披露质量对众筹绩效有正向影响：信息披露的质量越高，众筹绩效越高。

信息披露的数量和质量都会对众筹绩效产生正面影响，但其影响路径有待进一步确认。在目前许多关于影响众筹绩效因素的研究中，项目关注度的作用明显：关注者越多，项目就更可能成功（彭红枫和米雁翔，2017；吴文清等，2016；苏涛永和林宇佳，2017）。项目关注度衡量了对众筹项目感兴趣的群体的数量水平，该群体关注但未投资项目，是对项目感兴趣或具有投资意向的群体，是处于投资者和旁观者之间的潜在投资者。张长江等（2019）认为项目关注度对项目绩效的作用可能受到其他变量的影响，因此项目关注度有可能在信息披露对项目绩效的影响中起中介作用。从关注项目到正式投资的转换受到项目发起者信息披露情况的影响：信息披露数量越多，越容易引起更多个体对项目的认可和共鸣；信息披露的质量越高，越容易让更多个体增进对项目的了解和认知（见图6-1）。据此，我们提出第二项假设：

H6.2a：项目关注度具有中介作用，信息披露的数量会通过项目关注度对众筹绩效产生正面影响。

H6.2b：项目关注度具有中介作用，信息披露的质量会通过项目关注度对众筹绩效产生正面影响。

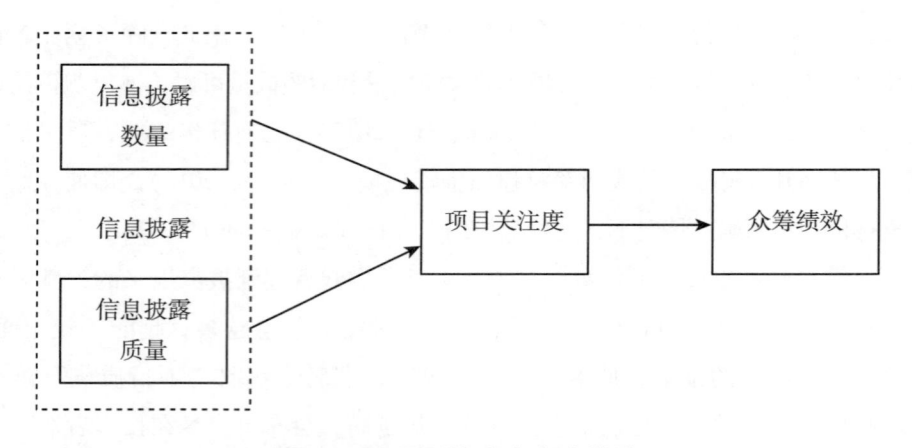

图 6-1 项目关注度中介效应

在产品众筹中，项目会设置不同档位，并详细罗列出各个档位所需的投资额及将会给予的回报。消费者寻求多样化购买是厂商可以实施歧视定价的根本原因（蒋传海等，2018）；冯玮隆和杜伟岸（2018）指出奖励式众筹（即产品众筹）中消费者以预期的最高价值来参与众筹，即使发起者进行价格歧视，消费者仍然有消费者剩余和良好的体验。通常而言，众筹的产品在别处难以获得，具有一定创新性。因此，从这个意义上而言，价格歧视来自产品的创新，价格歧视的差价实际上就是投资者为得到创新而支付的溢价。

众筹中不同层次的价格对应不同数量和创新程度的产品和服务，这一设定是典型的二级价格歧视。一些项目还会在档位设置中对各个档位的可投资人数进行限制，使部分潜在投资者在无法投资自己最心仪的档位时，转而投向其他价格更高、创新性更强的档位，这种设定起到了部分一级价格歧视的作用。预算和对创新期望不同的投资者总可以找到适合他们的投资额：拥有不同投资预算的投资者会选择不同档位、具有不同创新偏好的投资者会选择不同档位。价格歧视的设置使项目发起者可以在满足投资者对创新的期望的同时，达到自身利益最大化。据此，我们提出第三项假设：

H6.3：价格歧视对众筹绩效有正向影响：价格歧视水平越高，众筹绩效越高。

但众筹中价格歧视的设置并非有百利而无一害。项目的潜在投资者并不同质，正如曾江洪等（2020）指出的，消费型投资者的从众行为表现出更多非理性的特质，而投资型消费者的从众行为更加理性。关注、评论项目公告的多是理性但心存顾虑的潜在投资者，相较于其他潜在投资者，他们对众筹项目的回报有着相对更高的要求,在作出投资决策时也会更加审慎,而众筹中档位的设置体现了众筹项目的价格歧视水平,通常而言这种价格歧视有利于项目发起者获取更多生产者剩余,但当项目潜在投资者发现档位设置的缺陷时,也会对项目产生负面印象。尤其在项目发起者披露信息较多、档位较多的情形下,价格歧视设置的缺陷更易暴露出来。信息披露的数量越多、质量越高、影响潜在投资者就越多,价格歧视的负向调节效应就会越明显(见图6-2)。据此,我们提出第四项假设:

H6.4a:价格歧视对信息披露数量与众筹绩效的关系存在负向调节作用,价格歧视水平越高,信息披露数量与众筹绩效的正向关系越弱。

H6.4b:价格歧视对信息披露质量与众筹绩效的关系存在负向调节作用,价格歧视水平越高,信息披露质量与众筹绩效的正向关系越弱。

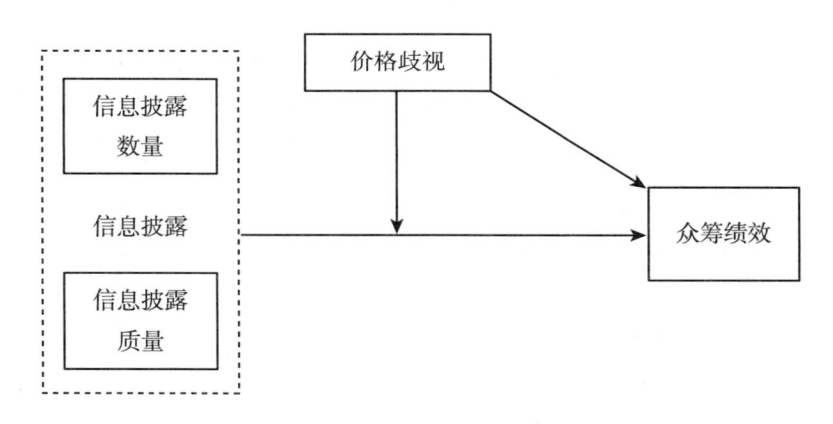

图6-2 价格歧视的调节效应

前四项假设都围绕信息披露数量、质量和价格歧视水平对众筹绩效的积极影响展开。但是,随着信息披露数量和反映价格歧视水平的档位数量的增多,众筹绩效是否能一直增加?前人关于这方面的实证研究存在矛盾之处。以衡量价格歧视水平的档位数为例,在多数实证研究中,档位数量有助于众筹成功(黄玲等,2014;吴文清等,2016;邓金卫,2016;戴静等,2016);但同样有研究发现档位数量会让潜在投资者无所适从,反而降低投资者的积极性(黄健青等,2017;姚卓等,2016;彭红枫和林川,2018)。信息过载(information overload)为这一矛盾提供了一个解释。当信息数量超过了个人或系统所能接受、处理或有效利用的范围时,他们处理信息的效率会降低,甚至可能出现错误。伍青生和李湛(2014)发现新信息的发布频率一旦超过一定阈值,就有可能引发客户的厌恶情绪,这会降低新产品的市场价值。范晓屏等(2016)对消费者在信息负载增加时的消费决策进行研究,发现信息负载增加时,消费者作出决策的时间也会延长,但其对作出的决策的主观自信和满意程度并没有相应提升。因此,信息披露数量及价格歧视水平的提升同样会带来信息量的提升,会给潜在投资者带来浏览、筛选和处理信息方面的负担。这种负担一旦过大,就会影响潜在投资者的决策,甚至会带来众筹绩效的流失。鉴于此,本节有了进一步的假设:

H6.5a:信息披露数量同众筹绩效之间存在倒"U"型的关系。

H6.5b:价格歧视水平同众筹绩效之间存在倒"U"型的关系。

四、实证结果

(一)数据选取和描述性统计

本节采用我国某知名众筹平台上的项目数据进行实证研究。为排除因玩闹心态而设立的项目的影响,使研究结果更具有普遍性,本节剔除了目标金额低于50元和实际筹资额为0元的项目。表6-1展示了本部分研究的变量情况。

表6-1 变量说明

类别	变量符号	变量名称	变量定义	备注
因变量	$lnMoney$	总筹资额	筹集的实际金额	取对数
	$lnBids$	总投资者人数	所有投资者的总数	取对数
自变量	$lnInfoNum$	信息披露数量	发起者发出的公告数+对公告的评论数	取对数
	$lnInfoQua$	信息披露质量	公告的平均浏览数	取对数
自变量/调节变量	$Discrim$	价格歧视水平	众筹档位的数量	
中介变量	$Follow$	项目关注度	项目关注者数量	
控制变量	$lnGoal$	众筹目标金额	使众筹项目成立的最低金额	取对数
	$MinPrice$	实际低投资额	排除1元抽奖因素影响	
	$Score$	项目质量	项目综合得分	
	$FreeShip$	是否全部包邮	1=全部产品都包邮;0=其他	0-1变量

续表

类别	变量符号	变量名称	变量定义	备注
控制变量	$Lottery$	1元抽奖	1 = 设置了1元抽奖； 0 = 其他	0 – 1 变量
	$Special$	特殊投资项	1 = 设置特殊档位； 0 = 其他	0 – 1 变量
	$History$	前期高质量项目	1 = 历史评分高于4； 0 = 其他	0 – 1 变量
	$Type$	项目类型	1 = 科技类项目； 0 = 其他	0 – 1 变量

众筹的实际筹资额展现了众筹的直接目的——资金融通，众筹项目的投资者人数则可以反映出大众投资者对项目的参与度，这与众筹"众人拾柴火焰高"的内在精神不谋而合。因此本节用总筹资额（$lnMoney$）来衡量众筹绩效，并用总投资者人数（$lnBids$）替换总筹资额来进行稳健性检验。

根据信号传递理论，信息披露中信号的有效性依赖于信号的可选择性和不易模仿性。项目发起者发出公告属于自愿披露信息，而劣质项目和伪优质项目在披露过多信息时容易露出马脚，因为用户可以对公告进行点评、讨论或质疑，项目发起人也需要对这些点评进行回复讨论。因此，本节用项目发起者的公告数与对公告的讨论数的加总来衡量信息披露数量。同时，由于项目成功后项目发起者披露信息的动力下降，且大量感谢类的公告在信息披露方面意义有限，本节采用众筹成功前的数据对信息披露数量（$InfoNum$）进行衡量。考虑到信息披露能否被更多潜在投资者发现并了解信息披露的过程同样重要，而进行高质量信息披露时会有更多潜在投资者浏览公告，我们将项目成功前公告的平均浏览数作为衡量信息披露质量（$InfoQua$）的变量。

档位是项目发起者根据不同的投资—回报组合设置的投资区间，不仅体现了投资者可投资额的种类，还展示了投资者获取创新的成本。发起者通过差别设计投资—回报组合，使每个档位对应的优惠水平和回报量都不尽相同，可以使投资者实现自我揭示。因此，档位的设置体现了成本与回报的差异，充当众筹发起者实施价格歧视的手段，所以我们利用众筹项目的档位数量衡量价格歧视水平（$Discrim$）。

从描述性统计的结果来看，众筹项目鱼龙混杂、差异巨大。有不少项目发起者会利用信息优势损害投资者利益，而为减少信息不对称带来的逆向选择问题，对项目有信心的发起者有动机向潜在投资者传递更多信号以争取投资者的支持（见表6-2）。

表6-2　　　　　　　　　　变量描述性统计

变量	样本量	均值	标准差	最小值	最大值
ln*Money*	1019	8.315	2.251	2.833	15.501
ln*Bids*	1019	3.564	1.715	0.000	9.625
ln*InfoNum*	965	2.135	1.371	0.000	7.098
ln*InfoQua*	878	1.265	1.195	-2.708	4.879
Discrim	1019	8.197	4.165	1.000	60.000
Follow	1019	128.638	370.749	1.000	5258.000
ln*Goal*	1019	8.992	1.317	4.500	14.508
MinPrice	1019	98.608	367.661	0.000	7600.000
Score	1019	0.969	1.713	0.000	5.000
FreeShip	1019	0.820	0.384	0.000	1.000
Lottery	1019	0.051	0.220	0.000	1.000
Special	1019	0.187	0.390	0.000	1.000
History	1019	0.039	0.194	0.000	1.000
Type	1019	0.331	0.471	0.000	1.000

在建立模型之前，本节先对变量进行皮尔逊（Pearson）相关性分析。检验的结果如表6-3所示。可以看出，除同为衡量众筹绩效的筹资总额和总投资人数强相关外，其他变量两两之间均不存在强相关关系，回归分析不会产生多重共线的问题。

表6-3　　　　　　　　　　皮尔逊相关性分析

变量	ln*Money*	ln*Bids*	ln*InfoNum*	ln*InfoQua*	*Discrim*	*Follow*	ln*Goal*
ln*Money*	1						
ln*Bids*	0.896	1					
ln*InfoNum*	0.507	0.471	1				
ln*InfoQua*	0.269	0.239	-0.133	1			

续表

变量	ln*Money*	ln*Bids*	ln*InfoNum*	ln*InfoQua*	*Discrim*	*Follow*	ln*Goal*
Discrim	0.246	0.267	0.218	0.109	1		
Follow	0.511	0.574	0.364	0.184	0.310	1	
ln*Goal*	0.370	0.254	0.054	0.209	0.072	0.241	1
MinPrice	0.147	0.044	0.048	0.072	−0.096	0.006	0.124
Score	0.449	0.411	0.211	0.145	0.047	0.287	0.252
FreeShip	0.140	0.147	−0.056	0.097	−0.039	0.055	0.036
Lottery	0.142	0.232	−0.010	0.013	0.040	0.210	0.125
Special	0.189	0.082	0.110	0.061	0.230	0.138	0.331
History	0.087	0.093	−0.138	0.014	−0.012	0.063	0.147
Type	0.539	0.434	0.339	0.207	0.005	0.193	0.252

变量	*MinPrice*	*Score*	*FreeShip*	*Lottery*	*Special*	*History*	*Type*
MinPrice	1						
Score	0.118	1					
FreeShip	0.098	0.041	1				
Lottery	0.122	0.278	0.072	1			
Special	0.110	0.116	−0.036	0.071	1		
History	0.031	0.356	0.044	0.417	0.081	1	
Type	0.231	0.482	0.067	0.182	0.189	0.091	1

(二) 信息披露对众筹绩效的影响机理

为检验信息披露数量和质量对众筹绩效的积极作用，我们将信息披露数量（ln*InfoNum*）、信息披露质量（ln*InfoQua*）和所有的控制变量（*Control*$_i$）对被解释变量筹资额（ln*Money*）进行回归，得到模型（6.1）。为进一步研究信息披露的作用机理，本节采用温忠麟和叶宝娟（2014）的方法来衡量项目关注度的中介效应是否存在及其影响路径。首先研究信息披露数量对众筹绩效的影响机理：将被解释变量筹资总额（ln*Money*）与解释变量信息披露数量（ln*InfoNum*）、所有的控制变量（*Control*$_i$）进行回归，得到模型（6.2）；其次将项目关注度（*Follow*）作为因变量，得到模型（6.3），以衡量信息披露数量（ln*InfoNum*）对项目关注度的影响；最后将筹资额（ln*Money*）作为因变量，将信息披露数量（ln*InfoNum*）、项目关注度（*Follow*）及所有的控制变量（*Control*$_i$）作为自变量，得到模型（6.4）。同样采用三阶段回归法，将模型（6.2）、模型（6.3）、模型（6.4）中的信息披露数量（ln*InfoNum*）替换为信息披露质量（ln*InfoQua*），可以得到模型（6.5）、模型（6.6）和模型（6.7），以探究信息披露数量对众筹绩效的影响机理（见表 6-4）。

$$\ln Money = \alpha_0 + \alpha_1 \ln InfoNum + \alpha_2 \ln InfoQua + \alpha_3 Flow + \sum_{i=1}^{9} \beta_i Control_i + \varepsilon_0 \quad (6.1)$$

$$\ln Money = \alpha_0 + \alpha_1 \ln InfoNum + \sum_{i=1}^{8} \beta_i Control_i + \varepsilon_1 \quad (6.2)$$

$$Flow = \gamma_0 + \gamma_1 \ln InfoNum + \sum_{i=1}^{8} \beta_i Control_i + \varepsilon_2 \quad (6.3)$$

$$\ln Money = \alpha_0 + \alpha_1 \ln InfoNum + \alpha_3 Flow + \sum_{i=1}^{8} \beta_i Control_i + \varepsilon_3 \quad (6.4)$$

$$\ln Money = \alpha_0 + \alpha_2 \ln InfoQua + \sum_{i=1}^{9} \beta_i Control_i + \varepsilon_4 \quad (6.5)$$

$$Flow = \gamma_0 + \gamma_2 \ln InfoQua + \sum_{i=1}^{9} \beta_i Control_i + \varepsilon_5 \quad (6.6)$$

$$\ln Money = \alpha_0 + \alpha_2 \ln InfoQua + \alpha_3 Flow + \sum_{i=1}^{9} \beta_i Control_i + \varepsilon_6 \quad (6.7)$$

表 6-4　　信息披露对众筹绩效的影响机理

变量	模型(6.1) ln*Money*	模型(6.2) ln*Money*	模型(6.3) *Follow*	模型(6.4) ln*Money*	模型(6.5) ln*Money*	模型(6.6) *Follow*	模型(6.7) ln*Money*
ln*InfoNum*	0.574*** (12.71)	0.650*** (15.88)	93.933*** (10.82)	0.501*** (12.27)			
ln*InfoQua*	0.294*** (6.61)				0.211*** (4.14)	39.381*** (3.68)	0.130*** (2.81)
Follow	0.001*** (9.32)			0.002*** (11.00)			0.002*** (14.01)
ln*Goal*	0.290*** (6.74)	0.383*** (8.97)	46.622*** (5.15)	0.309*** (7.58)	0.345*** (6.72)	43.698*** (4.05)	0.256*** (5.46)
MinPrice	0.000 (0.94)	0.000 (0.43)	-0.063** (-2.14)	0.000 (1.21)	-0.000 (-0.17)	-0.076** (-2.35)	0.000 (0.93)
Score	0.154*** (4.35)	0.230*** (6.14)	39.636*** (4.99)	0.167*** (4.68)	0.296*** (7.08)	51.091*** (5.82)	0.192*** (4.98)

续表

变量	模型(6.1) lnMoney	模型(6.2) lnMoney	模型(6.3) Follow	模型(6.4) lnMoney	模型(6.5) lnMoney	模型(6.6) Follow	模型(6.7) lnMoney
FreeShip	0.576*** (4.62)	0.680*** (5.12)	63.205** (2.24)	0.580*** (4.62)	0.527*** (3.51)	30.588 (0.97)	0.465*** (3.43)
Lottery	−0.283 (−1.11)	0.033 (0.13)	288.063*** (5.29)	−0.422* (−1.72)	0.088 (0.29)	325.753*** (5.15)	−0.578** (−2.09)
Special	−0.018 (−0.14)	0.058 (0.41)	38.804 (1.31)	−0.003 (−0.03)	0.188 (1.19)	62.689* (1.89)	0.060 (0.42)
Type	1.105*** (8.69)	1.235*** (9.29)	−55.298* (−1.96)	1.322*** (10.53)	1.617*** (11.10)	5.585 (0.18)	1.606*** (12.20)
History	0.427 (1.35)	0.097 (0.30)	−98.110 (−1.43)	0.252 (0.83)	−0.818** (−2.20)	−258.122*** (−3.30)	−0.291 (−0.86)
Constant	2.998*** (7.46)	2.307*** (5.84)	−568.410*** (−6.78)	3.205*** (8.41)	3.836*** (8.44)	−388.407*** (−4.06)	4.630*** (11.17)
样本量	878	965	965	965	878	878	878
R^2	0.593	0.527	0.237	0.580	0.408	0.161	0.517

注：*、**、***分别表示在5%、1%、0.1%的水平上显著；括号内的数值为t值。

从模型（6.1）可以看出，不管是信息披露数量（ln*InfoNum*）还是信息披露质量（ln*InfoQua*），都会对众筹绩效产生积极影响，且都在1%水平上显著。信息披露数量的系数为0.574，说明信息披露数量每提升1个百分点，可以为众筹绩效带来0.574%的提升；同样，信息披露的质量每提升1%，众筹绩效可以提升0.294%。H6.1a和H6.1b得以证明。

模型（6.2）为信息披露数量对众筹绩效的总效应的回归，信息披露数量对应的系数为0.650且在1%水平上显著，即信息披露数量对众筹绩效的总效应显著；模型（6.3）为信息披露数量对项目关注度的回归，信息披露数量同样在1%水平上显著，信息披露数量每提升1%，会新增0.939（93.933×1%）人关注项目；模型（6.4）中，项目关注度对众筹绩效的影响显著为正，且在控制了项目关注度后，信息披露数量每提升1%，众筹绩效会提升

0.501%。同样地，模型（6.5）为信息披露质量对众筹绩效的总效应的回归，信息披露质量的系数1%水平上显著，即信息披露数量对众筹绩效的总效应显著，信息披露的质量每增加1%，众筹绩效可以增加0.211%；模型（6.6）为信息披露质量对项目关注度的回归，结果同样显著，信息披露质量每提升1%，会新增0.394人关注项目；模型（6.7）中，支持者数量对众筹绩效的影响显著为正，且在控制了项目关注度后，信息披露质量每提升1%，众筹绩效都会提升0.130%。因此，在信息披露数量和质量对众筹绩效的影响中，项目关注度都存在部分中介效应，H6.2a和H6.2b得以证明。

在控制变量方面，项目目标金额（ln$Goal$）同样在1%水平上与众筹绩效正相关，与彭红枫和米雁翔（2017）的结论相一致，因为目标金额代表了项目发起者对项目的最低预期，由于项目发起者掌握着更全面的项目信息，其预期越高，实际筹资额必然也会越高；项目得分情况（$Score$）同样在1%水平上对众筹绩效有正面影响，项目得分情况反映了投资者对项目质量的评价，高质量的项目的众筹绩效必然较好；此外，由于奖励型众筹具有产品预定的性质（Belleflamme et al.，2014），包邮的产品相对于不包邮的产品更具吸引力，故是否包邮（$FreeShip$）同样在1%水平上显著且对众筹绩效具有积极影响；而该众筹平台曾根据平台上的历史交易数据作出了从综合类众筹平台向科技类众筹平台的转型，说明平台在整体风向上对科技类项目有所偏爱，科技类项目（$Type$）的众筹绩效更好也就不难理解。除上述显著且结果明确的控制变量外，在可投资额度的设置方面，1元抽奖（$Lottery$）、最高投资档位大于1万元（$Special$）和次低投资额（$MinPrice$）都不显著，说明新奇或过于小众的可投资额度设置对于众筹绩效的影响十分有限，而前期高质量项目（$History$）由于来自小规模先期投资者的评论，本身公信力相对有限，故对众筹绩效的影响也不显著。

最后利用重复500次的Bootstrap方法进一步检验中介效应。Bootstrap方法是将样本容量很大的样本当作总体，进行有放回的抽样，从而得到更准确的标准误。同其他检验中介效应的方法相比，Bootstrap的统计效力较高（温忠麟和叶宝娟，2014）。检验结果如表6-5所示，Bootstrap检验的结果进一步验证了支持者数量存在部分中介效应。

表6-5　　　　　　　　　　　　Bootstrap 检验

变量		系数	z值	p>|z|	95%置信区间	
信息披露数量	间接效应	0.148455	7.75	0	0.11092	0.185991
	直接效应	0.501174	11.58	0	0.416353	0.585996
信息披露质量	间接效应	0.080494	4.07	0	0.041768	0.11922
	直接效应	0.130436	2.43	0.015	0.025088	0.235784

(三) 价格歧视对众筹绩效的影响与调节效应

为检验价格歧视对众筹绩效有积极作用，将价格歧视水平（$Discrim$）引入模型（6.1）从而得到模型（6.8）。为验证价格歧视具有调节效应，会减弱信息披露对众筹绩效的积极作用，我们采用分层回归的方法验证价格歧视对信息披露的调节作用。首先将信息披露数量与价格歧视项相乘，得到交叉项1（$\ln InfoNum \times Discrim$）、将信息披露质量与价格歧视项相乘得到交叉项2（$\ln InfoQua \times Discrim$），依次将两个交叉项单独引入模型（6.8），分别得到模型（6.9）和模型（6.10），最后将两个交叉项共同加入模型得到模型（6.11），通过比较加入交叉项前后模型显著性的变化情况来判断调节效应是否存在（见表6-6）。

$$\ln Money = \alpha_0 + \alpha_1 \ln InfonNum + \alpha_2 \ln InfoQua + \alpha_3 Discrim \\ + \sum_{i=1}^{9} \beta_i Control_i + \varepsilon_i \quad (6.8)$$

$$\ln Money = \alpha_0 + \alpha_1 \ln InfonNum + \alpha_2 \ln InfoQua + \alpha_3 Discrim \\ + \alpha_4 \ln InfoNum \times Discrim + \sum_{i=1}^{9} \beta_i Control_i + \varepsilon_i \quad (6.9)$$

$$\ln Money = \alpha_0 + \alpha_1 \ln InfonNum + \alpha_2 \ln InfoQua + \alpha_3 Discrim \\ + \alpha_5 \ln InfoQua \times Discrim + \sum_{i=1}^{9} \beta_i Control_i + \varepsilon_i \quad (6.10)$$

$$\ln Money = \alpha_0 + \alpha_1 \ln InfonNum + \alpha_2 \ln InfoQua + \alpha_3 Discrim \\ + \alpha_4 \ln InfoNum \times Discrim + \alpha_5 \ln InfoQua \\ \times Discrim + \sum_{i=1}^{9} \beta_i Control_i + \varepsilon_i \quad (6.11)$$

表6-6　　　　　　价格歧视对众筹绩效的影响与调节效应

变量	模型（6.8） lnMoney	模型（6.9） lnMoney	模型（6.10） lnMoney	模型（6.11） lnMoney
ln*InfoNum*	0.547*** (12.04)	0.715*** (11.54)	0.538*** (11.87)	0.695*** (11.13)
ln*InfoQua*	0.274*** (6.15)	0.257*** (5.78)	0.503*** (5.35)	0.448*** (4.74)
Discrim	0.046*** (3.66)	0.122*** (5.31)	0.093*** (4.40)	0.156*** (5.73)
Follow	0.001*** (8.40)	0.001*** (9.34)	0.001*** (8.75)	0.001*** (9.52)
ln*Goal*	0.297*** (6.94)	0.277*** (6.48)	0.284*** (6.61)	0.268*** (6.24)
MinPrice	0.000 (1.34)	0.000 (1.51)	0.000 (1.35)	0.000 (1.51)
Score	0.157*** (4.45)	0.156*** (4.47)	0.152*** (4.33)	0.152*** (4.36)
FreeShip	0.589*** (4.75)	0.582*** (4.73)	0.588*** (4.76)	0.582*** (4.74)
Lottery	-0.306 (-1.21)	-0.254 (-1.01)	-0.287 (-1.14)	-0.241 (-0.96)
Special	-0.126 (-0.94)	-0.126 (-0.95)	-0.121 (-0.91)	-0.122 (-0.92)
Type	1.156*** (9.10)	1.178*** (9.35)	1.175*** (9.28)	1.192*** (9.47)
History	0.429 (1.37)	0.392 (1.26)	0.427 (1.37)	0.393 (1.27)
ln*InfoNum* × *Discrim*		-0.023*** (-3.94)		-0.021*** (-3.62)
ln*InfoQua* × *Discrim*			-0.029** (-2.77)	-0.024** (-2.29)
Constant	2.645*** (6.44)	2.257*** (5.39)	2.406*** (5.76)	2.089*** (4.93)
样本量	878	878	878	878
R^2	0.599	0.606	0.603	0.609

注：*、**、***分别表示在5%、1%、0.1%的水平上显著；括号内的数值为t值。

模型(6.8)的结果显示,价格歧视指标在1%的统计水平上显著,该系数为0.046,即投资档位每增加1个单位,众筹绩效会增加4.6%,这与黄玲和周勤（2014）、吴文清等（2016）的结论相近。从众筹融资过程来看,大量的普通投资者更接近于消费者而非传统意义上的投资者,他们参与众筹可能是为了可以超前一步得到创新产品、也可能是出于对创新的支持,甚至只是想参与抽奖试一试运气。在这种情况下,同一种回报对不同的投资者的效用是不同的,而丰富的档位数意味着投资者更易匹配到与其偏好、期望相一致的投资—回报组合,意味着更高的投资者参与率和众筹绩效。

模型(6.9)~模型(6.11)中,信息披露数量、信息披露质量及价格歧视项的系数都在1%的水平上显著且都为正,但模型中两个交叉项的系数都在1%的水平显著为负,这说明价格歧视对信息披露有着负向的调节效应,会削减信息披露为众筹绩效所带来的正面影响。这是因为用来衡量价格歧视水平的档位数是在项目初期就已经确定下来的,是项目发起者的初始意愿。为了保证所有投资者可选择的投资—回报组合都是一致的,项目发起者无法对档位设置产生影响和修改,即使发起者经信息披露和信息沟通后发现了原有档位设置的不合理之处。而对公告和讨论感兴趣的潜在投资者通常会更加理性和审慎。在这种情况下,信息披露的内容越多、档位越丰富、审慎的潜在投资者越容易发现档位中的投资—回报组合无法真正匹配自己的预期,甚至会察觉到投资—回报组合同已披露信息之间可能存在的不一致乃至矛盾的现象,此时,审慎的潜在投资者会避免对项目进行投资,因此信息披露和价格歧视的交叉项会对众筹绩效产生负面影响；与之前的分析相似,信息披露的质量越高,越容易有审慎的潜在投资者发现档位设置的不合意之处、甚至是不合理之处,投资热情自然会下降,对众筹绩效产生不利影响。

(四) 众筹中的"信息过载"

为检验众筹项目中是否会存在"信息过载"现象,即信息披露数量、信息披露质量和价格歧视水平是否会一直对众筹绩效产生正面影响,本节分别生成了信息披露数量的二次项（ln$InfoNum2$）、信息披露质量的二次项（ln$InfoQua2$）以及价格歧视水平的二次项（$Discrim2$）,并依次加入模型（6.8）中（见表6-7）,得到下列模型：

$$\ln Money = \alpha_0 + \alpha_1 \ln InfonNum + \alpha_2 \ln InfoQua + \alpha_3 Discrim$$
$$+ \alpha_6 \ln InfoNum2 + \sum_{i=1}^{9} \beta_i Control_i + \varepsilon_i \quad (6.12)$$

$$\ln Money = \alpha_0 + \alpha_1 \ln InfonNum + \alpha_2 \ln InfoQua + \alpha_3 Discrim$$
$$+ \alpha_7 \ln InfoQua2 + \sum_{i=1}^{9} \beta_i Control_i + \varepsilon_i \quad (6.13)$$

$$\ln Money = \alpha_0 + \alpha_1 \ln InfonNum + \alpha_2 \ln InfoQua + \alpha_3 Discrim$$
$$+ \alpha_8 Discrim2 + \sum_{i=1}^{9} \beta_i Control_i + \varepsilon_i \quad (6.14)$$

表 6-7　　对众筹中"信息过载"的检验

变量	模型 (6.8) $\ln Money$	模型 (6.12) $\ln Money$	模型 (6.13) $\ln Money$	模型 (6.14) $\ln Money$
$\ln InfoNum$	0.547*** (12.04)	0.903*** (7.85)	0.540*** (11.70)	0.527*** (11.63)
$\ln InfoQua$	0.274*** (6.15)	0.297*** (6.62)	0.318*** (4.56)	0.259*** (5.86)
$Discrim$	0.046*** (3.66)	0.047*** (3.80)	0.046*** (3.67)	0.131*** (5.48)
$Follow$	0.001*** (8.40)	0.001*** (9.09)	0.001*** (8.44)	0.001*** (9.37)
$\ln Goal$	0.297*** (6.94)	0.293*** (6.89)	0.299*** (6.96)	0.277*** (6.49)
$MinPrice$	0.000 (1.34)	0.000 (1.44)	0.000 (1.33)	0.000 (1.62)
$Score$	0.157*** (4.45)	0.163*** (4.65)	0.156*** (4.44)	0.154*** (4.40)
$FreeShip$	0.589*** (4.75)	0.572*** (4.64)	0.588*** (4.74)	0.585*** (4.77)
$Lottery$	-0.306 (-1.21)	-0.260 (-1.03)	-0.299 (-1.18)	-0.210 (-0.83)
$Special$	-0.126 (-0.94)	-0.096 (-0.73)	-0.126 (-0.94)	-0.161 (-1.21)
$Type$	1.156*** (9.10)	1.124*** (8.88)	1.141*** (8.90)	1.188*** (9.43)

续表

变量	模型（6.8） ln*Money*	模型（6.12） ln*Money*	模型（6.13） ln*Money*	模型（6.14） ln*Money*
History	0.429 (1.37)	0.440 (1.41)	0.421 (1.34)	0.356 (1.14)
ln*InfoNum*2		−0.080*** (−3.36)		
ln*InfoQua*2			−0.020 (−0.83)	
*Discrim*2				−0.003*** (−4.17)
Constant	2.645*** (6.44)	2.358*** (5.66)	2.658*** (6.47)	2.390*** (5.81)
样本量	878	878	878	878
R^2	0.599	0.604	0.600	0.607

注：*、**、***分别表示在5%、1%、0.1%的水平上显著；括号内的数值为t值。

在1%的水平上，信息披露数量、信息披露质量和价格歧视项都显著且为正，信息披露数量的二次项和价格歧视水平的二次项都显著且为负，而信息披露质量的二次项并不显著，这说明信息披露数量和价格歧视水平与众筹绩效并非单纯地同比递增，而是存在倒"U"型关系：随着信息披露数量或价格歧视水平的提升，众筹绩效会经历先增后降的过程。每一个个体在接受、处理信息时的能力是有上限的，过量的信息会让人无暇处理、心生厌倦，最终会降低潜在投资者对项目进行投资的概率。此外，体现信息披露数量的公告及评论里存在的无效内容，如"请大家多多支持"等，一旦过多必然会增加潜在投资者搜寻有效信息的成本，会进一步加剧过量信息给潜在消费者带来的不适感。信息披露数量和档位数量反映的都是每一个潜在投资者会接触到多少信息，过多的数量会给个体带来信息处理上的负担，不利于众筹绩效；而信息披露的质量实际上反映的是信息披露的内容到底能够传递给多少潜在投资者，因此它们之间的关系用线性来解读更加贴切。

五、稳健性检验

为保证回归结果的可靠性，本节利用总投资者人数（ln$Bids$）作为另一个衡量众筹绩效的变量替代筹资总额（ln$Money$），对上述模型进行稳健性检验，得到的主要结果如下：首先，在自变量方面，同之前的模型一样，信息披露数量（ln$InfoNum$）和信息披露质量（ln$InfoQua$）都在1%的水平上显著为正，进一步验证了信息披露对众筹绩效有积极作用；项目关注度在信息披露数量和信息披露质量对众筹绩效的影响中起到部分中介作用的结论同样稳健。其次，价格歧视水平（$Discrim$）依然为正，且显著性水平没有发生变化，说明价格歧视对众筹绩效的正向影响同样稳定；模型中两个交叉项的系数依旧在1%的水平显著为负，价格歧视对信息披露的负向的调节效应通过了稳健性检验。最后，在"信息过载"方面，稳健性检验中信息披露数量和价格歧视水平与众筹绩效同样存在倒"U"型关系：信息披露数量和价格歧视水平在上升到一定阈值之后对众筹的积极影响会有所减弱。在控制变量方面，之前不显著的1元抽奖（$Lottery$）、最高投资档位大于1万元（$Special$）和次低投资额（$MinPrice$）变得显著，这是因为一些新奇或过于小众的投资额度设置会对小部分投资者产生一定的影响，会影响投资者数量（见表6-8至表6-10）。

表6-8　　　　信息披露对众筹绩效影响机理的稳健性检验

变量	模型(6.1) ln$Bids$	模型(6.2) ln$Bids$	模型(6.3) $Follow$	模型(6.4) ln$Bids$	模型(6.5) ln$Bids$	模型(6.6) $Follow$	模型(6.7) ln$Bids$
ln$InfoNum$	0.396*** (10.81)	0.516*** (15.11)	93.933*** (10.82)	0.364*** (11.03)			
ln$InfoQua$	0.212*** (5.88)				0.176*** (4.19)	39.381*** (3.68)	0.099** (2.70)
$Follow$	0.001*** (12.47)			0.002*** (13.95)			0.002*** (16.80)
ln$Goal$	0.092*** (2.63)	0.196*** (5.49)	46.622*** (5.15)	0.120*** (3.65)	0.153*** (3.61)	43.698*** (4.05)	0.068* (1.83)
$MinPrice$	-0.000** (-2.42)	-0.000*** (-3.13)	-0.063** (-2.14)	-0.000** (-2.46)	-0.000*** (-3.10)	-0.076** (-2.35)	-0.000** (-2.22)

续表

变量	模型(6.1) lnBids	模型(6.2) lnBids	模型(6.3) Follow	模型(6.4) lnBids	模型(6.5) lnBids	模型(6.6) Follow	模型(6.7) lnBids
Score	0.111*** (3.86)	0.175*** (5.59)	39.636*** (4.99)	0.111*** (3.83)	0.236*** (6.85)	51.091*** (5.82)	0.137*** (4.48)
FreeShip	0.469*** (4.63)	0.557*** (5.03)	63.205** (2.24)	0.455*** (4.49)	0.452*** (3.65)	30.588 (0.97)	0.392*** (3.65)
Lottery	0.719*** (3.48)	1.041*** (4.86)	288.063*** (5.29)	0.575*** (2.90)	1.148*** (4.63)	325.753*** (5.15)	0.515** (2.35)
Special	−0.304*** (−2.86)	−0.240** (−2.06)	38.804 (1.31)	−0.303*** (−2.84)	−0.129 (−0.99)	62.689* (1.89)	−0.251** (−2.21)
Type	0.582*** (5.65)	0.661*** (5.95)	−55.298* (−1.96)	0.751*** (7.40)	0.938*** (7.81)	5.585 (0.18)	0.927*** (8.88)
History	0.098 (0.38)	−0.052 (−0.19)	−98.110 (−1.43)	0.107 (0.44)	−0.899*** (−2.93)	−258.122*** (−3.30)	−0.397 (−1.48)
Constant	0.850*** (2.61)	−0.088 (−0.27)	−568.410*** (−6.78)	0.833*** (2.71)	1.220*** (3.25)	−388.407*** (−4.06)	1.975*** (6.01)
样本量	878	965	965	965	878	878	878
R^2	0.539	0.431	0.237	0.527	0.306	0.161	0.477

注：*、**、***分别表示在5%、1%、0.1%的水平上显著；括号内的数值为t值。

表6−9　价格歧视对众筹绩效的影响与调节效应的稳健性检验

变量	模型(6.8) lnBids	模型(6.9) lnBids	模型(6.10) lnBids	模型(6.11) lnBids
lnInfoNum	0.373*** (10.13)	0.548*** (10.98)	0.364*** (9.93)	0.528*** (10.51)
lnInfoQua	0.195*** (5.40)	0.177*** (4.95)	0.428*** (5.63)	0.371*** (4.87)
Discrim	0.039*** (3.84)	0.119*** (6.40)	0.087*** (5.09)	0.152*** (6.97)
Follow	0.001*** (11.49)	0.002*** (12.72)	0.001*** (11.94)	0.002*** (12.97)

续表

变量	模型（6.8）lnBids	模型（6.9）lnBids	模型（6.10）lnBids	模型（6.11）lnBids
$lnGoal$	0.098*** (2.82)	0.077** (2.23)	0.084** (2.43)	0.067* (1.95)
$MinPrice$	-0.000** (-2.01)	-0.000* (-1.83)	-0.000** (-2.01)	-0.000* (-1.84)
$Score$	0.113*** (3.96)	0.112*** (3.99)	0.108*** (3.81)	0.108*** (3.86)
$FreeShip$	0.480*** (4.78)	0.473*** (4.77)	0.479*** (4.80)	0.472*** (4.79)
$Lottery$	0.699*** (3.41)	0.753*** (3.73)	0.718*** (3.53)	0.766*** (3.80)
$Special$	-0.396*** (-3.66)	-0.396*** (-3.71)	-0.391*** (-3.64)	-0.392*** (-3.69)
$Type$	0.625*** (6.07)	0.648*** (6.38)	0.645*** (6.30)	0.663*** (6.55)
$History$	0.099 (0.39)	0.061 (0.24)	0.097 (0.38)	0.062 (0.25)
$lnInfoNum \times Discrim$		-0.024*** (-5.10)		-0.022*** (-4.71)
$lnInfoQua \times Discrim$			-0.029*** (-3.48)	-0.024*** (-2.88)
$Constant$	0.550* (1.65)	0.146 (0.43)	0.307 (0.91)	-0.024 (-0.07)
样本量	878	878	878	878
R^2	0.547	0.560	0.553	0.564

注：*、**、***分别表示在5%、1%、0.1%的水平上显著；括号内的数值为t值。

表 6-10　对"信息过载"的稳健性检验

变量	模型（6.12） ln*Bids*	模型（6.13） ln*Bids*	模型（6.14） *Follow*
ln*InfoNum*	0.744*** (8.01)	0.366*** (9.78)	0.350*** (9.63)
ln*InfoQua*	0.219*** (6.05)	0.242*** (4.27)	0.179*** (5.03)
Discrim	0.041*** (4.03)	0.039*** (3.85)	0.134*** (6.97)
Follow	0.002*** (12.39)	0.001*** (11.54)	0.002*** (12.94)
ln*Goal*	0.094*** (2.73)	0.099*** (2.85)	0.075** (2.20)
MinPrice	-0.000* (-1.92)	-0.000** (-2.02)	-0.000* (-1.67)
Score	0.120*** (4.23)	0.113*** (3.94)	0.110*** (3.91)
FreeShip	0.463*** (4.65)	0.478*** (4.76)	0.476*** (4.82)
Lottery	0.747*** (3.68)	0.707*** (3.45)	0.806*** (3.99)
Special	-0.365*** (-3.40)	-0.396*** (-3.66)	-0.435*** (-4.09)
Type	0.592*** (5.80)	0.610*** (5.87)	0.661*** (6.53)
History	0.111 (0.44)	0.091 (0.36)	0.018 (0.07)
ln*InfoNum*2	-0.083*** (-4.34)		
ln*InfoQua*2		-0.021 (-1.07)	
*Discrim*2			-0.003*** (-5.79)
Constant	0.251 (0.75)	0.563* (1.69)	0.266 (0.80)
样本量	878	878	878
R^2	0.556	0.547	0.564

注：*、**、***分别表示在 5%、1%、0.1% 的水平上显著；括号内的数值为 t 值。

六、研究结论与建议

（一）研究发现与结论

本节对信息披露和价格歧视对众筹绩效的影响进行了文献梳理，基于信号理论、信息甄别理论、价格歧视理论提出了信息披露和价格歧视对众筹绩效具有正向影响，并利用国内某知名众筹平台上的项目数据对信息披露和价格歧视对众筹绩效的具体影响进行了分析和验证，得到了如下结论。

结论一：信息披露的数量和质量都会通过项目支持者数量的部分中介作用对众筹绩效产生积极影响。

信息披露会将"项目可投资"这一信号快速准确地传达给潜在投资者，潜在投资者在对信号甄别后作出是否投资的判断。其中信息披露数量体现了项目发起者对潜在投资者潜传递信号的多少，信息披露质量则使更多的潜在投资者可以接收到信号。信息披露的数量越多、质量越高，就越能体现项目发起者对项目的信心和对潜在投资者的诚意、促使潜在投资者作出投资决策，最终带来众筹绩效的提升。

结论二：众筹中的价格歧视是创新溢价的体现，它能够正面影响众筹绩效。

在众筹中，投资者之所以接受价格歧视，其根本原因在于众筹的创新。众筹中消费者对创新的偏好并不一致，投机者参与众筹时会存在"凑热闹"或"试试看"的心态，他们对是否一定可以得到回报并不在乎；普通的大众投资者在参与众筹时更类似于消费者，他们希望自己得到的回报尽可能有高性价比；更专业的投资者会对众筹项目的创新程度作出一定判断，他们会对自己看好的项目进行大笔投资以获得转卖收益；而存在自我实现需求的投资者对实物回报不会特别在意，他们更希望可以在众筹中获得独特的体验，如得到为自己量身打造的专属创新产品等。价格歧视可以让投资者的投资意愿同档位设置相匹配，帮助项目发起者获取更多的生产者剩余。

结论三：价格歧视会对信息披露与众筹绩效的关系产生负面的调节效应。

信息披露会帮助潜在投资者形成一种更稳定的投资—回报预期，一旦价格歧视水平与潜在投资者的预期不一致，潜在投资者的投资积极性就会受到影响。特别是对公告和讨论感兴趣的潜在投资者通常会更加审慎，信息披露数量越多、质量越高、反映价格歧视水平的档位设置越多，越容易使潜在投资者发现项目的价格歧视设置与自己需求存在不匹配之处，反而会对众筹绩效产生不利影响。

结论四：众筹中存在"信息过载"，信息披露数量和价格歧视水平与众筹绩效存在倒"U"型关系。

众筹中披露的信息数量以及价格歧视的档位是不是越高越好？答案是否定的。信息披露数量和价格歧视水平都会向每一位潜在投资者传递一定的信息，信息量一旦超过某个阈值，就会对潜在投资者的信息处理能力产生挑战，此时潜在投资者不愿意花费大量时间去处理信息，其投资意愿就会降低。因此，"信息过载"不利于众筹绩效，信息披露数量和价格歧视水平对众筹绩效的影响呈倒"U"型。

（二）政策建议

中小微企业的发展对于我国稳增长、稳就业、调结构、惠民生具有重要意义，大众投资者参与众筹、助力中小微企业发展的积极性也需要引导和维护。因此，用好众筹这一与中小微企业和创新创业者契合度高的融资渠道，助力中小微企业和创新创业者发展进步，有重要的意义。通过我们的研究，得出以下政策建议。

第一，信息披露能通过"吸引投资者"而提高众筹绩效。因此，众筹项目的发起者需要真实、准确、完整、高效地披露信息，让披露的信息更具说服力、让更多的潜在投资者都可以接收到信号，以此吸引更多的潜在投资者做出投资决策。相对于形式上的信息数量的披露，发起者要更加注重信息披露的质量。因为信息质量不会产生信息过载，对众筹绩效有着更稳定的正向影响。

第二，当前众筹平台存在一定的电商化趋势，部分众筹平台甚至退化成为厂商预售产品的一种渠道，违背了众筹作为一种互联网金融手段的初衷。由于价格歧视难以在成熟产品上采用，价格歧视对众筹绩效产生正向影响背后的逻辑是投资者认可创新，愿意为创新支付溢价。在这个意义上，有买单的价格歧视是"创新的识别器"。通过价格歧视，众筹就可以甄别出具有创新水平的项目，避免成熟产品的预售化，回归"对创新融资"的功能定位上。因此，众筹平台要鼓励项目发起人通过价格歧视的手段充分挖掘用户对创新的需求，让创新享受溢价。

第三，信息披露和价格歧视在一定程度上相互制约。因此，政府要监管众筹平台，要围绕投资者保护和创新两个方面，通过努力让"吸引投资者"和"创新的识别器"这两个功能得到更好地发挥。一方面，要做到保护投资者的合法权益，解除投资者参与众筹的后顾之忧。另一方面，要在法律法规上认可基于创新的价格歧视，鼓励创新溢价，从而弱化价格歧视对众筹绩效间接的负面影响。

（三）研究不足与展望

本节研究的不足之处主要在变量设定方面：在信息披露部分，由于样本数据结构不完善，本节仅利用项目前期的公告数和对公告的评论数之和衡量信息披露的数量，利用公告的平均浏览数衡量信息披露的质量，前者不够全面而后者较为间接；在价格歧视部分，本节仅利用档位数衡量了价格歧视水平，该指标虽然可以较为直观地展现出众筹中投资—回报组合的数量，但无法衡量不同档位之间的具体差异情况，同样存在完善的空间。据此，后续的研究可以从变量选取方面加以展开：第一，目前已有研究利用文本挖掘、情感分析的方法对上市公司公告、央行公告等进行分析研究，若可以获取众筹项目公告和评论具体内容，利用文本分析的方法对每条公告的信息含量进行评估、对信息交流中双方的情感进行分析，或可以构建起更具代表性的信息披露指标；第二，在价格歧视水平方面，若可以利用文本分析等方法将档位间的差异度衡量出来，在价格歧视部分的研究将会更加完善。

第二节 "e互动"对市场信息效率的影响及机制研究

在一个高信息效率的资本市场中，公司所特有的信息会被投资者充分挖掘，并体现在股价中，从而引导金融资源流向优质企业，实现资源的最优化配置。然而，一方面，我国的资本市场是一个新兴的市场，内幕交易和信息造假等违法行为屡禁不止，反映出市场的信息披露制度仍不够完善；另一方面，我国资本市场的结构是以散户为主的，这导致投资者更容易被非理性的情绪所左右。同一行业不同公司的股价同涨同跌的现象较为严重，股价难以反映出公司所特有的信息。因此，提高市场信息效率一直以来是中国证券市场制度建设关注的焦点。

随着现代信息技术的不断发展，市场的各方参与者们逐渐认识到可以利用互联网平台来加强投资者与上市公司管理层之间的联系。通过互联网平台，上市公司可以为投资者提供更具针对性和有效性的信息。因此，继 2010 年深圳证券交易所（以下简称深交所）正式运行"互动易"后，2013 年上海证券交易所（上交所）也组建并运行了在线互动沟通的网络平台——上证"e 互动"，进而投资者与上市公司之间有了"零距离"沟通交流的渠道，该渠道可以由所有市场主体无偿使用。在这个全天在线的"e 互动"平台上，投资者可以向上交所上市公司询问关于经营管理方面的诸多问题；上市公司则会在接收到提问后作出及时的反馈与处理。根据上市公司对投资者提问的回复数量以及答复效率等情况，上交所会公布互动排名，并纳入上市公司有关考核指标。

上证"e 互动"的建设与运行，得到了市场参与各方的一致认可。随着时代的发展，投资者对上市公司的信息有着更加个性化的需求，法定的单向信息披露并不一定能满足中小投资者的需求，他们希望与上市公司直接进行持续有效沟通的愿望愈发强烈。对上市公司而言，通过上证"e 互动"及时回复投资者的提问、识别网上舆论动态，进而采取行动也是极其有必要的。例如，做空者利用负面新闻来做空股价时，如果上市公司和投资者之间没有沟通的渠道，则股价很容易被谣言所影响。因此，与电话会议、私人会见等传统信息沟通方式相比，上证"e 互动"有两方面的优势：第一，上交所鼓励上市公司通过上证"e 互动"披露未达法定信息披露标准的公司事项，它的建立与运行为投资者提供了更多上市公司相关的信息。第二，上证"e 互动"的建立与运行使得投资者与上海市场的上市公司之间有了直接沟通交流的渠道，减少了投资者获取信息的不确定性。

研究已经证明，深交所的"互动易"的设立改善了深圳市场的信息效率（谭松涛等，2016）。目前存在两个问题，第一个问题是上海市场的"e 互动"是否提高了本地市场的信息效率尚未得到学术界的验证。第二个问题是深交所"互动易"和上交所的"e 互动"这种投资者和上市公司沟通的新型方式对市场效率提升的具体机制尚未得到充分的研究。对于第一个问题，由于深交所"互动易"和上交所的"e 互动"的设立存在 3 年的时间差，我们可以将深圳市场上市公司作为对照组，通过双重差分法（differences-in-differences，DID）

检验上证"e互动"的建立是否对上海市场信息效率有显著的提升作用。对于第二个问题，一方面，我们改进了互联网沟通互动性的度量（丁慧等，2018），在沟通信息数量的基础上加入了沟通的及时性，考察了沟通的互动性对信息效率提升的影响；另一方面，我们采用文本向量化的方法，对沟通文本的信息质量进行了度量，观察沟通质量对市场信息效率的提升作用是否存在，并且进一步考察信息的互动性和信息的质量是否存在交互作用。

研究结论表明：2013年"e互动"投资者与公司沟通的平台上线后，上交所上市公司信息效率得到显著提升，并且与同期深交所的上市公司相比，提升的幅度更高。进一步研究发现了"e互动"平台信息效率提升的微观机制，上市公司与投资者沟通的互动性水平与沟通的信息质量对市场的信息效率都存在显著的正向影响。而且，沟通的互动性水平和信息质量存在相互强化的交互效应。上述结果表明，上交所不仅可以鼓励上市公司在"e互动"平台上用丰富的语言及时地对投资者进行回复，还可以通过提升回复文本的信息质量来降低信息的不确定性，从而使市场信息效率水平得到更有效的提高。

本节研究的贡献主要有两点。（1）上证"e互动"是上海证券交易所在加强投资者与上市公司管理层沟通交流方面的重要举措。本节从制度评价的角度对上证"e互动"的政策效果予以评估。评估它是否与深交所的"互动易"一样，为本地市场的信息效率带来了正面的作用，这使本部分研究具有一定的现实意义。（2）我们发现"e互动"改善了市场的信息效率的微观机制。本节通过改进沟通的互动性水平指标和构建信息质量的新型度量方式，证明了沟通的互动性水平和沟通的质量对信息效率存在显著正向影响，并且两者存在交互效应。这凸显了本研究的理论价值，为市场监管者如何进一步提升市场的信息效率提供了理论指导。

一、文献回顾与假设的提出

投资者的完全理性是有效市场假说成立的重要前提。当市场有效时，只有新的信息才能导致股票价格的波动，证券市场的效率问题等同于市场的信息效率问题。但是行为金融理论则认为投资者往往并不是完全理性的，其表现的非理性因素同样也可以导致股价的波动。尽管这两种理论对于市场是否有效存在争议，但是本质上均是在关注股价与信息是否同步变化。一般来说，公司的股价主要包含两类信息：一类是市场标准信息，另一类是公司特质信息。市场标准信息是指对市场或同一行业中所有上市公司的经营业绩产生影响的信息，比如相同的宏观经济环境、风险因素和政治、政策背景，抑或是同一行业中相似的产业政策或竞争环境，这类信息推动着个股股价与市场股价变动保持一致。公司特质信息则与公司基本面密切相关，包括财务状况、产品特征、公司文化等，这类信息推动着个股股价呈现出差异化现象。而股价同步性通常被用来度量市场的信息效率（Roll，1988；Jin & Myers，2006），它是指个股股价的波动与市场股价平均变化之间的相关性，即单个股票与其他股票是否存在"同涨同跌"。若某公司股价同步性比较低，则意味着该公司股价含有更多公司所特有的信息，市场信息效率较高。

罗尔（Roll，1988）首次提出 R^2 的差异是股价对私有信息的反应。之后，莫克等（Morck et al.，2000）用 R^2 作为度量股价同步性的指标，它是由三个收益率回归得到的，具体来说，是由个股收益率对行业收益率以及市场收益率进行回归。学者们用回归的拟合系数来度量市场信息效率，大多数学者认为低 R^2 代表着更高的市场信息效率（Jin & Myers，2006；Hutton et al.，2009；王亚平等，2009；谭松涛等，2016）。因为，R^2 低的公司股价不跟随其他公司股价的脚步，说明公司存在特质信息，并且该信息被投资者所识别，进而作出不从众的投资判断。

投资者获取上市公司信息的渠道有两种，一种是上市公司主动披露，另一种是自己主动挖掘。国外研究表明，直接与上市公司管理层进行互动沟通是投资者得到公司特质信息的重要途径（Solomon & Solts，2012），主要有电话会议、投资者见面会以及机构调研等几种方式。从已有的研究来看，电话会议可以加速资本市场对于收益预期的判断进程（Kimbrough，2005），也有助于提高分析师预测股价的准确率（Bradshaw et al.，2011）。松本等（Matsumoto et al.，2011）特别指出双向沟通的重要性，双向的讨论环节比单向的陈述环节更能增加投资者的有用信息。在研究其他传统信息沟通方式时，布希等（Bushee et al.，2011）发现投资者见面会不仅影响市场的反应，而且也影响市场对于上市公司的关注度。所罗门和索尔特（Solomon & Solts，2012）则发现机构调研会对机构投资者的投资决策产生重要的影响。

上证"e互动"平台要求上市公司在规定时间内必须回答投资者的提问，从本质上而言，这是一种新型的投资者与管理层互动沟通方式。据上交所要求，上市公司给予投资者的回复中不可以涉及未披露的事项。相比浏览财务报告等专业资料，这种方式的互动沟通更易为投资者接受与操作。上证"e 互动"支持 PC 和移动终端，大大降低了沟通门槛，而且为缺乏人脉资源的个人投资者提供了与高管对话的渠道。同时，上证"e 互动"保存了所有的沟通记录给投资者分享，沟通的信息不再被有实力的投资者独占，进而提升了市场的信息效率。谭松涛等（2016）认为互联网交流平台的运行可以有效降低分析师盈余预测的绝对偏差，进而提升市场信息效率水平。丁慧等（2018）认为上证"e 互动"的运行使投资者对于信息获取与理解的能力得到提高，进而降低了市场上信息不对称的水平。因此，我们可以假定上证"e 互动"的建立与运行有可能提升整个沪市的市场信息效率水平。进一步观察到 2010 年深圳证券交易所已经运行"互动易"，因此应该可以预期，相较深交所上市公司，上交所上市公司的信息效率水平在 2013 年上证"e 互动"平台上线后有明显提升。由此得到假设：

H6.6：上证"e 互动"平台的上线与随后上交所挂牌公司信息效率水平的提高存在因果关系。

对比国内其他社交媒体如"新浪微博"等，类似于深交所的"互动易"，上交所"e 互动"为市场信息效率影响的机制研究提供了一个更有利的互动环境。互动性取决于两个方面，一方面是信息互动的数量，信息数量越多，说明互动性水平越高；另一方面是信息互动的时间间隔，信息互动时间间隔越久，说明互动性水平越低。尽管上证"e 互动"特有的制度背景也保证了上市公司能给予投资者充分与及时的回复，但是各上市公司实际操作起来仍然存在巨大的差异。互动性水平越高，投资者越能够获取更多且更及时的信息（丁慧等，2018），进而导致市场信息效率越高。由此得到假设：

H6.7：上交所上市公司在上证"e 互动"平台与投资者之间的互动性水平对信息效率有显著正向影响：互动性水平越高，则信息效率水平越高。

除了信息沟通的数量和及时性，信息沟通的质量也是非常重要的。如果某上市公司及时地与投资者进行大量沟通，但沟通的信息完全重复了定期报告中的公开信息，没有什么信息质量，那么这种沟通对市场效率的提升可能十分有限。岑维等（2016）的研究表明，信息沟通的质量能保护中小投资者的利益，降低信息不对称程度。因此，如果上市公司回复的信息质量越高，那么市场的信息不确定程度就越低，信息效率也就越高。由此得到假设：

H6.8：上交所上市公司在上证"e 互动"平台回复的信息质量对信息效

率有显著正向影响：信息质量越高，则信息效率水平越高。

根据以往的研究，互联网沟通的互动性主要体现在信息沟通的数量（丁慧等，2018）和及时性（徐玉德等，2011）上，而信息质量则体现了信息沟通的准确性。信息沟通的数量与及时性和质量存在一个交互效应，该效应将进一步促进市场信息效率的提升。由此得到假设：

H6.9：上证"e互动"平台与投资者之间的互动性水平和平台回复的信息质量对信息效率水平的影响存在正向交互效应：互动性水平越高，信息质量对信息效率的正向影响越大。反之，信息质量越高，互动性水平对信息效率的正向影响也越大。

二、研究设计

（一）"e互动"上线与信息效率提升的因果关系检验

对投资者而言，通过上证"e互动"与公司高管沟通，可能得到一些公司所特有的信息，进而对公司的信息效率产生影响。那么，上证"e互动"的上线是否在总体上提高了上交所挂牌公司的信息效率呢？对于这个问题，我们借鉴谭松涛等（2016）的做法，采用了双重差分（DID）模型。深交所类似的平台"互动易"于2010年1月上线，在样本期间没有重大改版，我们可以将深圳的上市公司作为参照。然后，对比2013年上交所的"e互动"上线前后，上海和深圳两地市场的信息效率水平的变化是否存在显著的差异。按照这个思路，我们设定了回归模型（6.15），主要变量与系数的解释如表6–11所示。

$$Spns_{i,t} = \beta_0 + \beta_1 Period_{i,t} + \beta_2 SSE_{i,t} + \beta_3 Period_{i,t} \times SSE_{i,t} + \beta_4 X + \varepsilon_{i,t} \tag{6.15}$$

表6–11　　模型（6.15）主要变量与系数解释

变量或系数	变量或系数含义
$Spns$	信息效率，用股价非同步性度量
$Period$	是否上线了"e互动"，2013年以后等于1，否则为0
SSE	是否为上交所挂牌公司。虚拟变量，上交所上市公司为1，深交所上市公司为0
β_3	控制其他因素后，上证"e互动"对上交所挂牌公司信息效率的边际影响

模型（6.15）中的因变量为 Spns（stock price non-synchronicity），测度了公司的信息效率（Morck et al.，2000；Hutton et al.，2009；谭松涛等，2016）。计算该指标时，首先以每个季度里每只股票的日收益率为因变量，以该股票所在行业的加权日收益率、上证指数的日收益率以及这两个收益率的一阶滞后作为自变量进行回归［见模型（6.16）］。通过回归计算得出每只股票每个季度里的拟合优度 R^2。表 6 – 12 为模型（6.16）中主要变量的解释；之后再借鉴杜尔涅夫等（Durnev et al.，2003）做法，按式（6.17）调整拟合优度 R^2，得到每个上市公司每个季度里的信息效率度量指标 Spns。

$$r_{i,t,k} = \alpha_{i,t} + \beta_{1,i} r_{m,t,k} + \gamma_{1,i} r_{ind,t,k} + \beta_{2,i} r_{m,t,k-1} + \gamma_{2,i} r_{ind,t,k-1} + \varepsilon_{i,t,k} \quad (6.16)$$

$$Spns = \ln\left(\frac{1-R^2}{R^2}\right) \quad (6.17)$$

表 6 – 12　　　　　　　　模型（6.16）主要变量解释

变量	变量含义
$r_{i,t,k}$	第 i 只股票第 t 季度中第 k 个交易日的收益率
$r_{m,t,k}$	第 t 季度第 k 个交易日的上证指数收益率
$r_{ind,t,k}$	第 t 季度第 k 个交易日第 i 只股票所在行业（ind）的日加权收益率（行业剔除 i）

模型（6.16）行业收益率由式（6.18）计算得到，其定义为剔除 i 公司后，计算公司 i 的所在行业其他所有公司的加权平均收益率，权重 $W_{j,t,k}$ 为当日公司 j 的流通市值：

$$r_{ind,t,k} = \sum_{j \in ind} W_{j,t,k} r_{j,t,k} - W_{i,t,k} r_{i,t,k} \quad (6.18)$$

根据已有文献，模型（6.15）还控制了其他可能影响信息效率的因素（见表 6 – 13）。

表 6 – 13　　　　　　　　控制变量解释

控制变量	变量含义
公司规模（Firm Size）	用对数化后的流通市值度量
公司年龄（Firm Age）	用对数化后的公司成立时间度量
股权集中度（CRI）	第一大股东的持股比例
资产收益率（ROA）	公司净利润与总资产的比值
公司成长性（Tobin's Q）	公司的市场价值与账面价值比

续表

控制变量	变量含义
换手率（*Turnover*）	市场中股票转手买卖的频率
财务杠杆（*Lev*）	公司的总负债与总资产的比值
产权性质（*Property*）	虚拟变量，国有为 1，否则为 0

模型（6.15）中，考虑到诸多控制变量与被解释变量信息效率之间的因果关系，除了公司年龄与产权性质外，其余控制变量均使用滞后一期的数据。另外，模型（6.15）中还使用了行业（*Industry*）虚拟变量对行业效应进行了控制。

（二）上证"e互动"互动性度量

在上证"e互动"所有板块中，投资者与上市公司更倾向于在"问答"板块互动，该板块互动性更强。与此同时，对比投资者提问内容，上市公司针对投资者提问的回答记录更直接反映出优化投资者信息获取与理解的结果。所以我们对上市公司每个季度回复文本进行如下互动性的度量：（1）平均每条提问的回复字数 *wds*（丁慧等，2018）；（2）平均每条提问的回复天数 *dys*，具体公式如下：

$$Interact = \frac{1}{2}\ln(1+wds) - \frac{1}{2}\ln(1+dys) \qquad (6.19)$$

（三）信息质量与信息效率

以往的研究一般采用交易所发布的信息披露考评作为信息质量的评价标准（徐玉德等，2011），该指标是对上市公司上一年度的信息披露质量作出评价。但是，我们的研究不太适合使用该指标。首先，该指标每年发布一次，与本书的季度数据不能完美匹配。其次，交易所评价还包含了在传统媒体中正式发布信息的披露质量，没有完全体现"e互动"的披露质量。最后，交易所对信息质量的评估的度量仅为 4 个等级，可能会出现很多公司披露质量完全相同的情况。我们发现上市公司与投资者沟通时，不同公司对问题回答的信息量千差万别，信息质量之间存在巨大的差异。有的公司高质量的回复问题，而有的公司会以无效回复敷衍了事，甚至一些公司会逃避问题。

因此本节借鉴孟庆斌等（2017）的研究思路，将上证"e互动"每家上市公司每个季度的回复文本以向量的形式表示，该向量中的每个元素就是每家上市公司季度回复文本中每个词语出现的次数。如果某季度所有上市公司回复文本中共有1000个互不相同的词语，那么该季度所有上市公司就各对应着一个1000×1维的信息向量。我们试着通过一个简单的例子来说明文本是如何被向量化的：有两个极其短的文本，一个是"感谢您的理解和感谢您的包容"，另一个是"感谢您的关注"，剔除连词、代词以及虚词后，两个文本共含有以下4个的词语："感谢""理解""包容""关注"。那么，在第一个文本中，"感谢"出现了2次、"理解"和"包容"分别出现了1次，而"关注"出现0次，所以该文本的信息向量为｛2，1，1，0｝，同理，第二个文本的信息向量为｛1，0，0，1｝。我们利用中国科学院研制的ICTCLAS 3.0系统来对回复文本进行中文分词处理，每个季度下的词语全集向量由该季度下上证"e互动"平台所有上市公司互不相同的中文词语构建，其中需要剔除虚词、连词和专属名词等（孟庆斌等，2017）。

信息质量测度了文本的信息含量，和文本数量并没有直接关系（Hanley & Hoberg，2010）。实际中有可能出现长文本信息质量低，而短文本的信息质量反而高的情况。为了消除文本长短对信息质量度量的影响，我们用回复文本信息向量除以各自文本中词语的总数进行向量标准化处理。上面例子中，两个文本标准化后的信息向量为｛0.50，0.25，0.25，0｝和｛0.50，0，0，0.50｝。

由于每家公司每个季度里的回复文本可能不仅包括自家公司的特质信息，还可能含有与其他公司回复文本中共有的市场与行业信息，例如整个市场竞争的格局、行业所面临的外部环境与风险等。因此，借鉴孟庆斌等（2017）的做法，我们从市场和行业两个维度入手，考察与定义各家公司季度回复文本中的信息质量。可以预见到同一市场或者同一行业中上市公司的回复文本在某种程度上不可避免地存在一定的相似性，一些措辞存在相同的可能性。该方法将同一市场或行业中上市公司回复文本相似的信息（如敷衍性信息）视为低信息质量，同时将与众不同的信息（如公司签订合同的细节）视为高质量信息。

本节通过如下步骤计算各信息向量：首先，将上市公司 i 的各个季度回复文本按照前文所述步骤计算得到个股标准化信息向量 $Niv_{i,t}$（Normalized information vector）。其次，对各个季度中上市公司 i 所在行业除去该公司外的所有其他公司的标准化信息向量进行算术平均，得到的结果定义为行业标准化信息向量 $Niv_{ind,t}$。最后，排除上市公司 i 所属行业内的公司，对市场中属于其他行业的所有公司的标准化信息向量进行算术平均，得到的结果定义为市场标准化信息向量 $Niv_{m,t}$。例如，假设某季度公司 i 所在行业有 K 个公司，整个市场中有 W 个公司，则该季度公司 i 的行业标准化信息向量和市场标准化信息向量分别为：

$$Niv_{ind,t} = \frac{1}{K-1} \sum_{j=1,j\neq i}^{K} Niv_{j,t} \qquad (6.20)$$

$$Niv_{m,t} = \frac{1}{W-K} \sum_{j=1,j\neq i}^{W-K} Niv_{j,t} \qquad (6.21)$$

接下来，针对个股标准化信息向量，我们利用行业和市场的标准化信息向量来对其进行回归分离，即：

$$Niv_{i,t} = \alpha_0 + \alpha_1 Niv_{ind,t} + \alpha_2 Niv_{m,t} + \mu_{i,t} \qquad (6.22)$$

其中，α_1 代表公司回复文本信息中能在多大程度被同一行业公司回复文本所解释的部分，α_2 代表公司能够被市场所解释的程度，残差 $\mu_{i,t}$ 为行业和市场信息所不能解释的部分。按照孟庆斌等（2017）的方法，本节将 $\alpha_1 + \alpha_2$ 定义为该公司的标准信息（可以为行业与市场解释的信息）；而信息质量则定义为 $\sum |\mu_{i,t}|$。上证"e 互动"的网络开放性使投资者可以随时翻看其他投资者与上市公司高管沟通的历史信息，并以此来优化自身的行为（丁慧等，2018）。这表明，投资者对"e 互动"信息质量的挖掘可能存在时间上的积累。考虑到这一点，我们将信息质量修正为每家公司第 t 季度及之前所有期的累加信息质量，用变量 $Haiq_{i,t}$（Historical accumulated information quality）来表示。

将上证"e 互动"第 t 季度下针对上市公司 i 计算出来的信息质量 $Haiq_{i,t}$ 作为解释变量，同季度下的信息效率 $Spns_{i,t}$ 作为被解释变量构建模型（6.23），以及加入互动性指标后，得到模型（6.24）的回归式：

$$Spns_{i,t} = \beta_0 + \beta_1 Haiq_{i,t} + \beta_2 X + \varepsilon_{i,t} \qquad (6.23)$$

$$Spns_{i,t} = \beta_0 + \beta_1 Haiq_{i,t} + \beta_2 Interact_{i,t} + \beta_3 Haiq_{i,t} \times Interact_{i,t} + \beta_4 X + \varepsilon_{i,t}$$
$$(6.24)$$

三、实证结果

(一) 数据说明

由于上证"e 互动"于 2013 年 7 月 5 日建立,因此基础数据选为 2010~2012 年、2014~2017 年我国 A 股上市公司(包含上海和深圳两个交易所)的日度交易数据(来源于 Tushare)和季度财务数据(来源于 Wind 数据库)。回复文本选为 2014~2017 年上证"e 互动"平台的上市公司对投资者提问的回复内容。之所以舍去 2013 年的数据,是因为 2013 年作为上证"e 互动"运行的起始之年,可能会出现比较模糊的影响。表 6-14 为本节主要变量的统计描述。

表 6-14　　　　　　　　主要变量描述性统计

变量	均值	标准差	最大值	最小值	中位数	样本量
$Spns$	0.208	0.953	6.254	-10.881	0.190	58777
$Firm\ Size$	22.000	1.081	27.005	17.611	21.951	58777
$Firm\ Age$	4.459	0.958	5.778	0.693	4.700	58777
CRI	0.357	0.153	0.900	0.002	0.338	58777
ROA	0.011	0.021	0.680	-0.665	0.009	58777
$Tobin's\ Q$	2.600	10.50	1424.527	0.007	1.821	58777
$Turnover$	1.525	1.425	18.904	0.004	1.105	58777
Lev	0.435	0.267	34.432	-0.227	0.428	58777

(二) 上证"e 互动"数据描述

考虑到本书的研究源于上证"e 互动"平台的设立,表 6-15 描述了 2014~2017 年上证"e 互动"平台沟通的总体情况。从表 6-15 中可以看出,一方面,2014 年以来投资者和上市公司高管在上证"e 互动"平台上的沟通的次数在不断增长,甚至 2017 年相比上一年接近翻了一番,达到 65982 次。从互动的频率上看,平均每次沟通间隔已经从 2014 年的 12.57 天下降到 2017 年的 7.29 天(含节假日)。另一方面,从上市公司针对投资者提问的回复时间来看,2014~2017 年这四年间,回复时间间隔均在 4 天左右(含节假日)。这都表明了投资者对上证"e 互动"的使用频率在逐年提升。

表 6 – 15　　　　上证 "e 互动" 提问情况统计（2014 ~ 2017 年）

年份	提问总次数	被提问公司数	沟通间隔/天	问答间隔/天	每家公司被提问次数统计				
					平均值	标准差	最大值	最小值	中位数
2014	20999	723	12.57	3.75	29.04	53.98	697	1	13
2015	33361	871	9.53	3.30	38.30	64.03	901	1	19
2016	33685	1036	11.26	3.87	32.51	70.14	1365	1	15
2017	65982	1318	7.29	4.03	50.06	72.83	1247	1	32

（三）上证 "e 互动" 与信息效率

为了验证 H6.6，我们以上交所上市公司信息效率（$Spns$）为因变量，以是否上线了 "e 互动"（$Period$）为自变量，按照式（6.15）进行双重差分的分析。上交所市场的信息效率可能本身存在一个提高的时间趋势。将同一时期深交所上市公司作为参照，进行差分就可以消除时间趋势的影响。此外，本书不仅对回归标准误进行了稳健性处理，还使用了行业（$Industry$）虚拟变量对行业效应进行了控制。回归结果如表 6 – 16 所示。

表 6 – 16　　　　　　　DID 模型分析的结果

变量	信息效率（$Spns$）			
$Period$	0.341*** (28.36)	0.388*** (32.16)	0.183*** (19.15)	0.265*** (24.19)
SSE			0.032** (1.93)	0.098*** (5.91)
$Period \times SSE$			0.160*** (10.43)	0.101*** (6.52)
$Firm\ Size_{t-1}$		-0.201*** (-27.33)		-0.113*** (-24.65)
$Firm\ Age$		0.059*** (6.81)		0.078*** (15.03)
CRI_{t-1}		-0.076* (-1.80)		0.081*** (2.99)
ROA_{t-1}		2.849*** (6.12)		2.512*** (9.17)

续表

变量	信息效率（$Spns$）			
Tobin's Q_{t-1}		0.040*** (9.60)		0.001* (1.35)
$Turnover_{t-1}$		0.019*** (3.30)		0.030*** (9.36)
Lev_{t-1}		0.096*** (2.59)		0.040* (1.62)
Property		-0.178*** (-12.63)		-0.135*** (-14.49)
行业虚拟变量	Yes	Yes	Yes	Yes
N	23696	23696	58777	58777
调整 R^2	0.065	0.122	0.036	0.096

注：*、**、*** 分别表示在5%、1%、0.1%的水平上显著；括号内为t值。

表6-16第二列和第三列的回归结果显示，2013年上证"e互动"运行后，上交所上市公司的信息效率有了明显的提高。紧接着，在第四列与第五列加入深交所上市公司作为对照研究样本，结果显示：2013年之后上海和深圳两地市场的信息效率都存在明显的时间趋势，随着时间的推移，两个市场的信息效率都得到了明显的提升。此外，从上海和深圳两市场的比较中可以看出，上交所上市公司信息效率略高于深交所。这可能源于上交所挂牌公司的平均市值为深交所挂牌公司平均市值的2倍以上，而大公司更愿意主动披露信息（Lang & Russell, 1993）。另外，从交互项来看，2013年之后，相对于深圳市场，上海市场的信息效率的增加幅度有显著的提高。鉴于2013年左右，除了上证"e互动"平台上线，上海证券交易所没有推出其他对市场信息效率产生重大影响的政策。因此，上证"e互动"平台与上交所市场的上市公司信息效率的提升构成了显著的因果关系。

（四）互动性、信息质量与信息效率

采用模型（6.24）考察上证"e互动"投资者与上市公司互动性、上市公司回复文本的信息质量与信息效率之间的关系，回归结果如表6-17所示。从表6-17的第二列可以看出，投资者与上市公司之间的互动性与信息效率显著正相关，表明互动性越强，则信息效率水平越高，支持了 H6.7；同样，从表 6-17 的第三列可以看出，回复文本的信息质量与信息效率也显著正相关，表明回复文本中提供的特有信息能够有效传递公司层面的信息，有利于投资者掌握确定的信息，降低市场羊群效应的影响，进而提高了市场的信息效率。也就是说，上交所"e 互动"对市场信息效率影响的机制可以通过提高回复文本中的信息质量来提升市场信息效率，支持了 H6.8。最后，表 6-17 的最后一列显示信息质量与互动性的交叉项（$Haiq_{i,t} \times Interact_{i,t}$），也与信息效率显著正相关，说明上市公司与投资者的互动性水平与上市公司回复文本的信息质量产生了交互效应：当平台与投资者的互动性水平越高，则回复文本的信息质量对信息效率的正向影响越大；反之信息质量越高，则互动性水平对信息效率的影响也越大，H6.9 得到了支持。

表 6-17　　　　　互动性与信息质量对信息效率影响的回归结果

变量	信息效率（Spns）		
$Haiq$		0.031*** (19.16)	0.030*** (18.35)
$Interact$	0.058*** (5.42)		0.040*** (3.76)
$Haiq \times Interact$			0.009*** (6.03)
$Firm\ Size_{t-1}$	-0.226*** (-16.63)	-0.257*** (-19.24)	-0.262*** (-19.53)
$Firm\ Age$	0.013 (0.95)	-0.038*** (-2.76)	-0.040*** (-2.85)
CRI_{t-1}	-0.148* (-1.98)	-0.095 (-1.29)	-0.107 (-1.46)
ROA_{t-1}	3.212*** (5.29)	3.574*** (5.72)	3.531*** (5.70)
$Tobin's\ Q_{t-1}$	0.023*** (4.20)	0.020*** (3.86)	0.022*** (4.20)
$Turnover_{t-1}$	-0.050*** (-5.40)	-0.023*** (-2.66)	-0.024*** (-2.76)

续表

变量	信息效率（Spns）		
Lev_{t-1}	0.087 *** (1.41)	0.172 *** (2.78)	0.188 *** (3.05)
Property	-0.232 *** (-9.41)	-0.242 *** (-9.96)	-0.231 *** (-9.52)
行业虚拟变量	Yes	Yes	Yes
N	9532	9532	9532
调整 R^2	0.090	0.117	0.121

注：*、**、*** 分别表示在 5%、1%、0.1% 的水平上显著；括号内为 t 值。

（五）稳健性检验

考虑到一方面投资者精力或许有限以及时间不充裕，很有可能只关注短期的上证"e 互动"问答情况，另一方面信息被充分挖掘存在时滞，因此我们将历史累加信息质量 Haiq 调整为年度累加信息质量 Aaiq（annual accumulated information quality），即每一个季度信息质量初始值再往前累加三个季度初始值。例如，某上市公司 2015 年第二季度的年度累加信息质量 Aaiq 等于这家公司该季度初始值加上 2014 年第三、第四季度初始值以及 2015 年第一季度初始值。考虑到上证"e 互动"于 2013 年 7 月上线，为了避免第一年数据产生的模糊影响，因此 2014 年前三个季度年度累加信息质量 Aaiq 不要求加满四个季度。同时，我们将互动性指标更换为丁慧（2018）的设计，将其命名为 Interact 2。

另外，先前在计算信息效率时，借鉴杜尔涅夫等（Durnev et al., 2013）做法，按式（6.17）调整拟合优度 R^2 得到每个上市公司每个季度里的信息效率度量指标 Spns。但是早期学者在讨论个体波动率时，也有将 $1-R^2$ 定义为信息效率的（Roll, 1988）。因此，本节在稳健性检验时，将采用式（6.17）计算出来的信息效率度量指标记为 Spns，而采用 $1-R^2$ 计算出来的记为 Spns2。我们将模型（6.24）的相关解释变量与被解释变量替换后，再进行模型回归。相关结果如表 6-18 所示。

表 6-18 稳健性检验

变量	Spns		Spns2	
Aaiq	0.077*** (2.99)	0.152*** (3.51)	0.016*** (3.19)	0.030*** (3.58)
Interact2	0.077*** (7.20)	0.089*** (7.28)	0.016*** (7.78)	0.019*** (7.79)
Aaiq × Interact2		0.033** (2.53)		0.006** (2.34)
控制变量	Yes	Yes	Yes	Yes
行业虚拟变量	Yes	Yes	Yes	Yes
N	9532	9532	9532	9532
调整 R^2	0.092	0.093	0.102	0.103

注：**、***分别表示在1%、0.1%的水平上显著。

从表 6-18 中可以看出，更换解释变量后，回归系数的符号与显著性并没有发生变化。而且用不同的方法测算的信息效率度量指标进行回归，回归结果基本相同，这体现了本部分研究结论的稳健性。

四、研究结论

本节首先以深交所上市公司为参照，利用双重差分（DID）模型证明了 2013 年上证"e 互动"的上线与之后沪市市场信息效率提升存在显著的因果关系，该政策取得了良好的效果。为了找到上证"e 互动"平台提高市场信息效率的微观机制，我们分别对沟通的信息互动水平和沟通的信息质量进行了度量和分析。其中，沟通的信息质量采用文本向量化方法进行了测算。研究不仅证实了上市公司与投资者的互动性水平对市场信息效率存在正向影响，而且进一步发现，上市公司回复文本的信息质量也能促进市场信息效率的提升。并且，互动性水平与信息质量产生了显著的交互效应：互动性水平越高，回复文本的信息质量对市场信息效率的影响越大；反之，回复文本的信息质量越高，互动性水平对市场信息效率影响也越大。

上述结果表明，上证"e 互动"平台的运行降低了市场噪声，提高了投资者对于上市公司价值判断的准确度，提升了市场信息效率。监管者不仅可以鼓励上市公司利用上证"e互动"平台为投资者提供充分与及时的回复，还可以激励上市公司回复更多公司层面的特质信息来提升股价非同步性，进而提高市场信息效率。而且，两者的正向交互效应会进一步推升市场信息效率水平，起到事半功倍的效果。

第七章

货币变革

互联网对零售业和金融业产生了深远的影响,催生了一系列新业态。对于互联网金融而言,传统的货币政策是否有效,货币本身是否需要适应互联网而进行变革是我们当前面临的一个重大问题。虽然区块链技术已经成熟,货币变革的技术条件已完全具备,但作为法定数字货币的出台还有很多未知因素需要探讨。

第一节 货币政策对金融新业态的影响

2014年11月以来,央行多次降息和降准,但企业融资成本的下降并不明显,货币宽松的整体效果不如预期。[①] 这表明,我国受多种因素的影响,各金融市场之间、货币市场和信贷市场之间的利率传导存在障碍。我国市场资金的供需双方主要是通过各种机构(银行或政府等)制定的"一口价"的静态定价机制来完成交易。而现阶段我国的金融机构缺乏足够的信息和效率,他们所制定的"一口价"往往偏离了市场均衡利率,这种偏离很可能是利率传导障碍的重要原因。

P2P网贷,是一种资金供需双方脱离中介而进行直接融资的方式,它是随

---

① 钟辉:《利率传导机制困境:为什么双降效果不尽如人意》,载于《21世纪经济报道》2015年7月6日。

着互联网的发展和民间借贷兴起而发展起来的一种新的金融模式。作为我国互联网金融市场的重要组成部分，P2P 网络借贷 2010 年以来获得了爆发性增长。2014 年全国 P2P 网贷成交额为 3291.94 亿元，较 2013 年增长 268.83%，而 2015 年前三季度 P2P 网贷交易额已经达到 6274.22 亿元[1]。相对于传统金融媒介，P2P 网贷通过资金买卖双方竞拍市场的动态定价机制取代了"一口价"的静态定价机制，其利率完全由供需双方的博弈所决定，市场化的程度显然要高于传统间接融资方式。

除了定价机制，P2P 网贷更高的市场化程度还体现在交易的透明和高效率上。首先，每一笔的交易利率、交易金额、借款人地域信息等对于任何人都是可见的。其次，交易双方都有自主选择交易利率的能力，市场出清时间较短，大多数交易在 1 天内即可完成。最后，借款人融资的其他费用极低，其真实成本就体现在交易利率上。

当前 P2P 网贷市场相对于传统间接融资的规模还较小，货币宽松的整体效果不如预期的情况下，货币政策对市场化程度较高的 P2P 市场局部有效仍然是有可能发生的。就这个意义而言，P2P 市场是研究货币政策利率传导机制的一个较为理想的实验室，可以观察到利率市场化程度较高条件下的货币政策利率传导效果。这不仅对推进我国利率市场化改革具有较强的实践意义，对货币政策利率传导理论的发展也具有一定的参考价值。

一、文献回顾

以 P2P 网络借贷为代表的互联网金融模式能通过提高资源配置效率、降低交易成本来促进经济增长，将对人类金融模式产生颠覆性影响。2012 年以来，对 P2P 网络借贷的研究明显增多，主要集中在三个方面。

（一）P2P 市场的信任研究

信任在传统的电子商务市场的研究较为丰富，学者们将信任的前导因素进行了较为成熟的分类。例如格芬（Gefen et al.，2008）提出信任的三个维度，分别是基于知识的信任、基于认知的信任和基于计算的信任。而在线 P2P 借贷

---

[1] 第一网贷发布的《2015 年 1~9 月全国 P2P 网贷行业快报》，2015 年 10 月 2 日。

市场与电子商务在线市场在上述三个方面有着较大的不同：首先，在产品的知识上，后者一般基于可触摸的物理知识，而前者为不可触摸的金融知识。其次，在交易的风险上，后者在交易后较短的时间内就体验到风险，而前者要到产品生命周期结束后才能真正体验风险。最后，在计算信任上，后者是基于效用的计算而前者是基于货币的计算。因此，在线 P2P 市场上的信任问题具有较强的特殊性。

当前主流的研究主要站在投资者事前选择的视角，研究什么因素影响投资者的信任，从而导致更高的交易成功率。从目前的研究成果来看，学者们通常将借款人提供的信息分为"硬信息"（如证件等可验证的客观信息）和"软信息"（如诚实等难以验证的主观信息）。由于"硬信息"可以客观测量，这类研究的结论较为一致，如美国学者发现年龄在 35~60 岁的借款人更容易成功得到贷款；而黑人则较难得到贷款（Pope & Sydnor，2011）。一些国内学者也采用了我国 P2P 平台做了相关研究，如温小霓等（2014）拍贷的借贷数据分析了一些硬信息。认为借款利率、借款人历史失败次数对借款成功率有负的影响，而借款金额、借款人历史成功次数、信用积分、审核项目数对借款的结果有正的影响。

借款人的"软信息"涉及面相对较广，而且传统银行借贷相关的研究并没有涉及这方面的内容，因此这类研究更容易引起学者们的兴趣。杜阿尔特（Duarte et al.，2012）认为 P2P 平台借款人上传的照片就蕴含了是否值得信任的信息。塞思和金杰（Seth & Ginger，2014）的研究表明在 P2P 平台上具有更多社会网络关系的借款人容易得到借款，并且具有更低的利率。赫滕斯坦（Herzenstein et al.，2011）证实了美国的 Prosper 市场存在从众行为，即投资者借助他人的行为来推断借款人是否值得信任。国内学者王会娟和张路（2014）则对 P2P 平台上借款人借款信息的描述进行了分析，发现借款人描述的文字数量越多，越不容易得到借款。

（二）P2P 市场的风险研究

与传统的在线市场不同，P2P 市场的交易周期较长，风险问题难以在短期内暴露。与此同时，在市场发展的初期，投资者和借款人重复交易的可能性较小，加剧了市场信息不对称的程度。因此，信任机制能否充分揭示风险，投资者的风险偏好以及违约率问题成为这类研究主要方向。克鲁默和雷罗

（Krumme & Herrero，2009）首次对 P2P 市场的投资者偏好的分布进行了分析，他们发现投资者通常对高风险类别进行过多投资，在绩效方面呈现出次优；而且借款人信用等级能够揭示风险：其等级越低和借款金额越高其违约率也越高。别尔科维奇（Berkovich，2011）发现高质量贷款提供了额外的回报。林（Lin et al.，2013）从社会资本的角度对借款人违约率情况进行了分析，发现借款者的朋友关系能够帮助降低借款人的风险：更多朋友关系的借款人的违约率一般也较低。埃默克特（Emekter et al.，2015）通过美国的 Lending Club 的数据，也证实了低信用等级和高额度借款确实伴随着更高的违约率。他们进一步指出，高风险项目的利率并没有足够高到能够补偿其风险。

国内学者王会娟和廖理（2014）的研究认为，我国人人贷平台的信用认证机制能够揭示信用风险，缓解借贷双方的信息不对称问题，但评级指标的单一决定了其风险揭示作用的局限性。廖理等（2014）进一步分析认为理性的投资者能够借助公开信息来识别借款人的违约风险。而陈冬宇等（2014）的调查研究证实了借款人展示的社会资本和信息质量对风险感知有着重要影响。

（三）P2P 市场的利率研究

利率作为资本的价格，可以体现出投资的信任和风险：当利率较低时体现的是信任，而当利率较高时，体现的则是风险。一些学者从低利率与信任的关系出发，对一些低利率的借款得到投资的原因进行了分析。弗里德曼和金（Freedman & Jin，2014）采用美国 Prosper 的样本发现具有较多社会连接的借款人更容易得到较低的利率。林等（Lin et al.，2013）的研究也支持这一点，认为借款申请者的朋友关系帮助成功得到资助，获得贷款的利息率较低。国内学者李金阳和朱钧（2013）对我国拍拍贷平台进行了分析，认为借入者的信用等级与借款金额对借款利率具有负向影响，历史流标次数对借款利率具有正向影响。而另外一些学者从高利率与风险的角度，对一些高利率的标的违约风险进行了分析。廖理等（2014）认为由于存在利率上限限制，我国 P2P 市场利率是非市场化的。在这种非利率市场化的环境下，利率仅反映了部分借款人的违约风险。

除了信任和风险，利率还隐含了更多的市场信息。但是，这些市场信息没有得到学者们的足够重视，探索市场环境对 P2P 市场利率影响的研究较少。只有徐等（Xu et al.，2015）对比了中国与美国的 P2P 市场，发现市场环境对借款人社会资本与利率的关系有着较大的影响，社会资本影响利率的情况仅在美国市场存在，而中国市场社会资本对借款的影响主要体现在借款成功率，对利率的高低则没有影响。

总之，尽管学者们对P2P市场的信任和风险进行了较多的研究，但都是基于微观个体视角，而对于利率中体现的市场信息挖掘不足。本节试图探索货币政策与市场利率的关系，不仅能将P2P市场的研究从个体层面拓展到市场层面，还能够检验宏观货币政策在微观P2P市场是否有效，具有较高的理论和实践价值。

二、货币政策对P2P平台利率影响的机制分析

研究货币政策传导机制的文献较多，大部分文献从利率、汇率、资产价格、信用以及商业银行等方面考察了货币政策的传导渠道（Taylor，1995）。但是，货币政策是如何影响P2P平台的，相关理论分析并不多见。由于本部分研究聚焦货币政策对P2P平台的短期影响，再考虑我国的社会融资由商业银行主导的实际情况，我们主要借鉴了商业银行渠道的相关分析。

如图7-1所示，当央行采用了降低法定存款准备金政策时，存款准备金回归商业银行系统，通过乘数效应使得信贷资金的供给增加，通过这里的"供给效应"使得利率水平相应降低。而降低贷款基准利率则直接通过货币市场利率调节信贷市场的贷款利率，形成货币政策的"价格效应"。当资金的需

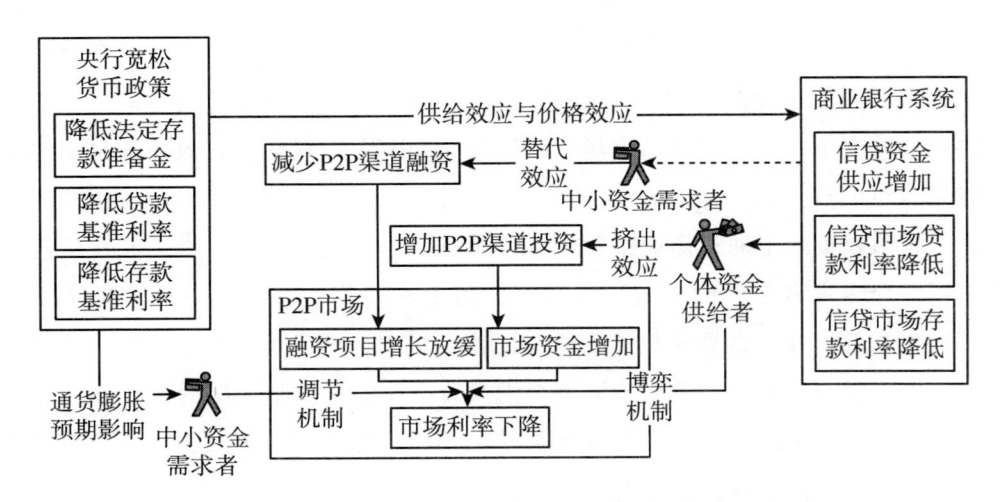

图7-1 货币政策影响P2P市场利率的路径

求者感受到通过商业银行系统贷款比以前更容易,他们就会减少在 P2P 渠道的融资需求,产生"替代效应",从而会使 P2P 市场融资需求的增长得以放缓,导致 P2P 市场利率存在向下的压力。

然而,这里的供给效应、价格效应和替代效应在实践上是否有效,取决于信贷市场的利率调整是否实现了市场化。人们一直诟病的"企业融资成本的下降并不明显"的问题就在于,我国利率市场化改革尚未完成,利率管制的国有银行信贷融资仍然处于主导地位,而自由定价的市场融资处于次要地位(张勇等,2014)。在这种不对称的利率双轨制条件下,国有银行更倾向贷款给国有企业、大企业,而对中小企业贷款相对较少。这样,信贷资金的增加和信贷市场利率降低落实给广大中小资金需求者时会大打折扣(如图 7-1 虚线所示)。一旦这个传导链条在非市场化的商业银行系统中出现障碍,货币政策通过银行信贷市场的"替代效应"来影响 P2P 市场的机制也会出现问题。

另外,P2P 市场利率的决定不仅取决于中小资金的需求者,还取决于个体资金的供给者。不同于贷款利率的双轨制,现行商业银行系统给予绝大部分个体资金供给者(居民储蓄)的存款利率就是基准存款利率。当基准存款利率降低时,信贷市场的存款利率迅速完成调整。一旦个体资金供给者的存款利息收入降低,就会产生一定的挤出效应。这时理性的个体资金供给者进行"存款搬家"(梁涛,2014),将资金转投到股市、债市、汇市等其他资本市场中。其中,一部分资金会来到 P2P 市场,造成 P2P 市场短期资金供给增加,促使 P2P 市场利率向下调整。不同于资金需求者的传导链条,资金供给者的传导链条是由众多独立个体进行独立决策的结果,这个链条在整体上出现断裂的可能性极小。因此我们认为,即使在货币宽松的整体效果不如预期的情况下,货币政策对市场化程度较高的 P2P 市场局部有效在理论上仍然是有可能发生的。

货币政策除了通过商业银行对 P2P 市场产生间接影响外,也可能直接对不同资金需求者个体的通货膨胀预期产生影响(程建华和于戒严,2015),再通过与 P2P 平台的资金供给者之间的博弈机制,形成对 P2P 市场利率的直接影响。然而,货币政策对不同资金需求者个体通货膨胀预期的影响并非是一致的。对于 P2P 借款的一些关键属性的不同,如地域、期限、金额和用途等,个体通货膨胀预期的改变可能存在较大的差异。因此,上述因素可能对货币政策与 P2P 市场利率的关系存在调节效应。首先,我国幅员辽阔,不同地域借款个体的经济发展水平存在一定的差异，导致他们对货币政策执行的理解存在差异，从而可能导致货币政策对P2P市场中不同地区利率改变造成差异化的影响。其次，由于利率的期限结构本身包含了通货膨胀预期（姚余栋和谭海鸣，2011），P2P市场中不同期限借款对货币政策的反应就可能存在一定差异。再次，资金规模本身背后代表了不同风险的项目，这些不同项目资金需求者对货币政策实施预期也不尽相同，也可能使得货币政策对P2P市场中不同资金规模借款利率产生不同的影响。最后，投资属性借款者和消费属性借款者对货币政策改变预期的敏感程度不同，可能导致货币政策对P2P市场不同用途借款利率变化的影响不一。综上，资金需求者和供给者博弈的过程可能使得P2P市场对货币政策的反应并不仅仅受到商业银行系统较弱的替代效应和较强的挤出效应影响，还可能使得P2P借款一些关键属性对货币政策的影响产生调节作用。

三、数据与研究模型

（一）数据来源与变量说明

为了研究货币政策变化对P2P网贷市场利率的实际影响，我们从某大型P2P平台①获得了研究数据，对2015年8月25日降息降准的货币政策前后一个月，即2015年7月26日至2015年9月25日的借款数据进行了选取。得到相关的变量说明如表7-1所示。

表7-1　　　　　　　　　　　相关变量说明

变量名称	变量说明
$interest$	借款利率（百分比）
$policy$	借款时间是否在2015年8月25日之后（实施了货币政策，是=1；否=0）
sex	借款人的性别（1=男，0女）
edu	借款人的学历（1=高中及以下；2=大专；3=本科；4=研究生）
$marry$	借款人婚姻状况（0=未婚；1=已婚）

---

① 该P2P理财平台成立于2010年，是我国P2P行业领头羊之一，被中国互联网协会、工业和信息化部信息中心评为"2015年中国互联网企业百强"，成为百强榜上两家P2P企业之一。

续表

变量名称	变量说明
job	借款人工作类型（1＝企业主；0＝工薪阶层）
income	借款人的月收入（单位：元）
level	借款人信用评级（1~7 由低到高 7 个等级）
east	借款使用所在地是否为东部地区（1＝是东部与沿海地区①，0＝中西部地区）
term	借款期限（单位：月）
money	借款金额（单位：元）
invest	借款是否用于投资（1＝是；0＝否）

（二）数据说明

在我们所获得数据集中，共有成功借款样本 25384 笔，总成交额达到 15.82 亿元。各变量统计描述如表 7-2 所示。首先，我们最为关注的变量利率（*interest*）均值为 11.49%，明显高于同期央行 3 年期基准利率的 5% 的 2 倍以上。一方面，说明以个体经营和小微企业为主的实际融资成本远远高于大型国有企业。另一方面，利率最大值（13.2%）并未触及 24% 的上限，而最小值（7.49）比较接近同期基准利率，较小的方差（0.85）表明该平台的利率市场化水平较高。而货币政策（*policy*）变量均值接近 0.5，可以基本排除货币政策实施前后的时间趋势和季节因素。

表 7-2　　　　　　　数据统计描述

变量	均值	方差	最大值	最小值	中位数	样本数量
interest	11.49	0.85	13.2	7.49	11.40	25384
policy	0.45	0.50	1	0	0	25384
sex	0.72	0.45	1	0	1	25384
age	35.91	0.74	61	21	35	25384
edu	2.02	0.74	4	1	2	25384
marry	0.72	0.45	1	0	1	25384
job	0.30	0.46	1	0	0	25384

---

①　东部与沿海地区包括广东、辽宁、河北、山东、江苏、浙江、福建、广西、海南、北京、上海和天津。

续表

变量	均值	方差	最大值	最小值	中位数	样本数量
income	9601.99	12185.23	50000	0	5000	25384
level	5.72	1.10	7	1	6	25384
east	0.57	0.49	1	0	1	25384
term	27.64	8.72	36	3	24	25384
money	62337.68	32234.93	400000	3000	55900	25384
invest	0.55	0.50	1	0	1	25384

其次，从借款属性来看，借款所在地覆盖了中国的 31 个省（区、市）。其中广东、江苏和福建为借款人最多的地区，分别占据了总借款笔数的 10.40%、9.84% 和 9.58%。而西藏、青海和宁夏为借款笔数最少的地区，总借款数分别为 2 笔、5 笔和 9 笔，反映出对 P2P 平台在不同地区的普及程度差异较大。从 east 变量的均值可以看出，东部 12 个地区订单占比分别为 57%（0.57），略高于中西部地区。在样本中，中西部地区交易金额最大的 3 个省市为重庆、湖北和河南，成交金额分别为 0.94 亿元、0.86 亿元和 0.78 亿元。从借款金额（money）来看，平均每笔借款金额为 6.23 万元，最少的借款为 3 千元，最多的借款高达 40 万元；而从借款用途变量（invest）可以看出，55% 的借款用于投资，剩下 45% 的借款用于消费。借款的期限均值达到了 27.64 个月，而 3 个月以内的短期借款数量占比较小，仅占 0.20%，表明网贷平台的借款需求以中长期借款为主。

最后，从借款人的特征来看：性别（sex）、年龄（age）和婚姻状况（marry）的统计表明，借款人中只有 28% 为女性，借款人平均 35 岁左右，72% 的借款人已婚。教育程度（edu）中位数为 2，表明有一半左右的借款人接受了高等教育。而从收入水平（income）变量来看，借款人的平均月收入达到了 9601.99 元，中位数为 5000 元，远远高于 2015 年我国的城镇居民人均可支配收入 2612 元[①]，说明我国中高收入群体的借款需求较为旺盛。

（三）研究模型

由于样本中的 level 变量 93.41% 集中在第 6 级（A 级），样本在该变量上

---

① 国家统计局网站。

分布过于集中。而且用户信用评级测算中本身就包含了教育程度、收入、工作等信息，不适合再进入回归模型。因此我们在回归模型中将信用评级舍去；另外，income 和 money 两个变量的方差明显较大，为了让这两项数据更加接近正态分布，我们对其进行了取对数处理。最终得到的研究模型如下：

$$interest = c + \partial\ policy + \varepsilon \tag{7.1}$$

$$+ \beta_1 sex + \beta_2 age + \beta_3 edu + \beta_4 marry + \beta_5 job + \beta_6 Lincome$$

$$+ \beta_7 east + \beta_8 term + \beta_9 Lmoney + \beta_{10} invest \tag{7.2}$$

$$+ \beta_{11} policy \times east \tag{7.3}$$

$$+ \beta_{12} policy \times term \tag{7.4}$$

$$+ \beta_{13} policy \times Lmoney \tag{7.5}$$

$$+ \beta_{14} policy \times invest \tag{7.6}$$

模型（7.1）只包含了政策变量（policy）、常数项以及误差项，这种简单的一元回归模型等价于 T 检验：在不考虑其他因素的情况下，货币政策实施对 P2P 市场的利率水平是否存在影响。由于此次货币政策为降息降准，如果政策能够顺畅地传导到 P2P 平台的话，则该系数应该为负；而模型（7.2）则在模型（7.1）的基础上加入了借款人的特征，包括性别（sex）、教育程度（edu）、婚姻状况（marry）和月收入水平（Lincome）等属性。模型（7.2）还包含了借款使用所在地区（east）、借款的期限（term）、借款金额（Lmoney）以及借款用途（invest）。模型（7.2）除了通过对借款人的个人特征以及借款属性特征导致的利率差异进行区分，从而回答如男性和女性的借款利率是否存在差异，学历越高利率是否会越低，东部地区和西部地区利率是否存在差异等问题。这样，模型（7.2）就能更加精确地衡量出货币政策实施对 P2P 平台的利率水平的影响程度；模型（7.3）则在回顾方程中增加了货币政策与借款使用所在地区的交互项（policy×east），可以证明货币政策的实施对东部和西部地区的影响是否存在差异。如果该系数为负并且显著，则表明东部地区的利率下降更多，东部地区更加受惠于货币政策；模型（7.4）针对模型（7.3）增加了货币政策与借款期限变量的交互项（policy×term），该项的系数可以说明货币政策对不同时间结构的借款是否存在差异。如果该值为负并且显著，则表明降息与降准的货币政策对长期借款影响更大。通过对模型（7.4）增加了货币政策与借款金额的交互项（policy×Lmoney），模型（7.5）可以证实货币政策对不同规模借款的影响是否存在差异，如果该系数为负，则大额借款的利率水平受到降息和降准的影响更大。反之，则是小额借款的利率水平下滑更大；最后，模型（7.6）将货币政策与借款用途的交互项（policy × invest）引入了回归方程，可以验证到底是投资类贷款（系数为负）还是消费类贷款（系数为正）受到本次货币政策的影响更大。

各因变量和自变量之间的相关系数如表 7-3 所示。各自变量之间的相关系数均低于 0.5。其中，借款金额对数（Lmoney）和借款期限（term）之间相关系数为 0.49，借款金额越高，其借款的期限倾向更长；而借款用途（inverst）和借款人工作类型（job）之间的相关系数为 0.43，表明企业主的贷款用途更倾向于投资；此外，其他变量的相关系数均低于 0.3；而且计算得 VIF 最大值仅为 1.3，远远低于检验的标准值 10，说明自变量之间的共线性较弱，数据能够较好地匹配研究模型。

表 7-3　　　　　　　　　　相关系数矩阵

变量	interest	policy	sex	age	edu	marry	job	Lincome	east	term	Lmoney	invest
interest	1											
policy	-0.30	1										
sex	-0.03	-0.00	1									
age	-0.03	0.02	0.01	1								
edu	0.06	0.02	0.01	-0.09	1							
marry	-0.03	0.01	0.02	0.23	-0.08	1						
job	-0.34	-0.01	0.02	0.15	-0.18	0.10	1					
Lincome	-0.21	0.06	0.04	0.13	-0.04	0.08	0.41	1				
east	-0.05	-0.05	0.08	-0.03	-0.04	0.05	-0.01	0.01	1			
term	0.73	0.03	-0.08	0.05	0.05	0.01	-0.32	-0.20	-0.09	1		
Lmoney	0.19	0.09	-0.13	0.21	0.04	0.10	0.10	0.30	-0.10	0.49	1	
invest	-0.22	0.01	0.01	0.12	-0.11	0.09	0.43	0.23	-0.04	-0.23	0.04	1

四、数据分析

根据上述 6 个回归模型，我们通过统计软件 Stata 11.0 计算得到结果（见表 7-4）。模型（7.1）与简单 T 检验等价，货币政策变量（policy）系数为 -0.51，并且在 0.001 的水平上显著。这表明货币政策实施起到了明显的效果；

即在忽略其他因素的情况下，货币政策实施前 P2P 平台的平均利率为 12.72%；而在货币政策实施后，借款利率平均降低了 51 个基点①，幅度比基准利率下调 25 个基点扩大 1 倍，初步表明货币政策实施后大幅降低了中小企业和个体经营者的融资成本。但模型（7.1）的 R^2 仅为 0.0947，表明模型（7.1）仅能部分解释利率变动的原因，还需要更加精确的模型对货币政策的效果进行度量。

表 7-4　　　　　　　　各回归模型的分析结果

变量	模型(7.1)	模型(7.2)	模型(7.3)	模型(7.4)	模型(7.5)	模型(7.6)
$policy$	-0.51*** (0.01)	-0.541*** (0.006)	-0.541*** (0.006)	-0.540*** (0.006)	-0.539*** (0.006)	-0.539*** (0.006)
sex		0.017*** (0.007)	0.017* (0.007)	0.016* (0.007)	0.016* (0.007)	0.015* (0.007)
age		-0.002*** (0.000)	-0.002*** (0.000)	-0.002*** (0.000)	-0.002*** (0.000)	-0.002*** (0.000)
edu		0.020*** (0.004)	0.020*** (0.004)	0.019*** (0.004)	0.018* (0.004)	0.018*** (0.004)
$marry$		-0.018*** (0.007)	-0.018*** (0.007)	-0.018** (0.007)	-0.019** (0.007)	-0.019** (0.007)
job		-0.123*** (0.008)	-0.123*** (0.008)	-0.122*** (0.008)	-0.120*** (0.008)	-0.121*** (0.008)
$Lincome$		0.048*** (0.004)	0.049*** (0.004)	0.052*** (0.004)	0.051*** (0.004)	0.051*** (0.004)
$east$		-0.018** (0.006)	-0.019** (0.006)	-0.017** (0.006)	-0.016** (0.006)	-0.016** (0.01)
$term$		0.079*** (0.000)	0.079*** (0.000)	0.080*** (0.000)	0.080*** (0.000)	0.079*** (0.000)
$Lmoney$		-0.283*** (0.007)	-0.284*** (0.007)	-0.293*** (0.007)	-0.289*** (0.007)	-0.289*** (0.007)
$invest$		-0.014* (0.007)	-0.013* (0.012)	-0.015* (0.012)	-0.015* (0.007)	-0.015* (0.007)
$policy \times east$			0.043*** (0.012)	0.021 (0.012)	0.015 (0.012)	0.012 (0.012)

---

① 利率的 1 个基点等于 0.01%。

续表

变量	模型(7.1)	模型(7.2)	模型(7.3)	模型(7.4)	模型(7.5)	模型(7.6)
$policy \times term$				-0.014*** (0.001)	-0.010*** (0.001)	-0.011*** (0.001)
$policy \times Lmoney$					-0.115*** (0.012)	-0.106*** (0.012)
$policy \times invest$						-0.054*** (0.012)
C	12.72*** (0.00)	12.282*** (0.063)	12.286*** (0.063)	12.325*** (0.063)	12.325*** (0.062)	11.322*** (0.062)
调整R^2	0.0947	0.6809	0.6812	0.6860	0.6872	0.6874

注：*、**、***分别表示在5%、1%、0.1%的水平上显著；括号内值为估计标准差。

模型（7.2）在模型（7.1）的基础上加入了两类变量，一类为借款人的特征，包括性别、年龄、教育程度、婚姻状况和工作情况；另一类为借款本身的特征，包括借款使用所在地区、借款期限、借款金额和借款用途。加入模型后货币政策变量（policy）系数和显著性保持了稳定，而且模型的拟合度显著增加，模型可以解释68%的利率变化。性别（sex）前的系数为0.017并且在0.01的统计水平上显著，平均而言，女性借款比男性借款的利率要低2个基点，这表明我国网络借贷市场没有歧视女性的行为。年龄（age）系数的显著性水平为0.001，说明总体上随着年龄的增长，借款的利率有所降低：年龄每增加10岁，借款利率下降2个基点。借款人受教育水平出现了较为意外的情况，系数为0.020，统计水平达到了0.001：平均而言借款人受教育程度越高，借款的利率反而越高。这可能是接受高等教育的创业者较少所导致的：学历为高中及以下、大专、本科和研究生中的企业主占比是依次递减的，分别为41.27%、29.77%、18.24%和11.98%。婚姻状况（marry）系数为负向显著（0.01的水平上），说明建立家庭有利于借款人信用的提高，可以拿到更低的利率，平均而言已婚状态比未婚状态借款人的借款利率要低1.8个基点。企业主变量（job）的负向系数显著性水平也达到了0.001，这说明相对于工薪阶层，企业家对于拿到低利率的借款更具有优势：企业家比工薪阶层拿到的利率平均低12.3个基点。收入水平对数（Lincome）的系数为正，这可能是自我报告的收入与真实收入存在一定的差异所致。

模型（7.2）还包含借款属性的4个变量。其中，地区变量（east）前的系数为-0.018，并在0.01的统计水平上显著，说明东部地区的借款利率比中西部地区低1.8个基点。而借款期限变量（term）的系数为0.079，并在0.001的统计水平上显著。这说明借款期限每增加一个月，平均借款利率上升7.9个基点。对于借款金额对数变量（Lmoney），其系数为负，显著性水平为0.001。表明大额借款能够得到更低的市场利率：借款金额每增加1%，借款利率的基点平均下降28.3个基点。而大额借款一般以中小企业的需求为主，说明中小企业的借款在P2P市场更加受到投资者的欢迎。最后，投资变量（invest）前的系数为-0.014，显著水平为0.05，说明投资者更加偏好对投资项目进行投资，而认为消费项目具有较高的风险。

模型(7.4)~模型(7.6)通过逐步增加政策变量（policy）和借款属性4个变量的乘积项来验证货币政策对不同借款属性是否存在交互作用。对比模型（7.2）的各个变量，无论是系数、标准差还是显著水平，模型（7.4）~模型（7.6）都保持了较高的一致性，说明我们建立的模型具有较高的稳健性。在模型（7.3）中 policy × east 的系数为0.021，并且在0.01的统计水平上显著，但是这个显著水平并没有在模型（7.4）~模型（7.6）保持稳定，表明货币政策对西部地区和东部地区影响差异非常弱，可以忽略不计。对于 policy × term 变量，模型（7.4）~模型（7.6）的系数在-0.010~0.014较小的范围内波动，而高的显著性水平和标准差没有发生变化。这证实了货币政策实施对于借款的期限结构具有交互作用：借款期限越长，受到货币政策的影响越大。平均而言，借款期限每增加一个月，货币政策的实施导致利率额外下降1个基点左右。同样地，policy × Lmoney 的系数也在模型（7.5）和模型（7.6）中一个更小的范围内波动（分别为-0.115和-0.106），显著性都保持了0.001的统计水平。这表明货币政策对于大额借款具有更大的影响，平均借款金额每增加1%，借款的利率额外下降11个基点左右。最后，policy × invest 的系数为-0.054，显著性水平也达到了0.001。表明投资项目的利率对货币政策更为敏感，而消费项目对货币政策的变化则相对迟钝：在实施货币政策后，投资和消费项目的利差要额外扩大5.4个基点。

五、结论与启示

在当前银行主导的金融结构中，当央行调整基准利率时，市场主要通过间接融资体系来传导到实体经济中。然而，经过多次较为宽松货币政策调整后，市场普遍没有察觉到企业实际融资成本的显著降低，甚至有媒体指出货币宽松整体效果不如预期，这在一定程度上反映了间接融资体系的低效率和较慢的调整步伐（图 7-1 虚线处出现断路）。而 P2P 网贷市场则是新兴的直接融资方式，它将资金需求和资金供给进行透明的对接与撮合，即使资金需求方无法受到货币政策影响及时进行调整，资金的供给方也会对 P2P 市场利率产生向下的压力。我们通过我国某大型 P2P 平台的数据检验了 2015 年 8 月 26 日央行降息降准政策实施的影响。分析结果已经证实：P2P 平台有效地传导了货币政策的意图：在控制其他变量影响后，市场利率平均下降 54 个基点，高于基准利率调整的 2 倍以上。相对于银行间接融资，这种线上直接融资方式确实能够减少市场摩擦，增强政策的传导效果。除此之外，我们其他的主要发现和启示如下。

第一，P2P 市场接近完全竞争市场，其利率形成机制具有高度的市场化。尽管我国的法律为 P2P 市场设定了利率的上限（24%），但并不能据此说明我国 P2P 市场是非完全市场化的（廖理等，2014）。从我们的样本中可以看出（见表 7-2），25384 份有效借款样本中最高利率只有 13.2%，远远未达到利率上限。这说明市场买卖双方博弈的结果将利率的范围限定在了一个较小的均衡区间内。在这个均衡区间内，利率根据借款项目的实际情况进行上下波动，这和 eBay、淘宝等基于互联网构造出来的完全竞争商品市场下的价格形成机制是非常类似的：平台通过大数据分析对欺诈标的进行处理和淘汰，而卖方（借款人）自主设定价格（利率），买方（投资者）自主决定买（投）或不买（不投）。当卖方（借款人）设定的价格过高（利率过低），买方（投资者）会寻求其他商家（借款人）。当卖方（借款人）设定价格稍稍低于市场价格（利率稍高），产品（借款标的）会迅速出清，卖方（借款人）没有必要再继续降低价格（提高利率）。因此，类似于 eBay 和淘宝为代表的商品市场的完全竞争性，P2P 市场最为接近完全竞争市场，其交易形成的利率市场化程度较高。

第二，我国东西部地区利率存在明显差异，但货币政策对不同地区的影响并不存在差异。从我们的样本可以看出，2015 年 8 月在我们选取的大型 P2P 平台上我国东部地区的平均利率为 11.54%，而同时中西部地区的平均利率为 11.45%，两者相差 9 个基点。在扣除其他因素影响后，两者的差异缩小为 2

个基点左右，统计上仍然显著。这在一定程度上代表东西部地区经济发展的差异。但是，我们的回归分析表明，货币政策降低 P2P 借款利率的效果在不同地区之间并不存在差异。这说明，在直接融资的互联网金融环境下，货币政策对地区发展的不平衡不存在直接影响，一些学者所设想实施东西部差异化的货币政策并不一定具备必要性。

第三，P2P 市场买方特征明显，大额度的借款利率具有溢价，而且货币政策对其溢价有所提升。国外 P2P 平台的数据表明，大额度融资由于违约可能性较高，导致其利率比小额的借款更高。然而，我们的研究与国外的结论相反，大额度的借款利率反而更低，借款金额每增加 1%，借款利率的基点平均下降 29 个基点。这可能的原因是 P2P 直接融资没有中间环节，能将借款的融资成本作为收益直接让渡给资金的提供者，投资者得到的利率收益远远高于传统的银行理财产品。这导致了我国当前 P2P 市场仍然处于买方市场，大资金需求方具有相对强势的地位，可以获得一定的溢价。当实施了货币政策后，大资金需求方的利率溢价会进一步扩大到 40 个基点，买方的市场地位得到进一步提高。由于传统银行渠道很难达到 P2P 的市场效率，我国 P2P 市场的这种买方特征可能在短期内难以改变。

第四，消费属性的借款利率相对较高，而且货币政策对其下降的影响相对较小。传统的宏观经济学假定居民是储蓄的提供者，企业是资金的使用者，从而认为利率均为投资利率。而实际上，部分居民也可以借款用于消费，这种消费性借款的利率问题一直是研究的盲区。我们的研究证实了消费性借款的利率要高于投资利率，而且对货币政策的敏感程度相对较低。这对金融机构和互联网公司开发消费贷款等新业务有着较大的借鉴意义：例如京东商城开发的白条、淘宝开发的花呗等消费借款业务，鼓励网购用户借款消费，不仅扩大了当前的销售业绩，而且未来潜在利息收益的空间较大。

第五，货币政策对长期借款利率影响更大。借款期限越长，对应的不确定性就越高，就需要更高的利率来补偿这种风险。我们的数据证实了这一点：借款期限每增加 1 个月，借款利率需要增加 7.9 个基点来补偿风险。但是货币政策的实施后，需要补偿的风险有所减少，仅需要 6.8 个基点就可以补偿延长 1 个月借款期限的风险。这表明货币政策的实施在一定程度上提升了市场的风险偏好。

第六，女性和企业家的用户可获得较低的市场利率。在国外的文献中，大多数认为女性在借款中容易受到歧视，只能得到较高的借款利率。然而，在我们的样本中，女性借款虽然占比只有28%，但是女性不仅没有较男性的借款利率高，反而有微弱的利率溢价（1.5个基点）。这表明，我国市场环境是男女平等的，女性在市场竞争中并没有受到任何歧视。此外，我们的样本同样显示市场还会给企业家更低的利率溢价，溢价达到了12个基点。这同样说明，我们的互联网金融市场具备了较强的尊重企业家氛围，"大众创业、万众创新"在该市场上具备良好的群众基础。

第二节 互联网经济与货币形态的变革

一、互联网经济与纸币体系的冲突

根据中国人民银行发布的数据，我国 M0 占据 M1 和 M2 的比例已分别从 1996 年 1 月的 34.13% 和 14.73% 逐年下滑到 2020 年的 13.14% 和 3.72%。[①] 目前，该指标已经显著低于欧美发达国家，这主要归功于支付宝等第三方支付工具的普及。这足以说明，我国市场并不偏好纸质现金的使用，而更倾向于使用数字形态的货币，无现金社会是我国社会经济发展的必然趋势。但是，如果数字形态的货币过多地以第三方支付工具而不是以法定数字货币的形态存在，不仅无法从根本上解决纸币体系的滋养犯罪、地下经济与税基流失等主要缺陷，而且使得第三方支付机构扮演了部分央行的角色，导致市场的风险大量聚集，不利于各种经济政策的实施。下面我们从四大互联网理论的视角探讨互联网经济与纸币体系的冲突。

从信誉机制的讨论可以看出，互联网为全世界构造声誉体系提供了可能，这是互联网蓬勃发展的根本动力。有了声誉体系，人们的交易行为可以被记录下来，交易从一次性博弈逐渐转向到了重复博弈。即便是陌生人之间的交易，机会主义行为也会因为担心信用记录受损而受到遏制。然而，当前的声誉体系基于互联网平台，标准不统一，缺乏相互认可的兼容性，这使得声誉机制的效果大打折扣。造成这一结果的根本原因在于交易时进行支付的体系仍然基于纸

---

① Wind 数据库，经笔者整理。

币体系,而纸币体系的运作是完全匿名的。例如,虽然线上平台淘宝网建立了初步信誉体系和第三方信任标记制度,但是信誉体系的权威性仍然可能会受到刷单等因素的影响。而且,由于兼容性和商业策略的问题,一家商业平台的信誉体系也难以推广到其他商业平台中去。

从货币发展的历史来看,从一般等价物到金属货币,从金属货币到纸币体系,都是匿名主导的。货币的匿名性为保护货币持有者的隐私带来了一定的便利,同时也支持了战乱、无政府等复杂环境下的交易行为。然而,纸币不同于金属货币,纸币是依靠国家强制力发行的,是国家的负债凭证,如果完全匿名,可能会带来一系列的负面后果。首先,纸币的匿名性导致了持有即拥有。难以追溯纸币获取来源,在一定程度上助长偷窃、抢劫等犯罪行为的发生。其次,纸币的匿名性导致了伪造难以发现。当伪造成本低于票面价值时,伪币便可能出现。最后,纸币的匿名性导致了交易流程难以监管。为了逃避税收或争取补贴,隐瞒或伪造交易记录成为可能,造成了大量的地下经济。因此,各国政府都致力于消除纸币体系的匿名性。例如,大力发展信用卡系统、限制大额现金交易、废除大额钞票等。但是,只要纸币体系没有发生根本性的变革,通过打补丁的方式只能限制匿名性,而不可能从根本上消除匿名性。

从网络效应来看,货币是具有强烈网络效应的事务。互联网的长尾效应决定了很多交易必须线上完成,无法使用纸币,而必须使用线上支付。因此,纸币必须首先转变为银行存款后才能够用于线上支付。这时,银行和支付机构,而不是持有纸币的个人成为网络的终端节点,这大大限制了纸币的网络效应在互联网上的放大。银行成为网络效应的终端节点,货币在银行之间流动。然而,在互联网环境下,这些流动的货币都是银行派生的货币,其价值与纸币相比仍然存在一定差异。纸币是法定偿付的货币,而银行派生的货币其偿付能力受到银行本身经营能力的影响。如果银行有过多的不良贷款无法收回,那么其派生的货币是无法偿付的。这时,可能出现储户线下去银行挤兑存款,将其置换为具有法定偿付能力的纸币的现象,使得银行经营更加困难。

因此,从以上理论的推演来看,纸币体现的匿名性决定了交易环境难以建立起完备信誉体系。纸币体系应用到互联网环境时,线上支付必须依托于银行体系完成,使得能够进行货币流动的网络节点大幅下降,从而大大削弱了货币的网络效应。使用非法定偿付的派生货币支付一旦出现信任危机，互联网的羊群效应会迅速将危机放大，加速危机的到来。

二、互联网经济对法定货币形态的要求

为了适应互联网经济发展的需求，中国当前纸币体系需要做出一些变革。下面我们从声誉理论、网络效应理论、长尾理论和羊群效应理论四个角度，探讨互联网发展所需要的理想法定货币。

（一）有限实名性与持久性

如果将法定货币作为记录声誉的载体，将能够打通各平台独立记录声誉的尴尬境地。这将彻底解决同一货币体系内信用记录互不兼容的问题，从而建立全社会统一的信用体系。要实现这种声誉记录功能，货币必须满足两个条件。第一，有限实名。即对中央银行来说，货币的持有者是实名的，但对交易者而言仍然可以保持相互匿名性。有限实名将消除地下经济，给任何经济活动带来痕迹，大幅提高市场的效率。第二，持久性，即货币不会腐烂变质，也不会被无故销毁，同时货币有着超大记载容量，能够记录所有的曾经拥有者以及他们的转手记录。

（二）点对点支付与便携性

如同互联网应用，货币也是一个具有强烈网络效应的体系。货币的持有和接受者较少时，该货币体系的价值较小，随着持有和接受者的增加，货币体系将产生明显的网络外部性，每一个货币持有者（消费者）可以与更多的接受者（生产者）进行交易，促进消费者剩余和生产者剩余提升。网络效应理论中的先发优势和赢家通吃的属性同样适用于非法定货币，例如虚拟币市场中的比特币获得了先发优势，牢牢占据了50%以上的市场份额。而排名前五的虚拟币基本垄断了整个虚拟币的市场份额，赢家通吃的效应非常明显。由于法律的干预，法定货币无须通过竞争就获得了先发优势和赢家通吃，几乎占据了100%的市场份额。

正如前面的分析，在互联网上基于纸币体系进行支付时，必须通过多个第三方机构进行，无法实现终端的点对点支付，货币的网络效应得不到充分发

挥。要改变这一现状，货币需要满足点对点支付的需求，这意味着不依赖于任何第三方机构即可完成支付，支付方和接受方成为网络的终端节点。同时，货币不仅需要支持纯软件的无持票的线上支付，也需要兼容有移动终端载体的线下支付。使得货币具备线上线下通用的可携带性。这时，货币的网络效应才能在互联网环境下得到充分发挥。

在互联网环境下我国法定货币的网络效应一旦被激活，将大幅促进人民币的国际化程度。当前以美元为主导的国际货币结算体系基于 SIWFT 等清算中介机构，人民币的国际结算难以绕过该体系进行跨国支付。然而，一旦法定货币可以在互联网上实现点对点支付，就意味着绕过了所有的中介体系。境外交易者只需持有人民币数字钱包的应用程序（App）即可直接用人民币购买我国的商品和劳务，无须通过烦琐的货币转换。货币的点对点支付一旦对接我国强大的制造能力，人民币的网络效应将会被持续地放大。

（三）可分割性与可替代性

长尾理论表明，互联网创造了大量线下无法产生的交易。在这些交易中，存在一些单次交易金额很低，但总体交易数量巨大的商品。对于纸币体系，这种低价的交易需求是通过辅币完成的，但也往往受到继续细分的限制。如果法定货币不支持分割，这种交易可能就由于起步价格太高而无法产生交易。因此，货币支持可分割性对于长尾经济而言是非常必要的。

当大量的尾部商品交易汇集时，交易资金也同步发生汇集。货币必须满足可替代性，即汇总起来的 1 元与其他的 1 元购买力完全相同，而且无鉴别成本。这样，货币都是足值的，不存在劣币驱逐良币的现象。

（四）可接受性与稀缺性

互联网上的从众行为表明，个人决策很容易受到他人的影响，一旦出现信任危机，在纸币体系中较容易出现挤兑现象。从这个角度来看，挤兑产生的根本原因在于被挤兑货币缺乏可接收性，认为未来其他潜在的交易者不一定能接受该货币。因此，货币必须满足可接受性，这是一个群体相互影响的过程，从众行为在这个过程中扮演着重要角色。要让货币可接受性成为共识，法定货币本身需要满足稀缺性，即作为货币的发行者必须做出一个可信的承诺，货币的发行量不会超过经济正常发展的需要。

三、法定数字货币的设计目标

法定数字货币（central bank digital currency，CBDC）使得国家货币完全脱离了纸币的物理形态，形成了在线与可计算的数字形态，它是对传统纸币体系中现金的替代。相对于法定纸币体系，法定数字货币的发行至少要满足以下三项目标。

1. 更低成本更高效率的交易媒介

对于央行而言，纸币的成本体现在印刷、防伪和磨损回收上；而法定数字货币的成本主要体现在网络安全和数据信息的维护上。后者的边际成本趋近于零，只要法定数字货币发行量足够大，后者的总体成本会远远低于前者。对于我国货币的体量，达到上述目标只是时间问题；对于消费者和中小企业而言，在持有大量现金和接受各种支付工具的手续费之间存在一个平衡，而数字货币的实施则可以节约这种保管纸币所带来的成本，打破这种平衡，显著降低交易的成本。英格兰银行的巴尔达和库姆霍夫（Barrdear & Kumhof, 2016）采用DSGE模型估算，由于交易成本的下降，发行法定数字货币可拉动GDP至少3个百分点。

2. 更安全的价值储藏

著名经济学家弗里德曼认为，现金是一种无风险资产，应该享有无风险资产的利息，这是构建高效货币体系所必需的。但受限于纸币的物理形态，纸币是难以发放利息的。在现行的纸币体系中，穷人往往持有大量现金，不能享受到这样的无风险利率，导致社会的贫富差距进一步扩大。而法定数字货币可以加入市场无风险利率的属性。类似央行给商业银行的电子存款准备金发放利息，央行给法定数字货币定期派息，派息的利率反映货币市场的供求关系。

3. 更稳定的计价单位

计价单位是资金的度量衡，根据著名经济学家哈耶克的观点，经济危机的发生归根结底是由计价单位的不稳定而引起的。因此，维持币值的稳定对经济体系有着极其重要的价值，也是大部分国家央行货币政策的首要目标。从逻辑上而言，无论是法定纸币体系还是数字货币体系，除非央行承诺可以按固定比例无限量兑换某一篮子商品，否则以信用为背书的法定货币难以自动、准确地与物价指数锚定。因为物价指数是由各类商品价格加权得到，而各类商品价格由市场供求均衡给出，并用法定货币度量。因此，即使实施了法定数字货币，稳定物价仍然是央行的首要任务。由于法定数字货币可以实现派息，央行可以通过调整无风险利率的水平来稳定物价，使得在不同时期同样单位的币值能够保持同样的购买力。与传统纸币系统零利息不同，法定数字货币的派息不仅可以是正值，在一些极端环境下也可能是负值。这样，对于通货紧缩时期，央行可将名义利息率降低到零以下的方式来稳定物价。

四、满足互联网经济需求的货币变革方案

目前，实现法定数字货币，主要有两种技术手段：一种是基于传统数据库的集中式账本，另一种是基于区块链的分布式账本，他们的区别主要在于是否向全社会公开支付记录的总账本。在了解两种方案的区别之前，我们简要地介绍一下区块链与记账。

（一）区块链与记账

经济活动中产生的各种交易，需要进行记账。传统的记账方法中，主要有单式记账法与复式记账法。单式记账法对发生的每一笔经济业务只记录在一个账户中，单方面的进行登记。如果经济活动涉及多个账户，则不同账户之间难以建立严密的对应关系，不利于账户的核实与审计。而复式记账是针对这个缺陷，从单式记账法发展起来的一种相对完善的记账方法，是当前财务记账的主要方法。其主要特点是：对每项经济业务都以相等的金额在两个或两个以上的相互联系的账户中进行记录。各账户之间客观上存在对应关系，对账户记录的结果可以进行试算平衡。

复式记账在单式记账的基础上增加了校对机制，使得复式记账具有一定防篡改能力。但是这种能力仍然是有限的。首先，复式记账的防篡改能力是通过事后审计能够发现假账的威慑来实现的。实际过程中，审计不是实时完成的，账本被篡改到被发现一般需要一段时间。其次，复式记账的校对机制只是增加了账务篡改的成本，这种成本的增加是有限的，如果有足够的利益，短期内篡改账目而不被发现仍然是有可能的。最后，复式记账不能从根本上阻止篡改行为的发生，当多个独立记账人或者审计人合谋时，账目的篡改仍然有可能发生。

区块链的分布式记账机制可以从根本上杜绝账本的篡改。区块链记账的审计是在记账时同步完成的。区块链账本按照记账的时间顺序首尾相接，形成链条。链条每一个新的环节产生时，都会对历史所有的链条校对后生成校对码，并将校对码也同时放入新的环节中。一旦记账完成，对历史链条上的任何环节进行篡改几乎是不太可能的。因为，区块链的账本在一定程度上是公开的，由多个不同的主体通过同步机制完成记账，即分布式记账。分布式记账的账本在网上有多处备份，要想篡改账本需要至少买通其中一半的记账主体，造假的成本大幅提高，造假的收益大大低于造假的成本。而且，历史账本被篡改任何一个字节，新链条的校验码就会出现不一致，其他人记新账时就会发现账本的副本是假账而予以丢弃。

区块链账本的分布式记账是一个重大创新，摆脱原本单一的记账中心和单一的账本，形成了多个共享账本。单一账本即使采用了复式记账法，仍然无法从根本上避免账本丢失或被篡改。区块链上多个共享账本不仅可以完成记账职能，还能够随时提供查账的服务。不同的共享账本可能处于不同的物理位置、不同的网络环境、不同的管理人。正是由于多个共享账本的差异化的存在，即使某一部分账本暂时无法提供查账或记账服务，也不影响整个区块链体系的正常运作。由于不同的账本存放环境存在差异，它们需要一套机制来保持不同账本间的数据同步，对真假账本鉴别，并且协调记账的顺序。这种机制称为"共识机制"，一般由事先约定好的软件算法完成。例如，某个账本在同步的过程中，发现来自其他两个不同的账本数据出现矛盾，它必须进行鉴别。鉴别真伪的过程基于"少数服从多数"的原则，通过这个原则自动地将多数保持一致的账本认为是真的，并选择真账本进行同步，丢弃假账本。因此，区块链技术最大的价值在于防篡改，它使得在互联网上发行新形态的货币成为可能。

（二）基于区块链技术的分布式账本

每位自然人和企业法人在中央银行区块链系统开设有限数量的账户，而商业银行不再设立子账户，形成一元的账户结构。我国货币体系信誉良好，不需要为虚拟币锚定石油等商品从而启用单独的计价单位，而兼容传统"元"作为计价单位更为合适。通过央行公开账本，来达到账本不可篡改的目的。与传统数据库方案对比，有以下几点优势。

（1）通过算法限制记账人的权力，任何人篡改或删除历史交易记录完全不可能。

（2）市场信息更加透明，任何的交易记录可公开查询，有利于声誉机制发挥作用，市场的摩擦大大降低。央行和政府可以实时监控经济的运行情况。

（3）实名和匿名相结合，每位参与交易的个体可设立多个账户。通过实名主账户进行大额或频繁交易，满足建立声誉和监管的要求；通过可选实名的辅账户实现小额或零星交易，确保使用者的隐私。

该方案也并非完美，其主要缺陷如下。

（1）交易速度相对较慢，支付不能在瞬间完成。账本的公开记账与同步需要耗费一定的时间，通常在 1～10 分钟内。这是账本不可篡改所必需的代价。

（2）与现有的银行金融体系不太兼容。整个金融体系需要做大量的基础设施和软件的变更工作。

（3）由于账本公开，导致记账出错也不可更改，如果沿用现有的多层投放体系遇到安全问题的概率较高。

（4）由于账本和算法公开，所有交易信息公开透明，央行难以实施"相机抉择"的货币政策，货币政策的选择相对有限，难以通过超预期的方式影响经济。

五、货币变革影响经济发展的机制

（一）信任机制

区块链在人类历史上首次通过技术手段真正实现了"账本是不可能修改的"这个理念。传统记账方法实际上是中心化记账，即由一个人或机构来记账并进行管理。我们要实现上述不可篡改的理念需要假设记账人具备"不做假账"等职业操守。而区块链则是分布式记账，即很多人见证的方式记账，则可以放弃上述假设。通过区块链记账，要让大部分没有利益关联的见证者合谋修改或删除之前的记账，是很难完成的任务。从委内瑞拉遭遇严重经济危机也仍然能够成功发行基于区块链的"石油币"可以看出，采用区块链方案实现的法定数字货币在经济危机的情形下依然能够运作，具备更强的稳健性。我国发行数字货币采用区块链方案后，可将政府公信力与区块链信任机制叠加，将加速人民币成为世界货币。

（二）增长机制

国外理论研究和实践表明，发行法定数字货币能够提高经济增长水平，增强应对危机的能力。之所以能够产生这种效应，在于法定数字货币能够降低交易成本，减少资源错配。据估计，我国地下经济的规模在 GDP 的 10%～20%，在世界各国中处于中等水平。一方面，地下经济由于不纳税而形成的成本优势会使资源产生错配。另一方面，地下经济脱离了政府的监管，不仅税收流失，还容易滋生犯罪，影响社会治安，增大市场的交易成本。由于地下经济大都使用纸质现金交易，当使用法定数字货币来替代纸质现金时，地下经济赖以生存的离线性没有了存在的基础。届时，所有交易都可以追踪，税收流失和资源错配的问题可以得到根本性的解决。政府完全可以改变征税的模式，从事后征税转变到交易时征税，进一步提高经济运行的效率。

（三）大数据机制

法定数字货币实质上是全社会经济运行的账本，它还是一个经济大数据系统，做好数据利用规划，将大幅提高政府的监管水平。例如，在支付的数据中，不仅包含了纸币交易中难以统一记录的交易人、交易金额和交易时间，还可能包含交易地址、商品信息等额外的信息。这就意味着央行不仅可以在时间层面上实时统计汇总货币的存量和流量信息，还可以基于地理位置等实时统计货币和经济的运行情况。基于这些大数据，政府对市场的调查水平大幅提升，一些经济指数如 CPI、PMI、货币流通速度等不仅可能按时间、地区等分类实时生成，而且比传统的问卷调查更加可靠。政府监管部门甚至可以调出每元钱从发行开始到任何时点流通的全链路图，对资金的流动有着更清晰的掌握。有了对经济运行情况的准确观测，政府的监管水平也可以得到显著的增强，各种洗钱行为和资金异常流动都能够被及时发现，经济政策推出的时效性也将大幅提高。

参 考 文 献

［1］波士顿咨询公司、阿里研究院、百度发展研究院、滴滴政策研究院：《解读中国互联网特色》，2017 年第 9 期。

［2］曹俊浩、陈宏民、石彼得：《基于双边市场理论的 B2B 垄断平台自网络外部性分类及其强度研究》，载于《上海交通大学学报》2010 年第 44 卷第 12 期。

［3］曹祎遐、刘志莉：《盒马鲜生：生鲜行业"新零售"践行者》，载于《上海信息化》2017 年第 6 期。

［4］岑维、童娜琼、何潇悦：《投资者关注度与中小股东利益保护——基于深交所"互动易"平台数据的实证研究》，载于《证券市场导报》2016 年第 2 期。

［5］陈冬宇、朱浩、郑海超：《风险，信任和出借意愿——基于拍拍贷注册用户的实证研究》，载于《管理评论》2014 年第 1 期。

［6］陈云、王浣尘、沈惠璋：《电子商务零售商与传统零售商的价格竞争研究》，载于《系统工程理论与实践》2006 年第 26 卷第 1 期。

［7］程子彦：《上海实体商场现"关门潮"?》，载于《中国经济周刊》2016 年第 41 期。

［8］崔丽丽、王骊静、王井泉：《社会创新因素促进"淘宝村"电子商务发展的实证分析——以浙江丽水为例》，载于《中国农村经济》2014 年第 12 期。

［9］戴静、叶翠红、陈义国、许传华：《质量信号对众筹投资者决策的影响——来自京东商品众筹的证据》，载于《金融评论》2016 年第 8 卷第 3 期。

［10］邓金卫：《众筹成功的影响因素——基于京东众筹平台的实证研究》，载于《国际商务财会》2016 年第 4 期。

［11］丁慧、吕长江、黄海杰：《社交媒体、投资者信息获取和解读能力

与盈余预期——来自"上证 e 互动"平台的证据》，载于《经济研究》2018 年第 1 期。

［12］范晓屏、卢艳峰、韩红叶：《网购信息环境对消费者决策过程的影响：基于有限理性视角》，载于《管理工程学报》2016 年第 30 卷第 2 期。

［13］冯海超：《大数据的中国机会》，载于《互联网周刊》2013 年第 1 期。

［14］冯娟、吴建伟：《基于消费者搜寻成本的商圈形成机理研究》，载于《中国管理科学》2012 年第 20 卷第 5 期。

［15］冯玮隆、杜伟岸：《奖励式众筹的价值信息创造功能研究——基于 Logit 和 MLR 模型的实证检验，载于《软科学》2018 年第 32 卷第 12 期。

［16］龚晓莺、杨小勇：《对我国东西部实行差别性货币政策的思考》，载于《教学与研究》2012 年第 7 期。

［17］龚映清：《互联网金融对证券行业的影响与对策》，载《证券市场导报》2013 年第 11 期。

［18］顾乃康、赵坤霞：《实时的社会信息与互联网产品众筹的动态性——基于大数据的采集与挖掘研究》，载于《金融研究》2019 年第 1 期。

［19］郭亚军、赵礼强：《基于电子市场的双渠道冲突与协调》，载于《系统工程理论与实践》2008 年第 28 卷第 9 期。

［20］黄辉煌：《我国 C2C 电子商务税收管理的几个问题》，载于《税务研究》2015 年第 3 期。

［21］黄健青、黄晓凤、殷国鹏：《众筹项目融资成功的影响因素及预测模型研究》，载于《中国软科学》2017 年第 7 期。

［22］黄健青、刘雪霏、郑建明：《众筹项目成功的关键因素——基于 KIA 与 AON 融资模式的实证研究》，载于《财贸经济》2015 年第 9 期。

［23］黄玲、周勤：《创意众筹的异质性融资激励与自反馈机制设计研究——以"点名时间"为例》，载于《中国工业经济》2014 年第 7 期。

［24］黄玲、周勤：《基于期望理论的众筹设计研究》，载于《财经科学》2015 年第 6 期。

［25］蒋传海、杨万中、朱蓓：《消费者寻求多样化、拥塞效应和厂商歧视定价竞争，载于《财经研究》2018 年第 44 卷第 1 期。

［26］金祥荣、陈文轩：《从"竞食"到"协同"：我国电商发展模式交

迁的动力分析》，载于《浙江社会科学》2018 年第 3 期。

[27] 寇宗来、李三希：《线上线下厂商竞争：理论和政策分析》，载于《世界经济》2018 年第 6 期。

[28] 雷兵、赵梦佳：《线上与线下零售厂商投入产出效率评价研究》，载于《统计与信息论坛》2015 年第 176 卷第 5 期。

[29] 雷蕾：《纯实体零售、网络零售、多渠道零售厂商效率比较研究》，载于《北京工商大学学报（社会科学版）》2018 年第 1 期。

[30] 李德鸿、崔文田、刘鹤鸣、王怡童：《BAT 专利创新现状及其合作网络分析》，载于《图书情报导刊》2018 年第 8 期。

[31] 李海舰、田跃新、李文杰：《互联网思维与传统企业再造》，载于《中国工业经济》2014 年第 10 期。

[32] 李金阳、朱钧：《影响 P2P 网络借贷市场借贷利率的因素分析》，载于《广东商学院学报》2013 年第 5 期。

[33] 李维安、吴德胜、徐皓：《网上交易中的声誉机制：来自淘宝网的证据》，载于《南开管理评论》2007 年第 5 期。

[34] 李晓鑫、曹红辉：《信息披露、投资经验与羊群行为——基于众筹投资的研究》，载于《财贸经济》2016 年第 10 期。

[35] 李鑫、徐唯燊：《对当前我国互联网金融若干问题的辨析》，载于《财经科学》2014 年第 9 期。

[36] 李育林、张玉强：《我国地方政府在"淘宝村"发展中的职能定位探析——以广东省军埔村为例》，载于《科技管理研究》2015 年第 11 期。

[37] 梁涛：存款利率市场化：《金融消费者权益保护视角下的路径选择》，载于《财经科学》2014 年第 2 期。

[38] 廖理、李梦然、王正位：《聪明的投资者：非完全市场化利率与风险识别——来自 P2P 网络借贷的证据》，载于《经济研究》2014 年第 7 期。

[39] 廖理、李梦然、王正位、贺裴菲：《观察中学习：P2P 网络投资中信息传递与羊群行为》，载于《清华大学学报（哲学社会科学版）》2015 年第 1 期。

[40] 刘波、刘彦、赵洪江、冷梦玥：《预售众筹与股权众筹的选择：基于众筹平台与企业家声誉的视角》，载于《金融研究》2017 年第 7 期。

[41] 刘杰、郑风田：《社会网络，个人职业选择与地区创业集聚——基

于东风村的案例研究》，载于《管理世界》2011年第6期。

[42] 刘梦冉、周耿：《引入抽奖模式的众筹绩效研究》，载于《南大商学评论》2016年第3期。

[43] 刘小龙：《食盐抢购事件背后的群众性心理分析》，载于《法制与社会》2011年第16期。

[44] 刘亚军、储新民：《中国"淘宝村"的产业演化研究》，载于《中国软科学》2017年第2期。

[45] 孟庆斌、杨俊华、鲁冰：《管理层讨论与分析披露的信息质量与股价崩盘风险——基于文本向量化方法的研究》，载于《中国工业经济》2017年第12期。

[46] 欧晓敬：《十大网络流行语新鲜出炉》，载于《三湘都市报》2010年12月21日。

[47] 彭红枫、林川：《众筹参与者是"凑热闹"还是"真投资"——社会资本视角下基于"众筹网"的经验证据》，载于《中国经济问题》2018年第2期。

[48] 彭红枫、米雁翔：《信息不对称、信号质量与股权众筹融资绩效》，载于《财贸经济》2017年第5期。

[49] 浦徐进、石琴、凌六一：《直销模式对存在强势零售商零售渠道的影响》，载于《管理科学学报》2007年第10卷第6期。

[50] 普华永道：《2017中国零售电商白皮书》，2017年。

[51] 曲创、杨超、臧旭恒：《双边市场下大型零售商的竞争策略研究》，载于《中国工业经济》2009年第7期。

[52] 曲振涛、周正、周方召：《网络外部性下的电子商务平台竞争与规制——基于双边市场理论的研究》，载于《中国工业经济》2010年第4期。

[53] 荣朝和、韩舒怡：《互联网对零售企业经营能力的影响》，载于《商业经济与管理》2018年第10期。

[54] 盛天翔、刘春林：《网络渠道与传统渠道价格差异的竞争分析》，载于《管理科学》2011年第3期。

[55] 石奇、岳中刚：《大型零售商的双边市场特征及其政策含义》，载于《财贸经济》2008年第2期。

[56] 宋军、吴冲锋：《基于分散度的金融市场的羊群行为研究》，载于

《经济研究》2011 年第 11 期。

[57] 苏涛永、黄珊珊、李雪兵：《众筹项目特征、支持者人数与融资绩效——基于信号理论的实证研究》，载于《中国林业经济》2019 年第 1 期。

[58] 苏涛永、林宇佳：《感知不确定性对产品众筹结果的影响：社会信息的调节作用》，载于《金融理论与实践》2017 年第 12 期。

[59] 谭松涛、阚铄、崔小勇：《互联网沟通能改善市场信息效率吗？——基于深交所"互动易"网络平台的研究》，载于《金融研究》2016 年第 3 期。

[60] 汤长安、彭耿：《中国基金羊群行为水平的上下界估计及其影响因素研究》，载于《中国软科学》2014 年第 9 期。

[61] 唐方成、池坤鹏：《双边网络环境下的网络团购定价策略研究》，载于《中国管理科学》2013 年第 3 期。

[62] 王长斌：《网络零售企业竞争优势驱动因素研究》，载于《北京二商大学学报（社会科学版）》2013 年第 3 期。

[63] 王国顺、支晓静、胡国武：《零售企业 O2O 转型的效率变动实证分析》，载于《系统工程》2016 年第 11 期。

[64] 王会娟、廖理：《中国 P2P 网络借贷平台信用认证机制研究——来自"人人贷"的经验证据》，载于《中国工业经济》2014 年第 4 期。

[65] 王会娟、张路：《借款描述对 P2P 借贷行为的影响研究》，载于《金融理论与实践》2014 年第 8 期。

[66] 王慧纯：《赵本山蝉联"小品王"遭质疑》，载于《济南时报》，2011 年 2 月 16 日。

[67] 王全胜、王永贵、陈传明：《第三方信任服务对在线购物意愿的作用机理》，载于《经济管理》2009 年第 7 期。

[68] 王亚平、刘慧龙、吴联生：《信息透明度、机构投资者与股价同步性》，载于《金融研究》2009 年第 12 期。

[69] 王彦、毕志伟、李楚霖：《佣金收取对拍卖结果的影响》，载于《管理科学学报》2004 年第 4 期。

[70] 王增武：《结构性金融产品的定价与投资决策研究：不确定性方法》，载于《金融评论》2010 年第 1 期。

[71] 温小霓、武小娟：《P2P 网络借贷成功率影响因素分析——以拍拍贷为例》，载于《金融论坛》2014 年第 3 期。

[72] 温忠麟、叶宝娟：《中介效应分析：方法和模型发展》，载于《心理科学进展》2014 年第 5 期。

[73] 吴文清、付明霞、赵黎明：《我国众筹成功影响因素及羊群现象研究》，载于《软科学》2016 年第 2 期。

[74] 吴晓求：《互联网金融：成长的逻辑》，载于《财贸经济》2015 年第 2 期。

[75] 伍青生、李湛：《研发阶段新产品信息发布：时间与频率策略研究》，载于《管理工程学报》2014 年第 4 期。

[76] 谢平：《互联网金融模式研究》，载于《金融研究》2012 年第 12 期。

[77] 徐策：《商业地产租金过快上涨的危害与对策》，载于《宏观经济管理》2013 年第 12 期。

[78] 徐玉德、李挺伟、洪金明：《制度环境、信息披露质量与银行债务融资约束——来自深市 A 股上市公司的经验证据》，载于《财贸经济》2011 年第 5 期。

[79] 徐智邦、王中辉、周亮等：《中国"淘宝村"的空间分布特征及驱动因素分析》，载于《经济地理》2017 年第 1 期。

[80] 薛娟：《淘宝电器城来势凶猛"品牌日"14 天成交额超亿》，载于《中国经济时报》，2010 年 8 月 5 日。

[81] 薛君：《交易成本视角下的网络消费者行为研究》，载于《商业时代》2005 年第 29 期。

[82] 薛玉林、吕廷杰、齐佳音等：《电子商务运营中的羊群效应主要特征研究》，载于《技术经济与管理研究》2015 年第 1 期。

[83] 杨居正、张维迎、周黎安：《信誉与管制的互补与替代——基于网上交易数据的实证研究》，载于《管理世界》2008 年第 7 期。

[84] 姚余栋、谭海鸣：《中国金融市场通胀预期——基于利率期限结构的量度》，载于《金融研究》2011 年第 6 期。

[85] 姚卓、陈晓红、张希、靳馥境：《基于质量信号的众筹融资影响因素研究》，载于《金融经济学研究》2016 年第 31 卷第 4 期。

[86] 叶芳、杜朝运：《众筹参与者的行为决策机制：一个两阶段理论模型分析》，载于《金融经济学研究》2015 年第 30 卷第 4 期。

[87] 余雨：《"快捷支付"引发电子支付革命》，载于《互联网周刊》

2011 年第 24 期。

[88] 岳中刚、赵玻：《通道费与大型零售商盈利模式研究：基于双边市场的视角》，载于《商业经济与管理》2008 年第 1 卷第 8 期。

[89] 岳中刚、周勤、杨小军：《众筹融资、信息甄别与市场效率——基于人人贷的实证研究》，载于《经济学动态》2016 年第 1 期。

[90] 曾江洪、李佳威、黄向荣：《实体店众筹投资者类型与投资行为的比较研究》，载于《软科学》2020 年第 34 卷第 3 期。

[91] 曾亿武、郭红东：《电子商务协会促进淘宝村发展的机理及其运行机制——以广东省揭阳市军埔村的实践为例》，载于《中国农村经济》2016 年第 6 期。

[92] 曾亿武、郭红东：《农产品淘宝村形成机理：一个多案例研究》，载于《农业经济问题》2016 年第 4 期。

[93] 曾亿武、邱东茂、沈逸婷等：《淘宝村形成过程研究：以东风村和军埔村为例》，载于《经济地理》2015 年第 12 期。

[94] 张长江、翁婷、赵成国：《互联网众筹与投资者羊群行为实证研究》，载于《财会通讯》2019 年第 14 期。

[95] 张侃：《莫言作品脱销反映社会浮躁心态》，载于《中国青年报》2012 年 12 月 28 日。

[96] 张天顶、胡鏧杨：《众筹项目融资效率的影响因素分析》，载于《软科学》2017 年第 31 卷第 3 期。

[97] 张仙锋：《信誉的价值：基于淘宝数据对我国电子市场的特色解释》，载于《当代经济科学》2009 年第 3 期。

[98] 张勇、李政军、龚六堂：《利率双轨制、金融改革与最优货币政策》，载于《经济研究》2014 年第 10 期。

[99] 赵学锋、戈亚、贾利军等：《电子零售的产品选择评价指标体系研究》，载于《管理学报》2005 年第 2 卷第 4 期。

[100] 中西正雄、吴小丁：《零售之轮真的在转吗》，载于《商讯（公司金融）》2006 年第 1 期。

[101] 钟肖英：《产品众筹中逆向选择和道德风险规制问题研究》，载于《企业经济》2017 年第 36 卷第 3 期。

[102] 周耿、王全胜：《网上交易的信誉与保障标记机制》，载于《当代

财经》2010 年第 4 期。

[103] 周耿、于笑丰：《网上销售的影响因素：利基与热门市场的对比研究》，载于《当代财经》2012 年第 5 期。

[104] 周静、杨紫悦、高文：《电子商务经济下江苏省淘宝村发展特征及其动力机制分析》，载于《城市发展研究》2017 年第 2 期。

[105] 周黎安、张维迎、顾全林：《信誉的价值：以网上拍卖交易为例》，载于《经济研究》2006 年第 12 期。

[106] 朱邦耀、宋玉祥、李国柱等：《C2C 电子商务模式下中国"淘宝村"的空间聚集格局与影响因素》，载于《经济地理》2016 年第 4 期。

[107] 朱康对、朱呈访、潘姬熙：《"淘宝村"现象与温州网络经济发展——基于永嘉西岙"淘宝村"的案例研究及政策建议》，载于《温州职业技术学院学报》2015 年第 1 期。

[108] 庄雷、周勤：《身份歧视：互联网金融创新效率研究——基于 P2P 网络借贷》，载于《经济管理》2015 年第 4 期。

[109] Abrams D., M. A. Hogg, Social Identifications: A Social Psychology of Intergroup Relations & Group Processes. Routledge, 2006.

[110] Acemoglu D., J. Linn, Market Size in Innovation: Theory & Evidence from the Pharmaceutical Industry, Quarterly Journal of Economics, Vol. 119, No. 3, 2004, pp. 1049 – 1090.

[111] Adelaar T., Chang S., L. Lancendorfer, Effects of Media Formats on Emotion and Impulse Buying Intent. Journal of Information Technology, Vol. 18, No. 4, 2003, pp. 247 – 266.

[112] Adner R., 2006. Match Your Innovation Strategy to Your Innovation Ecosystem, Harvard Business Review, Vol. 84, No. 4, 2006, pp. 98 – 107.

[113] Adner R., R. Kapoor, Value Creation in Innovation Ecosystems: How the Structure of Technological Interdependence Affects Firm Performance in New Technology Generations, Strategic Management Journal, Vol. 31, No. 3, 2010, pp. 306 – 333.

[114] Adner R., The Wide Lens: What Successful Innovators See That Others Miss. New York: Penguin. 2012.

[115] Adomavicius G., J. Bockstedt, Gupta A., Modeling Supply-Side

Dynamics of IT Components, Products, & Infrastructures: An Empirical Analysis Using Vector Autoregression, Information Systems Research, Vol. 23, No. 2, 2012, pp. 397 – 417.

[116] Akerlof G. A., A Theory of Social Custom, of Which Unemployment may be One Consequence. The Quarterly Journal of Economics, Vol. 94, No. 4, 1980, pp. 749 – 775.

[117] Anderson C., The Long Tail: How Endless Choice is Creating Unlimited Demand. Random House, 2007.

[118] Anderson C., The Long Tail: Why the Future of Business is Selling Less of More. Hyperion, 2006.

[119] Anderson E. G., G. G. Parker, B. Tan, Platform Performance Investment in the Presence of Network Externalities, Information Systems Research, Vol. 25, No. 1, 2014, pp. 152 – 172.

[120] Anderson L. C., Holt. Information Cascades in the Laboratory. The American Economic review, Vol. 87, No. 5, 1997, pp. 847 – 862.

[121] Ariely D., Ebay's Happy Hour: Non-Rational Herding in Online Auctions. Working Paper, 2005. Available at http://emlab.berkeley.edu/users/webfac/dellavigna/e218_sp05/simonsohn.pdf.

[122] Arndt J., Role of Product-Related Conversations in the Diffusion of a New Product. Journal of Marketing Research, Vol. 4, No. 3, 1967, pp. 291 – 295.

[123] Arora A., J. P. Caulkins, R. Telang, Sell First, Fix Later: Impact of Patching on Software Quality, Management Science, Vol. 52, No. 3, 2006, pp. 465 – 471.

[124] Arora A., R. Krishnan, R. Telang, Y. Yang, An Empirical Analysis of Software Vendors' Patch Release Behavior: Impact of Vulnerability Disclosure, Information Systems Research, Vol. 21, No. 1, 2010, pp. 115 – 132.

[125] Asch S., Studies of Independence & Conformity: A Minority of One Against a Unanimous Majority. Psychological monographs, Vol. 70, No. 9, 1956, pp. 1 – 70.

[126] Ashworth J., B. Geys, Everyone Likes a Winner: An Empirical Test of the Effect of Electoral Closeness on Turnout in A Context of Expressive Voting.

Public Choice, Vol. 128, No. 3, 2006, pp. 383 –405.

[127] Bajari P., A. Hortacsu, The Winner's Curse, Reserve Prices & Endogenous Entry: Empirical Insights from Ebay Auctions. RAND Journal of Economics. Vol. 34, No. 2, 2003, pp. 329 –355.

[128] Bakos J., Reducing Buyer Search Costs: Implications for Electronic Marketplaces. Management Science, Vol. 43, No. 12, 1997, pp. 1676 –1692.

[129] Baldwin C. Y., C. J. Woodard, The Architecture of Platforms: A Unified View, in Platforms, Markets & Innovation, A. Gawer (eds.), Northampton, MA: Edward Elgar, 2009, pp. 19 –44.

[130] Baldwin C. Y., K. B. Clark, Design Rules: The Power of Modularity. Cambridge, MA: MIT Press, 2000.

[131] Banerjee A. V., A Simple Model of Herd Behavior. The Quarterly Journal of Economics, Vol. 107, No. 3, 1992, pp. 797 –817.

[132] Bapna R., P. Goes, A. Gupta, A Theoretical & Empirical Investigation of Multi-Item on-Line Auctions. Information Technology & Management. Vol. 1, No. 1, 2000, pp. 1 –23.

[133] Barasinska N., D. Schäfer, Is Crowdfunding Different? Evidence on the Relation between Gender & Funding Success from a German Peer-to-Peer Lending Platform. German Economic Review, Vol. 15, No. 4, 2014, pp. 436 –452.

[134] Barney J., Firm Resources and Sustained Competitive Advantage, Journal of Management, Vol. 17, No. 1, 1991, pp. 99 –120.

[135] Baron R. M., D. A. Kenny, The Moderator-Mediator Variable Distinction in Social Psychological Research: Conceptual, Strategic, and Statistical Considerations. Journal of Personality & Social Psychology, Vol. 51, No. 6, 1986, pp. 1173 –1182.

[136] Ba S., P. Pavlou, Evidence of the Effect of Trust Building Technology in Electronic Markets: Price Premiums & Buyer Behavior, MIS Quarterly. Vol. 26, No. 3, 2002, pp. 243 –268.

[137] Bass F. M., N. Bruce, S. Majumdar, S. Murthi, Wear-Out Effects of Different Advertising Themes: A Dynamic Bayesian Model of the Advertising-Sales Relationship, Marketing Science, Vol. 26, No. 2, 2007, pp. 179 –195.

[138] Bauer R., P. Smeets, Social Identification & Investment Decisions. Journal of Economic Behavior & Organization, Vol. 117, 2015, pp. 121 – 134.

[139] Belanger F., J. Hiller, W. Smith, Trustworthiness in Electronic Commerce: the Role of Privacy, Security & Site Attributes. Journal of Strategic Information Systems, Vol. 11, No. 3 – 4, 2002, pp. 245 – 270.

[140] Belleflamme P., T. Lambert, A. Schwienbacher, Crowdfunding: Tapping the Right Crowd. Core Discussion Papers, Vol. 29, No. 5, 2014, pp. 585 – 609.

[141] Bender M., E. O. Gal, T. Geylani, Crowdfunding as a Vehicle for Raising Capital and for Price Discrimination. Journal of Interactive Marketing, Vol. 46, No. 5, 2019, pp. 1 – 19.

[142] Berkovich E., Search & Herding Effects in Peer-to-Peer Lending: Evidence from Prosper. com. Annals of Finance, Vol. 1, No. 7, 2011, pp. 389 – 405.

[143] Bhattacharya C. B., Sen S. Consumer-Company Identification: A Framework for Understanding Consumers' Relationships with Companies. Journal of marketing, Vol. 67, No. 2, 2003, pp. 76 – 88.

[144] Bickart B., Special Session Summary Expanding the Scope of Word of Mouth: Consumer-to-consumer Information on the Internet. Advances in Consumer Research, Vol. 29, No. 1, 2002, pp. 428 – 431.

[145] Bikhchandani S., D. Hirshleifer, Welch I. A Theory of Fads, Fashion, Custom & Cultural Change as Informational Cascades. Journal of political Economy, Vol. 100, No. 5, 1992, pp. 992 – 1026.

[146] Bikhchandani S., S. Sharma., Herd Behavior in Financial Markets. Imf Staff Papers, No. 3, 2000, pp. 279 – 310.

[147] Block J. H., L. Hornuf, Which Updates During an Equity Crowdfunding Campaign Increase Crowd Participation? Ssrn Electronic Journal, No. 201606, 2016.

[148] Borenstein S., J. Netz, Why Do All the Flights Leave at 8 Am?: Competition and Departure-Time Differentiation in Airline Markets. International Journal of Industrial Organization, Vol. 17, No. 5, 1999, pp. 611 – 640.

[149] Boudreau K. J., L. B. Jeppesen, Unpaid Crowd Complementors: The Platform Network Effect Mirage, Strategic Management Journal, Vol. 36,

No. 12, 2015, pp. 1761-1777.

[150] Boudreau K. J., Let a Thousand Flowers Bloom? An Early Look at Large Numbers of Software App Developers and Patterns of Innovation, Organization Science, Vol. 23, No. 5, 2012, pp. 1409-1427.

[151] Boudreau K. J., Open Platform Strategies and Innovation: Granting Access vs. Devolving Control, Management Science, Vol. 56, No. 10, 2010, pp. 1849-1872.

[152] Bowman D., H. Gatignon, Order of Entry as a Moderator of the Effect of the Marketing Mix on Market Share, Marketing Science, Vol. 15, No. 3, 1996, pp. 222-242.

[153] Bradshaw M., Analysts' Forecasts: What do We Know after Decades of Work. SSRN Electronic Journal, No. 1880339, 2011.

[154] Brynjolfsson E., M. Smith, Consumer Surplus in the Digital Economy: Estimating the Value of Increased Product Variety at Online Booksellers. Management Science, Vol. 49, No. 11, 2003, pp. 1580-1596.

[155] Brynjolfsson E., Smith M. D., Frictionless Commerce? A Comparison of Internet & Conventional Retailers. Management Science, Vol. 46, No. 4, 2000, pp. 563-585.

[156] Brynjolfsson E., Y. Hu, D. Simester., Goodbye Pareto Principle, Hello Long Tail: The Effect of Search Costs on the Concentration of Product Sales. MIT Working Paper, Available at: http://ssrn.com/abstract=953587. 2007.

[157] Brynjolfsson E., Y. Hu, M. Smith, From Niches to Riches: Anatomy of the Long Tail. MIT Sloan Management Review, Vol. 47, No. 4, 2006, pp. 67-71.

[158] Bushee B., M. Jung, G. Miller, Conference Presentations and the Disclosure Milieu. Journal of Accounting Research, Vol. 49, No. 5, 2011, pp. 163-1192.

[159] Byers J. W., M. Mitzenmacher, M. Potamias, G. Zervas, A Month in the Life of Groupon. Arxiv preprint arXiv: 11050903. Working Paper, Available at http://arxiv.org/abs/1105.0903v1, 2011.

[160] Carbonell P., A. I. Rodriguez, The Impact of Market Characteristics and Innovation Speed on Perceptions of Positional Advantage and New Product Per-

formance, International Journal of Research in Marketing, Vol. 23, No. 1: 2006, pp. 1 – 12.

[161] Carina T., B. Kamleitner, What Goes around Comes Around? Rewards as Strategic Assets in Crowdfunding. California Management Review, Vol. 58, No. 2, 2016, pp. 1 – 25.

[162] Carroll G. R., Concentration and Specialization: Dynamics of Niche Width in Populations of Organizations, American Journal of Sociology, Vol. 90, No. 6, 1985, pp. 1262 – 1283.

[163] Cascino S., M. Correia, A. Tamayo., Does Consumer Protection Enhance Disclosure Credibility in Reward Crowdfunding? Journal of Accounting Research, Vol. 57, No. 5, 2019, pp. 1247 – 1302.

[164] Casey T. R., J. Töyli, Dynamics of Two-Sided Platform Success and Failure: An Analysis of Public Wireless Local Area Access, Technovation, Vol. 32, No. 12, 2012, pp. 703 – 716.

[165] Castronova E. A Test of the Law of Demand in a Virtual World: Exploring the Petri Dish Approach to Social Science. CESifo Working Paper; Available at: http://ssrn.com/abstract = 1173642, 2008.

[166] Cavusoglu H., H. Cavusoglu, J. Zhang., Security Patch Management: Share the Burden or Share the Damage? Management Science, Vol. 54, No. 4, 2008, pp. 657 – 670.

[167] Ceccagnoli M., C. Forman, P. Huang, D. J. Wu, Cocreation of Value in a Platform Ecosystem: The Case of Enterprise Software, MIS Quarterly, Vol. 36, No. 1, 2012, pp. 263 – 290.

[168] Cenamor J., B. Usero, Z. Fernández, The Role of Complementary Products on Platform Adoption: Evidence from the Video Console Market, Technovation, Vol. 33, No. 12, 2013, pp. 405 – 416.

[169] Chang Y. B., V. Gurbaxani, The Impact of IT-Related Spillerovers on Long-Run Productivity: An Empirical Analysis, Information Systems Research, Vol. 23, No. 3, 2012, pp. 868 – 886.

[170] Chen J., R. J. Kauffman, Y. Liu, X. Song, Segmenting Uncertain Demand in Group-Buying Auctions. Electronic Commerce Research and Applica-

tions. Vol. 9, No. 2, 2010, pp. 126 – 147.

[171] Chen P., S. Wu, J. Yoon, The Impact of Online Recommendations and Consumer Feedback on Sales; Proceedings of the ICIS 2004 Proceedings, 2004.

[172] Chen W. Y., P. H. Wu, Factors Affecting Consumers' Motivation in Online Group Buyers. Sixth International Conference on Intelligent Information Hiding and Multimedia Signal Processing (IIH-MSP), 2010.

[173] Chen Y. F., Herd Behavior in Purchasing Books Online. Computers in Human Behavior. Vol. 24, No. 5, 2008, pp. 1977 – 1992.

[174] Chen Y., J. Xie, Cross-Market Network Effect with Asymmetric Customer Loyalty: Implications for Competitive Advantage, Marketing Science, Vol. 26, No. 1, 2007, pp. 52 – 66.

[175] Chevalier J. A., D. Mayzlin, The Effect of Word of Mouth on Sales: Online Book Reviews. Journal of Marketing Research, Vol. 43, No. 3, 2006, pp. 345 – 354.

[176] Chintagunta P. K., Measuring the Effects of New Brand Introduction on Inter-Brand Strategic Interaction, European Journal of Operational Research, Vol. 118, No. 2, 1999, pp. 315 – 331.

[177] Choi J., D. Laibson, Reducing the Complexity Costs of 401 (k) Participation through Quick Enrollment. National Bureau of Economic Research, 2006.

[178] Choi J., D. Laibson, Why Does the Law of One Price Fail? An Experiment on Index Mutual Funds. Review of Financial Studies, Vol. 23, No. 4, 2010, pp. 1405 – 1432.

[179] Chong Z., Iphone Owners in US Spent $40 Each on Apps in 2016, CNET, 2/22, https://www.cnet.com/news/us-iphone-owners-spent-an-average-of-40-on-apps-last-year/, 2017.

[180] Clemons E. K., How Information Changes Consumer Behavior and How Consumer Behavior Determines Corporate Strategy. Journal of Management Information Systems, Vol. 25, No. 2, 2008, pp. 13 – 40.

[181] Cohen L., Loyalty-Based Portfolio Choice. Review of Financial Studies, Vol. 22, No. 3, 2009, pp. 1213 – 1245.

[182] Colombo M. G., C. Franzoni, C. L. Rossi, Internal Social Capital

and the Attraction of Early Contributions in Crowdfunding. Entrepreneurship Theory and Practice, Vol. 39, No. 1, 2015, pp. 75 – 100.

[183] Comanor W. S., F. M. Scherer, Patent Statistics as a Measure of Technical Change. Journal of Political Economy, Vol. 77, No. 3, 1969, pp. 392 – 398.

[184] Connelly B. L., S. T. Certo, R. D. Ireland, Signaling Theory: A Review and Assessment. Journal of Management, Vol. 37, No. 1, 2011, pp. 39 – 67.

[185] Coxhead I., B. Demeke, Panel Data Evidence on Upland Agricultural Land Use in the Philippines: Can Economic Policy Reforms Reduce Environmental Damages? American Journal of Agricultural Economics. Oxford University: Press on Behalf of the Agricultural & Applied Economics Association, 2004, pp. 1354 – 1360.

[186] Croson R., J. Shang, The Impact of Downward Social Information on Contribution Decisions. Experimental Economics, Vol. 11, No. 3, 2008, pp. 221 – 233.

[187] Cusumano M. A., A. Gawer, The Elements of Platform Leadership, MIT Sloan Management Review, Vol. 43, No. 3, 2003, pp. 51 – 58.

[188] Degeratu A., A. Rangaswamy, Consumer Choice Behavior in Online and Traditional Supermarkets: The Effects of Brand Name, Price, and Other Search Attributes. International Journal of Research in Marketing, Vol. 17, No. 1, 2000, pp. 55 – 78.

[189] Dekimpe M. G., D. M. Hanssens, Empirical Generalizations about Marketing Evolution and Stationarity, Marketing Science, Vol. 14, No. 3, 1995, pp. 109 – 121.

[190] Dekimpe M. G., D. M. Hanssens, Sustained Spending and Persistent Response: A New Look at Long-Term Marketing Profitability, Journal of Marketing Research, Vol. 36, NO. 4, 1999, pp. 397 – 412.

[191] Dellva W., G. Olson, The Relationship Between Mutual Fund Fees and Expenses and Their Effects on Performance. Financial Review, Vol. 33, No. 1, 1998, pp. 85 – 104.

[192] Deutsch M., H. Gerard, A Study of Normative and Informational Social Influences Upon Individual Judgment. Journal of Abnormal and Social Psychology, Vol. , No. 3, 1955, pp. 629 – 636.

[193] Dholakia U. M., G. Tsabar, G. P. Meals, A Startup's Experience

with Running a Groupon Promotion. Working Paper, Rice University, Available at ssrn. com/abstract = 1828003, 2011.

[194] Dholakia U. M., How Effective are Groupon Promotions for Businesses? Working Paper, Available at ssrn. com/abstract = 1696327, 2010.

[195] Dholakia U. M., What Makes Groupon Promotions Profitable for Businesses. Rice University Working Paper, Available at http: //dx. doi. org/10. 2139/ssrn. 1790414, 2011.

[196] Doney P. M., J. P. Cannon. An Examination of the Nature of Trust in Buyer-Seller Relationships. The Journal of Marketing, Vol. 61, No. 2, 1997, pp. 1 – 25.

[197] Dorff M. B., The Siren Call of Equity Crowdfunding. Journal of Corporation Law, Vol. 39, No. 3, 2014, pp. 494 – 521.

[198] Dowell G., A. Swaminathan, Entry Timing, Exploration, and Firm Survival in the Early US Bicycle Industry, Strategic Management Journal, Vol. 27, No. 12, 2006, pp. 1159 – 1182.

[199] Druehl C. T., G. M. Schmidt, G. C. Souza, The Optimal Pace of Product Updates, European Journal of Operational Research, Vol. 192, No. 2, 2009, pp. 621 – 633.

[200] Duan W., B. Gu, A. B. Whinston, Do Online Reviews Matter? — an Empirical Investigation of Panel Data. Decision Support Systems, Vol. 45, No. 2, 2008, pp. 1007 – 1016.

[201] Duan W., B. Gu, A. Whinston, Informational Cascades and Software Adoption on the Internet: An Empirical Investigation. MIS Quarterly, Vol. 33, No. 1, 2009, pp. 23 – 48.

[202] Duarte J., S. Siegel, L. Young, Trust and Credit: The Role of Appearance in Peer-to-Peer Lending. Review of Financial Studies, Vol. 25., No. 8, 2012, pp. 2455 – 2484.

[203] Durnev A., R. Morck, B. Yeung, P. Zarowin, Does Greater Firm-specific Return Variation Mean More or Less Informed Stock Pricing? . Journal of Accounting Research, Vol. 41, No. 5, 2003, pp. 797 – 836.

[204] Economides N., E. Katsamakas, Two-Sided Competition of Proprietary vs. Open Source Technology Platforms and the Implications for the Software Industry,

Management Science, Vol. 52, No. 7, 2006, pp. 1057 – 1071.

[205] Edelman B., S. Jaffe, S. D. Kominers, H. B. School., To Groupon or Not to Groupon: The Profitability of Deep Discounts. Harvard Business School Working Paper, Available at http://hbswk.hbs.edu/item/6597.html, 2010.

[206] Eisenmann T. R., G. Parker, M. V. Alstyne, Opening Platforms: How, When and Why? . Social Science Electronic Publishing, 2008.

[207] Eisenmann T. R., G. Parker, M. W. Alstyne. Platform Envelopment, Strategic Management Journal, Vol. 32, No. 12, 2011, pp. 1270 – 1285.

[208] Elbedweihy A. M., C. Jayawardhena, M. H. Elsharnouby., Customer Relationship Building: The Role of Brand Attractiveness and Consumer-Brand Identification. Journal of Business Research, Vol. 69, No. 8, 2016. pp. 2901 – 2910.

[209] Elberse A., Should You Invest in the Long Tail? Harvard Business Review, No. 8, 2008, pp. 88 – 96.

[210] Elizabeth M. Gerber, J. L. Hui, Crowdfunding: Motivations and Deterrents for Participation. ACM Trans. Comput. -Hum. Interact, Vol. 20, No. 6, 2013, pp. 267 – 270.

[211] Emekter R., Y. Tu, Jirasakuldech B., Evaluating Credit Risk and Loan Performance in Online Peer-to-Peer Lending. Applied Economics, Vol. 47, No. 1, 2015, pp. 54 – 70.

[212] Evans D. S., A. Hagiu, R. Schmalensee., Invisible Engines: How Software Platforms Drive Innovation and Transform Industries. Cambridge, MA: MIT Press. 2006.

[213] Eyre-Walker A., P. D. Keightley., Estimating the Rate of Adaptive Molecular Evolution in the Presence of Slightly Deleterious Mutations and Population Size Change, Molecular Biology and Evolution, Vol. 26, No. 9, 2009, pp. 2097 – 2108.

[214] Fabrizio K. R., L. G. Thomas., The Impact of Local Demand on Innovation in A Global Industry, Strategic Management Journal, Vol. 33, No. 1, 2012, pp. 42 – 64.

[215] Fisher R., S. Z. Chu., Initial Online Trust Formation: The Role of Company Location and Web Assurance. Managerial Auditing Journal, Vol. 24, No. 6, 2009, pp. 542 – 563.

[216] Fleder D., Hosanagar K., Blockbuster Culture's Next Rise or Fall: The Impact of Recommender Systems on Sales Diversity. Management Science, Vol. 55, No. 5, 2009, pp. 697 – 712.

[217] Fleischmann F., M. Amirpur, T. Grupp, A. Benlian, T. Hess., The Role of Software Updates in Information Systems Continuance—An Experimental Study from A User Perspective, Decision Support Systems, Vol. 83, 2016. pp. 83 – 96.

[218] Fleitas D., Bandwagon and Underdog Effects in Minimal-Information Elections. The American Political Science Review, Vol. 65, No. 2, 1971, pp. 434 – 438.

[219] Fok D., P. H. Franses, Analyzing the Effects of a Brand Introduction on Competitive Structure Using a Market Share Attraction Model, International Journal of Research in Marketing, Vol. 21, No. 2, 2004, pp. 159 – 177.

[220] Forman C., A. Goldfarb, S. Greenstein. How did Location Affect Adoption of the Commercial Internet? Global Village vs. Urban Leadership. Journal of Urban Economics, Vol. 58, No. 3, 2005, pp. 389 – 420.

[221] Freedman S., G. Z. Jin, The Information Value of Online Social Networks: Lessons from Peer-to-peer Lending. International Journal of Industrial Organization, Vol. 51, No. 3, 2017. pp. 185 – 222.

[222] Gardner D. M., Is There a Generalized Price-Quality Relationship? Journal of Marketing Research, Vol. 8, No. 2, 1971, pp. 241 – 243.

[223] Gawer A., M. A. Cusumano, Platform Leadership: How Intel, Microsoft, and Cisco Drive Industry Innovation. Boston, MA: Harvard Business School Press. 2002.

[224] Gefen D., I. Benbasat, P. Pavlou, A Research Agenda for Trust in Online Environments. Journal of Management Information Systems, Vol. 24, No. 2, 2008, pp. 275 – 286.

[225] Gerber E., Hui J., P. Y. Kuo, Crowdfunding: Why People are Motivated to Post and Fund Projects on Crowdfunding Platforms. Computer Supported Cooperative Work. 2012.

[226] Ghapanchi A. H., Investigating the Interrelationships Among Success Measures of Open Source Software Projects, Journal of Organizational Computing and Electronic Commerce, Vol. 25, No. 1, 2015. pp. 28 – 46.

[227] Ghazawneh A., O. Henfridsson, Balancing Platform Control and External Contribution in Third-Party Development: The Boundary Resource Model, Information Systems Journal, Vol. 23, No. 2, 2013, pp. 173 – 192.

[228] Goolsbee A., In a World without Borders: The Impact of Taxes on Internet Commerce. Quarterly Journal of Economics, Vol. 115, No. 2, 2000, pp. 561 – 576.

[229] Gourville J., D. Soman, Overchoice and Assortment Type: When and Why Variety Backfires. Marketing Science, Vol. 24, No. 3, 2005, pp. 382 – 395.

[230] Granger C. W. J., Investing Causal Relations by Econometric Models and Cross-Spectral Methods, Econometrica, Vol. 37, No. 3, 1969, pp. 424 – 438.

[231] Greenspan A., The Map and the Territory 2.0: Risk, Human Nature, and the Future of Forecasting. Penguin, 2014.

[232] Grewal D., K. B. Monroe, R. Krishnan, The Effects of Price-Comparison Advertising on Buyers' Perceptions of Acquisition Value, Transaction Value, and Behavioral Intentions. Journal of Marketing, Vol. 62, No. 2, 1998, pp. 46 – 59.

[233] Grewal D., R. Krishnan, J. Baker, The Effect of Store Name, Brand Name & Price Discounts on Consumers' Evaluations and Purchase Intentions. Journal of Retailing, 1998, Vol. 74, No. 3, pp. 331 – 352.

[234] Griffin A., Product Development Cycle Time for Business-To-Business Products, Industrial Marketing Management, Vol. 31, No. 4, 2002, pp. 291 – 304.

[235] Grinblatt M., S. Titman, Momentum Investment Strategies, Portfolio Performance, and Herding: A Study of Mutual Fund Behavior. The American Economic Review, Vol. 85, No. 5, 1995, pp. 1088 – 1105.

[236] Gruhl D., R. Guha, D. Liben-Nowell, A. Tomkins, Information Diffusion through Blogspace. In Proceedings of the 13th International Conference on World Wide Web, ACM, New York, NY, 2004.

[237] Hagiu, A., H. Halaburda, Expectations and Two-Sided Platform Profits, Harvard Business School Working Paper, No. 12 – 045, 2013.

[238] Hagiu A., Pricing and Commitment by Two-Sided Platforms, The RAND Journal of Economics, Vol. 37, No. 3, 2006, pp. 720 – 737.

[239] Hagiu, A., Two-Sided Platforms: Product Variety and Pricing Structures, Journal of Economics and Management Strategy, Vol. 18, No. 4, 2009,

pp. 1011 – 1043.

［240］Hahn P. , T. Grant, M. Constantino, Mail Versus Mall: a Strategic Analysis of Competition Between Direct Marketers and Conventional Retailers. Marketing Science, Vol. 17, No. 3, 1998, pp. 181 – 195.

［241］Hair J. J. , R. Anderson, R. Tatham, Multivariate Data Analysis: with Readings. Prentice-Hall, 1995.

［242］Hanley K. W. , G. Hoberg. , The Information Content of IPO Prospectuses. Review of Financial Studies, Vol. 23, No. 7, 2011, pp. 2821 – 2864.

［243］Hannan, M. T. , J. Freeman, "The Ecology of Organizational Motality: American Labor Unions, 1836 – 1985, American Journal of Sociology, Vol. 94, No. 1, 1988, pp. 25 – 52.

［244］Hennig-Thurau T. , K. P. Gwinner, Electronic Word-of-Mouth Via Consumer-Opinion Platforms: What Motivates Consumers to Articulate Themselves on the Internet? Journal of Interactive Marketing, Vol. 18, No. 1, 2004, pp. 38 – 52.

［245］Hertel G. , S. Niedner, S. Herrmann, Motivation of Software Developers in Open Source Projects: An Internet-Based Survey of Contributors to the Linux Kernel, Research Policy, Vol. 32, No. 7, 2003, pp. 1159 – 1177.

［246］Hervas-Drane A. Word of Mouth and Taste Matching: A Theory of the Long Tail, Working Paper, Available at http: //www. netinst. org/2007 _ grants. html, 2007.

［247］Herzenstein M. , U. M. Dholakia, R. L. Andrews, Strategic Herding Behavior in Peer-to-peer Loan Auctions. Journal of Interactive Marketing, Vol. 25, No. 1, 2011, pp. 27 – 36.

［248］Hippel V. E. , Democratizing Innovation. Cambridge, MA: MIT press. 2005.

［249］Holland J. N. , D. L. Deangelis, A Consumer-Resource Approach to the Density-Dependent Population Dynamics of Mutualism, Ecology, Vol. 91, No. 5, 2010, pp. 1286 – 1295.

［250］Holland J. N. , D. L. Deangelis, Consumer-Resource Theory Predicts Dynamic Transitions Between Outcomes of Interspecific Interactions, Ecology Letters, Vol. 12, No. 2, 2009, pp. 1357 – 1366.

[251] Hornsey M., L. Majkut, On Being Loud and Proud: Non-Conformity and Counter-Conformity to Group Norms. British Journal of Social Psychology, No. 3, 2003, pp. 319 – 335.

[252] Hsiao C., Analysis of Panel Data. Cambridge University Press, New York, NY, 1986.

[253] Hsiao J. P., H. C. Jaw, T. C. Huan, Information Diffusion and New Product Consumption: A Bass Model Application to Tourism Facility Management. Journal of Business Research, Vol. 62, No. 7, 2009, pp. 690 – 697.

[254] Huang J., Y. Chen, Herding in Online Product Choice. Psychology and Marketing, Vol. 23, No. 5, 2006, pp. 413 – 42.

[255] Huber J., M. B. Holbrook, B. Kahn, Effects of Competitive Context and of Additional Information on Price Sensitivity. Journal of Marketing Research, Vol. 23, No. 3, 1986. pp. 250 – 260.

[256] Hui-ying L., Y. Qiang, G. Sharma, Herding Behavior in C2C E-Commerce: Empirical Investigation in China. IEEE, 2011, pp. 33 – 39.

[257] Hu M., X. Li, M. Shi, Product and Pricing Decisions in Crowdfunding. Marketing Science, Vol. 34, No. 3, 2015, pp. 331 – 345.

[258] Hutton P., A. Marcus, H. Tehranian, Opaque Financial Report, R^2, and Crash Risk. Journal of Financial Economics, Vol. 94, No. 1, 2009, pp. 67 – 86.

[259] Iansiti M., R. Levien, The Keystone Advantage: What the New Dynamics of Business Ecosystems Mean for Strategy, Innovation, and Sustainability. Harvard Business Press, 2004.

[260] Ibrahim D. M., Equity Crowdfunding: A Market for Lemons? SSRN Working Paper, No. 2539786, 2014.

[261] Ingram, P., T. Simons, 2000. State Formation, Ideological Competition, and the Ecology of Israeli Workers' Cooperatves, 1920 – 1992, Administrative Science Quarterly, Vol. 45, No. 1, pp. 25 – 53.

[262] Iribarren J. L., E. Moro, Impact of Human Activity Patterns on the Dynamics of Information Diffusion. Physical Review Letters, Vol. 103, No. 3, 2009, pp. 38 – 70.

[263] Ittner, C. D., D. F. Larcker, Product Development Cycle Time and Organizational Performance, Journal of Marketing Research, Vol. 34, No. 1, pp. 1997. 13 – 23.

[264] Jaccard J., C. Wan, R. Turrisi, The Detection and Interpretation of Interaction Effects between Continuous Variables in Multiple Regression. Multivariate Behavioral Research, No. 4, 1990, pp. 467 – 478.

[265] Jiang, Z., S. Sarkar, V. S. Jacob, Postrelease Testing and Software Release Policy for Enterprise-Level Systems, Information Systems Research, Vol. 23, No. 3, 2012, pp. 635 – 657.

[266] Jing X., J. Xie, Group-Buying: A New Mechanism for Selling through Social Interactions. Management Science, Vol. 57, No. 8, 2011, pp. 1354 – 1372.

[267] Jin L., S. Myers, R^2 around the World: New Theory and New Tests. Journal of Financial Economics, Vol. 79, No. 2, 2006, pp. 257 – 292.

[268] Ji Y., V. S. Mookerjee, S. P. Sethi, Optimal Software Development: A Control Theoretic Approach, Information Systems Research, Vol. 16, No. 3, 2005, pp. 292 – 306.

[269] Jones S. R. G., The Economics of Conformism. Oxford: Blackwell, 1984.

[270] Joseph F., J. Hair, R. E. Anderson, R. L. Tatham, Multivariate Data Analysis (4th Ed.): With Readings. Prentice-Hall, 1995.

[271] Joshi A., D. M. Hanssens, The Direct and Indirect Effects of Advertising Spending on Firm Value, Journal of Marketing, Vol. 74, No. 1, 2010, pp. 20 – 33.

[272] Kahneman D., A. Tversky, Prospect Theory: An Analysis of Decision under Risk. Econometrica, Vol. 47, No. 2, 1979, pp. 263 – 291.

[273] Katz, M. L., C. Shapiro, 1994. Systems Competition and Network Effects, Journal of Economic Perspectives, Vol. 8, No. 2, 1994, pp. 93 – 115.

[274] Katz M. L., C. Shapiro, Technology Adoption in the Presence of Network Externalities. The Journal of Political Economy: The University of Chicago Press, 1986, pp. 822 – 841.

[275] Kauffman R., H. Lai, H. C. Lin, Consumer Adoption of Group-Buy-

ing Auctions: An Experimental Study. Information Technology and Management. 2010, Vol. 11, No. 4, pp. 191 – 211.

[276] Kauffman R. J., B. Wang, Bid Together, Buy Together: on the Efficacy of Group-Buying Business Models in Internet-Based Selling. In P. B. Lowry, J. O. Cherrington, R. R. Watson (eds.), Handbook of Electronic Commerce in Business and Society, CRC Press, 2002, 99 – 137.

[277] Kauffman R. J., B. Wang, New Buyers' Arrival under Dynamic Pricing Market Microstructure: The Case of Group-Buying Discounts on the Internet. Journal of Management Information Systems. Vol. 18, No. 2, 2001, pp. 157 – 188.

[278] Kauffman R. J., Lai H., C. T. Ho, Incentive Mechanisms, Fairness and Participation in Online Group-Buying Auctions. Electronic Commerce Research and Applications, 9, 3, 2010, 249 – 262.

[279] Kennedy R. E., Strategy Fads and Competitive Convergence: An Empirical Test for Herd Behavior in Prime Time Television Programming. The Journal of Industrial Economics, 2002, Vol. 50, No. 1, pp. 57 – 84.

[280] Kessler E. H., A. K. Chakrabarti, Innovation Speed: A Conceptual Model of Context, Antecedents, and Outcomes, Academy of Management Review, Vol. 21, No. 4, 1996, pp. 1143 – 1191.

[281] Kessler E. H., P. E. I. Bierly, Is Faster Really Better? An Empirical Test of the Implications of Innovation Speed, IEEE Transactions on Engineering Management, Vol. 49, No. 1, 2002. pp. 2 – 12.

[282] Khoo H. M., D. Robey, Deciding to Upgrade Packaged Software: A Comparative Case of Motives, Contingencies and Dependencies, European Journal of Information Systems, Vol. 16, No. 5, 2007, pp. 555 – 567.

[283] Kim B. C., J. J. Lee, J. Park, Platform Entry Strategy in Two-Sided Markets: Evidence from the Online Daily Deals Industry, Georgia Institute of Technology Working Paper. 2013.

[284] Kimbrough M., The Effect of Conference Calls on Analyst and Market under Reaction to Earnings. The Accounting Review, Vol. 80, No. 1, 2005, pp. 189 – 219.

[285] Kim D., C. Steinfield, Y. Lai, Revisiting the Role of Web Assurance

Seals in Business-to-Consumer Electronic Commerce. Decision Support Systems, Vol. 44, No. 4, 2008, pp. 1000 – 1015.

[286] Kim D. J., C. Steinfield, Y. J. Lai, Revisiting the Role of Web Assurance Seals in Business-to-Consumer Electronic Commerce. Decis Support System, Vol. 44, No. 4, 2008, pp. 1000 – 1015.

[287] Kim D., N. Sivasailam, Information Assurance in B2C Websites for Information Goods/Services. Electronic Markets, Vol. 14, No. 4: 2004, pp. 344 – 359.

[288] Kleinert S., C. Volkmann, M. Grünhagen, Third-party Signals in Equity Crowdfunding: the Role of Prior Financing. Small Business Economics, Vol. 54, No. 1, 2020, pp. 341 – 365.

[289] Koch S., G. G. Ucar, Motivations of Application Developers: Innovation, Business Model Choice, Release Policy and Success, Journal of Organizational Computing and Electronic Commerce, Vol. 24, No. 3, 2017, pp. 218 – 238.

[290] Kressmann F., M. J. Sirgy, A. Herrmann, Direct and Indirect Effects of Self-Image Congruence on Brand Loyalty. Journal of Business Research, 2006, Vol. 59, No. 9, pp. 955 – 964.

[291] Krumme K. A., S. Herrero, Lending Behavior and Community Structure in an Online Peer-to-peer Economic Network. IEEE. 2009, pp. 613 – 618.

[292] Kuppuswamy V., B. L. Bayus, Crowdfunding Creative Ideas: The Dynamics of Project Backers. Palgrave Macmillan, Vol. 8, No. 2, 2018, pp. 151 – 182.

[293] Kwak H., C. Lee, H. Park, S. Moon, What is Twitter, a Social Network or a News Media? In Proceedings of the 19th International Conference on World Wide Web, 2010, pp. 591 – 600.

[294] Lai H. C., Y. T. Zhuang, Comparing the Performance of Group-Buying Models with Different Incentive Mechanisms. In Proceedings of the Third Workshop on E-Business, 2004.

[295] Lai H., H. S. Doong, C. Y. Yang, The Effect of Price Dispersion in an E-Market on Consumers' Intentions to Join Group-Buying. In Proceedings of the 39th Hawaii International Conference on Systems Science, 2006.

[296] Lala V., V. Arnold, S. Sutton, The Impact of Relative Information Quality of E-Commerce Assurance Seals on Internet Purchasing Behavior. Internation-

al Journal of Accounting Information Systems, Vol. 3, No. 4, 2002, pp. 237 – 253.

[297] Lalwani A. K., S. Shavitt, You Get What You Pay For? Self-Construal Influences Price-Quality Judgments. Journal of Consumer Research, Vol. 40, No. 2, 2013, pp. 255 – 267.

[298] Landsman V., S. Stefan, Multihoming in Two-Sided Markets: An Empirical Inquiry in the Video Game Console Industry, Journal of Marketing, Vol. 75, No. 6, 2011, pp. 39 – 54.

[299] Lang M., L. Russell, Cross-Sectional Determinants of Analyst Ratings of Corporate Disclosures. Journal of Accounting Research, Vol. 31, No. 2, 1993, pp. 246 – 271.

[300] Lee C. H., N. Venkatraman, H. Tanriverdi, B. Iyer, Complementarity-Based Hypercompetition in the Software Industry: Theory and Empirical Test, 1990 – 2002, Strategic Management Journal, Vol. 31, No. 13, 2010, pp. 1431 – 1456.

[301] Lee E., L. Byungtae, Herding Behavior in Online P2P Lending: An Empirical Investigation. Electronic Commerce Research and Applications, Vol. 11, No. 5, 2012, pp. 495 – 503.

[302] Lee J., D. P. Hyung, H. Ingoo, The Effect of Negative Online Consumer Reviews on Product Attitude: An Information Processing View. Electronic Commerce Research and Applications. No. 7, 2008, pp. 341 – 352.

[303] Leigh E. G., The Evolution of Mutualism, Journal of Evolutionary Biology, Vol. 23, No. 2, 2010, pp. 2507 – 2528.

[304] Li, C., S. Chawla, U. Rajan, K. Sycara, Mechanism Design for Coalition Formation and Cost Sharing in Group-Buying Markets. Electronic Commerce Research and Applications, Vol. 3, No. 4, 2005, pp. 341 – 354.

[305] Lieber E, S. Chad, Online vs. Offline Competition. Peitz, Vol. 21, No. 1 – 2, 2011, pp. 181 – 183.

[306] Lieberman, M. B., B. M. David, First-Mover Advantages, Strategic Management Journal, Vol. 9, No. 1, 1988, pp. 41 – 58.

[307] Lin M., R. P. Nagpurnanand, V. Siva, Judging Borrowers by the Company They Keep: Friendship Networks and Information Asymmetry in Online Peer-to-Peer Lending. Management Science, No. 1, 2013, pp. 17 – 35.

[308] Liu H., S. Wei, W. Ke, K. K. Wei, Z. Hua, The Configuration Between Supply Chain Integration and Information Technology Competency: A Resource Orchestration Perspective, Journal of Operations Management, No. 44, 2016, pp. 13 – 29.

[309] Liu H., W. Ke, K. K. Wei, H. Chen, The Role of Institutional Pressures and Organizational Culture in the Firm's Intention to Adopt Internet-Enabled Supply Chain Management Systems, Journal of Operations Management, Vol. 28, No. 5, 2010, pp. 372 – 384.

[310] Liu Y., P. Bhattacharya, Z. Jiang, Video-Evoked Perspective Taking on Crowdfunding Platforms: Impacts on Contribution Behavior. 2014.

[311] Liu Y., S. Juliana, Buyers' Purchasing Time and Herd Behavior on Deal-of-the-Day Group-Buying Websites. Electronic Markets, Vol. 22, No. 2, 2012, pp. 1 – 11.

[312] Li X., Group-Buying, Buyer Heterogeneity and Seller's Bargaining Power. Decision Sciences, Vol. 43, No. 5, 2012, pp. 761 – 783.

[313] Li X. Informational Cascades in it Adoption. Communications of the ACM. Vol. 47, No. 4, 2004, pp. 93 – 97.

[314] Loginova O. Real, Virtual Competition. Journal of Industrial Economics, Vol. 57, No. 2, 2009, pp. 319 – 342.

[315] Lu C. T., X. Sihong X., K. Xiangnan, Inferring the Impacts of Social Media on Crowdfunding, Proceedings of the 7th Acm International Conference on Web Search and Data Mining. Acm, 2014: 573 – 582.

[316] Luo, X., Quantifying the Long-Term Impact of Negative Word of Mouth on Cash Flows and Stock Prices, Marketing Science, Vol. 28, No. 1, 2009, pp. 148 – 165.

[317] Luo, X., Z. Jie, D. Wenjing, Social Media and Firm Equity Value, Information Systems Research, Vol. 24, No. 1, 2013, pp. 146 – 163.

[318] Mastrobuoni G., P. Franco, T. Aleksey, Price as a Signal of Product Quality: Some Experimental Evidence. Journal of Wine Economics, Vol. 9, No. 2, 2014, pp. 135 – 152.

[319] Matsumoto D., P. Maarten, R. Erik, What Makes Conference Calls

Useful? The Information Content of Managers' Presentations and Analysts' Discussion Sessions. The Accounting Review, No. 86, 2011, pp. 1383 – 1414.

[320] Maurer C., A. Tiwana, Control in App Platforms: The Integration-Differentiation Paradox, ICIS 2012 Proceedings, 2012.

[321] Mayer R. C., J. H. Davis, Schoorman F. D., An Integrative Model of Organizational Trust. The Academy of Management Review, Vol. 20, No. 3, 1995, pp. 709 – 734.

[322] McIntosh J., Group-Buying Sites Latest Shopping Craze. Furniture Today, July 9, 2010. Available at www.furnituretoday.com/article/529992-Group_buying_sites_latest_shopping_craze.php.

[323] Mcknight D. H., C. J. Kacmar, V. Choudhury, Shifting Factors and the Ineffectiveness of Third-Party Assurance Seals: A Two-Stage Model of Initial Trust in a Web Business. Electronic Markets, Vol. 14, No. 3, 2004, pp. 252 – 266.

[324] Melnik M. I., A. James, Does a Seller's Ecommerce Reputation Matter? Evidence from Ebay Auctions. The Journal of Industrial Economics, Vol. 50, No. 3, 2002, pp. 337 – 349.

[325] Meyer M. H., J. M. Utterback, Product Development Cycle Time and Commercial Success, IEEE Transactions on Engineering Management, Vol. 42, No. 4, 1995, pp. 297 – 304.

[326] Molles M. C., Ecology: Concepts and Applications (Fifth Edition). New York: Mcgraw-Hill, 2010.

[327] Monroe K. B., Buyers' Subjective Perceptions of Price. Journal of Marketing Research, Vol. 10, No. 1, 1973, pp. 70 – 80.

[328] Morck R., B. Yeung, W. Yu, The Information Content of Stock Markets: Why do Emerging Markets Have Synchronous Stock Price Movements? Journal of Financial Economics, Vol. 58, No. 1, 2000, pp. 215 – 260.

[329] Morgan H. M., O. Ngwenyama, Real Options, Learning Cost and Timing Software Upgrades: Towards an Integrative Model for Enterprise Software Upgrade Decision Analysis. International Journal of Production Economics, Vol. 168, No. 1, 2015, pp. 211 – 223.

[330] Nocke V., M. Peitz, F. Rosar, Advance-purchase Discounts as a

Price Discrimination Device. Journal of Economic Theory, Vol. 146, No. 1, 2010, pp. 141 – 162.

[331] Nofsinger J. R., R. W. Sias, Herding and Feedback Trading by Institutional and Individual Investors. The Journal of Finance, Vol. 54, No. 6, 1999, pp. 2263 – 2295.

[332] Oh W., S. Jeon, Membership Herding and Network Stability in the Open Source Community: The Ising Perspective. Management science, Vol. 53, No. 7, 2007, pp. 1086 – 1101.

[333] Orbell S., P. Sheeran, "Inclined Abstainers": A Problem for Predicting Health-Related Behaviour. British Journal of Social Psychology, Vol. 37, No. 2, 1998, pp. 151 – 165.

[334] Orr H. A., The Genetic Theory of Adaptation: A Brief History, Nature Reviews Genetics, Vol. 6, No. 2, 2005, pp. 119 – 127.

[335] Padmanabhan V., S. Rajiv, K. Srinivasan. New Products, Upgrades, and New Releases: A Rationale For Sequential Product Introduction, Journal of Marketing Research, Vol. 34, No. 3, 1997, pp. 456 – 472.

[336] Pae J. H., J. S. Hyun, The Impact of Technology Advancement Strategies on Consumers' Patronage Decisions, Journal of Product Innovation Management, Vol. 19, No. 5, 2002, pp. 375 – 383.

[337] Parekh, R. Groupon Makes Big Bid on Traditional TV, Buys Super Bowl Pregame. Advertising Age, Vol. 82, No. 2, 2011, pp. 1 – 22.

[338] Park A., H. Sabourian, Herding and Contrarian Behavior in Financial Markets. Econometrica, Vol. 79, No. 4, 2011, pp. 973 – 1026.

[339] Parker G., M. V. Alstyne, Two-sided Network Effects: A Theory of Information Product Design, Management Science, Vol. 51, No. 10, 2005, pp. 1494 – 1504.

[340] Parker G. M., W. V. Alstyne, Managing Platform Ecosystems, ICIS 2008 Proceedings, No. 53, 2008.

[341] Paulhus D. L., Interpersonal and Intrapsychic Adaptiveness of Trait Self-Enhancement: A Mixed Blessing? Journal of Personality and Social Psychology, Vol. 74, No. 5, 1998, pp. 1197 – 1208.

[342] Pauwels, K., A. Weiss, Moving from Free to Fee: How Online Firms Market to Change Their Business Model Successfully, Journal of Marketing, Vol. 72, No. 3, 2008, pp. 14 – 31.

[343] Pauwels K., E. Dans, Internet Marketing the News: Leverage Brand Equity from Marketplace to Marketspace, Brand Management, Vol. 8, No. 1, 2001, pp. 303 – 314.

[344] Pauwels K., How Dynamic Consumer Response, Competitor Response, Company Support, and Company Inertia Shape Long-Term Marketing Effectiveness, Marketing Science, Vol. 23, No. 4, 2004, pp. 598 – 610.

[345] Pavlou P., A. Dimoka, The Nature and Role of Feedback Text Comments in Online Marketplaces: Implications for Trust Building, Price Premiums, and Seller Differentiation. Information Systems Research, Vol. 17, No. 4, 2006, pp. 392 – 414.

[346] Payne T., L. Prather, W. Bertin, Value Creation and Determinants of Equity Fund Performance. Journal of Business Research, Vol. 45, No. 1, 1999, pp. 69 – 74.

[347] Perloff J. M., Microeconomics: Theory and Applications with Calculus. London: Pearson Higher Education, 2008.

[348] Perreault W. D., L. E. Leigh, Reliability of Nominal Data Based on Qualitative Judgments, Journal of Marketing Research, Vol. 26, No. 2, 1989, pp. 135 – 148.

[349] Plassmann H., O. J. Doherty, B. Shiv, A. Rangel, Marketing Actions Can Modulate Neural Representations of Experienced Pleasantness. Proceedings of the National Academy of Sciences, Vol. 105, No. 3, 2008, pp. 1050 – 1054.

[350] Pool V. K., N. Stoffman, S. E. Yonker, No Place Like Home: Familiarity in Mutual Fund Manager Portfolio Choice. Review of Financial Studies, Vol. 25, No. 8, 2012, pp. 2563 – 2599.

[351] Pope D. G., J. R. Sydnor, What's in a Picture? Evidence of Discrimination from Prosper. com. Journal of Human Resources, Vol. 46, No. 1, 2011, pp. 53 – 92.

[352] Prochnow D., How to Make an Iphone App: Part One, Popular Sci-

ence, No. 26, 2009, pp. 1 -6.

[353] Ramasubbu N., C. F. Kemerer, Technical Debt and the Reliability of Enterprise Software Systems: A Competing Risks Analysis, Management Science, Vol. 62, No. 5, 2015, pp. 1487 -1510.

[354] Resnick P., R. Zeckhauser, J. Swanson, The Value of Reputation on Ebay: A Controlled Experiment. Experimental Economics, Vol. 9, No. 2, 2006, pp. 79 -101.

[355] Resnick P., R. Zeckhauser, Trust among Strangers in Internet Transactions: Empirical Analysis of Ebay's Reputation System. Advances in Applied Microeconomics: A Research Annual, Vol. 11, No. 1, 2002, pp. 127 -157.

[356] Riegner C., Word of Mouth on the Web: The Impact of Web 2.0 on Consumer Purchase Decisions. Journal of Advertising Research, Vol. 47, No. 4, 2007, pp. 436 -447.

[357] Roll R., The Stochastic Dependence of Security Price Changes and Transaction Volumes: Implications for the Mixture-of-Distribution Hypothesis. Journal of Finance, Vol. 43, No. 1, 1988, pp. 541 -566.

[358] Ronald T. C., B. Izak, A. N. Sameh, Addressing the What and How of Online Services: Positioning Supporting-Services Functionality and Service Quality for Business-to-Consumer Success. Information Systems Research, Vol. 19, No. 2, 2008, pp. 161 -181.

[359] Ruef M., the Emergence of Organizational Forms: A Community Ecology Approach, American Journal of Sociology, Vol. 106, No. 3, 2000, pp. 658 -714.

[360] Sankaranarayanan R. Innovation and the Durable Goods Monopolist: the Optimality of Frequent New-Version Releases, Marketing Science, Vol. 26, No. 6, 2007, pp. 774 -791.

[361] Sawhney M. S., J. Eliashberg, A Parsimonious Model for Forecasting Gross Box Office Revenues of Motion Pictures. Marketing Science, Vol. 15, No. 2, 1996, pp. 113 -131.

[362] Scott S. G., V. R. Lane, A Stakeholdrer Approach to Organizational Identity. Academy of Management Review, Vol. 25, No. 1, 2000, pp. 43 -62.

[363] Seamans R., F. Zhu, Responses to Entry in Multi-Sided Markets:

The Impact of Craigslist on Local Newspapers, Management Science, Vol. 60, No. 2, 2014, pp. 476 – 493.

[364] Seth F., J. Ginger, The Signaling Value of Online Social Networks: Lessons from Peer-to-Peer Lending. NBER Working Papers, 2014.

[365] Sheremata W. A., Competing through Innovation in Network Markets: Strategies for Challengers, Academy of Management Review, Vol. 29, No. 3, 2004, pp. 359 – 377.

[366] Shiv B., Z. Carmon, D. Ariely, Placebo Effects of Marketing Actions: Consumers May Get What They Pay for. Journal of Marketing Research, Vol. 42, No. 4, 2005, pp. 383 – 393.

[367] Simonsohn U., D. Ariely, Non-Rational Herding in Online Auctions. Unpublished Manuscript, 2005.

[368] Simonsohn U., D. Ariely, When Rational Sellers Face Nonrational Buyers: Evidence from Herding on Ebay. Management Science, Vol. 54, No. 9, 2008, pp. 1624 – 1637.

[369] Simonson I., A. Tversky, Choice in Context: Tradeoff Contrast and Extremeness Aversion. Journal of Marketing Research, Vol. 29, No. 3, 1992, pp. 281 – 295.

[370] Sims C. A., T. Zha, Error Bands for Impulse Response, Econometrica, Vol. 67, No. 5, 1999, pp. 1113 – 1155.

[371] Sitkin S. B., A. L. Pablo, Reconceptualizing the Determinants of Risk Behavior. The Academy of Management Review, Vol. 17, No. 1, 1992, pp. 9 – 38.

[372] Smith M. D., The Impact of Shopbots on Electronic Markets. Journal of the Academy of Marketing Science, Vol. 30, No. 4, 2002, pp. 446 – 454.

[373] Smith V. L., Experimental Economics: Induced Value Theory. The American Economic Review, Vol. 66, No. 2, 1976, pp. 274 – 249.

[374] Solomon D., E. Solts, What are Meeting for? The Consequences of Private Meetings with Investors. The Journal of Law and Economics, Vol. 58, No. 2, 2012. pp. 1 – 20.

[375] Song P., L. Xue, A. Rai, C. Zhang, The Ecosystem of Software Platform: A Study of Asymmetric Cross-Side Network Effects and Platform Govern-

ance, MIS Quarterly, Vol. 42, No. 1, 2018, pp. 121 – 142.

[376] Spence M., Job Market Signaling. The Quarterly Journal of Economics, Vol. 87, No. 3, 1973, pp. 355 – 374.

[377] Sporleder T., Goldsmith P. Alternative Firm Strategies for Signaling Quality in the Food System. Canadian Journal of Agricultural Economics, Vol. 49, No. 4, 2001, pp. 591 – 604.

[378] Srinivasan R., G. L. Lilien, A. Rangaswamt, The Emergence of Dominant Designs, Journal of Marketing, Vol. 70, No. 2, 2006, pp. 1 – 17.

[379] Stephen A. T., O. Toubia, Deriving Value from Social Commerce Networks, Journal of Marketing Research, Vol. 47, No. 2, 2010, pp. 215 – 228.

[380] Tan T., S. Netessine, Is Tom Cruise Threatened? Using Netflix Prize Data to Examine the Long Tail of Electronic Commerce, Working Paper, 2009.

[381] Taylor J. B., The Monetary Transmission Mechanism: An Empirical Framework. The Journal of Economic Perspectives, Vol. 4, No. 9, 1995, pp. 11 – 26.

[382] Tellis G., The Price Elasticity of Selective Demand: A Meta-Analysis of Econometric Models of Sales. Journal of Marketing Research, 1988, Vol. 25, No. 4, pp. 331 – 341.

[383] Temizkan O., R. L. Kumar, S. Park, C. Subramaniam, Patch Release Behaviors of Software Vendors in Response to Vulnerabilities: An Empirical Analysis, Journal of Management Information Systems, Vol. 28, No. 4, 2012, pp. 305 – 337.

[384] Thies F., M. Wessel, A. Benlian, Understanding the Dynamic Interplay of Social Buzz and Contribution Behavior within and between Online Platforms-Evidence from Crowdfunding. Working Paper, 2014.

[385] Tiwana A., B. Konsynski, A. A. Bush, Platform Evolution: Coevolution of Platform Architecture, Governance, and Environmental Dynamics, Information Systems Research, Vol. 21, No. 4, 2010, pp. 675 – 687.

[386] Tiwana A., Platform Ecosystems: Aligning Architecture, Governance, and Strategy. Elsevier Inc. 2014.

[387] Trusov M., R. E. Bucklin, K. Pauwels, Effects of Word-of-Mouth Versus Traditional Marketing: Findings from an Internet Social Networking Site,

Journal of Marketing, Vol. 73, No. 5, 2009, pp. 90 – 102.

[388] Underwood R., Groupon versus the World. Inc, Vol. 32, No. 8, 2010, pp. 116 – 118.

[389] Vijay M., E. Muller, F. M. Bass, New Product Diffusion Models in Marketing: A Review and Directions for Research. Journal of Marketing, Vol. 54, No. 1, 1990, pp. 1 – 26.

[390] Wang H., M. Greiner, Herding in Multi-winner Auctions. ICIS 2010 Proceedings, 2010.

[391] Wang Q., Y. Chen, J. Xie, Survival in Markets with Network Effects: Product Compatibility and Order-of-Entry Effects, Journal of Marketing, Vol. 74, No. 4, 2010, pp. 1 – 14.

[392] Wang R. D., J. M. Shaver, Competition-Driven Repositioning, Strategic Management Journal, Vol. 35, No. 11, 2014, pp. 1585 – 1604.

[393] Wang X., B. S. Butler, Y. Ren, The Impact of Membership Overlap on Growth: An Ecological Competition View of Online Groups, Organization Science, Vol. 24, No. 2, 2013, pp. 414 – 431.

[394] Weitz B. A., H. Sujan, M. Sujan, Knowledge, Motivation, and Adaptive Behavior: A Framework for Improving Selling Effectiveness, Journal of Marketing, Vol. 50, No. 4, 1986, pp. 174 – 191.

[395] Welch I., Sequential Sales, Learning, and Cascades. The Journal of Finance, Vol. 47, No. 2, 1992, pp. 695 – 732.

[396] West J., How Open is Open Enough? Melding Proprietary and Open Source Platform Strategies, Research Policy, Vol. 32, No. 7, 2003, pp. 1259 – 1285.

[397] Wilson D., An Integrated Model of Buyer-Seller Relationships. Journal of the academy of marketing science, 1995, Vol. 23. No. 4, pp. 335 – 345.

[398] Wooldridge J. M., Econometric Analysis of Cross Section and Panel Data. MIT Press, 2002.

[399] Wu B., Z. Wan, D. A. Levinthal, Complementary Assets as Pipes and Prisms: Innovation Incentives and Trajectory Choices, Strategic Management Journal, Vol. 35, No. 9, 2014, pp. 1257 – 1278.

[400] Wuyts S., S. Dutta, S. Stremersch, Portfolio of Interfirm Agreements

in Technology-Intensive Markets: Consequences for Innovation and Profitability, Journal of Marketing, Vol. 68, No. 2, 2004, pp. 88 – 100.

[401] Xiao S., X. Tan, M. Dong, How to Design Your Project in the Online Crowdfunding Market? Evidence from Kickstarter. 2014.

[402] Xu D., J. W. Wu, Q. Gu, Organizational Forms and Multi-Population Dynamics: Economic Transition in China, Administrative Science Quarterly, Vol. 59, No. 3, 2014, pp. 517 – 547.

[403] Xu Y., C. Luo, D. Chen, What Influences the Market Outcome of Online P2P Lending Marketplace?: A Cross-Country Analysis. Journal of Global Information Management, Vol. 23, No. 3, 2015, pp. 23 – 40.

[404] Yin S., S. Ray, H. Gurnani, A. Animesh. 2010. Durable Products with Multiple Used Goods Markets: Product Upgrade and Retail Pricing Implications, Marketing Science, Vol. 29, No. 3, pp. 540 – 560.

[405] Yoo Y., O. Henfridsson, K. Lyytinen, The New Organizing Logic of Digital Innovation: An Agenda for Information Systems Research, Information Systems Research, Vol. 21, No. 4, 2010, pp. 424 – 435.

[406] Zeithaml V., Consumer Perceptions of Price, Quality, and Value: A Means-End Model and Synthesis of Evidence. The Journal of Marketing, Vol. 52. No. 3, 1988, pp. 2 – 22.

[407] Zhang J., P. Liu, Rational Herding in Microloan Markets. Management science, Vol. 58, No. 5, 2012, pp. 892 – 912.

[408] Zhang K., T. Evgeniou, V. Padmanabhan, E. Richard. Content Contributor Management and Network Effects in a UGC Environment, Marketing Science, Vol. 31, No. 3, 2012, pp. 433 – 447.

[409] Zhang T., M. Tang, Y. Lu, Trust Building in Online Peer-to-Peer Lending. Journal of Global Information Technology Management, Vol. 17, No. 4, 2014, pp. 250 – 66.

[410] Zhou W., W. Duan, Product Variety, Online Word-of-Mouth and Long Tail: An Empirical Study on the Internet Software Market. ICIS 2009 Proceedings, 2009.

[411] Zhu F., M. Iansiti, Entry into Platform-Based Markets, Strategic

Management Journal, Vol. 33, No. 1, 2012, pp. 88 – 106.

[412] Zhu F., X. Zhang, Impact of Online Consumer Reviews on Sales: The Moderating Role of Product and Consumer Characteristics. Journal of Marketing, Vol. 74, No. 2, 2010, pp. 133 – 148.

[413] Zittrain J., The Generative Internet, Harvard Law Review, Vol. 119, No. 7, 2006, pp. 1974 – 2040.

图书在版编目（CIP）数据

互联网、经济转型与货币变革／周耿，张宸著．—北京：经济科学出版社，2020.12

（高质量发展阶段货币政策研究论丛）

教育部长江学者创新团队发展计划　南京大学文科卓越研究计划"十层次"项目　"十四五"国家重点出版物出版规划项目

ISBN 978-7-5218-2122-2

Ⅰ.①互…　Ⅱ.①周…②张…　Ⅲ.①中国经济-转型经济-研究　Ⅳ.①F12

中国版本图书馆 CIP 数据核字（2020）第 237622 号

责任编辑：齐伟娜　杨　洋
责任校对：王苗苗
责任印制：范　艳

互联网、经济转型与货币变革
周耿　张宸　著

经济科学出版社出版、发行　新华书店经销
社址：北京市海淀区阜成路甲28号　邮编：100142
总编部电话：010-88191217　发行部电话：010-88191522
网址：www.esp.com.cn
电子邮箱：esp@esp.com.cn
天猫网店：经济科学出版社旗舰店
网址：http://jjkxcbs.tmall.com
北京季蜂印刷有限公司印装
787×1092　16开　20印张　340000字
2022年2月第1版　2022年2月第1次印刷
ISBN 978-7-5218-2122-2　定价：88.00元
(图书出现印装问题，本社负责调换。电话：010-88191510)
(版权所有　侵权必究　打击盗版　举报热线：010-88191661
QQ：2242791300　营销中心电话：010-88191537
电子邮箱：dbts@esp.com.cn)